"十四五"高等职业教育专科院校合作"双元"规划教材

供医学检验技术及相关专业用

分子生物学与检验技术

主　编　肖忠华　孟凡萍

副主编　王鹤桦　刘琳琳　李　静　梁大敏

编　委　（按姓名汉语拼音排序）

董岩岩（聊城职业技术学院）

冯贞贞（达州中医药职业学院）

郭　华（襄阳职业技术学院）

李　静（商丘医学高等专科学校）

梁大敏（遵义医药高等专科学校）

刘琳琳（山东医学高等专科学校）

毛红亚（北京卫生职业学院）

孟凡萍（重庆大学附属三峡医院）

牛文华（辽宁医药职业学院）

秦　雯（贵阳康养职业大学）

任柯昱（信阳职业技术学院）

田平平（安徽医学高等专科学校）

王鹤桦（信阳职业技术学院）

王有为（重庆三峡医药高等专科学校）

肖忠华（重庆三峡医药高等专科学校）

北京大学医学出版社

FENZI SHENGWUXUE YU JIANYAN JISHU

图书在版编目（CIP）数据

分子生物学与检验技术 / 肖忠华，孟凡萍主编. —北京：北京大学医学出版社，2023.1（2025.7 重印）

ISBN 978-7-5659-2763-8

Ⅰ. ①分… Ⅱ. ①肖… ②孟… Ⅲ. ①分子生物学－医学检验－教材 Ⅳ. ① R446.1

中国版本图书馆 CIP 数据核字（2022）第 211006 号

分子生物学与检验技术

主　　编：肖忠华　孟凡萍
出版发行：北京大学医学出版社
地　　址：（100191）北京市海淀区学院路 38 号　北京大学医学部院内
电　　话：发行部 010-82802230；图书邮购 010-82802495
网　　址：http://www.pumpress.com.cn
E-mail：booksale@bjmu.edu.cn
印　　刷：中煤（北京）印务有限公司
经　　销：新华书店
责任编辑：杨　杰　　责任校对：靳新强　　责任印制：李　啸
开　　本：850 mm × 1168 mm　1/16　　印张：14.5　　字数：417 千字
版　　次：2023 年 1 月第 1 版　2025 年 7 月第 2 次印刷
书　　号：ISBN 978-7-5659-2763-8
定　　价：52.00 元

版权所有，违者必究

（凡属质量问题请与本社发行部联系退换）

出版说明

国务院印发《国家职业教育改革实施方案》，提出了进一步办好新时代职业教育的具体措施，中共中央办公厅、国务院办公厅印发《关于推动现代职业教育高质量发展的意见》，为新时代职业教育的高质量发展指明了方向。文件指出要促进产教融合校企"双元"育人，完善产教融合办学体制，深化教育教学改革，创新教学模式与方法，改进教学内容与教材，完善"岗课赛证"综合育人机制，推动现代信息技术与教育教学深度融合，提高课堂教学质量；推动教师、教材、教法"三教"改革，强化教材建设国家事权，建设一大批校企"双元"合作开发的国家规划教材；推进习近平新时代中国特色社会主义思想进教材、进课堂、进头脑。

高质量的教材是实施教育改革、提升人才培养质量的重要支撑。为深入贯彻党的二十大精神，更好地支持新时代卫生健康职业教育事业发展、服务于我国高职专科医学检验技术专业人才培养，北京大学医学出版社有代表性地组织各地院校、行业单位启动了高职专科医学检验技术专业教材建设；在各方面专家的指导下，结合各院校教学教材调研反馈，经过论证决定启动16种教材建设。

本套教材的主要特点如下：

1．优选参编院校

遴选全国30余所优质高职院校的具有丰富教学经验的骨干教师参与教材建设，力求使教材的内容和深浅度具有全国代表性、普适性、实用性。

2．产教融合共建

吸纳教学医院、行业医院的临床检验岗位专家参与教材编写、审稿，学校教师与行业专家"双元"共建，确保教材内容符合行业发展、符合医院临床检验岗位实际和人才培养需求。

3．严把知识体系

教材编写对照教育部《高等职业学校医学检验技术专业教学标准》及相关大纲，明确培养需求，结合各地院校教学实际与行业医院临床检验岗位实际编排教材知识体系，纳入已有定论的知识、理论、技术，内容以"必需、够用"为度，"岗课赛证"融通建设，使教材既符合多数院校教学现状，又适度引领教学改革。

4．优化编写体例

以学生为中心，以突出技术技能培养为导向，设置"学习目标""案例""知识链接""自测题"等模块，图文并茂，使教材贴近情境式学习、基于案例的学习，促进学生的临床评判性思维能力、岗位胜任力培养。

5．实践纸数融合

将纸质教材与二维码技术相结合，按章节设置二维码，通过微信扫码获取拓展知识、微课、技术操作视频、图片等数字教学资源，促进"以学生为中心"的自主学习，实现以纸质教材为核心、配套数字教学资源的融媒体教材建设。为便于教师、学生使用，PPT课件统一做成压缩包，用微信"扫一扫"扫描封底激活码，即可导出PPT课件、激活教材正文二维码。

6．贯彻教材思政

深入贯彻课程思政教学要求，将思政潜移默化地融入教材中，培根铸魂、启智增慧，体现人文关怀，提高职业认同度，着力培养学生"敬佑生命、救死扶伤、甘于奉献、大爱无疆"的医者精神，引导学生始终把人民群众生命安全和身体健康放在首位。

本套教材供高职专科医学检验技术专业及相关专业用。希望广大师生多提宝贵意见，反馈使用信息，以逐步完善教材内容，提高教材质量，为新时代卫生健康职业教育事业发展和医学检验技术人才培养做出贡献！

前 言

按照《国家职业教育改革实施方案》和《关于深化医教协同进一步推进医学教育改革和发展的意见》，依据高等职业教育医学检验技术专业的培养目标，在充分分析、调研分子生物学检验岗位职业标准和岗位胜任力的基础上，确定本教材的编写原则为：教材内容与职业标准对接；基础理论以必需、够用为度；重视实践；强化人文与课程思政，力图使学生既能掌握扎实的分子生物学检验基本理论知识，又能具备分子生物学检验专业实践技能，同时培养一定的临床沟通能力，从而提升医学人才培养综合质量。

本教材将近年来分子生物学检验的发展与我国临床分子生物学检验实践紧密结合，努力汲取近年来国内各分子生物学检验教材之精华，紧抓三特定（特定对象、特定要求、特定限制），力求充分体现"三基"（基础理论、基本知识、基本技能）、"五性"（思想性、科学性、先进性、启发性、适用性）、经典性、务实性、新颖性和兼容性等高等职业教育特色。

为探索通过教材引导教学过程和对接临床过程，为提供多样化的教学内容，为满足不断变化的教学方式和提供给学生便捷、有效的学习途径，教材设有布鲁姆式学习目标，以提示重点、难点和提高学生独立解决问题的能力；设有案例导入，以引导学习情境；设有知识链接、小结、思考题，便于学生温故知新、紧扣重点、梳理要点、巩固复习。通过扫描教材中相应的二维码，可快捷学习数字资源，包括案例解析、教学视频、知识拓展、思维导图、思考题参考答案。本教材可供职业院校师生学习，也可供在职人员进行职业培训和自学者自学使用。

来自全国13所院校分子生物学检验专业及临床检验科的编写人员，将教学经验与临床实践紧密结合，通力协作，完成了本书的编写任务。在此对全体编写人员的辛勤工作深表敬意，对北京大学医学出版社及在此书编写过程中给予帮助的朋友们表示衷心感谢！由于分子生物学检验技术发展迅速，编者学术水平有限，教材编写时间紧、任务重等，本教材难免存在不足和不当之处，恳请广大读者对本教材提出宝贵意见，以便及时修改、补充和完善。

主　编

目 录

第一章	绪论	1
第二章	核酸分子生物标志物	7

第一节　基因组及其特征 • 8
第二节　分子生物标志物 • 13

第三章	核酸的提取与纯化技术	20

第一节　核酸提取与纯化的一般原则 • 21
第二节　DNA 的提取与纯化 • 24
第三节　RNA 的提取与纯化 • 28

第四章	聚合酶链反应及其衍生技术	32

第一节　聚合酶链反应技术 • 33
第二节　凝胶电泳技术 • 37
第三节　实时荧光定量 PCR 技术 • 40
第四节　聚合酶链反应的衍生技术 • 45

第五章	核酸恒温扩增技术	49

第一节　环介导等温扩增技术 • 50
第二节　链置换恒温扩增技术 • 53
第三节　滚环恒温扩增技术 • 55
第四节　依赖核酸序列的恒温扩增技术 • 59

第六章	核酸分子杂交技术	63

第一节　核酸分子杂交的基本原理与分类 • 64
第二节　核酸探针 • 67
第三节　常见的核酸分子杂交技术 • 72

第七章	核酸序列分析技术	81

第一节　双脱氧链终止法核酸序列分析技术 • 82

第二节　第二代核酸序列分析技术 • 86
第三节　核酸数据分析 • 95

第八章　蛋白质分析技术　　101
第一节　蛋白质的分离与纯化 • 102
第二节　蛋白质印迹技术 • 109

第九章　生物芯片技术　　116
第一节　基因芯片技术 • 117
第二节　蛋白质芯片技术 • 121

第十章　生物质谱技术　　125
第一节　概述 • 126
第二节　生物质谱技术的临床应用 • 131

第十一章　分子生物学检验新技术　　136
第一节　数字聚合酶链反应技术 • 137
第二节　第三代核酸序列分析技术 • 140

第十二章　临床基因扩增实验室的建立与质量管理　　145
第一节　临床基因扩增实验室的建立 • 146
第二节　临床基因扩增实验室的质量管理 • 151

第十三章　感染性疾病的分子生物学检验　　160
第一节　细菌感染的分子生物学检验 • 161
第二节　病毒感染的分子生物学检验 • 172
第三节　真菌与其他病原体感染的分子生物学检验 • 183

第十四章　遗传病的分子生物学检验　　194
第一节　单基因病的分子生物学检验 • 195
第二节　染色体病的分子生物学检验 • 198
第三节　线粒体病的分子生物学检验 • 201

第十五章　肿瘤性疾病的分子生物学检验　　205
第一节　肿瘤性疾病的分子生物标志物 • 206
第二节　常见肿瘤性疾病的分子生物学检验 • 211

中英文专业词汇索引　　220

参考文献　　224

第一章 绪 论

学习目标

通过本章内容的学习，学生应能够：

识记：
1. 列举分子生物学检验四个发展阶段的核心技术。
2. 陈述分子生物学检验的基础理论和基础技术。

理解：
解释分子生物学检验的性质与特点。

运用：
联系分子生物学检验技术的应用分析它对健康中国和人类发展的意义。

案例导入

案例 1-1

秋季开学之际，某高校大一新生文某，到社区附近医院接受咽拭子标本采集，24 小时后收到了新型冠状病毒（简称新冠病毒）核酸阴性检测报告。次日，文某持该检测报告顺利完成入学报到。自新型冠状病毒肺炎疫情发生以来，"做核酸检测了吗？"这句话几乎成为人们返校、入学、返岗、旅行、出境等情况下的常见问候语。新冠病毒核酸检测结果呈阳性是确诊新型冠状病毒肺炎的标准之一。作为从事新冠病毒核酸检测工作的分子生物学检验人员，不惧危险，与新型冠状病毒"密切接触"，无愧为最美逆行者。

思考题：
1. 新冠病毒核酸检测一般设在哪些机构的哪些科室？
2. 新冠病毒核酸检测的具体是何种核酸？

20 世纪 50 年代，Watson 和 Crick 提出了脱氧核糖核酸（deoxyribonucleic acid，DNA）双螺旋结构模型，这一发现标志着现代分子生物学的诞生。随着迅猛发展的分子生物学理论和技术与临床医学的广泛交叉、渗透和融合，逐渐形成了从分子水平研究疾病发生、发展机制和解决临床问题的临床分子生物学学科。临床分子生物学检验，简称分子生物学检验，是临床分子生物学的重要组成部分。

一、分子生物学检验的性质、任务和特点

分子生物学检验是以分子生物学理论为基础，采用分子生物学技术，研究人体健康和疾病时，内源性或外源性核酸（nucleic acid）等生物大分子及其体系的存在、结构、表达和调控的变化，通过检验血液、拭子、痰液、体液、组织和细胞等标本中以核酸等为主的分子生物标志物，为临床提供疾病诊断、病情监测、疗效观察、预后判断和健康评价等信息和决策依据的一门学科。

> **知识链接**
>
> **核酸的结构和紫外吸收性质**
>
> 核酸是由核苷酸单体通过3′,5′-磷酸二酯键聚合而成的多核苷酸长链，可分为DNA和核糖核酸（ribonucleic acid，RNA）。核酸的一级结构是指核酸分子中核苷酸的线性排列顺序。DNA具有双螺旋的二级结构和超螺旋的三级结构。发夹结构是RNA二级结构的普遍形式，二级结构进一步折叠则成为RNA的三级结构。核酸的四级结构是核酸与蛋白质的相互作用。核酸中的嘌呤碱和嘧啶碱具有共轭双键，约在波长为260 nm处有最大紫外吸收值。DNA变性时，在波长为260 nm处的紫外吸收值增强，称为增色效应；DNA复性时，在波长为260 nm处的紫外吸收值减低，称为减色效应。

分子生物学检验的主要任务包括以下四个方面：①通过基因组学等为代表的高通量技术平台筛选、鉴定和评估分子生物标志物；②开发和改进检验方法，开展方法学评价和临床意义评价；③持续改进质量管理和工作流程，确保检验结果快速、准确和可靠；④加强与临床沟通，提高临床对话能力。

与传统的实验诊断相比较，分子生物学检验是从基因的结构和表达变化以及由此而引起的基因功能改变等，来提供疾病的风险预测、病因分析、病情程度评判、疗效评价、预后评估等方面的信息和决策依据，因而具有特异性强、适用性广、针对性强、灵敏度高等特点。

二、分子生物学检验的发展简史

分子生物学检验是随着分子生物学理论和技术的进步而发展起来的。以国际权威机构和国家法定机构批准应用于临床的时间为序，分子生物学检验的发展可以划分为以下四个阶段。

（一）以DNA分子杂交为核心技术的阶段

核酸分子杂交技术的简明原理是利用核酸变性和复性的特点，用一段标记的已知序列的核酸单链与待检目的核酸单链，在一定条件下，按照碱基互补配对原则形成异源双链，来检验待检目的核酸的位置、有无和数量等。1976年，科学家简悦威等成功应用液相DNA分子杂交技术进行了α-地中海贫血的产前诊断，开创了分子生物学检验的先河。这一阶段的分子生物标志物集中于已知的遗传病致病基因突变位点。不过，由于导致遗传病的基因突变位点所知甚少

和方法灵敏度不高等问题，临床应用受到较大的限制。

（二）以聚合酶链反应为核心技术的阶段

聚合酶链反应（polymerase chain reaction，PCR）的基本过程：①高温（如95℃）条件下，待扩增的目的DNA双链热变性解链为两条单链模板；②低温（40~60℃）条件下，两条人工合成且与待扩增DNA双链两端邻近序列互补的寡核苷酸引物与单链模板结合，形成部分双链；③适温（如72℃）条件下，在嗜热DNA聚合酶催化下，以引物3′端为合成起点，以单核苷酸为原料，沿模板按5′端到3′端方向将引物延伸，合成新链。每经过一次高温变性、低温结合、适温延伸，待扩增模板DNA即增加1倍；经过反复循环，待扩增DNA可呈指数级增长。PCR技术使得在普通实验室条件下就可大量扩增目的DNA序列，突破了难以获得大量目的DNA片段的技术瓶颈。为此，该技术的发明者Mullis与发明寡核苷酸定点诱变技术的Smith共同获得1993年的诺贝尔化学奖。由于PCR扩增核酸需经过反复热变性，因而又将其称为热变性扩增技术。目前，PCR技术已从第一代普通PCR技术、第二代实时荧光定量PCR技术，发展为第三代数字PCR技术。PCR技术是应用最为广泛的核酸扩增技术。

以PCR技术为基础，还发展出多种衍生技术，包括多重PCR技术、等位基因特异性PCR技术、逆转录PCR技术、巢式PCR技术、随机PCR技术和全基因组扩增技术等。

扩增产物的检测包括定性检测、定量检测和核酸序列分析。判断扩增产物序列正确与否的根本方法是核酸序列分析。实时荧光定量PCR可用于定量检测扩增产物。若仅需定性检测扩增产物，则可通过核酸电泳，根据扩增产物电泳条带的有无、深浅和分子量大小来初步判断扩增产物的有效性和正确性。如需定性检测点突变，则可结合核酸电泳、核酸分子杂交和荧光标记等方法，采用PCR-限制性片段长度多态性、PCR-等位基因特异性寡核苷酸、PCR-单链构象多态性及变性梯度凝胶电泳等PCR衍生技术。

由于PCR扩增核酸需经历反复热变性，无法摆脱依赖仪器设备的局限，因此其在现场检测中的应用受到极大的限制。自20世纪90年代初起，很多实验室陆续发展出无需热变性的恒温扩增技术，目前已开发出环介导、链置换、滚环、重组聚合酶、重组酶介导、交叉引物、解旋酶依赖性、依赖核酸序列等恒温扩增技术。成簇规律散在短回文重复序列（clustered regularly interspaced short palindromic repeat，CRISPR）/CRISPR相关系统（CRISPR-assoiated system，Cas）是在原核生物中发现的一种抵御外来DNA入侵的免疫机制，常用于基因编辑领域。利用CRISPR/Cas的特异性基因序列定位功能，结合环介导、重组酶介导、重组聚合酶、依赖核酸序列等恒温扩增技术，近年来相继开发出CRISPR/Cas9、CRISPR/Cas12、CRISPR/Cas13、CRISPR/Cas14等系统的核酸检测技术。由于恒温扩增技术无需专用设备，尤其是结合CRISPR/Cas的恒温扩增技术，具有操作简便、成本低、灵敏度高、快速、高效、特异和多重检测等优点，因此，可以预见其将在现场检测中发挥一定的作用。

（三）以生物芯片为核心技术的阶段

生物芯片技术是高通量密集型的代表性技术，是从传统的核酸分子杂交技术发展而来的。传统核酸分子杂交存在技术复杂、自动化程度低、检测核酸分子数量少、通量低等不足，而生物芯片技术是同时将极其大量的探针固定在支持物上，一次可以对大量的生物分子进行检测与分析，具有标本处理能力强、用途广泛、自动化程度高等特点。根据芯片上固定的探针类别，可将生物芯片分为基因芯片、蛋白质芯片和组织芯片等。通过设计不同的探针阵列，使用特定的分析方法，可将生物芯片技术应用于基因表达谱测定、基因突变检测、基因多态性分析、基因组文库作图和核酸分子杂交测序等。生物芯片技术是20世纪90年代中期以来影响深远的重大科技进展之一。

（四）以 DNA 测序和生物质谱为核心技术的阶段

DNA 测序技术，已从第一代双脱氧末端终止法 DNA 测序技术、第二代高通量 DNA 测序技术，发展为第三代测序技术。第一代测序技术由于测序速度慢、有效测序片段短、全基因组测序费用高，通常仅适用于测定单个基因序列和较短的 DNA 序列；以焦磷酸测序、合成测序和芯片测序三大技术平台为主要代表的第二代测序技术具有高通量、大规模、低成本等优点，已在临床上推广应用；而测序速度更快、测序成本更低的第三代测序技术的进一步发展必将使基于分子生物学检验技术的个体化精准医疗成为现实。生物质谱法是测定离子质荷比（离子质量与电荷之比）的分析方法，其在灵敏度、特异性和多指标联合检测等方面具备独特的优势，可用于生物体内的组分序列分析、结构分析、分子量测定和各组分含量测定。生物质谱法很早就已作为临床化学和小分子药物的检验方法之一，目前主要用于维生素 D 检测、新生儿遗传性代谢病筛查、血药浓度监测、固醇类激素检测、元素分析和微生物鉴定等。目前，临床主要采用基质辅助激光解吸电离飞行时间质谱技术和电喷雾串联质谱技术。随着精准医学的进一步发展，生物质谱技术将会成为个体化精准医疗水平发展的重要推动力。

三、分子生物学检验的应用

目前，以核酸分子杂交、PCR、DNA 测序、生物芯片、生物质谱等为核心技术的分子生物学检验在临床检验工作中的应用，已从单一的病因检验诊断拓展到涵盖疾病风险预测、病因分析、病情严重程度评判、疗效评价、预后评估等的综合检验诊断；分子生物学检验方法已从手工、定性和低通量发展为自动化、定量和高通量；分子生物学检验的质量管理体系也逐渐健全和完善。分子生物学检验不仅在感染性疾病、遗传病、肿瘤等复杂疾病的临床诊疗过程中发挥着越来越重要的作用，而且在指导临床合理用药、避免或减轻不良反应以及器官移植、法医物证学领域的个体识别与亲子鉴定中被广泛应用。

（一）分子生物学检验在感染性疾病中的应用

细菌、病毒、真菌等病原微生物感染机体所引起的感染性疾病是人类常见疾病。随着各种病原体基因组结构的阐明，分子生物学检验已广泛应用于感染性疾病的早期诊断；病原体基因分型、亚型鉴定和耐药基因分析；治疗效果监测和流行病学调查等。针对病原体的特异性核酸序列进行核酸扩增，采用核酸定性检测技术，可判断机体是否发生感染以及被何种病原体感染。另外，采用核酸定量检测技术，还可诊断隐性感染和潜伏性感染，并可用于监测疗效。如需对病原体进行基因分型、亚型鉴定和耐药基因分析等，则还可采用核酸分子杂交技术、核酸序列分析技术、生物芯片技术和生物质谱技术等。

（二）分子生物学检验在遗传病中的应用

由于遗传物质结构或功能的改变所导致的疾病称为遗传性疾病，即遗传病。已知的人类遗传病有 2 万多种，通常可分为单基因遗传病、多基因遗传病、线粒体遗传病、染色体病和体细胞遗传病等。遗传病相关的分子生物学检验是通过患者的核酸、染色体、蛋白质和某些代谢产物来揭示与遗传病发生相关的基因、基因型、基因突变、基因的单倍体型和染色体核型等分子生物学标志，便于对遗传病进行早期预防、早期诊断和早期治疗，进而控制或减少相关遗传病的发生，减轻患者症状和改善预后。PCR 衍生技术、生物芯片技术、核酸序列分析技术、核酸分子杂交技术和由核酸分子杂交技术发展起来的比较基因组杂交技术等在遗传病中的应用较为广泛，目前已成功诊断了数百种遗传病，特别是在产前诊断和携带者的预防性监测方面成效显著，这对减少遗传病患儿出生、遗传病防治和预防性优生等都具有重要的实际意义。

（三）分子生物学检验在肿瘤性疾病中的应用

肿瘤性疾病严重威胁着人类健康。肿瘤分子生物学的兴起极大地促进了人们对肿瘤发生、发展和转归等机制的认识。肿瘤性疾病的分子生物学检验贯穿肿瘤患者的全生命周期管理，它通过检测肿瘤相关的染色体异常、基因异常、单核苷酸多态性、表观遗传变异和肿瘤相关病毒基因等对肿瘤进行易感性筛查、早期诊断、分子分型、靶向治疗、疗效观察、复发监测和预后判断等，有助于控制病情发展、延长患者生存期和提高部分患者的生活质量。在核酸分子杂交、核酸扩增、核酸序列分析、生物芯片、生物质谱和蛋白质印迹等技术基础上衍生、组合或联合应用形成的新分析方法，如单核苷酸多态性阵列、突变分析、差异表达分析、比较基因组杂交和高通量基质辅助激光解吸电离飞行时间质谱等技术，显著提高了肿瘤分子生物学检验的特异性、灵敏度和准确性。此外，分子成像技术和以基因诊断为主导的分子病理分型技术等，在肿瘤的早期发现、精确定位和个体化治疗指导等方面也显示出良好的应用前景。

随着人们对生物分子在疾病发生、发展和转归等机制方面的认识越来越深入，临床医师对分子生物标志物在疾病诊疗中价值认可度的提高，以及分子生物学检验新技术的不断涌现和日趋成熟，分子生物学检验将会更有效、更广泛地应用于疾病的预防、诊断和治疗，并推动现代临床检验诊断技术的进步和临床医学的发展。

四、分子生物学检验的教与学

分子生物学检验的内容包括检验技术和检验诊断两个部分。分子生物学检验的检测对象是核酸等分子生物标志物，因此，基因、基因组及其特征等是分子生物学检验的重要理论基础；PCR技术、核酸电泳技术、实时荧光定量PCR技术、核酸分子杂交技术、蛋白质分析技术属于分子生物学检验的基础技术；临床基因扩增实验室的建立和质量管理对于核酸扩增检验质量保障和检验人员的生物安全防护至关重要，感染性疾病的分子生物学检验是最常见的分子生物学检验诊断应用。学习PCR技术、核酸电泳技术、实时荧光定量PCR技术时，可边讲边练，并在课余时间开放实验室，使学生做到理论与实践相结合，借此加深对仪器结构、原理、检验方法、校准、使用与维护保养等的理解；感染性疾病的分子生物学检验、临床基因扩增实验室的建立和质量管理宜以课程见习和理论与实践相结合等形式在临床现场进行教学。核酸恒温扩增技术、核酸序列分析技术、生物芯片技术、生物质谱技术、分子生物学检验新技术、遗传病的分子生物学检验和肿瘤性疾病的分子生物学检验等可作为教学中的进阶内容。教学过程中，可结合案例，抓住技术的方法与原理和临床应用两条主线，立足于培养学生分析问题、解决问题以及临床应用的能力。

小结

虽然分子生物学检验的发展大致分为以DNA分子杂交、PCR、生物芯片、DNA测序与生物质谱等核心技术为代表的四个阶段，但四大核心技术及其相互交叉融合（或组合发展）而形成的新技术已广泛应用于临床分子生物学检验实践工作中。

思考题

一、选择题

1. 核酸变性后可发生
   A. 减色效应
   B. 增色效应
   C. 最大吸收峰波长发生转移
   D. 失去对紫外线的吸收能力
   E. 沉淀

2. 核酸的最大紫外线吸收值一般在
   A. 280 nm 波长附近
   B. 260 nm 波长附近
   C. 240 nm 波长附近
   D. 220 nm 波长附近
   E. 200 nm 波长附近

3. 核酸具有紫外吸收能力是因为
   A. 嘌呤和嘧啶环中有共轭双键
   B. 嘌呤和嘧啶中有氮原子
   C. 嘌呤和嘧啶连接了核糖
   D. 嘌呤和嘧啶中有硫原子
   E. 嘌呤和嘧啶中有巯基

4. 下列关于 DNA 双螺旋结构的叙述，正确的是
   A. 一条链是左手螺旋，另一条链是右手螺旋
   B. 双螺旋结构的稳定纵向依靠氢键维系
   C. A+T 与 G+C 的比值为 1
   D. 两条链的碱基间以共价键结合
   E. 磷酸、脱氧核糖构成螺旋结构的骨架

5. 属于核酸一级结构的描述是
   A. 核苷酸在核酸长链上的排列顺序
   B. tRNA 的三叶草结构
   C. DNA 双螺旋结构
   D. DNA 超螺旋结构
   E. DNA 的核小体结构

二、问答题

1. 分子生物学检验的发展分为哪几个阶段？每个阶段的核心技术有哪些？
2. 试述分子生物学检验在临床检验中的应用。

（肖忠华）

第二章 核酸分子生物标志物

学习目标

通过本章内容的学习，学生应能够：

识记：
1. 列举常见的核酸分子生物标志物。
2. 陈述病毒、原核生物及真核生物基因组的特征。

理解：
解释核酸分子生物标志物与基因组特征之间的关系。

运用：
查阅相关临床诊疗指南，辨析核酸分子生物标志物的类别。

案例导入

案例 2-1

患者，女性，28 岁，G2 P1，第一胎为正常儿。患者一般体格检查未见异常，无不适，于 2017 年 4 月以宫内孕 18 周在医院行无创 DNA 产前筛查，结果提示胎儿 21 号染色体异常。羊水穿刺结果为 21 号染色体异常，予以引产。

21-三体综合征即唐氏综合征，俗称先天愚型，患儿出生后一般表现为智力低下，生长发育迟缓，特殊面容，也可伴有先天畸形。

思考题：
1. 该案例的标本类型是什么？分子生物学检验标本的类型一般有哪些？
2. 该案例的分子生物标志物是什么？核酸分子生物标志物有哪些？

生物标志物在临床实践中具有重要的应用价值，贯穿疾病的整个诊疗过程。在疾病发生之前，生物标志物可用于诊断、分期、分级以及指导治疗方法的选择；在治疗过程中，生物标志物可用于监测治疗过程并指导调整治疗方案。分子生物标志物是生物标志物中的一种，包括核酸、蛋白质和各种代谢产物等多种类型。

随着基因组学技术的发展，对人类基因组和各类病原体基因组有了更详细的了解。核酸分子生物标志物在疾病的早期诊断、新发疾病诊断和产前诊断等领域得到了广泛应用。临床分子生物学检验以核酸（DNA 和 RNA）为主要对象，最常见的检测指标是基因组 DNA。

第一节　基因组及其特征

一、基因和基因组

（一）基因

基因的概念是 19 世纪由遗传学家提出的。1865 年，现代遗传学的奠基人孟德尔（Mendel）根据豌豆杂交实验，认为细胞内的遗传因子决定和控制着生物的各种性状，提出了遗传因子学说。1909 年，丹麦遗传学家将遗传因子更名为基因（gene）。但对基因的化学本质及功能的真正认识是在 20 世纪 40 年代以后。人们认识到遗传的分子基础是核酸，提出了"基因的本质就是核酸"的观点，后来又把基因和蛋白质的关系描述为"一个基因一个酶"，之后又对这一假说进行了修正，提出"一个基因一条多肽链"的概念。

随着分子生物学的快速发展，人们对基因的理解也不断深入，并对基因的定义和本质展开了进一步的探讨。结果发现，并非所有的基因产物都是蛋白质，有的基因还编码具有特定功能的 RNA，如核糖体 RNA（ribosomal RNA，rRNA）、转运 RNA（transfer RNA，tRNA）和其他小分子 RNA。因此，分子生物学对基因的定义是：一个基因是编码有功能的蛋白质多肽链或 RNA 分子所必需的全部核苷酸序列（通常是 DNA 序列），包括编码序列、编码序列外的侧翼序列及插入序列。

根据这一定义，一个基因不仅包含编码蛋白质肽链或 RNA 分子的核苷酸序列，还包括其他序列。将基因中编码蛋白质或 RNA 分子的 DNA 序列称为结构基因（structural gene）。另外，在某些特定的生物体内，RNA 也可以作为遗传信息的携带者，如病毒或者类病毒。也就是说，基因不仅是指 DNA。

（二）基因组

基因组（genome）是一个细胞或一种生物体的整套遗传物质，包括基因和非编码 DNA。更准确地讲，一个生物体的基因组是指一套染色体中完整的 DNA 序列。如体细胞中的二倍体由 2 套染色体组成，其中一套 DNA 序列就是一个基因组。基因组也可以指单倍体细胞的整套核 DNA（核基因组），也可以表示拥有自身遗传物质的细胞器基因组，如线粒体基因组。自然界中从简单的病毒到复杂的高等动、植物，都具有自身独特的基因组。不同生物的基因组结构和组织形式也有明显的差异。

二、病毒基因组

病毒（virus）是自然界中普遍存在的一种结构简单，不能单独繁殖，只能在宿主细胞内进行复制，以保证遗传信息传递的微生物。完整的病毒颗粒由核酸和蛋白质组成。核酸是病毒的核心，构成病毒基因组，为病毒增殖、遗传和变异等提供遗传信息。与原核生物和真核生物基因组相比，病毒基因组在基因组大小、碱基组成、核酸类型、基因组结构等方面都有所不同。病毒基因组特征包括以下几个方面。

(一)基因组的碱基组成

病毒基因组的结构相对简单,基因数量少,所含遗传信息也较少,但不同的病毒基因组,其大小存在着较大的差异,变化范围一般为 $1.5 \times 10^3 \sim 3.6 \times 10^6$ 个碱基对(base pair,bp)。如乙型肝炎病毒基因组含 3.2 千碱基(kilo base,kb),仅编码 6 种蛋白质;痘病毒基因组 DNA 为 300 kb,但能编码几百种蛋白质。不同病毒核酸的碱基组成差异也很大,如某些疱疹病毒属,G+C 碱基含量高达 75%,而某些痘病毒属,G+C 碱基含量则低至 25%。G+C 碱基含量越高,表示核酸双链结构越稳定。

(二)基因组的核酸类型

病毒的基因组可以由 DNA 组成,也可以由 RNA 组成。每种病毒颗粒只含有一种核酸,即只能为 DNA 或 RNA 的其中一种。病毒 DNA 或 RNA 分子可以是单链,也可以是双链;可以是环状分子,也可以是线状分子。如乙型肝炎病毒、人乳头瘤病毒的 DNA 是环状双链 DNA(double-stranded DNA,dsDNA),疱疹病毒、腺病毒的 DNA 是线状双链 DNA;脊髓灰质炎病毒的基因组是单链 RNA,而正呼肠病毒的基因组是双链 RNA 分子。大多数 DNA 病毒的基因组是双链 DNA 分子,而大多数 RNA 病毒的基因组是单链 RNA 分子。大多数 RNA 病毒的基因组由连续的 RNA 组成,某些病毒的基因组 RNA 是节段性的,由不连续的数条链组成,如流感病毒。

(三)基因重叠

病毒基因组有重叠基因存在,即同一段 DNA 片段可编码 2 种甚至 3 种蛋白质分子。重叠基因虽然共享同一段 DNA 序列,但随读码框架起始点的改变,同一段病毒核酸可翻译出数种多肽,这种现象在其他生物细胞中仅见于线粒体 DNA 和质粒 DNA。这种结构的意义在于较小的基因组能够携带较多的遗传信息,使病毒能够利用有限的基因,编码出更多蛋白质。

(四)病毒基因的连续性和间断性

噬菌体(感染细菌的病毒)的基因是连续的,其基因组中无内含子。而感染真核细胞的病毒基因是不连续的,其基因组中有内含子,基因呈间断性,转录后需经剪接加工才能成为成熟的 mRNA。

(五)基因组中的重复序列和非编码区少

病毒基因组中大部分都是编码蛋白质的,只有很少一部分不被翻译,这与真核细胞 DNA 有很多重复序列和非编码区不同。如在 φX174 大肠埃希菌噬菌体基因组中,不参与翻译的部分仅占不到 5%,不参与翻译的 DNA 序列通常是调控序列。

(六)基因组主要是单倍体

在病毒基因组中,除反转录病毒的基因组有 2 个拷贝外,其他病毒的基因组都是单倍体,即在病毒颗粒中每个基因只有一次拷贝(只出现一次)。

(七)相关基因丛集

在病毒基因组的 DNA 序列中,功能上相关的蛋白质基因或 rRNA 基因常丛集在基因组的一个或数个特定的部位,形成一个功能单位或转录单元,它们可一起转录一条含多个多肽链编码的 mRNA 分子,该 mRNA 分子称为多顺反子 mRNA。

(八)病毒基因组含有不规则的结构基因

某些病毒基因的结构不规则,转录出的 mRNA 分子有以下几种情况:①数个基因编码区是连续、不间断的，即编码一条多肽链，翻译后切割成几种蛋白质；②某些病毒翻译的 mRNA 没有 5′帽子结构；③有的病毒 mRNA 没有起始密码子。

三、原核生物基因组

原核生物的结构简单，多为单细胞生物，具有独立的生存和繁殖能力。原核生物包括细菌、立克次体、支原体、衣原体、螺旋体、放线菌和蓝藻等，是引起人类感染性疾病的重要病原体。感染性疾病的分子生物学检验是针对侵入人体的病原体基因组检测，可以确诊感染者，也能检出带菌者和潜在感染者，同时还可以进行分型、耐药情况监测和分子流行病学调查。因此，进行病原体基因组研究具有重要意义。

（一）原核生物基因组的一般特征

原核生物基因组通常比较简单，与真核生物相比，其基因组所含的基因只有数百个至数千个。一般来说，原核生物的基因数量与其基因组的大小呈正相关。

1. 拟核结构　原核生物的基因组通常比较简单，它们的核物质只是散在分布于细胞质中，没有核膜、核仁，不含组蛋白，仅由一条环状双链 DNA（dsDNA）分子构成，不形成明显的细胞核，故称为拟核（nucleoid），又称类核。在某些细菌中，除了染色体中的 DNA，在细胞质中也存在着遗传物质，即质粒。

2. 一个复制起始点　与真核生物不同，原核生物的基因组中通常只有一个 DNA 的复制始点。

3. 以操纵子为功能单位　操纵子（operon）结构是原核生物基因组的功能单位。原核生物的绝大多数结构基因按照功能的相关性成簇串联于染色体上，连同其上游的调控区（即启动子和操纵元件）以及下游的转录终止信号共同组成一个基因表达单位，即操纵子结构。某些操纵子的表达调控机制已经研究明确，如乳糖（lac）操纵子、阿拉伯糖（ara）操纵子及色氨酸（trp）操纵子等。

4. 结构基因大多没有内含子　除古核生物外，原核生物的结构基因中均无内含子成分，mRNA 合成后通常不需要经过剪接加工，转录和翻译往往是耦联的。

5. 结构基因大多为单拷贝基因　原核生物的基因多为单拷贝基因，只有编码 rRNA 和 tRNA 的基因有多拷贝，这有利于核糖体的快速组装和蛋白质的生物合成。

6. 具有编码同工酶的基因　这类基因表达产物的功能相同，但基因结构不完全相同，又称同基因。如大肠埃希菌的基因组中含有两个编码乙酰乳酸合成酶同工酶的基因。

7. 含有可移动 DNA 序列　原核生物基因组中的可移动序列能产生转座现象，包括插入序列、转座子和染色体外的质粒等。这些可移动的 DNA 序列通过不同的转移方式发生基因重组，改变生物体的遗传性状，使原核生物能更好地适应环境的变化。

（二）质粒

质粒（plasmid）是指细菌细胞染色体以外，能独立复制并稳定遗传的共价闭合环状分子。绝大多数细菌来源的质粒核酸是环状双链 DNA 分子，没有游离的末端，每条链上的核苷酸通过共价键将头尾相连。另外，质粒核酸也有 RNA，如酵母杀伤质粒。RNA 质粒多数有蛋白质外壳，而 DNA 质粒则没有蛋白质包裹。质粒是自行复制单位，有多个拷贝者，称为松弛型质粒（relaxed plasmid）；仅含一个或几个拷贝者，称为严紧型质粒（stringent plasmid）。利用同一复制系统的不同质粒通常不能在同一菌株内稳定共存，当细胞分裂时，就会分别进入不同的子代细胞，这种现象称为质粒不相容性。而复制和分配模式不相同的两个或多个质粒可以在同一菌株内稳定共存，称为质粒相容性。

质粒可编码细菌多种重要的生物学性状,根据其所携带基因功能的不同将质粒分为 R 质粒、F 质粒和 Col 质粒等多种类型。其中,R 质粒又称抗药质粒,与临床分子生物学检验的关系最为密切。

四、真核生物基因组

真核生物较为复杂,有真正的细胞核,其遗传物质与蛋白质结合形成染色体,集中在细胞核内。多细胞动物、植物等都属于真核生物,但也有酵母等单细胞真核生物。真核生物的基因组主要是核内染色体 DNA,此外还有细胞质内线粒体 DNA 或叶绿体 DNA。

(一)真核生物基因组的一般特征

1. 体细胞一般为二倍体 真核生物的基因组 DNA 与蛋白质结合,以染色体的形式储存于细胞核内。体细胞的基因组是二倍体,即有双份同源基因组。

2. 真核基因组大,具有许多复制起始点 真核生物的基因组比较庞大,远远大于原核生物的基因组。如人体的单倍体基因组约含有 10 万个基因,由 3×10^9 个碱基对组成。由于真核生物的染色体 DNA 较大,所以其复制速度较原核生物慢。但是真核生物染色体 DNA 上有多个复制起始点,相距 5~300 kb,可以在多个复制起始点上同时开始复制,而且是双向复制,所以从总体来看,真核生物的 DNA 可以快速合成。目前在真核生物基因组中,只有酵母的染色体 DNA 复制起始点是已知的。

3. 单顺反子结构 真核生物的基因转录产物为单顺反子,即一条 mRNA 链只含有一个翻译起始点和一个终止点,一个基因只编码一条多肽链或 RNA 链。

4. 断裂基因 绝大多数真核生物的显著特征是结构基因的编码区内含有非编码的插入序列,这种编码序列和非编码序列相间排列的基因称为断裂基因(interrupted gene)。真核生物基因组中的非编码序列多于编码序列。在人类基因组中,编码序列约仅占基因组 DNA 总量的 3%,而非编码序列占 95% 以上。编码序列称为外显子(exon),非编码序列中,一部分是基因的内含子(intron),另一部分则是调控序列和重复序列。在真核生物的基因组中,内含子比外显子长很多,如编码卵清蛋白的基因,其内含子可占基因总量的 85%。外显子在基因转录后经剪接连在一起,形成成熟的 mRNA;但内含子在转录后加工过程中被剪切掉,所以不存在于成熟的 mRNA 中。

5. 重复序列 真核基因组中的非编码序列总是存在着许多重复序列,根据 DNA 序列出现频率的不同,可将其分为单拷贝序列、中度重复序列和高度重复序列。单拷贝序列在基因组中只出现一次或少数几次,中度重复序列可重复数十至数万次,高度重复序列的重复次数则可达数百万次以上。真核基因组的重复序列可以高达总 DNA 量的 50%。重复序列的功能主要与基因组的稳定性、组织形式以及基因的表达调控有关。

6. 基因家族与假基因 基因家族是由某一祖先基因经重复和突变产生的结构和功能相似的一组基因。基因家族有成簇分布在某一染色体上的,如组蛋白基因家族成簇集中在 7 号染色体上;也有散在分布于不同染色体上的,如珠蛋白基因家族。

假基因是真核生物基因组的另一大特点,从一个祖先基因演变成基因家族的过程中,某些基因发生倒位或缺失,可能导致调控信号丢失,或发生点突变,导致转录调控受阻或阅读框改变而产生终止信号,因此不能产生具有功能的 mRNA。在基因家族中,这种与正常基因序列相似,但无转录功能或其转录产物无功能的基因称为假基因(pseudogene)。

(二)细胞质基因组的特征

1962 年,科学家用电子显微镜观察玉米等植物叶绿体的超薄切片,发现在叶绿体的基质中有部分经 DNA 处理后消失的细纤维。这些细纤维就是叶绿体的 DNA。之后又证实，细胞的线粒体中也存在 DNA。细胞质基因组主要是指线粒体基因组和叶绿体基因组，它们都能够进行半自主复制，并通过转录、翻译控制某些蛋白质的合成。下文主要介绍线粒体基因组。

动物细胞线粒体 DNA 内含有 37 个编码基因，分别编码 2 个 rRNA、22 个 tRNA 和 13 个蛋白质编码基因。1987 年，Wallace 等发现线粒体 DNA 突变与莱伯遗传性视神经病变的关系后，首次提出线粒体 DNA 突变可引起人类疾病，由此开辟了研究线粒体 DNA（mitochondrial DNA，mtDNA）与人类疾病关系的新领域。目前已经发现 mtDNA 中有 50 多种点突变和 200 多种基因组重排与人类大脑、心脏、骨骼肌、肾和内分泌腺等多种器官和组织病变有关。线粒体的遗传特性包括以下几方面。

1. mtDNA 复制具有半自主性　mtDNA 复制的半自主性是指 mtDNA 能够独立复制、转录和翻译，但由于大量维持线粒体结构和功能的大分子复合物及大多数氧化磷酸化酶均是由染色体 DNA 编码的，故其复制也受染色体 DNA 的制约。

2. 母系遗传　mtDNA 的母系遗传是指母亲将线粒体 DNA（mtDNA）传递给儿子和女儿，但只有女儿能将其 mtDNA 传递给下一代的遗传方式。目前认为，在没有发生突变的情况下，母系直系亲属间的 mtDNA 序列是完全一致的。

3. 异质性　在细胞发育过程中，mtDNA 分子彼此独立复制，并不涉及基因重组，且 mtDNA 复制过程具有更高的出错率，这些因素可导致个体 mtDNA 分子存在诸多差异，称为异质性。但是 mtDNA 在传递过程中存在遗传瓶颈，即不同组织和细胞内的大量线粒体会随卵母细胞的成熟而大量减少，限制了 mtDNA 变异体在其后代中的传递，所以人群中只有 2%~8% 的个体存在异质性。

4. 阈值效应　在特定组织中，只有当突变型 mtDNA 积累到一定的数量和比例时，才能引起某组织或器官功能异常，即阈值效应。

5. mtDNA 突变率高　mtDNA 排列紧密、无间隔区，且部分区域存在重叠，因此，任何突变都可能会累及基因组中的重要功能区。同时，由于缺乏组蛋白的保护及有效的 DNA 修复系统，且 mtDNA 位于线粒体内膜，易受自由基侵袭而发生改变，因此 mtDNA 突变频率较高，为染色体 DNA 的 10~20 倍。

6. 多拷贝　体细胞和基因组 DNA 为二倍体，而 mtDNA 为多倍体。因此，mtDNA 具有更高的检出率，适用于陈旧、已降解及无染色体 DNA 的待检标本（如骨骼、牙齿、毛干等标本）的检测。

五、人类基因组与人类基因组计划

（一）人类基因组

人类基因组（human genome）是人类所有遗传信息的总和，包括细胞核内的核基因组和细胞质内的线粒体基因组。核基因组由约 3.0×10^9 bp 组成，线粒体基因组由 16 569 bp 组成。核基因组包含在 22 条常染色体和 X、Y 性染色体内。如果不特别注明，人类基因组通常是指核基因组。

人类基因组中含有大量重复序列，占比达 50% 以上。基因组中的编码序列很少，仅占全基因组的 1%，编码约 2 万个基因，存在 1.5 万个基因家族。约 60% 的基因转录后具有可变剪接，80% 的可变剪接可使蛋白质的序列发生变化。人体的染色体大小为 47~250 Mb，含有 5076 个基因。值得注意的是，人体的基因在染色体上并不是均匀分布的。

（二）人类基因组计划

人类基因组计划（Human Genome Project，HGP）于20世纪80年代提出，旨在确定人类基因组的全部核苷酸序列，发现所有人类基因并对其进行染色体定位，破译人类全部遗传信息。1990年，人类基因组计划正式启动，由多国科学家共同参与。HGP的基本研究任务是完成四张图的绘制工作，即遗传图、物理图、转录图和序列图。2001年公布了人类基因组图谱及初步分析结果，2003年完成了人类基因组精细图谱。

HGP完成后，基因组的研究重点转向了基因组的功能研究，目的是识别人类基因组中的所有功能元件并阐明其功能机制，以便人类能精确地理解生命的奥秘和疾病的发生与发展机制。2003年9月，"DNA元件百科全书"（the Encyclopedia of DNA Elements，ENCODE）计划正式启动，其目标是鉴定人类基因组中所有的功能片段。生物信息技术、芯片技术、质谱、色谱、磁共振等工具有力地推动了功能基因组的深入研究。

> **小结**
>
> 基因是携带遗传信息的片段。一个细胞或生物体的整套遗传物质称为基因组。熟知病毒、原核生物、真核生物和人类基因组的特征有助于理解选择某种核酸分子生物标志物及检验方法的原因，进而理解如何发现新的核酸分子生物标志物，并开发新的核酸分子生物标志物检验方法。

第二节　分子生物标志物

分子生物标志物是可以反映机体生理、病理状态变化的核酸、蛋白质（多肽）和各种代谢物等生物分子。目前，分子生物学检验中应用最广泛的是核酸分子生物标志物，最常见的有基于基因突变、基因多态性、基因组片段、RNA和循环核酸等多种形式的生物标志物。

> **知识链接**
>
> **分子诊断发明家 Carl Wittwer**
>
> 美国犹他大学ARUP临床实验室的Carl Wittwer于1990年在犹他大学产业园创办了BioFire Diagnostics公司。随后，他在ARUP临床实验室建立了第一个分子诊断实验室。他是LightCycler和HRM等技术的发明者，并成功将其产业化。他拥有近40个发明专利。2012年，《Clinical Chemistry》杂志推选他为医学检验界6位创新先锋之一。

一、基于基因突变的分子生物标志物

突变（mutation）是指DNA序列的改变或重排导致其基因型发生稳定且可遗传的变化过程。根据突变的程度和性质，可将其分为染色体数目改变、染色体结构改变和单基因突变三类。单基因突变也就是通常所说的基因突变，是指基因组成或结构发生的改变，是形成单基因遗传病的重要基础，也是临床分子生物学检验的重点内容。基因突变包括点突变、插入/缺失突变和动态突变等类型。

(一)点突变

点突变(point mutation)是 DNA 分子中单个碱基的改变。从点突变对基因功能的影响划分,点突变主要包括同义突变、错义突变、无义突变、转录突变或启动子突变、剪接位点突变和多聚核苷酸尾信号突变等。除同义突变外,其他类型的基因突变都是致病性突变。

(二)插入/缺失突变

插入/缺失突变(insertion-delete mutation)分为小片段和大片段插入/缺失,小片段突变是在 1~60 bp 内的改变,而大片段的插入/缺失甚至可以在染色体水平检测到。如果在编码序列中插入/缺失 1 个或非 3 的整数倍数目的碱基,导致突变位点后的阅读框移位,从而造成蛋白质中氨基酸残基的排列顺序发生改变,称为移码突变(frame-shift mutation)。移码突变通常会导致蛋白质产物完全丧失功能。

(三)动态突变

某些基因遗传病的发生是由于 DNA 分子中某些短串联重复序列(主要为三核苷酸,如 CAG、GTG、CGG)的拷贝数发生扩增而产生突变。其序列变异特征为:正常等位基因的这种重复序列拷贝数低、而突变等位基因的拷贝数明显增加,而且这种三核苷酸的重复次数可随着世代交替的传递而呈现逐代递增的累加突变效果,故而称为动态突变(dynamic mutation)。如亨廷顿病(Huntington disease,HD),其致病基因 *HTT* 位于 4 p16.3。如图 2-1 所示,*HTT* 基因序列中包含一段以 CAG 为核心序列的三核苷酸重复(…CAGCAGCAG…),重复次数 < 28 次表示正常,重复次数为 28~35 次时,风险显著增加;当重复次数 > 35 次时,则开始引起症状;当重复次数 > 40 次时,患者可出现典型症状。

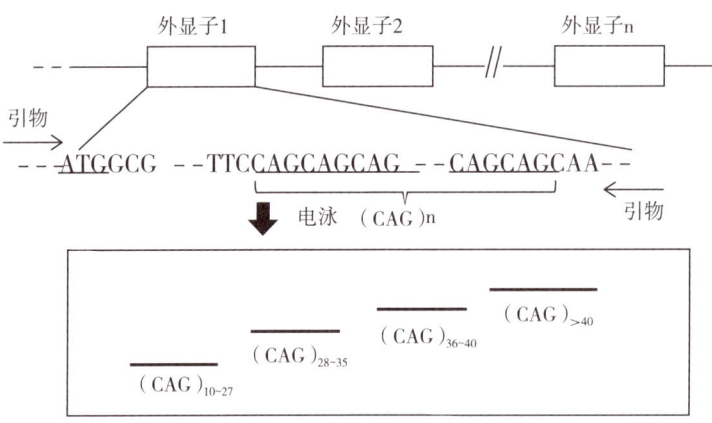

图 2-1 *HTT* 基因动态突变示意图

二、基于基因多态性的分子生物标志物

人类基因组的组成中,不同个体的基因组序列会存在差异。1 对同源染色体平均每 1000 个碱基就可能出现 1 个碱基差异。当某种变异相对常见,在群体中出现的频率高于 1% 时,则称为多态性(polymorphism),频率低于 1% 的变异则称为突变。人类基因多态性既来源于基因组中重复序列拷贝数的不同,也来源于单拷贝序列的变异,以及双等位基因的转换或替换。人类基因组中的 DNA 多态性有多种形式,主要包括限制性片段长度多态性、短串联重复序列多态性、单核苷酸多态性等。

(一)限制性片段长度多态性

限制性片段长度多态性(restriction fragment length polymorphism, RFLP)是第一代分子标记技术,该技术是利用限制性核酸内切酶能识别 DNA 分子的特异序列,并在特定序列处酶切 DNA 分子,获得特定长度的片段。由于不同个体 DNA 序列存在差异,如果这种碱基替换恰好发生在内切酶的切割位点,就会造成酶切位点的减少或增加,结果导致酶切片段的减少或增加。这样就使得用同一种限制性内切酶切割不同个体的 DNA 序列时,能获得不同长度、不同数量的限制性酶切片段,然后通过 Southern 杂交等即可分析其多态性。这种造成限制性片段长度多态性的位点变异实际上是单核苷酸多态性的一部分,因此这一类多态性分析目前已经可以被单核苷酸多态性(single nucleotide polymorphism, SNP)分析技术所取代。

(二)重复序列多态性

重复序列多态性(sequence repeat polymorphism, SRP),特别是短串联重复序列多态性,如小卫星 DNA 和微卫星 DNA 多态性,主要表现为重复序列拷贝数的变异,属于第二代 DNA 多态性分子标记技术。小卫星 DNA 由 15~65 bp 片段的基本单位串联而成,总长度通常不超过 20 kb,重复次数在人群中属于高度变异。这种可变数目串联重复序列(variable number of tandem repeat, VNTR)决定了小卫星 DNA 长度的多态性,被广泛用于 DNA 指纹分析和遗传连锁分析。微卫星 DNA 的基本序列只有 1~8 bp,而且通常只重复 10~60 次,其长度小于 400 bp,又称短串联重复序列(short tandem repeat, STR)。微卫星 DNA 由于核心序列的重复次数在个体间呈高度变异性且数量丰富,故其多态性比 RFLP 显著提高。因此,微卫星标记的应用非常广泛,可以用于个体识别,某些微卫星 DNA 重复次数的变化与人类疾病特别是神经系统疾病和癌症有着密切的关系。

(三)单核苷酸多态性

单核苷酸多态性(single nucleotide polymorphism, SNP)是在基因组水平上由单个核苷酸的变异所引起的 DNA 序列多态性,是人类可遗传变异中最常见的一种,占所有已知多态性的 80% 以上。SNP 在人类基因组中广泛存在,已确定和分类的全世界人群 SNP 总数超过 900 万个。SNP 通常是一种双等位基因,由单个碱基的转换或颠倒所引起,也可由碱基的插入或缺失所导致。SNP 既可能在编码基因序列内,也可能在非编码序列上。一般而言,SNP 不直接致病,而是对个体的易感性产生影响。在遗传学分析中,由于 SNP 在染色体上分布相对均匀,且密度远高于微卫星 DNA 位点,更易于实现快速高通量自动化检测,因此,SNP 作为一类遗传标记得以广泛应用。

三、基于 DNA 甲基化的分子生物标志物

DNA 甲基化是最早被发现的 DNA 修饰方式之一,也是 DNA 的天然修饰方式,广泛存在于细菌、植物和哺乳动物,具有重要的生物学意义。DNA 甲基化可降解某些基因的活性,而去甲基化则可诱导基因重新活化和表达。在哺乳动物和人类基因组中,约有 1% 的 DNA 碱基发生甲基化。DNA 甲基化一般发生于 CpG 岛(CpG island)中的胞嘧啶上,生成 5-甲基胞嘧啶。人类的 CpG 以两种形式存在,一种分散于 DNA 中,另一种是 CpG 结构高度聚集的 CpG 岛,即 CpG 二核苷酸(CpG dinucleotide)。在正常组织中,70%~90% 的散在 CpG 是被甲基修饰的,而 CpG 岛则是非甲基化的。DNA 甲基化可引起基因突变,并影响基因的表达。DNA 甲基化在人体正常发育、X 染色体失活、人体衰老以及许多人类疾病(如肿瘤、心血管疾病、

糖尿病和神经系统疾病等）的发生和发展过程中具有重要作用，已经成为表观遗传学的重要研究内容。

DNA羟甲基化也是一种重要的表观遗传修饰，对基因的表达起调控作用，在细胞分化和癌症的发生和发展过程中具有重要作用。这种新的 DNA 甲基化修饰形式——5-羟甲基胞嘧啶修饰在哺乳动物细胞、组织中广泛存在，可能对干细胞生物学和癌症的发生和发展具有重要的作用。

四、基于转录产物的分子生物标志物

（一）mRNA 标志物

mRNA 生物标志物已经得到广泛应用，并形成了成熟的技术方法，如 Northern 印迹技术、荧光定量 PCR 技术、基因芯片和 RNA 测序技术等。某些单基因遗传病中，由于个体基因突变后可形成异常剪接，因此，可以在 RNA 水平检测突变基因产物。在药物基因组学中，mRNA 生物标志物可用于药物的疗效预测。mRNA 基因分析可用于区分疾病的类型或进展程度。因此，对于不同的疾病（如心脏病、癌症或神经精神疾病），可以通过分析特定基因的表达进行分型。

另外，mRNA 生物标志物也可用于食品安全检测领域，特别是分析生长促进剂方面。食物中的某些物质所引起的生理变化可以在转录水平上出现差异，并且这些差异表达基因可以作为首选的生物标志物。但是大多数研究发现，许多基因的表达会受到影响。因此，基因表达模式识别比寻找单个生物标志物更具有优势。

（二）微 RNA 标志物

微 RNA（micro RNA，miRNA）是一类内源性的具有调控功能的非编码 RNA，长度为 20~25 个核苷酸，在细胞内主要发挥基因转录后水平调控作用。miRNA 参与生命活动中的一系列重要过程，包括胚胎发育、细胞增殖、细胞凋亡、病毒防御、脂肪代谢、肿瘤发生等。已知大多数 miRNA 的表达具有生理特异性和疾病特异性。由于 miRNA 的长度很短，对核糖核酸酶不太敏感，因此其较平均长度为 2 kb 的 mRNA 更稳定。已证实 miRNA 可用于诊断特定类型的癌症，如来源于胃肠道的癌组织，可以通过分析特定的 miRNA 对胃肠道癌组织进行鉴别。与 mRNA 分析相似，根据 miRNA 表达谱的特征可以了解特定疾病的进展情况或患者对治疗的反应。

miRNA 不仅存在于组织细胞内，而且能随细胞分泌的微小囊泡分泌到细胞外，并进入血液中。因此，在体液中（如血浆或血清、尿液、脑脊液甚至乳汁中）也可以检测到 miRNA 分子。这些循环 miRNA 是分子诊断领域具有重要价值的分子生物标志物。某些循环 miRNA 已成为特异疾病的标志物，如 miRNA-141 已被证明是前列腺的潜在血浆标志物。

（三）长链非编码 RNA 标志物

长链非编码 RNA（long non-coding RNA，lncRNA）是指长度大于 200 bp 的非编码 RNA。在生物标志物研究中，lncRNA 逐渐成为研究焦点，尤其是在癌症研究方面。根据其调节功能，已发现部分潜在的 lncRNA 生物标志物。

H19 是最早被鉴定的 lncRNA 分子之一，是食管癌、肝癌、膀胱癌、结肠癌以及转移性肝癌的生物标志物，启动子区域甲基化缺失，可导致 lncRNA 显著上调，用于预测肿瘤的发生。另一个 lncRNA 标志物是 HOTAIR，可以反映预后和肿瘤的侵袭能力。与正常乳腺组织相比，在原发性和转移性乳腺癌组织中，其表达上调约 2000 倍。高水平的 HOTAIR 与肿瘤转移及低

存活率相关。MEG3 也是一种 lncRNA，它在人类多数组织内都有表达，尤其在大脑以及垂体中呈高表达。在各种类型的脑肿瘤中，MEG3 表达缺失，因此，MEG3 可以作为脑肿瘤的标志物。

五、基于线粒体脱氧核糖核酸的分子生物标志物

人类线粒体基因组（mitochondrial genome）是一条环状 DNA，长度为 16 569 个碱基。人类线粒体 DNA 编码 13 个多肽、2 个 rRNA 和 22 个线粒体蛋白质合成所需的 tRNA。线粒体 DNA 通过母系遗传的方式传递。每个线粒体都存在多拷贝线粒体 DNA，而每个细胞包含的线粒体数量取决于各细胞类型对能量的需求。因此，某些细胞类型可能包含多达上千拷贝数的线粒体 DNA。与核 DNA 相比，这种大量富集使得标本 DNA 有限时，某些分子生物学检验方法（如犯罪现场调查、病原体检测和古生物学研究）更倾向于使用线粒体 DNA。

线粒体 DNA 的突变率比核 DNA 高 10~20 倍。线粒体基因组可遗传的生殖性突变通常可导致神经退行性变性疾病和（或）肌病，如线粒体脑肌病伴高乳酸血症和卒中样发作以及莱伯遗传性视神经病变。另一方面，体细胞突变与衰老和癌症的发展有关。对线粒体 DNA 进行基因分析时，需要注意与细胞核假基因相关的一个潜在问题。细胞核假基因是核基因组中的 DNA 片段，与线粒体基因组有显著的相似性（同源性），可能导致线粒体 DNA 序列检测时呈假阳性，因此，需要对线粒体 DNA 检测的 PCR 系统特异性进行仔细评估。

六、基于循环核酸的分子生物标志物

循环核酸是一种存在于体液中细胞外呈游离状态的核酸，是重要的临床分子生物标志物，与肿瘤相关性疾病、自身免疫病密切相关。循环核酸检测在疾病早期诊断、分期、治疗以及预后判断和产前诊断等许多方面有着重要意义。

（一）循环肿瘤 DNA

循环肿瘤 DNA 是指肿瘤细胞 DNA 脱落或细胞凋亡后释放进入循环系统，是一种特征性的肿瘤生物标志物。循环肿瘤 DNA 是一种无细胞状态的胞外 DNA，存在于血液、滑膜液和脑脊液中。它是一种具备广泛应用前景、高灵敏性、高特异性的肿瘤标志物，而且适用于检测多种肿瘤。对于部分不具有典型临床症状、检查无特异性和诊断困难的肿瘤，进行循环肿瘤 DNA 检测可避免复杂的、有创的活检。

> **知识链接**
>
> **循环肿瘤细胞**
>
> 1869 年，澳洲医生 Ashworth 在一名已死亡的肿瘤患者血液中，发现一部分细胞的形态与尸检发现的肿瘤细胞十分相似，认为其可能源自肿瘤部位脱落进入血液系统，于是首次提出了循环肿瘤细胞（circulating tumor cell，CTC）的概念。20 年后，英国外科医生 Stephen Paget 提出"种子土壤学说"。"种子"（即肿瘤细胞）的生长需要合适的"土壤"（即肿瘤微环境）。肿瘤之所以会发生转移，是因为肿瘤细胞可以从原发部位脱落，并随血液进入体内循环。至此，人们才初步意识到 CTC 在肿瘤的发生过程中扮演的重要角色。CTC 携带有原发灶或转移灶的相关病理信息，因此，可以通过 CTC 检测对肿瘤的原发灶进行鉴定。

(二)母体血清中的胎儿DNA

胎儿DNA存在于几乎所有妊娠期妇女的血浆中,最早在妊娠后第5周就可以检测到。随着妊娠的进程,其含量逐渐增加。分娩后,胎儿DNA从母体血浆中快速清除,平均为16 min。母体血浆和血清中胎儿DNA的发现为无创产前诊断(non-invasive prenatal diagnosis,NIPD)奠定了基础。胎儿DNA在母体血浆中的检测较容易,但是其浓度比母体自身的DNA浓度低,因此研究者尝试检测胎儿从父亲遗传来的特异性的基因标志物(例如,男性胎儿的Y染色体标志物或者存在于父亲而不存在于母亲的基因改变)。该项技术目前已被用于检测性连锁遗传疾病、RhD水平、先天性肾上腺皮质增生症、软骨发育不全、β地中海贫血等。RhD阴性母体血浆中胎儿RhD的检测已被多个实验室作为常规检测手段。除母体血浆中胎儿DNA的定性分析外,胎儿DNA的定量分析也具有重要价值,特别是21-三体综合征的无创产前诊断,已应用于临床。其他疾病包括与妊娠期有关的疾病,如子痫前期、早产、妊娠剧吐和非侵袭性胎盘形成等。目前,已经开发出多种生物标志物不依赖于胎儿的性别或基因多态性,包括循环胎儿RNA和表观序列。

(三)循环DNA的其他应用

除可应用于肿瘤学和母婴医学外,血浆DNA在分子诊断中也有其他应用。与妊娠期妇女血浆中存在胎儿DNA的情况类似,在器官移植患者血浆中也已经检测出被移植器官的DNA。检测来源于移植器官的DNA浓度可能为检测移植排斥反应提供无创检测方法,这与肾移植后检测尿液中DNA的情况相似。另外,血浆DNA和细胞死亡之间的联系也促进了在各种与组织损伤相关的条件下(包括外伤、心肌梗死和脑卒中)进行循环DNA浓度检测。

(四)循环RNA

第一个在循环血液中检测到的游离RNA是肿瘤来源的RNA,包括肿瘤相关病毒RNA和组织特异性mRNA。后来,在不同癌症患者的血浆和血清中鉴定出大量RNA靶点,包括端粒酶和多种上皮来源的mRNA转录本。血浆中RNA的稳定性是其是否可以作为分子生物标志物的一个关键点。将纯化的DNA加入血浆中,大部分RNA分子在数秒钟内就会降解。但是,内源性的血浆RNA相当稳定,在室温条件下即使放置更长时间,浓度也不会发生改变。内源性血浆RNA的稳定性可能与RNA分子的出现和特定细胞事件有关,RNA分子可与某些蛋白质结合而起到保护作用。

妊娠期妇女的血浆中存在胎儿RNA,释放入母体血浆的胎儿RNA主要来源于胎盘组织。因此,可以在母体血浆中检测到胎盘特异性转录产物,如人胎盘催乳素(human placental lactogen,HPL)、β人绒毛膜促性腺激素(human chorionic gonadotropin,HCG)和促肾上腺皮质素释放激素(corticotropin releasing hormone,CRH)的mRNA。通过表达谱芯片分析,在母体血浆中发现了上百种新的胎儿RNA。母体血浆中胎盘mRNA的定量分析可以用于诊断胎儿21-三体综合征以及其他疾病,如妊娠高血压等。

小结

分子生物标志物可分为核酸分子生物标志物、蛋白质生物标志物和代谢产物生物标志物等。最常见的核酸分子生物标志物包括基于基因突变、基因多态性、DNA甲基化、转录产物、循环DNA、线粒体DNA和染色体数目或结构异常等类型。

思考题

一、选择题

1. 下列关于原核生物的说法正确的是
   A. 原核生物基因组 DNA 虽然与蛋白质结合，但不形成真正的细胞核
   B. 结构基因中存在大量内含子
   C. 原核生物有真正的细胞核
   D. 基因组中有大量的重复序列
   E. 原核生物的结构基因是断裂基因
2. 关于线粒体基因组的叙述正确的是
   A. 无内含子
   B. 无非编码区
   C. 只有一条链有转录活性
   D. 为父系传递
   E. 只有结构基因
3. 关于质粒的描述正确的是
   A. 为细菌生命活动所必需
   B. 可在细菌间转移或自行消失
   C. 细菌的耐药性与 F 质粒有关
   D. 为双股未闭合 DNA
   E. 数种不同的质粒不能共存于一个细菌内
4. 基因组中的 DNA 多态性分子标志技术主要分为三代，第一代标志是限制性内切酶片段长度多态性，第二代标志是短串联重复序列多态性；第三代标志是
   A. 微卫星序列
   B. 单核苷酸多态性
   C. 长串联重复序列多态性
   D. 短卫星序列
   E. 核酸序列多态性
5. 关于人类基因组和 HGP，描述错误的是
   A. 人类基因组是人体所有遗传信息的总和
   B. 基因组由约 3.0×10^9 bp 组成
   C. 人体的基因在染色体上不是均匀分布的
   D. HGP 的完成标志着破译了人体所有的奥秘
   E. HGP 的基本任务是绘制遗传图、物理图、转录图和序列图

二、问答题

1. 何谓分子生物标志物？分子生物标志物可分为哪几类？
2. 讨论人类 DNA 多态性方面的研究和分析，从疾病易感基因的角度查找基因定位、个体识别等方面的相关应用。

（刘琳琳）

第三章 核酸的提取与纯化技术

学习目标

通过本章内容的学习，学生应能够：

识记：
1. 列举基因组 DNA、质粒 DNA、RNA 等的常见提取与纯化方法。
2. 陈述核酸的鉴定和保存方法。
3. 说出核酸提取与纯化时应遵循的总原则。

理解：
1. 解释核酸分离与纯化的技术路线。
2. 解释选择核酸提取与纯化方法时的注意事项。

运用：
能指出用于核酸提取、纯化的医疗器械产品中各种试剂的用途，并能分析相应临床标准操作规程各步骤的操作目的和结果。

案例导入

案例 3-1

在新型冠状病毒肺炎疫情防控常态化的今天，核酸检测报告对人们的日常出行非常重要。在新型冠状病毒核酸检测报告的背后，需要经过采集标本、提取核酸、配置试剂、扩增标本、分析结果、出具报告等多个步骤。

传统的核酸提取多采用手工抽提法，流程长，操作复杂，实验人员在操作过程中存在较高的感染风险。疫情期间，各大医院及核酸检测点甚至承载着日均数万次检测的工作量。全自动核酸提取仪对加快核酸检测速度起到了举足轻重的作用。

思考题：
新型冠状病毒核酸检测所采集标本的核酸提取、纯化应遵循的总体原则有哪些？

核酸是以核苷酸为基本组成单位的生物信息大分子。天然存在的核酸有两类，即 DNA 和 RNA。DNA 和 RNA 均具有复杂的结构与重要的功能，在生命活动中作为遗传信息的载体，直接参与信息的传递与表达。对核酸的性质与功能等进行研究，必须对核酸进行分离与纯化，因此，核酸的分离与纯化是分子生物学中重要的基本技术，核酸标本的制备质量将直接影响后续的研究与应用。

细胞内的核酸包括 DNA 和 RNA 两类。真核生物 DNA 分为染色体 DNA 及细胞器 DNA，前者位于细胞核内，约占 95%，为双链线状分子；后者位于线粒体或叶绿体等细胞器内，约占 5%，为双链环状分子。此外，在原核生物中还有双链环状的质粒 DNA。在非细胞型的病毒颗粒内，DNA 的存在形式多种多样，有双链环状、单链环状、双链线状和单链线状等形式。DNA 分子的总长度在不同生物间的差异很大，一般随生物的进化程度而增长。如猿猴空泡病毒 40（SV40 病毒）的 DNA 全长约为 5.2×10^3 bp，而人类的 DNA 约为 3.0×10^9 bp，其长度约为前者的 5.7×10^5 倍。RNA 分子比 DNA 分子要小得多。由于 RNA 的功能是多样性的，因此 RNA 的种类、大小和结构都具有多样性。DNA 与 RNA 在理化性质上有很大差异，这些差异决定了两者的最适分离与纯化的条件也是不同的。

知识链接

DNA 和 RNA 的理化性质差异

DNA 分子极大，分子量在 10^6 bp 以上，而 RNA 分子比 DNA 分子要小得多。DNA 和 RNA 在细胞内常与蛋白质结合成核蛋白。DNA 为白色纤维状固体，RNA 为白色粉末状固体，它们都微溶于水，其钠盐在水中的溶解度较大，但不溶于乙醇、乙醚和氯仿等一般有机溶剂。因此，通常使用乙醇从溶液中沉淀核酸，当乙醇浓度达 50% 时，DNA 就会形成沉淀。当乙醇浓度达 75% 时，RNA 也可形成沉淀。核酸分子极为细长，尤其是线状 DNA 分子，其直径与长度之比可达 1∶107。因此，核酸溶液的黏度很大，沉淀后较难溶解。

第一节 核酸提取与纯化的一般原则

一、材料与方法的选择

（一）材料的选择及其原则

核酸主要存在于各种动、植物细胞内以及微生物中，临床常见的检查标本有血液、尿液、唾液、咽拭子、组织及培养细胞等。核酸分离与纯化的方法非常多，不同的实验研究与应用对核酸的完整性、产量、纯度和浓度可能有不同的要求。但无论采用何种方法，都应遵循总体原则：一是保证核酸一级结构的完整性，因为完整的一级结构是核酸结构和功能研究的最基本要求；二是尽量排除其他分子的污染和干扰，保证核酸的纯度。在不影响核酸质量的情况下，应选择安全、无毒的试剂。近年来，核酸提取与纯化相关试剂盒的开发与自动化检测仪器的使用，使核酸标本的制备得以批量化进行，这显著提高了分离与纯化的效率。

（二）方法的选择与注意事项

为了保持核酸的完整性，在操作过程中，应注意以下几点。

1. 尽量简化操作步骤 为减少各种有害因素对核酸的破坏，应简化操作步骤，缩短核酸提取时间。

2. 减少化学因素对核酸的降解 为避免过酸或过碱环境对核酸分子结构中磷酸二酯键的破坏，操作应在 pH 为 4.0～10.0 的条件下进行。

3. 减少物理因素对核酸的降解 物理降解因素主要是机械剪切力，其次是高温。高温加热可破坏核酸分子中的化学键，因此，核酸提取通常应在温度为 0～4℃ 的条件下进行。

4. 防止核酸的生物降解 如核酸酶在细胞裂解后由于丧失对细胞内的调控作用，对核酸可以不受控制地进行生物降解，从而破坏核酸的一级结构。DNA 酶（DNase）的激活需要 Mg^{2+}、Ca^{2+} 等二价金属离子，若使用乙二胺四乙酸（ethylenediaminetetraacetic acid，EDTA）、柠檬酸盐，并在低温条件下操作，则基本可以抑制 DNA 酶的活性。RNA 酶（RNase）具有广泛存在及不易失活的特点，因此，在 RNA 提取过程中应格外注意预防 RNase 的生物降解作用。

二、技术路线设计

（一）核酸的释放

正常情况下，无论是 DNA 还是 RNA，均位于细胞内。因此，核酸分离与纯化的第一步就是破碎细胞、释放核酸。细胞的破碎方法非常多，包括机械法与非机械法两大类。非机械法中的溶胞法采用适宜的化学试剂和酶，能有效地裂解细胞，方法温和，且能保证较高的获得率，并能较好地保持核酸的完整性，因而被广泛应用。

（二）核酸的分离与纯化

破碎细胞后得到的细胞裂解物是含有核酸分子的复杂混合物，核酸分子本身可能仍与混合物中的蛋白质结合在一起。可利用核酸与其他物质存在一个或多个性质的差异设计有效方案，将核酸加以分离。核酸与其他物质的差异包括细胞定位与组织分布上的差异、物理与化学性质的不同以及各自的生物学特性。可以从复杂的标本中提取出核酸分子，亦可以将标本中的污染物分步去除后留下所需的核酸。应该去除的污染物主要包括三个部分：即非核酸大分子污染物、非所需的核酸分子和在核酸分离、纯化过程中加入的对后续实验与应用有影响的溶液与试剂。非核酸大分子污染物主要包括蛋白质、多糖和脂类物质等。非所需的核酸分子是指制备 DNA 时，RNA 为污染物；制备 RNA 时，DNA 为污染物；制备某一特定核酸分子时，其他的核酸分子均为污染物。在核酸分离、纯化过程中加入的有机溶剂和某些金属离子，由于对后续实验有影响，所以也往往需要去除。

通常，分离、纯化步骤越多，核酸的纯度也会越高，但获得率会越低，完整性也越难以保证。相反，采用分离、纯化步骤较少的实验方案，可以得到比较多完整性较好的核酸分子，但其纯度不一定很高。因此，核酸的分离、纯化方法需要结合核酸的用途加以选择。

（三）核酸的浓缩、沉淀与洗涤

随着核酸提取试剂的逐步加入，以及去除污染物过程中核酸分子不可避免地丢失，标本中核酸的浓度可逐渐降低。当核酸浓度不能满足后续研究与应用的需要时，应对核酸进行浓缩。沉淀是核酸浓缩最常用的方法，其优点在于核酸经沉淀后，可以很容易地将核酸溶液调整至所需浓度。另外，核酸沉淀还能去除部分杂质与某些盐离子，有一定的纯化作用。可以在加入一定浓度的盐类后，使用有机溶剂沉淀核酸。其中，常用的盐类有醋酸钠、醋酸钾、醋酸铵、氯化钠、氯化钾及氯化镁等，常用的有机溶剂有乙醇、异丙醇和聚乙二醇等。核酸沉淀后，其溶液中往往含有少量共同沉淀的盐，需用70%~75%乙醇洗涤去除。

三、鉴定与保存

（一）核酸的鉴定

分离纯化后的核酸质量是否能够达到后续实验研究与应用的要求，可以通过相应的方法加以鉴定。通常从核酸的浓度、纯度及完整性三个方面进行鉴定。

1. 浓度鉴定 核酸浓度的测定可通过紫外分光光度法和荧光分光光度法进行。

（1）紫外分光光度法：紫外分光光度法是基于核酸分子成分中的碱基均具有一定的紫外线吸收特性，其最大吸收波长为260 nm。这一物理特性为测定溶液中核酸的浓度奠定了基础。可以通过测定260 nm波长处吸光度值的变化来计算核酸标本的浓度。当$A_{260}=1$时，双链DNA的含量约为50 μg/ml，单链DNA或单链RNA的含量为40 μg/ml，单链寡核苷酸的含量为33 μg/ml。紫外分光光度法只适用于测定浓度 > 0.25 μg/ml的核酸溶液。

（2）荧光分光光度法：荧光染料溴化乙锭（ethidium bromide，EB）可以与核酸结合，它能嵌入核酸碱基平面，使本身无荧光的核酸在紫外线的激发下发出橙红色的荧光，且荧光强度积分与核酸含量呈正比。该法灵敏度可达1~5 ng，适用于低浓度核酸溶液的定量分析，但EB有较强的致癌、致畸作用。目前有多种新型低毒的荧光染料（如SYBR Green I、GeneFinder等），与双链DNA有较高的亲和力，监测的灵敏度是EB的25~100倍，可以替代EB被广泛选用。

2. 纯度鉴定 紫外分光光度法和荧光分光光度法均可用于核酸的纯度鉴定。

（1）紫外分光光度法：紫外分光光度法主要通过A_{260}/A_{280}比值来判定有无蛋白质的污染。纯DNA的A_{260}/A_{280}比值为1.8，纯RNA的A_{260}/A_{280}比值为2.0，该比值升高或降低均表示DNA或RNA不纯。蛋白质的紫外吸收峰值为280 nm，核酸提取过程中所加入的酚，其吸收峰值为270 nm。因此，A_{260}/A_{280}比值 < 1.8时，表明提取的DNA标本中有蛋白质的污染或者酚的污染。而RNA的污染可导致DNA制品的A_{260}/A_{280}比值 > 1.8，故A_{260}/A_{280}比值为1.8的DNA溶液不一定为纯的DNA溶液，可能兼有蛋白质、酚及RNA的污染，需结合其他方法加以鉴定。A_{260}/A_{280}比值是衡量蛋白质污染程度的一个良好指标。A_{260}/A_{280}比值为2.0是高质量RNA的标志，但由于RNA二级结构的不同，其比值波动范围为1.8~2.1。另外，鉴定RNA纯度所使用溶液的pH也会影响A_{260}/A_{280}比值，如RNA在水溶液中的A_{260}/A_{280}比值较其在Tris缓冲液（pH为7.5）中的比值低0.2~0.3。

（2）荧光分光光度法：使用溴化乙锭等荧光染料作为示踪剂的核酸凝胶电泳结果可用于判定核酸的纯度。由于DNA分子较RNA大很多，电泳迁移率低；而RNA中以rRNA最多，占80%~85%，tRNA及核内小分子RNA占10%~15%，mRNA占1%~5%。因此，RNA电泳后可呈现特征性的三条带。原核生物RNA电泳后可见明显的23S rRNA、16S rRNA条带，以及由5S rRNA和tRNA组成的相对扩散快的迁移条带。真核生物RNA则为28S rRNA、18S rRNA，以及由5S rRNA、5.8S rRNA和tRNA构成的条带。通过分析以溴化乙锭作为示踪剂的核酸凝胶电泳结果，可以鉴定DNA制品中有无RNA的干扰，亦可鉴定在RNA制品中有无DNA的污染。

3. 完整性鉴定 以溴化乙锭为示踪剂的核酸凝胶电泳结果可用于判定核酸的完整性。基因组DNA的分子量很大，电泳速度很慢，如果有降解的小分子DNA片段，则电泳图呈拖尾状。完整的无降解或降解很少的总RNA电泳图中，三个条带的荧光强度积分应呈现特定的比值，沉降系数大的核酸条带分子量大、电泳迁移率低、荧光强度积分高；反之，则分子量小、电泳迁移率高、荧光强度积分低。一般 28S（或 23S）rRNA 的荧光强度约为 18S（或 16S）rRNA 的 2 倍，否则提示有 RNA 降解。如果在加样槽附近有着色条带，则表明有 DNA 的污染。

（二）核酸的保存

核酸的结构与性质相对稳定，一次性制备的核酸标本若保存完好，则往往可以满足多次实验的需要，因此有必要探讨核酸的储存环境与条件。

1. DNA 的保存　溶于 TE 缓冲液的 DNA 在 –70℃ 条件下可以储存数年。当 TE 缓冲液的 pH 为 8.0 时，可以减少 DNA 的脱氨反应，而 pH 低于 7.0 时，DNA 则容易变性。EDTA 作为二价金属离子的螯合剂，可以通过螯合 Mg^{2+}、Ca^{2+} 等二价金属离子抑制 DNA 酶的活性。低温条件有利于减少 DNA 分子发生各种反应，双链 DNA 因其结构特点而具有很大的惰性，在 4℃ 条件下可保存较长时间。在 DNA 标本中加入少量氯仿，可以有效避免细菌与核酸的污染。

2. RNA 的保存　RNA 可溶于 0.3 mol/L 的醋酸钠溶液或双蒸水中，在 –80 ~ –70℃ 条件下保存。若以焦碳酸二乙酯（diethyl pyrocarbonate，DEPC）的水溶液溶解 RNA 或者在 RNA 溶液中加入 RNA 酶阻抑蛋白质或氧钒核糖核苷复合物（vanadyl-ribonucleoside complex，VRC），则可通过抑制 RNA 酶对 RNA 的降解而延长 RNA 的保存时间。另外，将 RNA 沉淀溶于 70% 乙醇溶液或去离子的甲酰胺溶液中，可在 –20℃ 条件下长期保存。需要注意的是，RNA 酶抑制剂或有机溶剂的加入，仅用于暂时保存 RNA，如果它们对后续的实验与应用有影响，则应予以去除。

由于反复冻融产生的机械剪切力对 DNA 和 RNA 核酸标本均有破坏作用，所以在实际操作中，最好将核酸小量分装保存。

> **小结**
>
> 核酸的提取与纯化技术路线设计和方法选择以及核酸的保存都应遵循的总体原则是保持核酸一级结构的完整性和保证核酸的纯度。结合样品测定周期和检验方法的灵敏度，还应考察核酸提取与纯化方法的效率和产率。核酸的鉴定包括浓度、纯度和完整性鉴定三个方面。

第二节　DNA 的提取与纯化

不同生物种属的 DNA 在分子量和理化性质方面均存在差异。同一生物不同组织器官来源的 DNA，其标本准备与处理方法也不尽相同。同一生物同一细胞来源的 DNA，又有染色体 DNA 与细胞器 DNA 之分。由于不同类型与来源的 DNA 具有不同的理化性质和细胞定位，因此需要采用不同的分离和纯化方法。动物细胞的裂解多采用化学溶胞法，而细菌的裂解由于细胞壁的存在，常需要使用溶菌酶加以处理。

一、基因组 DNA 的分离与纯化方法

尽管基因组 DNA 由于来源、性质以及用途不同，其分离与纯化方法不尽相同，但有关分离与纯化的原则、主要步骤、主要试剂及其作用原理是相同的。本节以哺乳动物细胞基因组 DNA 的提取为例，介绍高分子量 DNA 分离与纯化的主要方法。

（一）酚抽提法

该方法最初于1976年由Stafford及其同事提出，之后经过改进，以含有EDTA、十二烷基硫酸钠（sodium dodecyl sulfate，SDS）及无DNA酶的RNA酶等成分的裂解缓冲液裂解细胞，经蛋白酶K处理后，再用pH为8.0的三羟甲基氨基甲烷（trihydroxymethyl aminomethane，Tris）饱和酚溶液抽提DNA。重复抽提至一定纯度后，根据不同的需要进行透析或沉淀处理，即可获得所需的DNA标本。

其中，裂解缓冲液中的EDTA为二价金属离子螯合剂，可以抑制DNA酶的活性，同时降低细胞膜的稳定性。SDS为生物阴离子去污剂，可降解细胞膜、乳化脂质和蛋白质，并能使它们沉淀，同时还有降解DNA酶的作用。无DNA酶的RNA酶可以有效地水解RNA而避免DNA的消化，蛋白酶K则有水解蛋白质的作用，可以消化DNA酶和细胞内的蛋白质。酚可以使蛋白质变性、沉淀，也能抑制DNA酶的活性。pH为8.0的Tris溶液能确保抽提后的DNA进入水相，而避免滞留于蛋白质层。

多次抽提可提高DNA的纯度。一般在抽提2~3次后，移出含DNA的水相，再进行透析或沉淀处理。透析处理能减少对DNA的剪切效应，因此可以得到200 kb的高分子量DNA。沉淀处理常使用醋酸铵，用2倍体积的无水乙醇沉淀，并用70%乙醇洗涤，最后得到的DNA分子量为100~150 kb。

（二）甲酰胺解聚法

该方法的细胞裂解和蛋白质水解步骤与酚抽提法相似，但不使用酚，而是以高浓度的甲酰胺裂解DNA与蛋白质的复合物（即染色质），然后通过透析，以去除蛋白酶和有机溶剂。甲酰胺是一种离子化溶剂，既可以裂解蛋白质与DNA的复合物，又可使释放的蛋白质变性，但对蛋白酶K的活性无显著影响。该方法操作步骤少，所得到的DNA相对分子量一般大于200 kb。

（三）玻棒缠绕法

该方法适用于同时从不同的细胞或组织标本中提取DNA。它有两个关键步骤：①使基因组DNA沉淀于细胞裂解液与乙醇溶液的交界面；②将沉淀的DNA缠绕于带钩玻棒上。使用带钩玻棒将高分子量DNA沉淀从无水乙醇溶液中转移到pH为8.0的TE溶液中溶解。该方法以盐酸胍裂解细胞，所得到的DNA分子量约为80 kb，适用于Southern杂交和PCR扩增。

二、质粒DNA的提取与纯化

质粒（plasmid）是存在于细菌染色体外的双链闭合环状小分子DNA。作为携带外源基因在细菌细胞内扩增或表达的重要载体，质粒在基因工程中的应用十分广泛。因此，必须掌握质粒DNA的提取与纯化这一基本技术。

质粒DNA的提取与纯化的方法很多，经典方法包括碱裂解法、煮沸裂解法和SDS裂解法等。这些方法主要包括细菌培养（质粒DNA的扩增）、细菌裂解（质粒DNA的释放）及质粒DNA的分离与纯化三个步骤。根据制备量的不同，可将质粒DNA提取与纯化的方法分为质粒DNA的少量（1~2 ml）制备、质粒DNA的中等量（20~50 ml）制备及质粒DNA的大量（500 ml）制备。虽然制备量不同，具体方案有所差异，但制备方法与原理是一样的。

（一）碱裂解法

碱裂解法操作简便、重复性好，而且成本低，是使用最广泛的方法。具体方法是在NaOH

存在的强碱性（pH 为 12.0~12.6）条件下，用 SDS 破坏细胞壁，并使宿主细胞的蛋白质与染色体 DNA 发生变性，然后释放出质粒 DNA。尽管碱性溶液能破坏核酸的碱基配对，但质粒 DNA 因缠结紧密而不易解链。只要不在碱性条件下变性过长时间，将 pH 调至中性时，质粒 DNA 就可重新恢复其天然状态。细胞被裂解后，细胞壁碎片与变性的蛋白质和染色体 DNA 形成较大的复合物。这些复合物在高钾盐条件下，可有效形成沉淀，而质粒 DNA 则保留于上清液中。通过无水乙醇沉淀上清液中的质粒 DNA，并用 70% 乙醇洗涤，如此制备的核酸其纯度可满足 DNA 测序与 PCR 等实验的要求。

碱裂解法是一种适用范围很广的方法，能从几乎所有大肠埃希菌（Escherichia coli）的菌株中分离出质粒 DNA，并能按需制备。

（二）煮沸裂解法

煮沸裂解法是将细菌悬浮于含有聚乙二醇辛基苯基醚（Triton X-100）和溶菌酶的缓冲液中（Triton X-100 和溶菌酶能破坏细胞壁），再经沸水浴裂解细胞，使宿主细胞的蛋白质与染色体 DNA 发生变性。质粒 DNA 因结构紧密而不会被解链，当温度下降后，质粒 DNA 可重新恢复其天然结构。然后通过离心去除变性的蛋白质和染色体 DNA，再回收上清液中的质粒 DNA。

煮沸裂解法是一种条件比较剧烈的方法，只能用于小质粒 DNA（< 15 kb）的少量与大量制备，适用于从大多数大肠埃希菌的菌株中提取。由于糖类很难去除，而且糖可抑制限制性内切酶和 DNA 聚合酶的活性，所以该方法不适用于在去污剂、溶菌酶和加热情况下从可释放大量糖类的大肠埃希菌菌株中提取质粒 DNA。另外，由于煮沸法不能完全灭活核酸内切酶 A 的活性，因此不适用于表达核酸内切酶 A 的菌株。

（三）SDS 裂解法

分子量大于 15 kb 的质粒 DNA 容易因细胞裂解和后续操作而遭到破坏，因此需要采用温和的裂解方法。SDS 裂解法是将细菌悬浮于等渗蔗糖溶液中，用溶菌酶和 EDTA 处理，以破坏细胞壁，再用 SDS 裂解细菌，从而将质粒 DNA 温和地释放到等渗溶液中，然后用酚-氯仿抽提。

由于条件温和，所以 SDS 裂解法有利于大质粒 DNA 的提取，但有部分质粒 DNA 可与细胞碎片缠结在一起而丢失，故该方法提取质粒 DNA 的产率不高。

三、DNA 片段的回收

采用各种方法对 DNA 标本进行分离、纯化并回收某些特定的 DNA 片段是分子生物学研究与实验工作中的常规操作。DNA 片段的回收往往是在凝胶电泳后进行的。通过凝胶电泳，可以对各种大小与来源的 DNA 片段进行分离、纯化与鉴定。目前，琼脂糖凝胶与聚丙烯酰胺凝胶是最常使用的电泳支持物，经电泳分离的 DNA 处于凝胶的三维网状结构中。以下分别介绍从琼脂糖凝胶和聚丙烯酰胺凝胶中回收 DNA 片段的主要方法。

（一）原则与要求

无论采用何种方法从支持介质中回收 DNA 片段，都要注意两个原则：一是要提高 DNA 片段的回收率；二是要去除所回收 DNA 标本中的污染物。

回收的 DNA 标本往往因支持介质不纯、回收溶液使用不当及操作不慎等因素而引入污染物，这些污染物可能严重影响后续实验，故此时应对回收的 DNA 标本进行纯化，以去除污染物。常用的纯化方法包括有机溶剂抽提法和柱层析法。柱层析法采用阴离子交换层析的原理，主要利用带负电荷的 DNA 在低离子强度的缓冲液中可与阴离子交换树脂结合，以洗去杂质，然后再用高离子强度的缓冲液将 DNA 洗脱下来。采用有机溶剂抽提法和柱层析法等方法，最终均要在有盐离子的情况下进行乙醇沉淀，并以 70% 乙醇去除有机分子及共沉淀的盐。

（二）从琼脂糖凝胶中回收 DNA 片段

从琼脂糖凝胶中回收 DNA 片段的方法主要包括二乙氨乙基（diethyl aminoethyl，DEAE）纤维素膜插片电泳法、电泳洗脱法、冷冻挤压法及低熔点琼脂糖凝胶挖块回收法等。

1. DEAE 纤维素膜插片电泳法 DEAE 纤维素是一种阴离子交换纤维素，可以结合带负电荷的 DNA 分子。将 DEAE 纤维素膜插入经琼脂糖凝胶电泳分离的核酸条带前，继续电泳直至所需要回收的 DNA 片段刚好转移到膜上。然后取出 DEAE 纤维素膜，先在低盐条件下洗去杂质，再经高盐条件将 DNA 分子洗脱下来。该方法操作比较简便，可同时回收多个 DNA 片段，对 500~5000 bp 的 DNA 片段回收率较高，得到的 DNA 纯度高，能满足大多数实验的要求。但 DNA 片段 > 5 kb 时，可因结合力增大而使回收率下降；DNA 片段为 10 kb 左右或为单链 DNA 时，与膜的结合变得很牢固而难以回收。因此，该方法不适用于分子量 > 10 kb 的 DNA 片段和单链 DNA 的回收。

2. 电泳洗脱法 电泳洗脱法包括两个主要步骤：①将待回收的 DNA 片段经电泳后从凝胶介质中迁移出，然后将其置入便于回收的小容积溶液中；②分离、纯化 DNA 片段。根据是否使用透析袋可分为透析袋电泳洗脱法与非透析袋电泳洗脱法两类。采用透析袋电泳洗脱法时，需要切下含有待回收 DNA 片段的凝胶条，然后将其放入透析袋内进行电泳，使 DNA 分子迁移出凝胶条并进入透析袋内的溶液中，最后经抽提、纯化，回收 DNA 分子。这种方法操作很不方便，但可以有效地回收 50~200 bp 的 DNA 片段，尤其对 5 kb 以上的 DNA 片段有较高的回收率。

3. 冷冻挤压法 冷冻挤压法是一种快速、廉价的回收方法，是切出含有待回收 DNA 片段的凝胶块，并将其置于液氮罐中，使其快速冷冻融化。然后挤压，最终得到缓冲液中含有的 DNA。该法可以回收长度 < 5 kb 的 DNA 片段，但回收率不高。

4. 低熔点琼脂糖凝胶挖块回收法 该法主要是通过羟乙基对琼脂糖进行修饰，使其成为凝固温度低（30℃）、熔点低（65℃）的凝胶。将需要回收的 DNA 从低熔点琼脂糖凝胶中切出，利用这类凝胶纯度高、熔点低的特点，对 DNA 片段进行回收。

上述方法各有其特点及适用范围，应根据不同的要求选择相应的方法。

（三）从聚丙烯酰胺凝胶中回收 DNA 片段

从聚丙烯酰胺凝胶中回收 DNA 的标准方法是压碎与浸泡法，主要是将含有待回收 DNA 条带的凝胶块切出，并用吸头或接种针将其压碎，然后以洗脱缓冲液浸泡，使 DNA 洗脱出来。该方法能很好地回收 < 1 kb 的单链或双链 DNA，且所得到的 DNA 纯度很高，不含酶抑制剂，也不会产生对转染细胞或微注射细胞有毒性的污染物，操作简单，是回收小片段 DNA 的较好方法。如果将切下的聚丙烯酰胺凝胶块包埋于琼脂糖凝胶中，再进行 DEAE 纤维素膜插片法电泳或透析袋电泳洗脱，则可以缩短双链 DNA 的回收时间。

无论采用何种方法，都应保证 DNA 标本的质量，以满足后续研究与应用的需要。为保证 DNA 制品的质量，须严格监控制备的全过程，合理使用各种材料、试剂与仪器，并进行质量鉴定。

小结

不同类型与来源的 DNA 具有不同的理化性质与细胞定位，因此需要不同的分离和纯化方法。经典的基因组 DNA 提取方法有酚抽提法、甲酰胺解聚法和玻棒缠绕法。经典的质粒 DNA 提取方法有煮沸裂解法、碱裂解法和 SDS 裂解法。经典的 DNA 回收方法是从琼脂糖凝胶或聚丙烯酰胺凝胶中回收。商品化 DNA 提取试剂盒则利用核酸的相对分子质量差异或利用特异性膜与 DNA 结合达到分离、回收的目的，如离子交换柱、磁珠等，这些提取方法，操作简单、高效，DNA 提取纯化质量较高。

第三节 RNA 的提取与纯化

RNA 的提取与纯化，包括 Northern 印迹、逆转录 PCR 等，均以 RNA 为材料，RNA 的数量、纯度与完整性将直接影响实验的结果。

RNA 中 rRNA 的数量最多，占总量的 80%~85%；tRNA 及核内小分子 RNA 占 10%~15%；mRNA 仅占 1%~5%。目前对 RNA 的分离与纯化主要是指总 RNA 与 mRNA 的分离与纯化。

一、RNA 的制备条件与环境

RNA 容易被核糖核酸酶（ribonuclease，RNase）降解，除细胞内 RNase 外，RNase 还广泛存在于人体皮肤、唾液、汗液及周围环境中。RNase 是一类生物活性非常稳定的酶类，加热、煮沸及一般的变性剂均不能使其完全失活，而且去除变性剂后 RNase 的活性又可以恢复。因此，在 RNA 的制备过程中，排除 RNase 的污染是 RNA 制备成功与否的关键因素。

为防止 RNase 对 RNA 的降解，需要避免细胞外 RNase 的污染并抑制其活性，同时要尽快地抑制细胞内 RNase 的活性，并尽可能去除 RNase。对广泛存在的细胞外 RNase，应采取有效的措施，以避免其污染，同时抑制其活性。

空气中的烟雾和灰尘都可能因携带细菌、真菌等微生物而造成 RNase 的污染，应选择一个洁净的实验室进行操作。由于操作者本人亦是 RNase 污染的一个重要来源，因此操作时必须戴手套和口罩。对于实验所使用的试剂和器材，应严格选择与控制，如尽量选用一次性的材料和新包装的化学试剂，并对各种材料和试剂进行严格的洗涤、纯化和高温消毒等处理。需要指出的是，所有玻璃器皿和溶液均应使用 RNase 抑制剂 DEPC 进行处理，并在处理后将残留的 DEPC 去除。另外，在冰浴条件下进行操作也是降低 RNase 活性的有效措施。

二、总 RNA 的提取与纯化

总 RNA 提取法中最常使用的是一步法。需要指出的是，目前常用的一步法均以异丙醇沉淀 RNA。由于其能选择性地沉淀大分子 rRNA 和 mRNA，故提取到的总 RNA 中含有的小分子量 RNA 较少，而 rRNA 和 mRNA 所占的比例则相应较大。由于大多数研究的重点是分子量较高的 mRNA，所以一步法仍能满足实际需要。

（一）（异）硫氰酸胍 - 酚 - 氯仿一步法

（异）硫氰酸胍 - 酚 - 氯仿法是经典的一步法，用于从培养细胞和大多数动物组织中分离和纯化总 RNA。具体方法是以含有 4 mmol/L（异）硫氰酸胍和 0.1 mmol/L β-巯基乙醇的变性剂溶液裂解细胞，然后在 pH 为 4.0 的酸性条件下，用酚/氯仿抽提裂解溶液，最后通过异丙醇沉淀及 75% 乙醇洗涤以获得 RNA。其中，在 β-巯基乙醇的协同作用下，高浓度的异硫氰酸胍可以快速、有效地抑制 RNase 的活性。在纯化 RNA 时，使用 pH 为 4.0 的水饱和酸性酚溶液，既有利于 DNA 的变性，又有利于 RNA 的分离。该法具有简便、经济和高效的特点，能同时快速地处理多个标本，且所获得 RNA 的完整性和纯度均较高。

（二）同时制备 RNA、DNA 及蛋白质的一步法

该方法是（异）硫氰酸胍-酚-氯仿一步法的改进方法。具体方法是以（异）硫氰酸胍-酚的单相裂解试剂裂解细胞，再加入氯仿，使其形成两相。变性的 DNA 和蛋白质位于两相的交界面，保留于上层水相的 RNA 在 RNA 沉淀溶液中通过异丙醇沉淀及 75% 乙醇洗涤而获得。RNA 沉淀溶液的成分为 1.2 mmol/L NaCl 和 0.8 mmol/L 柠檬酸二钠溶液。由于使用 RNA 沉淀溶液，该法制备的 RNA 标本极少有多糖及蛋白多糖的污染，可用于 mRNA 的纯化、Northern 印迹和 RT-PCR 反应等。处于交界面的 DNA 及蛋白质可通过乙醇和异丙醇分级沉淀出来。该法制备的 DNA 大小约为 20 kb，可作为 PCR 的模板，蛋白质标本则主要用于免疫印迹。目前，该法有多种商品化的单相裂解试剂可供选择，已成为最常用的总 RNA 提取法，其产量与（异）硫氰酸胍-酚-氯仿一步法相当。

三、mRNA 的提取与纯化

真核生物的 mRNA 在细胞中含量少、种类多、分子量大小不一。绝大多数 mRNA 在其 3′ 末端带有一个长短不一的由腺苷酸组成的 poly（A）尾。以总 RNA 制品为起始材料，利用核酸的碱基配对原理，通过寡（dT）[oligo（dT）]纤维素亲和层析或 poly（U）琼脂糖凝胶亲和层析，可以很容易地同时分离不同种类及大小的 mRNA 分子。

（一）oligo（dT）纤维素柱层析法

oligo（dT）纤维素柱层析法是制备 mRNA 的一个标准方法。它是以 oligo（dT）纤维素填充层析柱，然后加入待分离的总 RNA 标本。其中，poly（A）RNA 在高盐条件下，可通过碱基互补原则与 oligo（dT）纤维素形成稳定的 RNA-DNA 杂交体。之后将未结合的其他 RNA 洗去，即可在低盐缓冲液中洗脱并回收 poly（A）RNA。回收得到的 poly（A）RNA 量可达总 RNA 的 1%~10%。该方法的缺点是分离速度较慢，层析柱易阻塞，不适用于同时处理多个标本，而且很难回收到全部的 poly（A）RNA，所以也不适用于对少量 RNA 标本的分离。

（二）oligo（dT）纤维素液相结合离心法

为适应同时对多个标本进行处理的要求，应选用可进行批量处理的层析法。oligo（dT）纤维素液相结合离心法不用填柱，而是直接将 oligo（dT）纤维素加入一系列含有不同 RNA 标本的微量离心管中，通过离心收集吸附有 poly（A）RNA 的 oligo（dT）纤维素。经漂洗后，用 70% 乙醇洗脱液将吸附到的 poly（A）RNA 从 oligo（dT）纤维素上洗脱并沉淀出来。该法可同时批量处理多个标本，而且能从少量 RNA 标本中分离出 poly（A）RNA。

（三）oligo（dT）纤维素柱离心法

oligo（dT）纤维素柱离心法可以弥补常规柱层析法流速慢、易阻塞等不足，通过离心分离柱，达到快速分离的目的。该方法适用于对多个标本进行批量处理，具有快速、省时、产量

高及质量好等特点，可应用于 Northern 杂交、RT-PCR 反应和体外翻译等实验。

（四）磁珠分离法

磁珠分离法联合运用 oligo（dT）与 poly（A）的互补配对特性、生物素与亲和素的特异性结合以及磁性分离原理，能对 poly（A）RNA 进行分离，并且具有高效、灵敏、快速的特点。其产量甚至比常规 oligo（dT）纤维素柱层析法更高，所分离的 poly（A）RNA 能用于几乎所有的分子生物学实验。但该法对组织或细胞的最大处理量每次不超过 1 g，而且磁珠价格昂贵，并需要专门的磁性分离架。因此，该方法应用范围有限。

小结

以（异）硫氰酸胍-酚-氯仿一步法和同时制备 RNA、DNA 及蛋白质的一步法提取总 RNA 时，均采用异丙醇沉淀 RNA。mRNA 的提取与纯化方法有 oligo（dT）纤维素柱层析法、oligo（dT）纤维素液相结合离心法、oligo（dT）纤维素柱离心法、oligo（dT）纤维素柱离心法和磁珠分离法，这几种方法的共同原理都是利用 oligo（dT）与 poly（A）的互补配对特性。RNA 制备成功与否的关键因素包括避免外源性 RNase 干扰并抑制其活性、抑制内源性 RNase 的活性并尽可能去除内源性 RNase 等。

思考题

一、选择题

1. 分离、纯化核酸的原则是
   A. 保持其空间结构的完整性
   B. 保持其二级结构的完整性，并保证其纯度
   C. 保证一定的浓度
   D. 保持其一级结构的完整性，并保证其纯度
   E. 保证其纯度和浓度

2. 测定 DNA 分子浓度时，所用紫外光的波长是
   A. 245 nm   B. 255 nm
   C. 260 nm   D. 275 nm
   E. 280 nm

3. 大多数质粒在自然状态下是
   A. 线状双链 DNA   B. 线状单链 DNA
   C. 线状单链 RNA   D. 环状双链 DNA
   E. 环状单链 DNA

4. 溴化乙锭作为核酸电泳指示剂的原理是
   A. 溴化乙锭是一种可视物质
   B. 溴化乙锭是核酸转性染料
   C. 溴化乙锭可特异性地结合核酸分子
   D. 溴化乙锭在紫外光下可产生荧光
   E. 溴化乙锭可插入核酸分子之间并在紫外光下产生荧光

5. 可抑制 RNA 酶活性，以防止其对 RNA 标本降解的是
   A. Tris-HCl
   B. EDTA
   C. 酚试剂
   D. 氯仿
   E. DEPC

二、问答题
1. 请设计核酸分离与纯化的技术路线。
2. 简述酚抽提法对基因组 DNA 进行提取、纯化的原理。

（王鹤桦）

第四章 聚合酶链反应及其衍生技术

学习目标

通过本章内容的学习,学生应能够:

识记:
1. 列举常见PCR衍生技术。
2. 陈述PCR反应体系与反应条件

理解:
1. 解释实时荧光定量PCR技术的原理。
2. 解释PCR技术的原理。

运用:
能指出基于聚合酶链反应及其衍生技术原理的医疗器械产品中各试剂的用途,并能分析相应临床标准操作规程每一步操作的目的和结果。

案例导入

案例4-1

病毒核酸检测在新冠病毒感染的诊断中具有关键作用。在医院,核酸检测是确诊新型冠状病毒感染的依据。而在医院外,核酸检测还可用于大范围筛查,尽可能找出处于潜伏期的无症状感染者。新型冠状病毒肺炎疫情不断反复、病毒变异加速,通过筛查可以显著降低病毒传染的风险。

思考题:
1. 最常用的核酸检测技术是什么?
2. 咽拭子中的病毒是如何被发现的?

美国科学家凯利·穆利斯(K.B.Mullis)于1993年发明了一项可以在普通实验室条件下就能大量扩增DNA序列的技术,突破了以往很难在短时间内获得大量相同DNA拷贝的技术瓶颈,他因此获得了1993年诺贝尔化学奖。这项技术就是聚合酶链反应(polymerase chain reaction,PCR)技术。由于PCR扩增核酸需经过反复热变性,因而又将其称为热变性扩增技术。目前，PCR 技术已从第一代普通 PCR 技术、第二代实时荧光定量 PCR 技术，发展为第三代数字 PCR 技术。PCR 技术是目前使用最为广泛的核酸扩增技术。

第一节　聚合酶链反应技术

聚合酶链反应是一个在体外特异性地复制一段已知序列 DNA 片段的过程。这项技术能在短时间内将仅有数个拷贝的目的 DNA 扩增至百万倍，具有极高的扩增效率，为后续的基因分析和研究提供了有力支撑，因此，其发明伊始便被认为是生物医学研究领域中的一项革命性创举和里程碑。

目前，PCR 技术是生命科学研究和临床诊断不可缺少的工具，在感染性疾病的分子诊断、分子克隆、遗传病基因诊断、法医学等方面得到了广泛应用。

> **知识链接**
>
> **聚合酶链反应技术的诞生过程**
>
> 1983 年，美国科学家 K.B.Mullis 驱车在蜿蜒的洲际高速公路上行驶，一段 DNA 反复复制的景象在他的脑海里显像出来——DNA 在扩增时给予足够的引物就可以无限循环地扩增下去，这就是 PCR 的雏形。1984 年，Mullis 证明了这一过程的可行性。1985 年，他在《Science》杂志上发表了第一篇关于 PCR 的学术论文，并于同年申请了有关 PCR 的第一个专利。从此，PCR 技术得到了生命科学界的普遍认同。

一、聚合酶链反应的基本原理和过程

（一）基本原理

PCR 技术是根据细胞内 DNA 半保留复制原理设计的一种体外基因扩增技术。其反应原理与细胞内的 DNA 复制相似，是以待扩增的 DNA 分子为模板，以一对分别与模板互补的寡核苷酸片段作为引物，在 DNA 聚合酶的作用下，按照半保留复制的机制沿着模板链延伸，直至完成新的 DNA 合成。通过不断重复这一过程，目的 DNA 片段得以大量扩增。

（二）反应过程

由于 PCR 技术是模拟细胞内 DNA 复制的过程，所以其反应过程也是由 DNA 双链解链为单链、引物结合确定扩增起始位点、DNA 聚合酶沿着模板链延伸合成新链这三个基本步骤组成的。由于体外扩增需要通过调节温度变化控制 DNA 的变性和复性，所以标准的 PCR 过程通常分为三步，如图 4-1 所示。

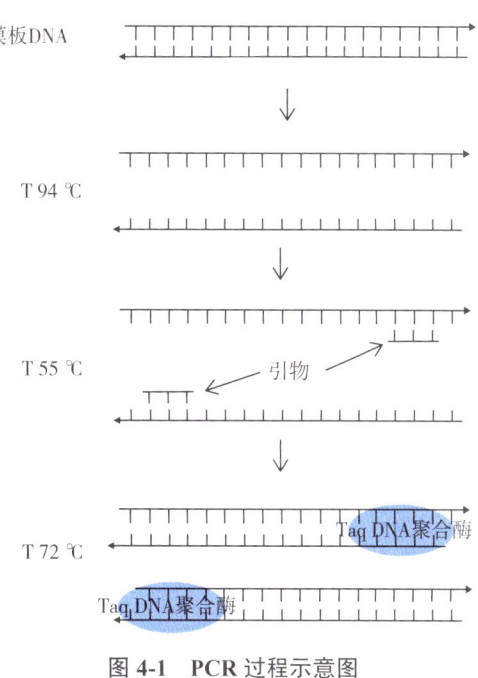

图 4-1　PCR 过程示意图

1. 变性 将反应体系加热至 90~96℃，并维持一定时间，待扩增的 DNA 模板双链氢键可断裂，形成单链 DNA。

2. 退火 将反应体系温度降至 50~60℃，两条引物可分别与单链模板 DNA 按照碱基配对原则互补结合，形成局部双链。

3. 延伸 将反应体系温度升高至 70~75℃，并维持一段时间，DNA 聚合酶即以引物为合成起点，以 4 种单核苷酸为底物，从引物的 5′端向 3′端延伸，催化合成与模板 DNA 互补的新 DNA 链。

上述三步为一个循环，重复进行。上一个循环结束所得的产物 DNA，作为下一个循环的模板继续扩增。每经过一次高温变性、低温结合、适温延伸，待扩增的模板 DNA 链即增加 1 倍；如此反复进行，两条引物间待扩增的 DNA 拷贝数即呈指数增长（图 4-2）。经过 25~35 个循环后，理论上可使基因扩增 10^9 倍以上，实际值一般可达 10^6~10^7 倍。所有循环过程通常在 1~2 h 内完成。

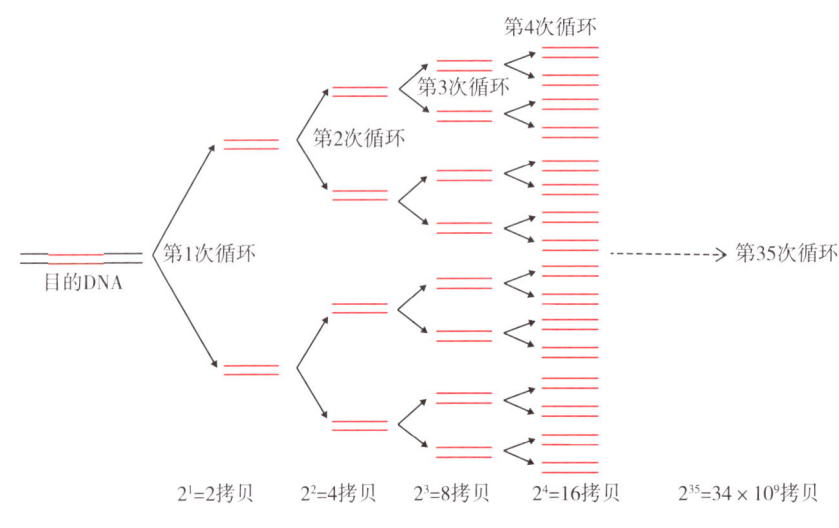

图 4-2　PCR 指数扩增过程示意图

二、聚合酶链反应体系及扩增参数

（一）反应体系

一个完整的 PCR 反应体系主要包括模板、引物、DNA 聚合酶、脱氧核苷三磷酸、Mg^{2+} 和 pH 稳定的反应缓冲液等。

1. 模板 模板即待扩增的核酸片段，包括基因组 DNA 或 RNA、质粒 DNA 和线粒体 DNA。当以 RNA 作为模板时，需要先通过反转录得到互补 DNA（complementary DNA，cDNA），再以 cDNA 作为核酸扩增的模板进行反应。PCR 的模板可以是双链、单链、线状或环状分子。DNA 模板的来源广泛，可从各种临床组织细胞标本（血细胞、尿液、体腔积液、唾液、精液、粪便等标本）、培养细胞、微生物、寄生虫、病理解剖标本、犯罪现场标本（血斑、精斑、毛发等标本）及考古标本中提取。

模板核酸的量及纯化程度，是 PCR 成败的关键因素之一。一般认为，PCR 对模板的用量和纯度要求不高，理论上仅需 2 个拷贝或细胞的粗提物即可进行反应，但实际操作中为了保证 PCR 的扩增效率和特异性，通常需要制备较高的模板量。然而，模板量过高又会增加非特异性扩增。随着 PCR 技术的日趋成熟，反应体积越来越小，所需模板量也显著下降。目前普通 PCR 的模板 DNA 量一般仅需 50~100 ng，质粒 DNA 为 10 ng 左右，实时 PCR 则可降低至 50 ng 以下。

反应体系中模板量较低有利于提高扩增产量和减少非特异性扩增。

2. 引物 PCR的引物是一对人工化学合成的寡核苷酸链，它们可与模板DNA单链特异性结合，对DNA的扩增起引发作用。PCR循环是从引物的3′末端开始延伸的，因此，引物的序列、长度及其与模板的结合位置等因素决定了PCR扩增片段的特异性和长度，与PCR的效果也有十分密切的关系。因此，设计和选择高效、特异性强的引物是PCR成败的先决条件和重要步骤。

PCR扩增的关键环节是所设计的引物与模板DNA链的正确结合。因此，与引物结合的目的DNA序列片段必须是已知的，而与两引物结合的目的DNA片段之间的序列可以不必非常明确。引物设计的基本原则是最大限度地提高扩增效率和特异性，同时尽可能抑制非特异性扩增。

一般采用计算机软件进行引物的设计、选择和优化，有助于综合考虑以下几个原则。

（1）目的DNA片段的长度：引物需要分别设计在被扩增目的DNA片段的两端，分别与两条模板正、负单链序列互补。目的DNA片段长度即包括双侧引物在内的双链DNA片段的碱基数，一般为200~500 bp。有特殊需要时，可适当调整扩增片段的长度。

（2）引物的长度：一般以15~30 bp为宜。引物过长容易导致引物链内碱基互补结合，形成发夹结构，同时可影响退火温度（PCR扩增过程中的退火温度是根据引物的Tm值决定的），使退火温度提高，甚至超过延伸温度，从而影响产物的生成。引物过短则会降低退火温度，影响引物与模板的结合，降低反应的特异性。

（3）引物的碱基：A、T、G、C碱基应尽可能随机分布，避免出现数个嘌呤或嘧啶碱基连续排列的情况，且G+C的含量以40%~60%为宜。引物3′末端要避免重复的CG碱基序列，否则会使引物在模板的CG富集区发生错配。

（4）避免形成引物的二级结构：两条引物之间存在较多互补序列时，可形成引物二聚体；一条引物内有互补序列或回文序列时，亦可形成二级结构，这两种情况均可使PCR效率明显降低。

（5）引物的5′端：对引物5′端的特异性要求不高，可以进行化学修饰，如加酶切位点，加标志物（如荧光素、生物素、地高辛等），引入点突变位点（如插入突变位点、缺失突变位点）等。

引物设计要综合考虑多种因素，针对具体情况进行具体分析。引物设计完成后，还应加以确认，以保证其与核酸序列数据库的其他序列无明显同源性。

反应体系中引物的浓度一般为0.1~0.5 μmol/L，浓度过高容易引起错配或形成引物二聚体，浓度过低则不足以满足30次循环左右的反应需要。

3. 耐热DNA聚合酶 目前PCR最常使用的是Taq DNA聚合酶，其作用是催化DNA合成，即在模板DNA链的指导下，在引物3′末端聚合脱氧核苷三磷酸，使新的DNA链沿5′→3′方向延伸。Taq DNA聚合酶是从一种能在温度高达70~80℃的热泉水环境中生活的嗜热细菌中分离出来的，具有很高的耐热稳定性。此酶具有以下特点：①耐高温，在70℃条件下反应2 h后，其残留活性大于原来的90%，在93℃条件下反应2 h后，其残留活性是原来的60%，在95℃条件下反应2 h后，其残留活性是原来的40%；②在热变性时不会被钝化，不必在每次扩增反应后再加入新的酶；③高催化活性，可显著提高扩增片段的特异性和扩增效率，增加扩增长度。此酶的发现是PCR技术实现自动化的关键。

Taq DNA聚合酶在一个典型PCR体系中的常用浓度为1~2.5 IU/100 μl，酶的浓度过高容易导致非特异性扩增，浓度过低则可影响合成效率。Taq DNA聚合酶虽然具有5′→3′聚合酶活性和5′→3′外切酶活性，但缺乏3′→5′外切酶活性，即无校正功能，使新链在合成过程中容易发生碱基错配现象，使PCR产物中的点突变增加。在常规反应条件下，Taq DNA聚合酶引起的错配率约为2×10^{-4}，即聚合的2×10^4个单核苷酸中，有1个是错配的。但错配产物在PCR总产量中仅占很小的比例。因此，对于PCR产物分析而言，这一错配率不是一个严重问题。但当PCR产物用于克隆时，含有错配核苷酸的产物经克隆后，则所有该克隆的DNA都会带有相同的"突变"。在这种情况下，降低错配率就显得尤为重要。用较低浓度的脱氧核苷三磷酸、1.5 μmol/L 左右的 Mg^{2+} 浓度和高于 55℃ 的退火温度，可降低 Taq DNA 聚合酶所致碱基错配的发生率。

随着研究的深入，越来越多的耐热 DNA 聚合酶被发现，如 Vent DNA 聚合酶、Th DNA 聚合酶等。与 Taq DNA 聚合酶相比，这些酶不仅具有较高的热稳定性，还具有 $3'\to 5'$ 外切酶活性，能够校正错配碱基，因此，这些酶具有较高的保真性，可使 PCR 反应的碱基错配率降低 2~10 倍。

4. 脱氧核苷三磷酸（deoxyribonucleoside triphosphate，dNTP） 即 dATP、dGTP、dCTP 和 dTTP 4 种脱氧核苷三磷酸的混合物，它们是 PCR 的合成原料。在普通 PCR 过程中，这 4 种 dNTP 的浓度必须保持一致，一般为 200~250 μmol/L。即使在被扩增片段的碱基组成比较特殊的情况下也不例外。换言之，无论被扩增的目的 DNA 序列碱基组成如何，加入的 4 种脱氧核苷三磷酸的含量都必须一致，因为其中任意一种浓度偏高或偏低，都有可能增加 DNA 聚合酶所引起的错配率。

dNTP 的质量与浓度和扩增效率密切相关。若 dNTP 保存不当，则容易失去生物活性，故进行 PCR 实验前，可将 dNTP 母液进行小量分装，在 -20℃ 条件下冰冻保存。

5. Mg^{2+} 和反应缓冲液 Mg^{2+} 和反应缓冲液对于稳定核苷酸和反应体系、提高 Taq DNA 聚合酶的活性十分重要。Mg^{2+} 是 Taq DNA 聚合酶不可缺少的辅助因子，其浓度过高可使 DNA 聚合酶催化非特异性扩增，浓度过低则可使聚合酶活性降低，进而导致扩增效率降低。Mg^{2+} 的最适浓度一般需要通过实验优化来确定，因为反应体系中的 dNTP、引物等均可与 Mg^{2+} 结合，使游离的 Mg^{2+} 浓度降低，从而影响 DNA 聚合酶的活性，所以在高浓度 DNA 及 dNTP 存在条件下，须相应调高 Mg^{2+} 的浓度，使反应体系的 Mg^{2+} 浓度始终比 dNTP 高 0.5~1.0 mmol/L。一个标准的 PCR 扩增体系中，当 dNTP 浓度为 200 μmol/L 时，$MgCl_2$ 浓度一般以 1.5 mmol/L 左右为宜。

与所有的生物化学反应一样，PCR 扩增体系的 pH 应保持稳定，并适合酶促反应的进行。为提供有利于 Taq DNA 聚合酶发挥最大酶促活性的环境，一般采用 10~50 mmol/L 的 Tirs-HCl 将反应体系的 pH 调整为 8.3~8.8。这样，当扩增过程进行到温度上升至 72℃ 时，反应体系的 pH 能保持在 7.2 左右，可以使 Taq DNA 聚合酶发挥最大酶促活性。PCR 缓冲液的组成一般为 50 mmol/L KCl、10~50 mmol/L Tirs-HCl（室温条件下、pH 为 8.3）、1.5 mmol/L $MgCl_2$。KCl 的主要作用是促进引物退火，Tirs-HCl 主要用于调节反应体系的 pH。另外，缓冲液中还可以加入小牛血清白蛋白（100 μg/L）、明胶（0.1 g/L）、聚山梨酯 20（0.5~1.0 g/L）或二硫苏糖醇（5 mmol/L）等基质，这些物质均可以起到保护 DNA 聚合酶的作用。

6. 液状石蜡 进行 PCR 扩增时，由于变性温度较高，容易引起反应液体蒸发，从而造成反应体系损耗。因此，建议在反应体系混合物上铺一层液状石蜡，从而起到维持热稳定和盐溶液浓度稳定的作用。

（二）PCR 扩增参数

PCR 扩增涉及的参数有温度、时间和循环次数。

1. 温度与时间的设置 基于 PCR 的原理和步骤，在标准反应中设置变性、退火、延伸三个温度点，即双链 DNA 在 90~95℃ 变性，再迅速冷却至 50~60℃，使引物退火并与目的 DNA 序列结合，然后快速升温至 70~75℃，在 Taq DNA 聚合酶的作用下，使引物链沿模板延伸。对于长度较短（100~300 bp）的目的基因，可采用二温度点法，即除变性温度外，将退火与延伸温度合二为一，一般采用 94℃ 变性，65℃ 左右退火与延伸（在此温度条件下，Taq DNA 聚合酶仍有较高的催化活性）。

（1）变性温度与时间：变性温度低、解链不完全是导致 PCR 失败的最主要原因。一般情况下，将变性温度设置为 93~94℃，就足以使模板 DNA 发生变性，若低于 93℃，则需延长时间，但温度不能过高，因为高温环境对酶的活性有影响。这一步骤若不能使目的基因模板或 PCR 产物完全变性，就会导致 PCR 失败。退火时间一般设定为 30~60 s。

（2）退火温度与时间：退火温度是影响 PCR 特异性较为重要的因素。模板变性后，将温度快速降至 50~60℃，可使引物和模板结合。由于模板 DNA 比引物复杂得多，所以引物和模板之间的碰撞结合概率要远远高于模板互补链之间的结合。退火温度与时间取决于引物的长度、碱基组成及其浓度，以及目的基因序列的长度。通常，退火温度应低于引物 Tm（解链温度）值 25℃左右。在 Tm 值允许的范围内，选择较高的退火温度可显著减少引物和模板间的非特异性结合，提高 PCR 的特异性。退火时间一般设定为 30~60 s。

（3）延伸温度与时间：Taq DNA 聚合酶的最适温度为 70~75℃，通常设定为 72℃，过高的延伸温度不利于引物和模板的结合。PCR 延伸反应的时间，可根据待扩增片段的长度而定，一般 1 kb 以内的 DNA 片段，延伸时间为 1 min。延伸时间过长可导致非特异性扩增条带的出现。对于低浓度模板的扩增，延伸时间则要稍长些。

2. 循环次数的设置　PCR 循环次数决定了扩增的程度。在其他参数已优化的前提下，循环次数取决于模板 DNA 的最初浓度。例如，当扩增目的序列分别为 3×10^5、1.5×10^4、1×10^3 和 50 拷贝时，最适的循环次数分别为 25~30 次、30~35 次、35~40 次和 40~45 次。增加循环次数，非特异性产物的量亦随之增多，但也会导致出现反应的"平台期"；但循环次数太少，则可影响正常 PCR 产物的量。一般循环次数为 25~40 次。

PCR 的循环次数、反应体系中各组分及其他反应条件是相互影响的，任何因素的改变都会引起其他反应条件发生变化，从而直接影响反应的结果。由于各种不同的反应体系都有其最适反应条件，故只有反应体系在最适反应条件下，才能达到最佳的扩增结果。

小结

PCR 技术是根据细胞内 DNA 半保留复制的原理设计的，即待扩增的 DNA 分子在高温时变性成为单链；低温时，两条单链分别与一对引物互补结合成双链（复性）；适温时，在 DNA 聚合酶的作用下，引物按照半保留复制的机制沿着模板链延伸，直至完成新的 DNA 合成。通过不断重复这一过程，目的 DNA 片段得以呈指数级扩增。一个完整的 PCR 体系主要包括模板、引物、DNA 聚合酶、脱氧核苷三磷酸（dNTP）、Mg^{2+} 和 pH 稳定的反应缓冲液等。PCR 扩增涉及的参数包括温度、时间和循环次数。

第二节　凝胶电泳技术

经过 25~40 次 PCR 扩增循环，目的基因 DNA 可从数个拷贝扩增至百万个拷贝。但如何判断扩增产物中有无目的基因 DNA 呢？通常可以利用电泳技术进行初步判断。电泳技术是最常用的 PCR 产物检测方法，是利用 DNA 在碱性电泳缓冲液中带负电荷，在电场中向正极电泳移动的特性，进而可以快速检测并分析 PCR 产物，满足某些疾病诊断的需要。PCR 产物的电泳检测时间一般为 48 h 以内，最好于当日进行，否则会出现带型不规则甚至消失的情况。

目前常用的凝胶电泳有琼脂糖凝胶电泳、聚丙烯酰胺凝胶电泳和变性梯度凝胶电泳。

一、琼脂糖凝胶电泳

琼脂糖凝胶电泳是用琼脂糖作为支持介质的一种电泳方法，其原理如图 4-3 所示。琼脂糖能溶于热水，冷却后凝固成胶。琼脂糖凝胶具有网格结构，带电分子受电场驱动在凝胶中电泳移动时会受到阻力。核酸分子越大，受到的阻力也越大。因此，在凝胶电泳中，带电核酸的分离不仅取决于核酸所带净电荷的性质和数量，还取决于核酸分子的大小，即琼脂糖凝胶电泳兼有"分子筛"（图4-4）和"电泳"的双重作用，可显著提高分辨能力，因此被广泛应用于核酸研究中。

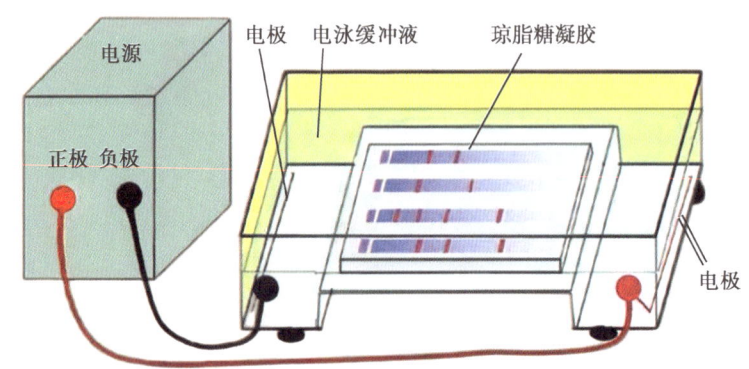

图4-3　琼脂糖凝胶电泳示意图

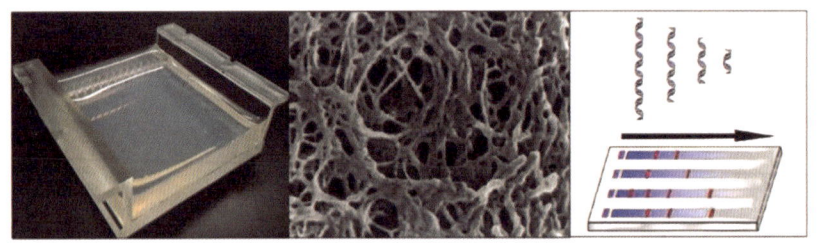

A.凝固的琼脂糖凝胶　　B.琼脂糖凝胶内部网格结构　　C.大小不等的核酸片段被分离

图4-4　琼脂糖凝胶的"分子筛"作用示意图

电泳缓冲液pH一般为6～9，高于DNA分子的等电点。通常先在加热的琼脂糖凝胶中加入1%溴化乙锭（ethidium bromide，EB）（每100 ml凝胶中加入100 μl），然后将冷却、凝固的琼脂糖凝胶放入电泳槽内，再加入适量待测标本，同时用分子量标准品做标记。电泳结束后，取出凝胶，并在紫外灯下观察结果。在紫外灯下，EB的荧光强度可增加80～100倍，并释放出橙红色的光。由于EB可以嵌合在DNA双链上，所以荧光强度与DNA的含量呈正比。

琼脂糖凝胶电泳大致可区分长度相差100 bp的DNA片段，琼脂糖的浓度与其所能分离的线状DNA的有效范围见表4-1，其分辨率比另一种凝胶——聚丙烯酰胺凝胶低，但制备容易，分离范围广。

表4-1　琼脂糖浓度与其所能分离线状DNA的有效范围

琼脂糖浓度（%）	所分离线状DNA的有效范围（kb）
0.5	1～30
0.7	0.8～12
1.0	0.5～10
1.2	0.4～7
1.5	0.2～3
2.0	0.1～2

二、聚丙烯酰胺凝胶电泳

聚丙烯酰胺凝胶电泳（polyacrylamide gel electrophoresis，PAGE）技术最初于 1967 年由 Shapiro 提出。聚丙烯酰胺凝胶是由单体丙烯酰胺和交联共聚单体 N,N′-甲叉双丙烯酰胺在 TEMED（N, N, N′, N′-四甲基乙二胺）催化下聚合交联而形成的呈三维立体网状结构的凝胶。其机械强度大、化学性质稳定、受 pH 和温度变化影响较小，并且没有吸附和电渗作用，是一种较好的电泳支持介质。

聚丙烯酰胺凝胶电泳适用于分离小于 2 kb 的小片段 DNA 或 RNA。凝胶浓度主要取决于丙烯酰胺，其浓度与所能分辨 DNA 分子的有效范围见表 4-2。

表4-2　丙烯酰胺浓度与其所能分辨DNA分子的有效范围

丙烯酰胺浓度（%）	DNA的有效分离范围（bp）	溴酚蓝所处位置（bp）	二甲苯腈蓝所处位置（bp）
3.5	1000 ~ 2000	100	460
5.0	80 ~ 500	65	260
8.0	60 ~ 400	45	100
12.0	40 ~ 200	20	70
15.0	25 ~ 150	15	60
20.0	5 ~ 100	12	45

与琼脂糖凝胶电泳相比，聚丙烯酰胺凝胶电泳操作相对复杂，但其具有以下几个优点：①分辨能力强，对长度仅相差 1 bp 的 DNA 分子，都可以将其区分开；②所回收的 DNA 纯度高，可用于要求很高的实验；③灵敏度高，采用银染色 DNA 或 RNA，其灵敏度比琼脂糖凝胶电泳中的 EB 染色法高 2 ~ 5 倍，且无 EB 易于褪色的缺点；④上样量远大于琼脂糖凝胶电泳；⑤电泳条带比较集中，便于科研及检验分析。

三、变性梯度凝胶电泳

变性梯度凝胶电泳（denaturing gradient gel electrophoresis，DGGE）主要用于检测 DNA 突变，是根据 DNA 双链分子局部变性为单链时可使电泳迁移率下降的特性来分离 DNA 片段的技术。

双链 DNA 分子在一般的聚丙烯酰胺凝胶中电泳时，其迁移行为取决于其分子大小和电荷，不同长度的 DNA 片段能够被区分开，但同样长度的 DNA 片段在凝胶中的迁移行为一样，因此不能被区分开。DGGE 技术是在一般的聚丙烯酰胺凝胶基础上加入了变性剂（尿素和甲酰胺），同时拥有温度梯度和变性剂两个变性条件。

核酸变性的难易程度由其核酸解链温度（melting temperature，T_m）值决定。双链 DNA 片段在进行 DGGE 时，可通过变性剂浓度呈梯度增加的凝胶。当 DNA 片段迁移至某一点变性剂浓度恰好相当于 DNA 低熔点区的 T_m 值时，DNA 片段的低熔点区域便开始解链，而此 DNA 的高熔点区仍为双链。这种局部解链的 DNA 分子电泳迁移率显著降低，因此，长度相同但序列不同的 DNA 片段就被区分开来。某个碱基的替换都可以引起 T_m 值的改变，因此，运用 DGGE 技术可以检测出 DNA 分子中的任何一种单碱基的替换、移码及小于 10 个碱基的缺失突变。但这项技术只能确定被检测 PCR 产物片段中有无突变存在，而不能确定突变位置和突变性质。

> **小结**

电泳技术是最常用的 PCR 产物检测方法。目前常用的凝胶电泳有琼脂糖凝胶电泳、聚丙烯酰胺凝胶电泳和变性梯度凝胶电泳。琼脂糖凝胶电泳兼有"分子筛"和"电泳"的双重作用。聚丙烯酰胺凝胶电泳具有分辨能力强、灵敏度高、回收的核酸纯度高、上样量大和条带集中等优点。DGGE 是根据 DNA 双链分子局部变性为单链时可使电泳迁移率下降的原理来分离 DNA 片段的技术,常用于检测 DNA 突变。

第三节 实时荧光定量 PCR 技术

定量 PCR 是在普通 PCR 技术基础上发展起来的。由于普通 PCR 技术是一个定性反应,在许多情况下无法确定目的基因的准确拷贝数量,如病毒载量情况、基因表达产物的改变情况等,定量 PCR 技术便应运而生。实时荧光定量 PCR(real-time fluorescent quantitative polymerase chain reaction,RT-FQ-PCR)于 1996 年被推出,它是一种在聚合酶链反应体系中加入荧光化学物质,利用荧光信号积累实时监测整个 PCR 进程,最后通过标准曲线对未知模板进行定量分析的方法。整个实验过程处于一种闭管状态,因此,对实验室设计和人员操作要求都相对较低。

> **知识链接**
>
> **实时荧光定量 PCR 技术的发展历程**
>
> 普通 PCR 技术必须在扩增完成以后打开反应管进行检测,才能获得扩增产物的分析结果。这种操作常会因为气溶胶的产生而引起实验室严重的扩增产物污染。为了避免气溶胶对实验的污染,同时不开盖就能观察到扩增的 DNA 产物,在聚合酶链反应体系中加入含有荧光基团的底物,能实时监测 PCR 扩增周期每个时间点(通常是每次循环结束后)的荧光强度。通过对反应体系中荧光信号的检测实现对 PCR 过程中每一次循环产物的定量检测,并根据参照系统较为精确地计算出 PCR 的初始模板量。这一技术称为实时 PCR,又称荧光定量 PCR 技术。该技术不仅实现了 PCR 从定性到定量分析的飞跃,而且与普通 PCR 相比,有效地解决了 PCR 开盖检测污染的问题,同时具有特异性更强、自动化程度更高的特点,因而得到了广泛应用。

一、实时荧光定量 PCR 技术的基本原理

常用技术主要包括荧光染料技术和荧光探针技术。

1. 荧光染料技术 目前主要应用的染料是 SYBR Green Ⅰ。在聚合酶链反应体系中加入该染料后,它可以非特异地嵌合进双链 DNA 小沟,并产生强烈荧光。SYBR Green Ⅰ 染料虽能嵌合进 DNA 双链,但不能结合单链。因此,当加入过量 SYBR Green Ⅰ 染料时,游离的过量 SYBR Green Ⅰ 染料几乎不产生荧光信号,但当它选择性地掺入双链 DNA 分子结构时,将会产生强烈的荧光信号。在 PCR 扩增过程中,由于新合成的双链 DNA 不断增加,与双链 DNA 分子结合的 SYBR Green Ⅰ 染料也增加,因此 PCR 扩增产物越多,SYBR Green Ⅰ 的结合量也越多,

荧光信号就越强。PCR 扩增过程中荧光信号的产生原理如图 4-5 所示。结合的荧光信号和 DNA 含量呈正比。荧光信号的检测在每一次循环的延伸完成后进行。

该技术的优点在于荧光染料的成本低，而且不需要对引物或探针预先进行特殊的荧光标记，适用于任何反应体系，操作也比较简便，因此该技术在科学研究中的应用更为广泛。然而，由于 SYBR Green I 染料能与任何双链 DNA 分子结合，因此它也会结合到非特异性扩增产物的双链分子或引物二聚体中，使实验产生假阳性信号。

但是，SYBR Green I 染料对 PCR 反应具有一定的抑制效应，同时，其荧光强度相对不高、稳定性差。针对 SYBR Green I 染料存在的这些缺点，近来已研发出性能更好的染料，如 SYBR Green ER、POWER Green、Eva Green 等。

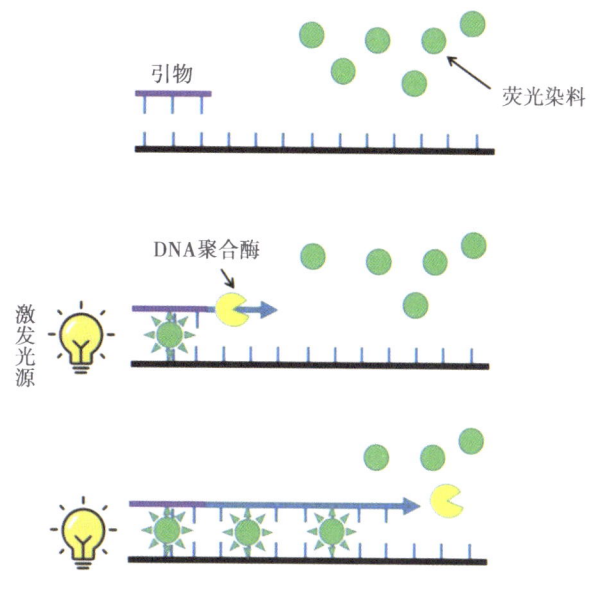

图 4-5　荧光染料技术原理示意图

2. 荧光探针技术　荧光探针技术的原理是荧光共振能量转移（fluorescence resonance energy transfer，FRET）。以 TaqMan 荧光探针为基础的实时荧光定量 PCR 技术，在临床诊断中的应用最为广泛。该技术是在普通 PCR 的一对引物之外，加入一个两端带有荧光标记的寡核苷酸探针，在探针完好的状态下，5′端荧光基团的激发光被 3′端淬灭基团所抑制。在 PCR 过程中，随着链的延伸，Taq DNA 聚合酶沿着 DNA 模板移动到荧光探针的结合位置，发挥 5′→3′外切酶活性，将荧光探针切断，荧光报告基团的荧光信号即被释放出来。每合成一条新链，一个报告基团的荧光信号就被释放出来，因此，被释放的荧光报告基团数量与 PCR 产物是一对一的关系。PCR 过程中的荧光探针技术原理如图 4-6 所示。

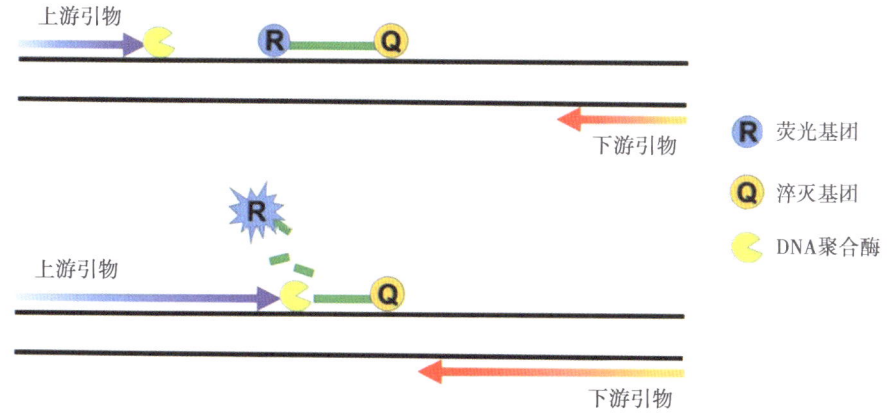

图 4-6　荧光探针技术原理示意图

TaqMan 探针技术解决了荧光染料技术非特异性的缺点，反应结束后不需要进行寡核苷酸熔解曲线分析，从而可以缩短实验时间。但是，TaqMan 探针仅适用于一个特定的目标靶基因，不便于普及应用。此外，由于 TaqMan 探针两端的荧光基团和淬灭基团相距较远，淬灭不彻底，可有残留荧光，导致本底较高，而且该方法也容易受 Taq DNA 聚合酶 5′→3′外切酶活性的影响。

针对上述问题，2000年推出了一种新的MCB-TaqMan探针，其3'端采用非荧光性的淬灭基团，吸收荧光基团的能量后并不发光，可显著降低本底信号的干扰。此外，MCB探针的3'端还连接有一个小沟结合物——二氢环化吲哚卟啉-三肽，可以使探针与模板的杂交保持稳定，使较短的探针达到较高的Tm值。同时，短探针的荧光基团与淬灭基团距离更近，淬灭效果更好，荧光背景更低。

二、实时荧光定量PCR的反应体系和条件优化

在进行实时荧光定量PCR的过程中，PCR的扩增效率是一个非常重要的影响因素，较高的扩增效率才能保证实时荧光定量PCR结果的准确性及可重复性。与普通PCR相比，实时荧光定量PCR在反应体系中加入了荧光物质，用于实时监测反应过程。这些荧光物质可影响Taq DNA酶的活性，从而对PCR的扩增效率产生影响。因此，在进行正式实验之前，需要设计好实时荧光定量PCR的引物和探针，并对反应体系和反应条件进行优化。

（一）引物和探针的设计

设计好引物和探针，除了能获得较高的扩增效率外，还能显著提高扩增的特异性和灵敏度。一般应先选择好探针，然后设计引物，使其尽可能靠近探针。最后将引物与探针进行配对检验，以避免二聚体和发夹结构的形成。

1. 引物设计的基本原则 引物设计原则一般包括：①单链引物的最适长度为15~20 bp，GC含量为30%~80%，最适含量为45%~55%。②TaqMan引物的Tm值最好在68~70℃，分子信标和杂交探针相关引物的Tm值变化区间可相对大一些，但对于同一引物而言，其Tm值应接近，差异尽量不要超过2℃。③应避免引物中多个重复碱基的出现，尤其是要避免4个或超过4个G碱基出现；引物的3'端最好不是G和（或）C。3'端的5个碱基不应出现2个G和（或）C。④应避免引物内出现反向重复序列而形成发夹二级结构，同时也应避免引物间配对形成引物二聚体。⑤应尽量使引物与探针接近。

2. 探针设计的基本原则 探针设计的基本原则通常包括：①探针的序列要绝对保守，即探针序列应与其所结合的核酸序列保持绝对的碱基配对，因为有时分型就仅仅依靠探针来决定。理论上如果有一个碱基不配对，就可能检测不出来。②TaqMan探针的长度最好为20~40 bp，Tm值为65~72℃，而且要确保探针的Tm值比引物的Tm值高5~10℃，这样可以保证探针在退火时先于引物与目的片段结合。③应避免探针中多个重复碱基的出现，尤其是要避免4个或超过4个G碱基。确保探针中GC含量为30%~80%。探针中的G碱基含量不能多于C碱基。④探针的5'端不能为G碱基，因为即使单个G碱基与荧光基团相连时，也可以淬灭荧光基团发出的荧光信号，从而导致假阴性的出现。探针3'端必须进行封闭，以避免在反应过程中起引物的作用而进行延伸。⑤TaqMan探针应靠近上游引物，即TaqMan探针应靠近与其在同一条链上的上游引物。两者的距离最好是探针的5'端与上游引物的3'端之间有一个碱基。⑥避免探针与引物之间形成二聚体，引物探针二聚体的形成，主要是因为探针与引物的3'末端发生杂交。若此二聚体出现扩增，则将与待扩增的目的基因之间出现竞争反应原料的情况，导致扩增效率降低。⑦用杂交探针做mRNA表达分析时，探针序列应尽可能包括外含子和（或）外含子边界。

（二）反应体系的优化

1. 模板的质量和浓度 模板的质量可影响PCR的扩增效率。应将模板少量分装放置在-20℃环境中低温保存，并避免反复冻融。模板的浓度一般可根据循环数阈值（cycle threshold，Ct）来

选择。如果是进行首次实验,那么应选择一系列稀释浓度的模板来进行实验,以选择出最为合适的模板浓度。一般而言,模板浓度的选择应使反应能进行 15~30 次循环比较合适。若循环次数＞30,则应选择较高的模板浓度;如果循环次数＜15,则应选择较低的模板浓度。

2. 引物和探针的浓度 引物和探针的浓度是影响实时荧光定量 PCR 的关键因素之一。若引物浓度过低,则可导致聚合酶链反应不完全;若引物浓度过高,则可使错配以及产生非特异产物的可能性增加。对于大多数 PCR,0.5 μmol/L 是一个合适的浓度。若初次选用这一浓度不理想,则可在 0.3~1.0 μmol/L 范围内进行选择,直至达到满意的结果。杂交探针的浓度初次实验时可选择为 0.2 μmol/L,若荧光信号强度不能满足要求,则可以增加至 0.4 μmol/L。

3. $MgCl_2$ 的浓度 在 PCR 过程中,$MgCl_2$ 的浓度对酶的活性是至关重要的。此外,选择合适的 $MgCl_2$ 浓度还能在反应中得到较低的 Ct 值、较高的荧光信号强度以及良好的曲线峰值。因此,对 $MgCl_2$ 的浓度选择应慎重。一般来说,对以 DNA 或 cDNA 为模板的 PCR,应选择 $MgCl_2$ 浓度为 2~5 mmol/L;对以 mRNA 为模板的 RT-PCR,则应选择 $MgCl_2$ 浓度为 4~8 mmol/L。

(三)反应条件的优化

1. 退火温度 首次实验时设置的退火温度应比计算得出的 Tm 值低 5℃。如果两个引物的 Tm 值不同,则应将退火温度设定为比最低的 Tm 值低 5℃,然后在 1~2℃ 范围内进行选择。一般来说,退火温度常根据经验来确定,这个经验值往往会与计算得出的 Tm 值有一定的差距。

2. 循环次数 通常情况下,实时荧光定量 PCR 只需 25~30 次循环就可以获得满意的结果,而对于一些极微量的待测标本而言,适当增加循环次数可以提高实时荧光定量 PCR 的检测低限。一般来说,这种情况下的循环次数可以设置为 40~45 次。循环次数越多,实时荧光定量 PCR 的灵敏度就越高。在实际工作中,当循环次数达到一定限度时,实时荧光定量 PCR 的灵敏度即不再升高。

三、实时荧光定量 PCR 扩增曲线和数据分析

实时荧光定量 PCR 技术是对整个反应扩增过程出现的荧光信号进行实时监测和连续分析,随着反应时间的推进,根据监测到的荧光信号变化情况可以绘制出一条以扩增循环次数为横坐标,以实时荧光信号强度(RFU)为纵坐标的曲线,即扩增曲线(图 4-7)。

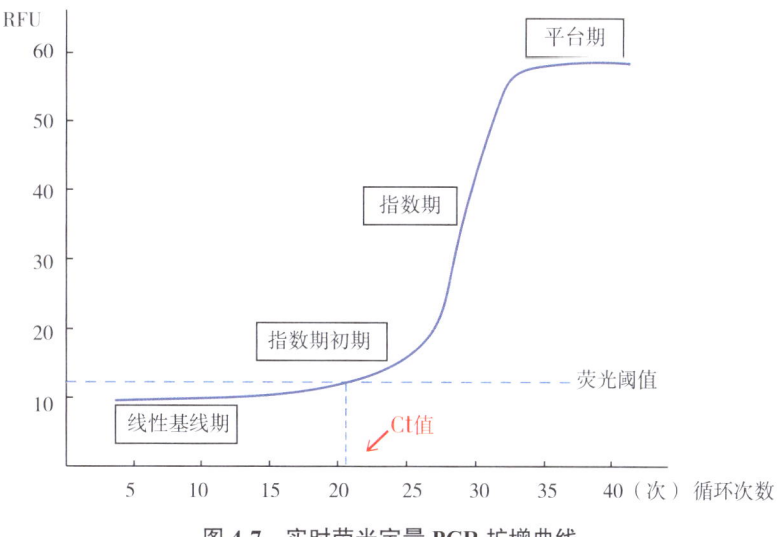

图 4-7 实时荧光定量 PCR 扩增曲线

（一）基本概念

1. 线性基线期 线性基线期为扩增最初的 10~15 次循环，此时 PCR 处于起始阶段，扩增产物很少，所产生的荧光信号强度很低。

2. 指数期初期 进入指数期初期，荧光强度达到一个阈值，该阈值通常为线性基线期荧光信号均值加标准差的 10 倍。

3. 指数期 指数期为 PCR 达到最大扩增的阶段。理想条件下，每一次循环后，PCR 产物都会成倍增加。

4. 平台期 进入平台期后，荧光信号强度便不再随扩增循环次数的增加而增加。

5. Ct 值 Ct 值是指实时监测 PCR 扩增过程的荧光信号强度达到设定的阈值（指数期初期）所经过的循环次数。Ct 值与原始扩增模板数量呈负相关，可通过其与原始模板的函数关系来计算原始模板的数量。Ct 值是实时荧光 PCR 的主要定量参数。

6. 扩增效率（efficiency，E） 扩增效率 E 是指一次循环后的产物增加量与这次循环的模板量的比值，其值为 0~1。在 PCR 的前 20 或 30 次循环中，E 值比较恒定，PCR 处于指数期。随后，E 值逐步降低，直至为 0，此时 PCR 达到平台期，不再扩增。

（二）定量方法

实时荧光定量 PCR 的模板定量有两种策略，即绝对定量和相对定量。绝对定量指的是用已知的标准曲线来推算未知标本的量；相对定量是指在一定标本中的目的基因相对于另一参照标本的量的变化。

1. 绝对定量 绝对定量的目的是确定某一标本准确的分子数，是用已知标准品的标准曲线来推算未知标本的量。该标准品的量是预先已知的，然后将标准品稀释成一系列不同浓度的标本，并进行 PCR。以标准品浓度的对数值为横坐标，以测得的 Ct 值为纵坐标，然后绘制标准曲线，在相同条件下检验未知标本的 Ct 值，从而根据标准曲线计算出未知标本的浓度（拷贝数）。

绘制标准曲线对定量分析至关重要。在绘制标准曲线时，应至少选择 5 个稀释浓度的标准品，涵盖待测标本中目的基因量可能出现的全部浓度范围，最好与目的基因有较高的同源性。绝对定量标准品的纯度要高，可以是纯化的质粒 DNA、体外转录的 RNA 或体外合成的 ssDNA。标准品的量可根据 260 nm 的吸光度值，并用 DNA 或 RNA 的分子量转换成其拷贝数来确定。

实时荧光定量 PCR 避免了终点法定量 PCR 进入平台期后定量分析的较大误差，可实现 DNA/RNA 的精确定量分析，而且具有操作简便、快速、高效的特点。该技术具有灵敏度和特异性高、自动化程度高、能在封闭体系中完成扩增和测定、无污染、实时和准确等特点，在医学临床检验及科研方面具有重要的意义，目前已广泛应用于病原体感染的定量检测、细胞因子的表达分析等。

2. 相对定量 相对定量是指在一定标本中的目的基因相对于另一参照标本的量的变化，常用于临床诊断某些特定的目的基因（如 HBV DNA）。此方法可用于进行高通量的准确定量分析，对于疾病的诊断和治疗具有指导意义。相对定量的结果一般为目的基因经处理与未处理的表达差异倍数。在生命科学理论研究中，某些情况下不需要对目的基因的含量进行绝对定量，而只需分析出目的基因的相对表达差异，如某种目的基因经过处理后其表达量是升高还是降低，此时只需用相对定量的方法就可以满足实验的要求。相对定量就是通过检测目的基因相对于内参基因的表达变化来实现的。内参基因是指在机体各组织和细胞内某些表达相对恒定的基因。在检测其他基因的表达水平变化时，常以其作为内部参照物，简称内参基因。选择正确的内参基因，可以校正标本质与量的误差以及扩增效率的误差，进而保证实验结果的准确性。

相对定量是一种更为简便的方法，因为更容易实施，并且对于疾病状态的检验更有意义。目前有两种常用方法，即标准曲线法的相对定量和比较 Ct 法的相对定量。不同类型的相对定量方法各有优势和缺陷，在实际应用过程中应根据实验目的和研究条件合理选择。

小结

实时荧光定量 PCR 技术主要包括荧光染料技术和荧光探针技术。SYBR Green I 等荧光染料能选择性地非特异性嵌合到双链 DNA 小沟中，并产生强烈的荧光信号，扩增产物越多，荧光信号越强。荧光探针技术的原理是荧光共振能量转移。以 TaqMan 荧光探针为基础的实时荧光定量 PCR 技术，在临床诊断中应用最为广泛。实时荧光定量 PCR 的模板定量有两种策略，即绝对定量和相对定量。绝对定量指的是用已知的标准曲线来推算未知标本的量；相对定量是指在一定标本中，目的基因相对于另一参照标本的量的变化。

第四节　聚合酶链反应的衍生技术

在 PCR 技术广泛应用于生物和医学领域的同时，PCR 技术本身也得到了充分的发展。目前已发展出多种以 PCR 为基础的相关技术，形成了适用于不同目的的 PCR 技术系列。以下是几种在临床研究和诊断中应用得较多的 PCR 相关技术。

一、多重 PCR 技术

普通 PCR 技术仅应用 1 对引物，扩增产生一定数量的同一目的 DNA 片段，主要用于单一致病因子等的鉴定。多重 PCR（multiplex PCR，mPCR），又称多重引物 PCR 或复合 PCR，是在同一 PCR 反应体系中加入 2 对以上引物，扩增出同一模板多个核酸片段的反应。其反应原理、反应试剂和操作过程与普通 PCR 相同。

多重 PCR 由于每一对引物扩增的是位于模板 DNA 上不同序列的 DNA 片段，因此，扩增片段的长短不同，可以据此来检测特定的基因片段，检测其大小、是否存在缺失突变等，如 PCR 扩增后进行电泳，出现条带即说明有基因片段，反之，则表明相应片段缺失。进行多重 PCR 时，应保持各对引物之间的扩增效率基本一致，否则它们之间将会发生竞争，影响最终的扩增结果。各引物的 3' 端应避免互补，引物长度要比普通 PCR 引物稍长，引物的浓度需根据具体实验确定。

多重 PCR 具有高效性、系统性、经济性和简便性的特点。如多重 PCR 可以在同一 PCR 反应管内同时检出多种病原微生物，或对有多个型别的目的基因进行分型；可以进行成组病原体检测，如同时检测肝炎病毒、肠道致病性细菌、无芽孢厌氧菌等；可通过一次操作即获得多个病原体或基因检测结果，进而节省时间、试剂和费用，并为临床提供更多、更准确的诊断信息。

随着 PCR 技术的发展，多重 PCR 技术已逐渐取代较为繁琐的 Southern 印迹杂交技术用于检测基因突变或缺失。但是随着多重 PCR 中引物对数的增加，也使产生错配的扩增产物的机会增加。因此，应当根据实验的要求、目的以及实验设计等因素，对反应条件进行优化，对多重 PCR 中的各种影响因素进行调整，以寻找最佳的扩增条件。

二、逆转录 PCR 技术

逆转录 PCR（reverse transcription PCR，RT-PCR）是以细胞内总 RNA 或 mRNA 为材料进行核酸扩增的技术。由于耐热 DNA 聚合酶不能以总 RNA 或 mRNA 作为模板，因此首先必须将总 RNA 或 mRNA 进行逆转录，使其在逆转录酶的作用下生成 cDNA，然后再以 cDNA 作为模板进行 PCR 扩增，才能得到所需要的目的基因片段。RT-PCR 主要用于 cDNA 克隆、合成 cDNA 探针、检测 RNA 病毒和分析基因表达等。

逆转录合成 cDNA 的方式有多种：①以随后进行的 PCR 扩增中的下游引物作为引物，它可与目的 mRNA 的 3′ 末端互补，引发特异的逆转录反应，合成特异的 cDNA。②以合成的寡脱氧胸腺苷酸即 oligo（dT）作为引物，一般为 18 个碱基，是一种对 mRNA 进行特异逆转录的方法。mRNA 3′ 末端的多聚腺苷酸尾（polyA 尾）能与之互补，在逆转录酶的作用下合成 cDNA。因绝大多数真核细胞 mRNA 具有 3′ 端 poly A 尾，所以从理论上讲，此引物能与所有 mRNA 配对，使其被转录，即对细胞内所有 mRNA 均进行了逆转录。③以人工合成的随机序列六核苷酸混合物作为引物，这些引物能与 mRNA 链上任意部位的特异序列互补，引发逆转录反应。用随机序列六核苷酸混合物作为引物的优点是容易合成较为完整的 cDNA，尤其是当 mRNA 较长时。

常用的逆转录酶有禽原粒细胞白血病病毒逆转录酶和莫洛尼鼠白血病病毒逆转录酶等。

RT-PCR 对 RNA 制品的要求极为严格。作为模板的 RNA 必须是完整的，且不含 DNA、蛋白质和其他杂质。在总 RNA 的提取过程中，应注意避免 mRNA 的断裂，防止 RNA 酶降解，以保持 RNA 的完整性。

RT-PCR 技术使得 RNA 病毒检测更为便利，同时为获得与待扩增 RNA 互补的 cDNA 提供了有效途径。在实际应用中，可以从患者外周血标本中提取 RNA 实施逆转录 PCR，进行相关基因的研究。

三、巢式 PCR 技术

巢式 PCR（nested PCR）是使用 2 对引物对目的 DNA 进行二次扩增，第二次扩增所用的模板为第一次扩增的产物。巢式 PCR 通常设计 2 对引物，第二对引物（第二次扩增所用引物）在目的序列上的位置应设计在第一对引物的内侧。

第一对 PCR 引物扩增片段与普通 PCR 相似。第二对引物称为巢式引物，其结合在第一次 PCR 产物内部，这使得第二次 PCR 扩增片段短于第一次扩增。巢式 PCR 可提高反应的灵敏度和特异性，适用于目的基因的质/量较低或其他原因导致普通 PCR 无法获得理想的扩增产物的情况。其优点是如果第一次扩增产生了错误片段，则第二次在错误片段上进行引物配对并扩增的概率极低。因此，巢式 PCR 扩增的特异性较强。

与普通 PCR 相比，巢式 PCR 的优点是：摆脱了单次 PCR 扩增平台期效应的限制，使扩增倍数提高，从而显著提高 PCR 的灵敏度；由于模板和引物发生改变，可以降低非特异性反应连续放大进行的可能性，保证了反应的特异性；内侧引物扩增的模板是外侧引物扩增的产物，第二阶段反应能否进行，也是对第一阶段反应正确性的鉴定，因此可以保证整个反应的准确性及可行性。但巢式 PCR 亦有其缺点：进行第二次 PCR 扩增引起交叉污染的概率较大。对此，可采用同一反应管进行巢式 PCR，主要利用内、外引物 T_m 值不同。如果已排除引物、酶、RNA 提取、逆转录等其他原因导致的 PCR 不成功，确定关键原因是模板量低的话，则可采用巢式 PCR。

四、递减 PCR 技术

递减 PCR，又称降落 PCR，是一种用来降低非特异性序列扩增的 PCR 技术。PCR 中引物的退火温度决定了退火的特异性，温度越高，特异性越强，但温度过高则不能实现引物和模板的结合，而温度过低会产生大量非特异性产物。因此，进行 PCR 时需要寻找合适的退火温度。

递减 PCR 开始前，应先设定一个比较高的退火温度，接下来每次循环将退火温度下调 1℃。达到一个较低温度后，每次循环的退火温度保持不变，直到反应结束。在退火温度下降到引物与模板特异性结合的最高温度时，PCR 扩增可以达到最高的特异性。在这一温度条件下，起初的数次循环中，特异性扩增序列可以比非特异性序列多扩增若干倍，从而减轻非特异扩增对反应结果的干扰。这种方法可用于避免多次试验选择最佳退火温度。

小结

比较常见的 PCR 衍生技术包括多重 PCR、逆转录 PCR、巢式 PCR 和递减 PCR 等技术。多重 PCR 是在同一 PCR 反应体系中加入 2 对以上引物，同时扩增出多个核酸片段的反应。逆转录 PCR 是将细胞内总 RNA 或 mRNA 在逆转录酶的作用下生成 cDNA，然后再以 cDNA 作为模板进行 PCR 扩增，即可得到所需要的目的基因片段。巢式 PCR 是使用 2 对引物对目的 DNA 进行二次扩增，第二次扩增所用的模板为第一次扩增的产物。递减 PCR 是一种用来降低非特异性序列扩增的 PCR 技术。

思考题

一、选择题

1. PCR 技术的本质是
   A. 核酸杂交技术　　　　　　　　B. 核酸重组技术
   C. 核酸变性技术　　　　　　　　D. 核酸扩增技术
   E. 核酸连接技术

2. 在 PCR 反应中不需要的物质是
   A. Taq DNA 聚合酶　　　　　　　B. dNTP
   C. RNA 酶　　　　　　　　　　　D. Mg^{2+}
   E. 合适的 pH 缓冲液

3. 多重 PCR 需要的引物是
   A. 1 对引物　　　　　　　　　　B. 2 对引物
   C. 3 对引物　　　　　　　　　　D. 2 对及以上引物
   E. 越多越好

4. 在 PCR 反应中，可以引起非目的基因序列扩增的因素是
   A. Taq DNA 聚合酶加入量过多　　B. 引物加入量过多
   C. DNA 聚合酶和引物加入量过多　D. 缓冲液中镁离子含量过高
   E. 模板浓度过高

5. PCR 是在引物、模板和 4 种脱氧核糖核苷酸存在的条件下依赖于 DNA 聚合酶的酶促合成反应，其特异性的先决条件和因素是

  A. 模板   B. 引物
  C. dNTP   D. 镁离子
  E. DNA 聚合酶

二、问答题

1. PCR 反应体系应包含哪些物质？这些物质的作用分别是什么？
2. 简述引物设计的基本原则。

（李　静）

第五章

核酸恒温扩增技术

学习目标

通过本章内容的学习,学生应能够:

识记:
1. 说出核酸恒温扩增技术的概念。
2. 列举常见的核酸恒温扩增技术及其特点。

理解:
解释常见核酸恒温扩增技术的原理。

运用:
能指出基于核酸恒温扩增技术原理的医疗器械产品中各试剂的用途,并能分析相应临床标准操作规程每一步操作的目的和结果。

案例导入

案例 5-1

新冠病毒核酸检测结果阳性是确诊新型冠状病毒肺炎的标准之一。截至 2020 年 3 月 12 日,国家药品监督管理局共应急批准 17 个新冠病毒检测产品,其中,新冠病毒核酸检测试剂 11 个,病毒抗体检测试剂 6 个。在核酸检测产品中,有的试剂盒是基于荧光定量 PCR 技术,而有的是基于恒温扩增技术。

思考题:
1. 什么是核酸恒温扩增技术?
2. 核酸恒温扩增技术与常见的 PCR 技术有什么区别?

核酸恒温扩增技术(thermostatic nucleic acid amplification technology)是一类分子生物学技术的总称,是指在某一特定的温度下扩增特定的 DNA 或者 RNA 的技术。核酸恒温扩增技术属于核酸扩增技术(nucleic acid amplification technology,NAAT)的范畴。近年来,核酸扩增技术作为重要的分子生物学技术得到了迅速的发展和广泛应用。尤其是在疾病的临床诊断过程中,核酸扩增技术以其快速、灵敏和特异的优势,不仅逐渐取代了传统的诊断方法,而且使以往无法完成的诊断成为可能。

核酸扩增技术主要分为两大类,即以 PCR 为代表的热变性扩增技术和核酸恒温扩增技术。与 PCR 技术相比,核酸恒温扩增技术的特点是可在特定温度条件下实现核酸的扩增。由于扩增反应的全过程均在恒温条件下进行,从而对仪器的要求极大地简化,使反应时间显著缩短,可通过加热模块、水浴槽等简单的设备完成反应。因此,核酸恒温扩增技术更能满足现代分子检验技术快速、简便的需求,具有较大的实际应用价值。

近年来,一系列核酸恒温扩增技术逐渐应用于临床分子生物学检验实践中。本节重点介绍环介导等温扩增技术、滚环扩增技术、链置换扩增技术、依赖于核酸序列的扩增技术等的原理、过程、反应体系、参数设置及其优、缺点。

第一节 环介导等温扩增技术

一、环介导等温扩增技术的基本原理及过程

环介导等温扩增(loop-mediated isothermal amplification,LAMP)技术是于 2000 年由 Notomi 等研发的一种体外恒温扩增特异核酸片段的新技术。该技术主要是针对靶序列的 6 个区段设计 2 对特殊的引物,在恒温条件下(60~65℃),利用可以产生环状结构的引物和具有链置换合成活性的 DNA 聚合酶(如 Bst DNA 聚合酶),在模板两端引物结合处不断循环产生环状单链结构,使得引物引发新链合成,从而使靶基因高效扩增。目前,LAMP 已在临床病原微生物检验、遗传病诊断、SNP 分型和传染病监测等领域显示出了巨大的应用潜力。

LAMP 的扩增过程可分为三个阶段,如图 5-1b 和图 5-1c 所示。

1. 循环模板形成阶段 首先,上游内引物 FIP 结合到模板 DNA 的 F2c 上,引导合成互补的 DNA 链。上游外引物 F3 结合到模板 DNA 的 F3c 上,引导合成模板 DNA 的互补链,并通过置换反应,释放出由 FIP 引导合成的互补链。被释放出的互补链 5′端的 F1c 和 F1 发生自我碱基配对,形成一个环状结构。以此链为模板,下游引物 BIP 和 B3 先后启动类似于 FIP 和 F3 的合成,被置换出的互补链两端分别带有 B1c-B2-B1 和 F1-F2c-F1c 互补结构,通过自我碱基配对,形成一条两端呈环形的哑铃状单链结构。该结构是 LAMP 技术基因扩增循环的起始结构,是后续循环扩增反应的模板。

2. 循环扩增阶段 哑铃状结构的单链 DNA 具有模板与引物的双重功能,在 Bst DNA 聚合酶的催化下,既能延伸生成双链茎环结构,内引物 FIP 也能与环状结构结合,在酶的作用下进行延伸,引导合成新的 DNA 双链,同时置换出与之序列相同的链。被置换出的单链两端具有反向序列,可自动环化形成哑铃状的单链 DNA 结构,随后再通过自我引导延伸反应迅速生成双链茎环结构。引物 BIP 结合到茎环结构的环状结构上,引导合成新的 DNA 双链,同时置换出与之序列相同的链。

3. 伸长再循环阶段 扩增周而复始地进行,茎环个数也随之逐渐增加,最终的扩增产物是一系列大小不一的由反向重复的靶序列构成的茎环结构和多环花椰菜结构 DNA 片段混合物。

二、环介导等温扩增技术的反应体系、参数及产物检测

(一)环介导等温扩增技术的反应体系

LAMP 反应体系包括引物、模板 DNA、Bst DNA 聚合酶、dNTP 和反应缓冲液。

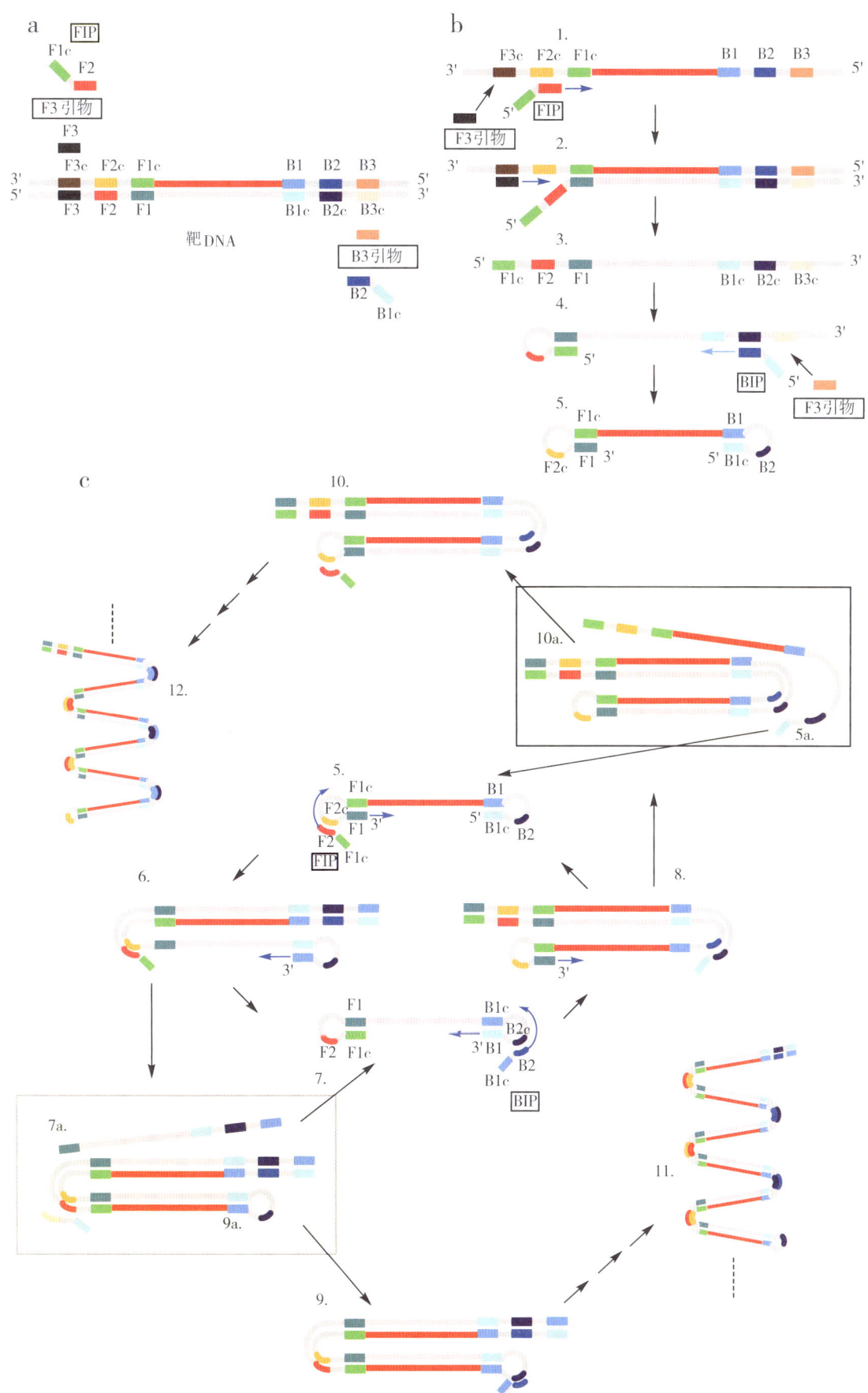

图 5-1 LAMP 技术的原理及过程示意图

1. 模板 通常提取待测标本中的 DNA 或 RNA 为模板。也可采集感染部位拭子和患者血清标本直接进行检测。

2. 引物 LAMP 反应中的引物是针对靶基因序列两端 6 个区域设计的 2 对特殊引物。引物设计是一个非常复杂的过程，是 LAMP 技术的关键环节。目前已有专门用于设计 LAMP 引物的软件，并提供在线服务。在该反应体系中，外引物的浓度应保证在内引物浓度的 1/10~1/4。

3. dNTP 四种脱氧核苷三磷酸，常用浓度为 1.4 μmol/L。

4. 酶 Bst DNA 聚合酶具有链置换合成活性，最适温度为 60~65℃。

5. 缓冲液 LAMP 反应体系除上述物质外，还需要 20 mmol/L Tris-HCl（pH 为 8.8）、10 mmol/L KCl、10 mmol/L（NH_4）$_2SO_4$、8 mmol/L $MgSO_4$、0.1% Tween 20 和 0.8 mol/L 甜菜碱（betaine）。

（二）环介导等温扩增技术的反应参数及产物检测

LAMP 反应程序一般为：在 60~65℃条件下保温 30~60 min，然后升温至 80℃，2 min 后终止反应，进行产物检测。

LAMP 产物是一系列大小不一的 DNA 片段混合物，可以通过常规电泳和荧光定量检测，也可以通过简易、直观的荧光目视比色和焦磷酸镁比浊法检测。

1. 琼脂糖凝胶电泳 LAMP 产物经普通琼脂糖凝胶电泳后用 EB 染色，在凝胶上可出现从点样孔开始的由大小不同的区带组成的连续阶梯式图谱。

2. 荧光定量检测 荧光定量检测是利用荧光染料（如 SYBR Green I）与 DNA 双链结合时所发出的荧光强度比未结合 DNA 双链时强 800~1000 倍的原理。在 LAMP 反应体系中加入 SYBR Greer I 后，随着 DNA 的合成量增加，荧光信号强度也相应增加。通过荧光光度仪实时检测荧光强度，并与标准模板的扩增情况进行比较，可实现实时定量检测。

3. 焦磷酸镁比浊检测 焦磷酸镁比浊法的原理是在 DNA 合成过程中，从 dNTP 析出的焦磷酸根离子与反应溶液中的 Mg^{2+} 结合，产生焦磷酸镁白色沉淀，出现肉眼可见的混浊现象，其浊度与 DNA 的含量呈正比。

三、环介导等温扩增技术的优、缺点

（一）LAMP 技术的优点

1. 设备简单 由于 LAMP 在恒温条件下就能完成扩增反应，因此，只需一个简单的恒温器就可以满足反应的要求，不需要昂贵的检测设备。这便于现场检测或基层机构应用。

2. 扩增快速、高效 LAMP 技术避免了传统 PCR 技术反复变性、复性等耗时的过程。LAMP 体系从反应开始到结束都在不断反复地进行扩增，所以可实现快速、高效的扩增。整个反应可以在 15~60 min 内扩增出 10^9~10^{10} 倍靶基因序列拷贝，得到高达 500 μg/ml 的 DNA。

3. 特异性强 LAMP 针对 6 个区段设计 4 种引物，具有高度特异性。

4. 灵敏度高 LAMP 能检测到 PCR 检测范围 1/10 的拷贝数，扩增模板可为 10 个拷贝或更少，对仅有数个细胞的标本也能进行扩增反应。

5. 产物检验简便 扩增产物是在同一条 DNA 链上的互补序列周而复始地形成大小不一的片段。可利用直观的焦磷酸镁比浊检测法或荧光目视比色法对扩增产物进行简便、快速的检测。

（二）LAMP 技术的缺点

1. 不易区分非特异性扩增 LAMP 的结果判读只有扩增与不扩增两种情况，不易鉴别出非特异性扩增。

2. 不适用于长片段扩增 为保证扩增效率，LAMP 要求扩增序列长度不能过长，一般不超过 300 bp，故 LAMP 不宜用于长片段核酸序列检测。

> **小结**
>
> 环介导等温扩增技术是针对靶基因序列的 6 个区域设计 2 对特殊的引物，在恒温条件下（60~65℃），利用可以产生环状结构的引物和具有链置换合成活性的 DNA 聚合酶（如 Bst DNA 聚合酶），在模板两端引物结合处不断循环产生环状单链结构，使得引物引发新链合成，从而使靶基因高效扩增的技术。该扩增反应包括循环模板形成、循环扩增和伸长再循环三个阶段。其扩增产物既可采用常规的电泳和荧光定量检测，也可采用简便、直观的荧光目视比色法和焦磷酸镁比浊法检测。

第二节 链置换恒温扩增技术

一、链置换扩增技术的基本原理及过程

链置换扩增（strand displacement amplification，SDA）技术是 Walker 等于 1992 年首创的一种 DNA 恒温扩增技术。SDA 技术的基本原理是以限制性内切核酸酶（如 *Hinc* Ⅱ）识别并剪切靶 DNA 序列形成缺口，DNA 聚合酶（如 exo-Klenow 聚合酶）在缺口处向 3′延伸并置换下游 DNA 序列。被置换下来的 DNA 单链可与引物结合并被 DNA 聚合酶延伸成双链。该过程不断反复进行，在恒温条件下可使靶基因序列呈几何倍数级联扩增。

SDA 的基本过程包括单链 DNA 模板的准备、两端带酶切位点的 DNA 片段的生成和 SDA 循环三个阶段（图 5-2）。

1. 单链 DNA 模板的准备 ①靶序列变性，4 种引物（B1、B2 和 S1、S2）在靶序列的两端结合，S1、S2 引物的 5′端具有能被 *Hinc* Ⅱ识别的序列（5′ GTTGAC）。在 dGTP、dCTP、dTTP 和 dATP α S（将 α 位置上的磷 P 置换成硫 S，不能被 *Hinc* Ⅱ识别与剪切）存在的情况下，由 exo-Klenow 聚合酶合成新的 DNA 链。②B1 引物的延伸产物置换出 S1 引物的延伸产物，形成 S1-ext 链，B2 引物的延伸产物置换出 S2 引物的延伸产物，形成 S2-ext 链。

2. 两端带酶切位点的 DNA 片段的生成 ① B2、S2 与 S1-ext 链结合，B1、S1 与 S2-ext 链结合。②在 S1-ext 和 S2-ext 链上延伸并置换产生 2 条两端均有 *Hinc* Ⅱ识别位点的片段和 2 条更长的只有一端有 *Hinc* Ⅱ识别位点的片段。③ *Hinc* Ⅱ识别并剪切双链 DNA，形成单链切口（nick）。④在 exo-Klenow 聚合酶和引物 S1、S2 的作用下，合成新的 DNA 链，并置换出 5′端含部分 S2 序列和 5′端含部分 S1 序列的链。

3. SDA 循环 ① *Hinc* Ⅱ再次识别并剪切双链 DNA，形成单链切口。②在 exo-Klenow 聚合酶和引物 S1、S2 的作用下，合成新的 DNA 链，并置换出 5′端含部分 S2 序列和 5′端含部分 S1 序列的链。如此不断反复进行，形成 SDA 循环反应。

二、链置换扩增技术的反应体系及参数

（一）SDA 反应体系

SDA 反应体系包含 2 对引物、模板 DNA、exo-Klenow 聚合酶、*Hinc* Ⅱ限制性内切核酸

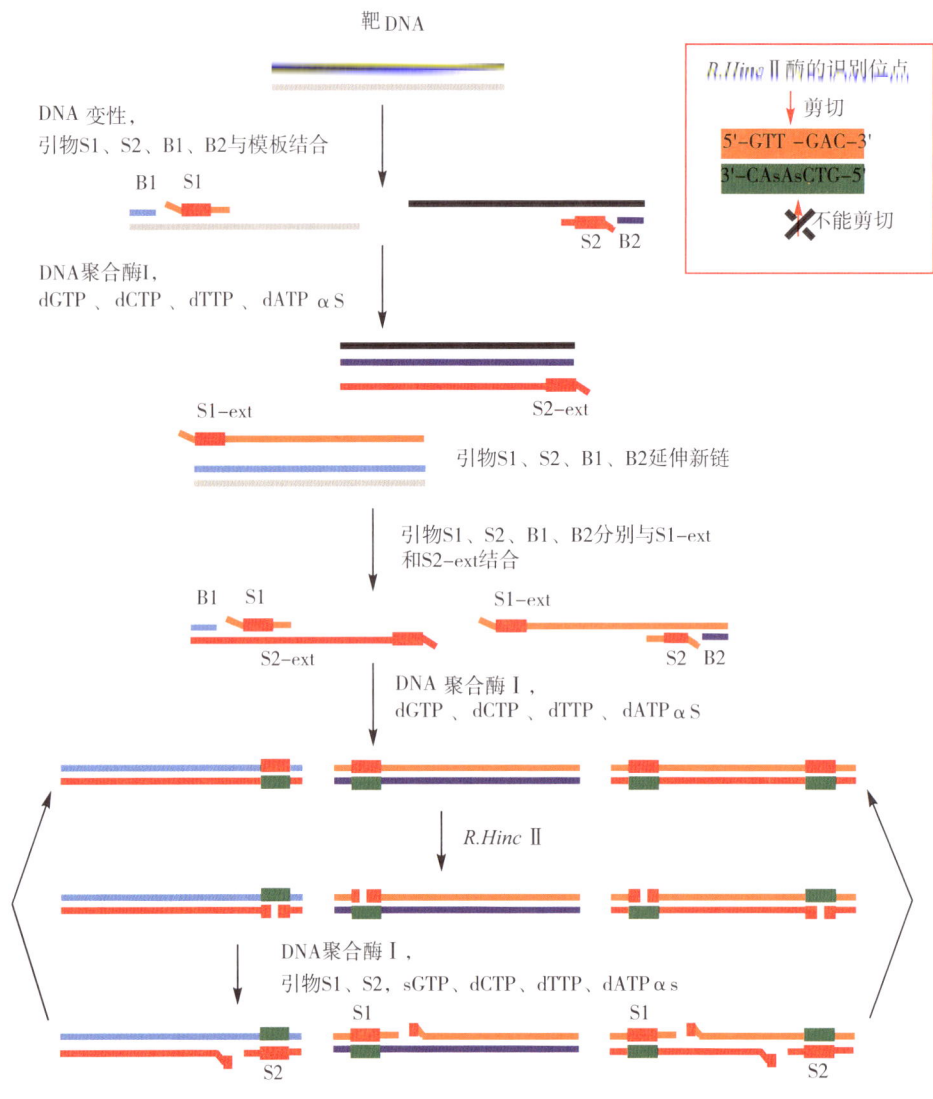

图 5-2 SDA 技术的原理及过程示意图

酶、dNTP 和反应缓冲液。RT-SDA 反应体系除模板是 RNA 外，还需将两种酶换成 exo-Bst 和 BoB I，并额外加入逆转录酶（如 AMV）和单链结合蛋白 T4gP32。

1. 模板　利用 exo-Klenow DNA 聚合酶的链置换活性获得具有合适 3′端和 5′端的模板。这种模板产生过程需要 4 条引物，该反应产生的靶序列可直接用于 SDA 反应。

2. 引物　SDA 反应需要 2 对引物（B1、B2 和 S1、S2），其中 1 对引物（B_1 和 B_2）5′端含有 Hinc Ⅱ 限制性内切核酸酶识别序列。

3. dNTP　反应体系的 dNTP 中有一种是经化学修饰的核苷酸，根据使用的限制性内切核酸酶而有所不同。例如，Hinc Ⅱ 所需的 dATP 经磷硫酰化修饰，不能被限制性内切核酸酶识别、剪切，从而形成单链切口。dNTP 浓度通常为 1 mmol/L。

4. 酶　SDA 反应需要特殊的限制性内切核酸酶：①切割位点专一；②打开缺口后能立即解离让位给 DNA 聚合酶，并继续识别其他位点。符合要求的酶有 Hinc Ⅱ、BsoB Ⅰ、Nci Ⅰ、Ava Ⅰ 和 Fnu 4 Ⅰ。同时，对 SDA 聚合酶也有严格的要求：①在缺口处启动反应；②缺乏 5′→3′外切核酸酶活性；③可利用 dNTP。符合要求的酶包括 exo-Klenow、exo-Bst 和 exo-Bca。

5. 缓冲液　SDA 反应体系除包含上述物质外，还需要 50 mmol/L Tris-HCl（pH 7.4）、50 mmol/L KCl、50 mmol/L NaCl、6 mmol/L MgCl 和 1% 甘油等。

(二) SDA 反应参数

SDA 的反应程序一般为：95℃条件下变性 4 min，37℃条件下复性 4 min，37℃条件下扩增 60 min，然后升温至 95℃，2 min 后终止反应，进行产物检测。

三、链置换扩增技术的优、缺点

1. SDA 技术的优点 ①SDA 反应时间短（通常为 15~20 min），与横向流动试纸条、荧光免疫技术等相结合，可实现实时检测；②设备要求简单：SDA 恒温扩增的特点决定了其不需要复杂的设备，这有利于现场检测或基层应用。

2. SDA 技术的缺点 ①不能扩增长片段：为保证高效率扩增，SDA 的靶序列长度同样不宜过长，一般不超过 200 bp。②SDA 产物两端还残留限制性内切核酸酶的识别序列，不能直接用于基因克隆。③引物设计复杂，限制条件较多，适用范围有限。

小结

链置换恒温扩增技术是以限制性内切核酸酶（如 Hinc Ⅱ）识别、剪切靶 DNA 序列形成缺口，利用 DNA 聚合酶（如 exo-Klenow）在缺口处向 3′ 延伸并置换下游 DNA 序列，被置换下来的 DNA 单链可与引物结合并被 DNA 聚合酶延伸成双链。该过程不断反复进行，在恒温条件下可使靶序列呈几何倍数级联扩增。链置换扩增技术反应包括单链 DNA 模板的准备、两端带酶切位点的 DNA 片段的生成和 SDA 循环三个阶段。其优点是适用于现场检测，缺点是不能扩增长片段，且不能直接用于基因克隆。

第三节 滚环恒温扩增技术

一、滚环扩增技术的基本原理及过程

滚环扩增（rolling circle amplification，RCA）技术是于 1998 年形成并发展起来的一种恒温核酸扩增技术。该技术模拟自然界微生物环状 DNA 的滚环复制过程，在具有链置换活性的 DNA 聚合酶作用下，由一条引物即可引发沿环状 DNA 模板的链置换合成，实现环状 DNA 模板的体外恒温扩增。RCA 可分为线性 RCA（单引物 RCA）、指数 RCA、多引物 RCA 和信号 RCA 等。

(一) 线性 RCA 的原理及过程

线性 RCA 即单引物 RCA，其反应体系主要包括单链环状 DNA 模板、引物和具有链置换活性的 DNA 聚合酶。线性 RCA 的原理及过程如图 5-3 所示：引物先与单链环状 DNA 结合，然后在 DNA 聚合酶的作用下以环状 DNA 为模板合成其互补链，当合成至引物结合位点时，DNA 聚合酶发挥链置换活性，将已合成的引物延伸链置换下来，并继续以环状 DNA 为模板进行合成，形成滚环状扩增，最终产生由众多与环状 DNA 完全互补的重复序列组成的线状单链 DNA。DNA 的延伸可以不断进行，产生的 DNA 单链长度可为模板 DNA 单位长度的近千倍。

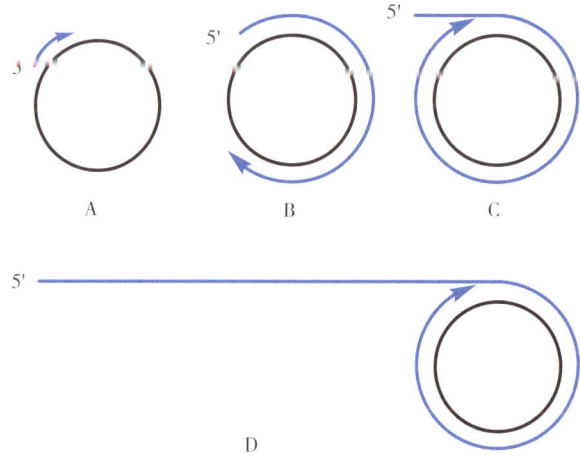

图 5-3 线性 RCA 的原理及过程示意图

（二）指数 RCA 的原理及过程

指数 RCA 即双引物 RCA，其扩增原理与线性 RCA 相似，但比线性 RCA 多使用一条与环状 DNA 序列完全一致的引物 P2。指数 RCA 的原理及过程如图 5-4 所示：引物 P1 先与环状 DNA 模板结合进行滚环置换与合成，该过程与线性 RCA 一致。待置换出环状 DNA 模板的互

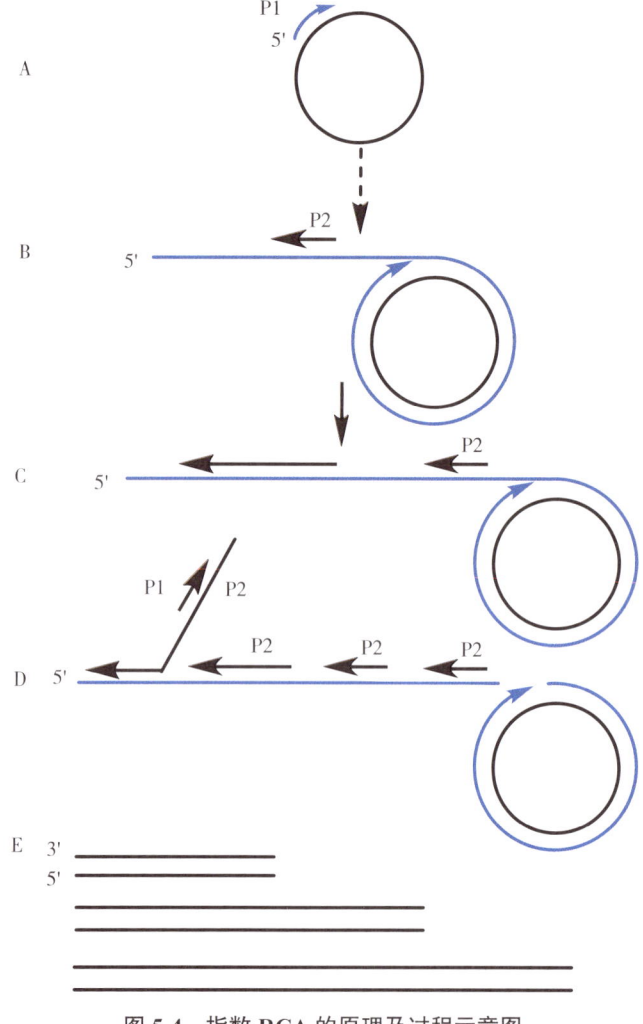

图 5-4 指数 RCA 的原理及过程示意图

补单链（第一次线性 RCA 产物）后，引物 P2 与其结合并进行酶促延伸反应。随着线性 RCA 的进行，由与环状 DNA 完全互补的重复序列组成的线状单链不断延长，同时，更多的引物 P2 与之结合并进行延伸合成，后结合的引物 P2 通过延伸置换出先结合的引物 P2 的延伸产物。然后，被置换出的 P2 延伸产物再与 P1 结合，进行 P1 延伸合成。这样，在很短的时间内，产物即呈指数扩增，最终得到一系列长度不一的双链产物。其中，长度最短的产物长度为两个引物之间的距离，其他产物长度则为整数倍的环状模板 DNA 长度与最小产物长度之和。

（三）多引物 RCA 的原理及过程

多引物 RCA 是由一个环状 DNA 模板和多条 DNA 引物组成的 RCA。多条引物一般采用具有外切酶活性的随机引物。随机引物可以在环状 DNA 模板上的不同位点同时引发复制叉进行线性 RCA 反应，从而显著提高合成的效率和产量。多引物 RCA 的原理及过程如图 5-5 所示：引物结合到环状 DNA 后，在聚合酶的作用下进行延伸合成。当上游引物引发的合成延伸至下游引物结合处时，DNA 聚合酶即进行链置换合成，置换出的单链可再与随机引物结合进行新的合成反应。这样，模板序列可以在较短的时间内得到极快速的扩增。多引物 RCA 产物同样为长度不一的模板串联重复双链 DNA。

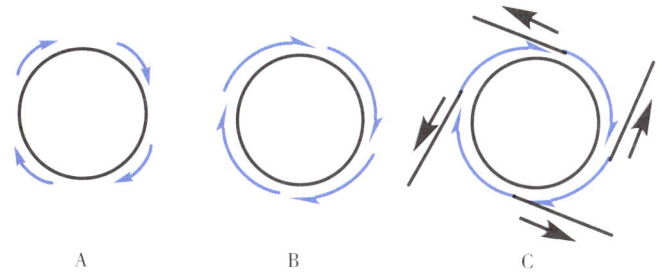

图 5-5　多引物 RCA 的原理及过程示意图

（四）信号 RCA 的原理及过程

信号 RCA 主要是指针对线性模板进行信号放大的 RCA。与以环状 DNA 为模板的 RCA 所不同的是，信号 RCA 是以线性 DNA 或 RNA 为模板进行信号放大的扩增。信号 RCA 的原理及过程如图 5-6 所示：信号 RCA 使用一条额外的探针，该探针是一条两端存在模板结合序列、中间为无关序列的多聚核苷酸片段。探针两端与模板结合后，可形成缺口，中间被环化，这种探针被形象地称为锁式探针（padlock probe）或环形探针。探针与线性靶序列结合后，在连接酶的作用下连接形成闭合环状。所形成的环状结构作为后续 RCA 的模板，随后进行的反应与指数 RCA 一致。引物 P1 结合到探针中间的无关序列上，并在 DNA 聚合酶的作用下进行链的延伸，当延伸至探针与靶序列结合处时，将靶序列置换下来进入滚环指数扩增。最终扩增出的产物是以环形探针为单位的长度不同的双链 DNA。在信号 RCA 反应中，环形探针作为信号分子被放大，因此探针能否被环化是能否成功扩增的前提。在实际应用中，如果标本不存在靶序列，则无法环化探针和连接探针，从而无法进行滚环扩增。因此，信号 RCA 又称连接依赖性 RCA。

二、滚环恒温扩增技术的反应体系及参数

（一）RCA 反应体系

普通 RCA 反应体系主要包括环状核酸模板、引物、DNA 聚合酶、dNTP 以及反应缓冲液。

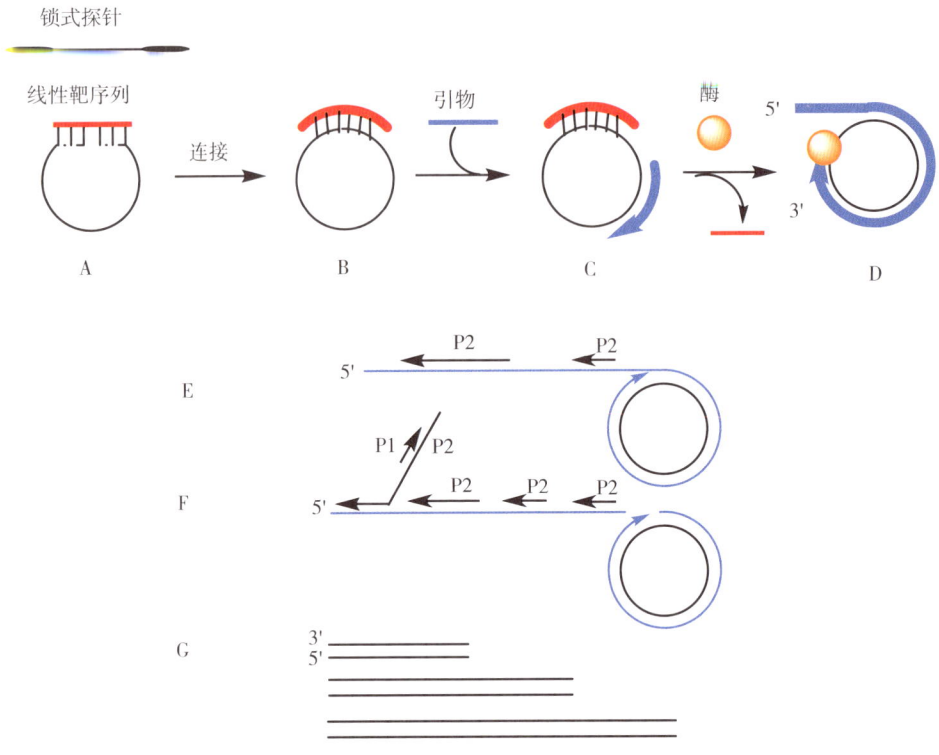

图 5-6 信号 RCA 的原理及过程示意图

对于信号 RCA，则需要在此基础上增加锁式探针、连接酶以及相应的反应缓冲液。

1. 模板 普通 RCA 的模板可以是任何环状核酸，包括病毒、质粒和各种环状染色体等，也包括不可通过生物体培育克隆的环状核酸分子。扩增模板的长度范围较宽，从数十个碱基到数万个碱基，都可以进行 RCA 反应。

2. 引物 RCA 所用的引物包括特异引物及随机引物两种类型，进行线性 RCA 时所用的引物是一条与环状模板特异结合的引物 P1，对结合位点无特定要求，长度为 16~24 个碱基。进行指数 RCA 时增加的引物 P2，长度一般为 16~24 个碱基，其碱基序列与环状模板一致，能与 P1 延伸产物互补，对结合位点无特定要求。

3. 酶 RCA 反应主要使用 DNA 连接酶及 DNA 聚合酶。常用的 DNA 连接酶是 T_4 DNA 连接酶，具有连接核酸双链切口的功能。RCA 反应中要求 DNA 聚合酶无 $5'\rightarrow 3'$ 外切核酸酶活性，并具有链置换活性，同时也要具有较强的持续合成能力。RCA 反应中常用的 DNA 聚合酶是噬菌体 *phi* 29 DNA 聚合酶，*phi* 29 DNA 聚合酶具有较强的链置换活性及持续合成能力，可连续数小时高效催化 DNA 合成，其连续合成的 DNA 链可以超过 70 kb，同时 *phi* 29DNA 聚合酶也具备很强的纠错功能。

4. dNTP 包括 4 种脱氧核苷三磷酸。

5. 缓冲液 除上述物质外，RCA 反应体系还需要 50 mmol/L Tris-HCl（pH 7.5）、10 mmol/L $MgCl_2$、10 mmol/L $(NH_4)_2SO_4$ 和 4 mmol/L DTT 等。

（二）RCA 反应参数

普通 RCA 的一般程序是先将双链环状模板和引物的混合物在 95℃条件下保温 3~5 min 进行变性处理，然后置于冰块上快速冷却，随后加入 DNA 聚合酶、dNTP 及反应缓冲液的混合液，在 30℃条件下反应 1~16 h，最后以 65℃保温 10 min，以灭活 DNA 聚合酶，随之结束反应。信号 RCA 的程序是先使模板变性，然后使模板与探针结合，在 55℃条件下保温 2 h（设定的温度由探针与模板序列的 T_m 值决定），随后加入 T4 DNA 连接酶，在 37℃条件下反应 1 h，最后加入 phi 29 DNA 聚合酶、引物和 dNTP 进行扩增反应，在 30℃条件下反应 1 h。

三、RCA 技术的优、缺点

1. RCA 技术的优点 ①扩增效率高：RCA 的扩增效率可达到 $10^5 \sim 10^6$ 倍。②灵敏度高：能够检测到单分子水平。②特异性强：RCA 反应具有高度特异性，可以区分单一位点的突变。③多元性：RCA 种类多、应用范围广；④高通量：RCA 可以在靶 DNA 上形成闭合的环状序列，确保 RCA 产生的信号集中，从而实现原位扩增和载片扩增。

2. RCA 技术的缺点 ①要求扩增模板为环状 DNA；②探针成本偏高；③容易受到背景信号的干扰。

> **小结**
>
> 滚环恒温扩增技术是在具有链置换活性的 DNA 聚合酶作用下，由一条引物即可引发沿环状 DNA 模板的链置换合成，实现环状 DNA 模板的体外恒温扩增。RCA 包括线性 RCA、指数 RCA、多引物 RCA 和信号 RCA 等。其优点是扩增效率高、特异性强、高通量和具有多元性，缺点是扩增模板为环状 DNA，且容易收到背景信号的干扰。

第四节 依赖核酸序列的恒温扩增技术

一、依赖核酸序列的扩增技术的基本原理及过程

依赖核酸序列的扩增（nucleic acid sequence-based amplification，NASBA）技术即核酸序列扩增法，是一种以 RNA 为模板的快速恒温扩增技术，主要用于 RNA 的检测和序列测定，具有高度灵敏性和特异性。NASBA 作为一种简便、快速、准确的核酸分析技术，特别适用于低拷贝数 RNA 的微生物学检验。另外，对于临床检验和流行病学研究，NASBA 也是较好的选择，可以同时处理大批量标本，容易实现自动化，对于缺乏专业分子实验室的基层卫生机构及医院检验部门非常适用。

NASBA 是以 RNA 为模板，由 2 个引物介导的连续、均一的特异性体外恒温扩增核苷酸序列的酶促过程。NASBA 反应需要 AMV 逆转录酶，RNA 酶 H（RNase H）、T_7 RNA 聚合酶和 1 对引物共同作用完成 RNA 的复制，其中正向引物 5′端带有可被 T_7 RNA 聚合酶识别的启动子序列，反向引物 5′端序列与靶 RNA 序列相同。

NASBA 反应过程分为非循环相和循环相两个阶段（图 5-7）。

1. 非循环相 正向引物与模板 RNA 结合，反应体系在 AMV-RT 的作用下转录合成 cDNA-RNA 杂合体，RNase H 将杂合体中的 RNA 水解，反向引物随之与此单链 DNA 结合。由于 AMV-RT 具有 DNA 依赖的 DNA 聚合酶活性，可使单链 DNA 合成双链 DNA。合成的双链 DNA 具有 T_7 RNA 聚合酶识别的启动子序列，可将 DNA 催化转录成 RNA。

2. 循环相 转录合成的 RNA 再与反向引物结合，在 AMV-RT 的作用下合成 cDNA-RNA 杂合体，RNaseH 水解杂合体中的 RNA，剩下的单链 DNA 与正向引物结合。在 AMV-RT 的作用下，合成的双链 DNA 被 T_7 RNA 聚合酶识别，转录合成 RNA。此反应产物随之重复进行循

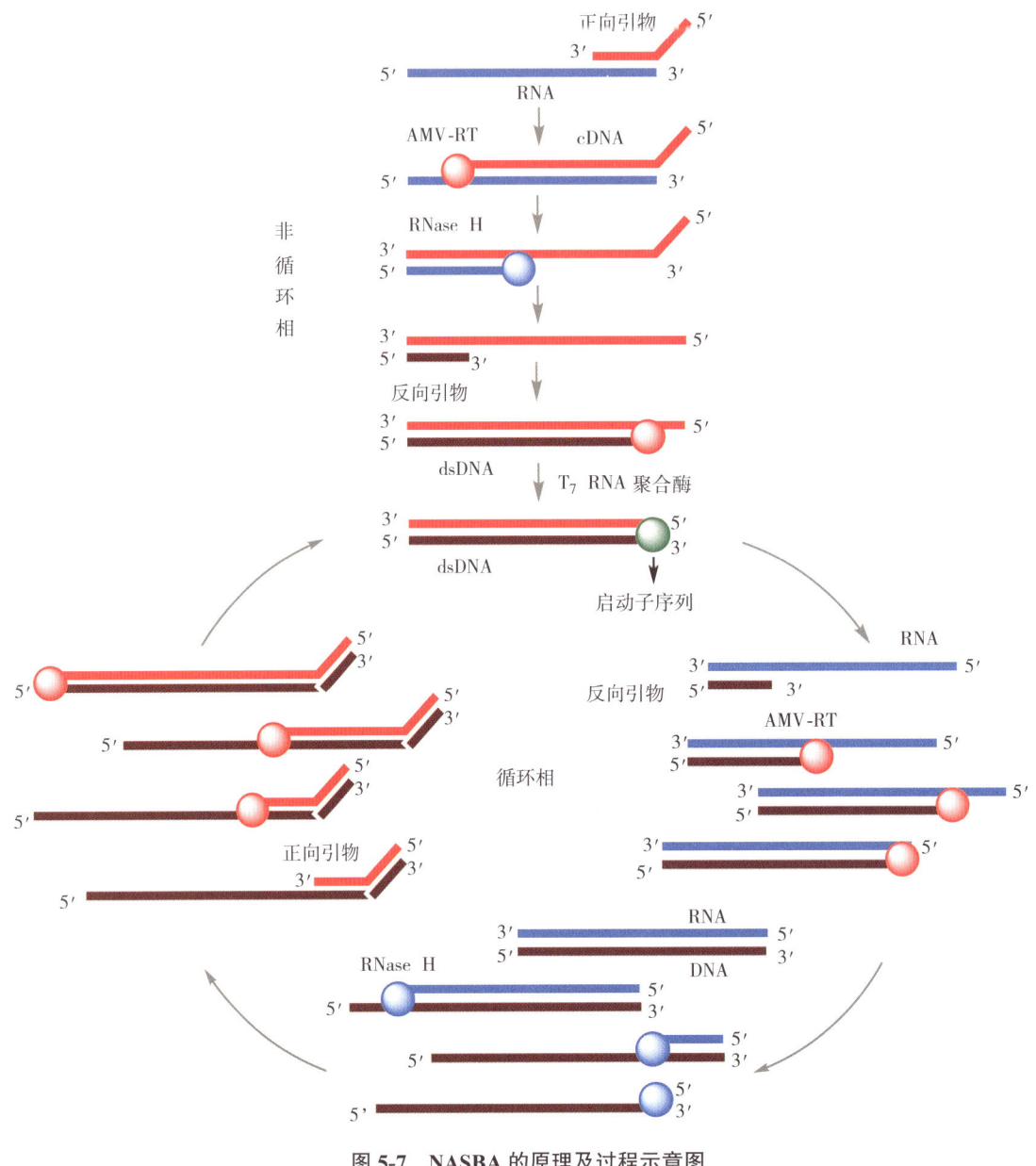

图 5-7 NASBA 的原理及过程示意图

环相的反应过程，使 RNA 得以扩增。

二、NASBA 的反应体系与参数

NASBA 反应体系包括模板 RNA、2 个引物、AMV 逆转录酶、RNase H、T₇ RNA 聚合酶、脱氧核糖核苷三磷酸（dNTP）、核糖核苷三磷酸（NTP）和适宜的缓冲液。通常的反应体系为 20 μl。首先配置 10 μl 反应混合液，包含 40 mmol/L Tris-HCl（pH 8.5）、70 mmol/L KCl、12 mmol/L MgCl₂、1 mmol/L dNTP、2 mmol/L NTP、15％ 二甲基亚砜（dimethyl sulfoxide，DMSO）、10 mmol/L 二硫苏糖醇（dithiothreitol，DTT）、引物各 0.2 mol/L。然后加入模板 RNA 5 μl（根据浓度适当调整，最高可达 50 pg），在 65℃条件下水浴 5 min，以破坏 RNA 的二级结构。随即以 41℃保温 5 min，使引物与模板结合，然后迅速加入酶混合物 5 μl（包含 40 U T₇ RNA 聚合酶、8 U AMV 逆转录酶、0.2 U RNase H、20 U RNA 酶抑制剂、0.1 pg/μl BSA），并

小心混匀。将反应物置于41℃水浴中孵育1.5~2 h，最后将反应管置于20℃环境中终止反应。反应体系及条件可根据实验情况进行适当调整。若在反应体系中同时加入内标，即已知浓度的标准RNA，则可实现对扩增产物的定量检测。

三、NASBA技术的优、缺点

NASBA技术的优点：①不易受到双链DNA产物对后续实验的污染；②扩增效率高、特异性强；③操作简便。

NASBA技术的缺点：①随着检验技术的发展，扩增产物的检测对设备提出了较高要求。②扩增长度受到限制，最宜长度一般为100~250 bp；③酶具有非耐热性，只有在RNA链溶解之后才能加入；④低温环境容易导致引物发生非特异反应；⑤反应体系中需要加入3种酶，且需要3种酶在同一温度、同一反应体系下被激活。

小结

依赖核酸序列的恒温扩增技术是在非循环相阶段，以待检RNA为模板，在正向引物、逆转录酶、RNA酶H、T_7 RNA聚合酶等作用下，合成一条RNA新链；在循环相阶段，以非循环相合成的RNA新链，在反向引物、逆转录酶、RNA酶H、T_7 RNA聚合酶等作用下，再合成一条RNA新链，此RNA新链随之重复进行循环相的反应过程，使待检RNA得以扩增。

思考题

一、选择题

1. 核酸恒温扩增技术不包括
   A. 环介导核酸恒温扩增（LAMP）技术
   B. 滚环扩增（RCA）技术
   C. 链置换扩增（SDA）技术
   D. 依赖于核酸序列的扩增（NASBA）技术
   E. 聚合酶链反应（PCR）技术

2. 环介导核酸恒温扩增（LAMP）技术的优点不包括
   A. 等温扩增   B. 快速、高效
   C. 不易区分非特异性扩增   D. 设备简单
   E. 特异性高

3. 关于环介导核酸恒温扩增（LAMP）的产物检测，不正确的是
   A. 荧光定量   B. 电泳检测
   C. Western blot检测   D. 焦磷酸镁比浊法检测
   E. 简易、直观的荧光目测比色法检测

4. LAMP反应程序一般为
   A. 60~65℃条件下保温30~60 min，然后在80℃条件下反应2 min，随之终止反应
   B. 95℃条件下变性4 min，37℃条件下复性4 min，37℃条件下扩增60 min，然后

95℃反应 2 min，随后终止反应
　C. 95℃条件下变性 3~5 min，30℃条件下反应 1~16 h，65℃条件下反应 10 min
　D. 65℃条件下变性 5 min，41℃条件下保温 5 min，20℃条件下反应 2 h
　E. 95℃条件下反应 1 min，60℃条件下反应 1 min，72℃条件下反应 1 min
5. 关于依赖于核酸序列的扩增（NASBA）技术，描述不正确的是
　A. 以 RNA 为模板
　B. 需要 AMV 逆转录酶、RNase H 和 T_7 RNA 聚合酶
　C. 扩增效率高
　D. 不需要引物
　E. 反应过程分为非循环相和循环相

二、问答题
1. 简述环介导核酸等温扩增（LAMP）技术检测 DNA 病毒的原理。
2. 试述依赖于核酸序列的扩增（NASBA）技术检测 HIV 的原理。

（梁大敏）

第六章

核酸分子杂交技术

学习目标

通过本章内容的学习，学生应能够：

识记：
1. 陈述核酸分子杂交技术的分类和常见的核酸分子杂交技术。
2. 列举常见核酸探针的种类及检测方法。
3. 说出核酸分子杂交的一般操作步骤。

理解：
解释 Southern 印迹杂交、Northern 印迹杂交和原位杂交的基本原理。

运用：
能指出基于核酸分子杂交技术原理的医疗器械产品中各试剂的用途，并能分析相应临床标准操作规程各步骤的操作目的和结果。

案例导入

案例 6-1

陈女士在一次职工健康体检中被发现为乳腺癌早期。在讨论治疗方案时，医生建议陈女士做基因检测。陈女士认为没有必要做预防性筛查，因为自己已经患病了。

思考题：
1. 陈女士是否有必要做基因检测？
2. 哪种核酸分子杂交技术可应用于乳腺癌检查？
3. 核酸分子杂交技术还可应用于哪些方面？

核酸分子杂交技术是分子生物学检验的基本技术之一，是基因工程研究中的重要手段。由于其具有较高的特异性、灵敏度和定位准确等优点，所以广泛应用于分子生物学、细胞生物学、遗传学等研究中，在病毒检测、疾病诊断中也作为有力的工具，是定性、定量及定位检测 DNA 和 RNA 序列片段所必须掌握的基本技术和方法。

核酸分子杂交（nucleic acid molecular hybridization）是指不同来源的、含有互补碱基序列的两条单链核酸分子，在一定条件下，按碱基互补配对原则形成一个新的、稳定的双链的过程。利用核酸分子杂交检测靶序列的方法称为核酸分子杂交技术。

第一节　核酸分子杂交的基本原理与分类

一、核酸分子杂交的基本原理

核酸分子杂交是基于核酸变性与复性的特性建立的过程。在一定的理化因素作用下，DNA分子双螺旋之间的氢键断裂，双螺旋解开，成为无规则的线性单链，空间结构破坏，理化性质也发生改变，这一过程成为变性（denaturation）。变性的DNA在消除变性因素的条件下，具有碱基互补区域的单链又可以重新结合形成双链，这一过程称为复性（renaturation）（图6-1）。根据DNA变性与复性的原理，将一种核酸单链进行标记，再使其与不同来源的另一种核酸单链进行碱基互补配对，则可以形成异源核酸分子的双链结构杂交体。杂交分子的形成并不要求两条单链的碱基序列完全互补，不同来源的核酸单链只要彼此之间有一定程度的互补序列，就可以形成杂交体。杂交可在DNA与DNA、DNA与RNA或RNA与RNA的两条单链之间进行。

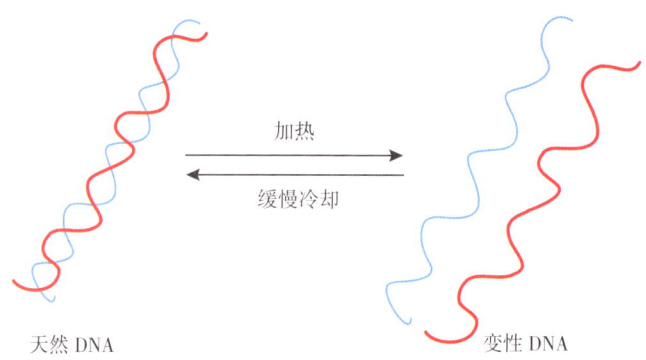

图 6-1　核酸的变性与复性过程示意图

最常用的DNA变性方法是加热。在加热变性的过程中，变性的DNA碱基被暴露，在波长260 nm处的吸光度值增加，此现象称为增色效应（hyperchromic effect）。当吸光度值达到其最大值的一半，此时的温度为解链温度（T_m）（图6-2）。

> **知识链接**
>
> ### T_m 值的大小
>
> T_m值的大小主要取决于每一种核酸分子中G+C碱基的含量和DNA分子长度。在DNA分子中，如果G+C碱基含量较多，则T_m值较大；如果A+T碱基含量较多，则T_m值较小。即核酸分子的G+C碱基含量越高，则T_m值越大，因为G+C碱基之间有三个氢键，而A+T碱基之间只有两个氢键，所以G—C配对较A—T配对更稳定。此外，DNA分子越长，在解链时所需的能量也越高，所以T_m值也越大。T_m值通常根据经验公式进行计算：$T_m=69.3+0.41(G+C)\%$；对<20 bp的寡核苷酸：$T_m=4(G+C)+2(A+T)$。

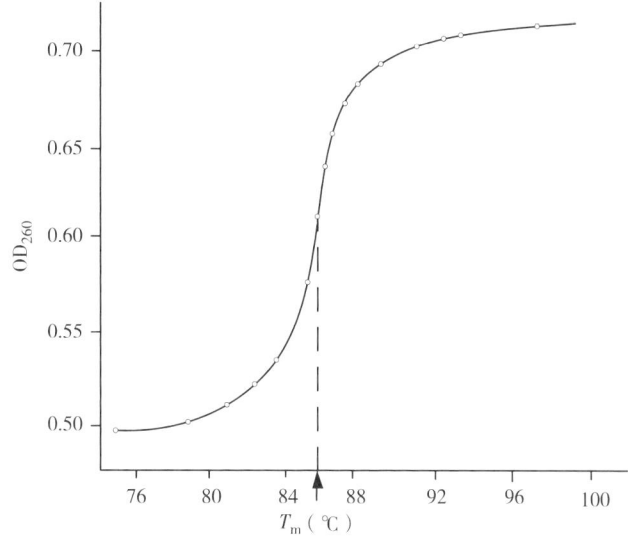

图 6-2　DNA 的解链曲线

二、核酸分子杂交的分类

根据不同的杂交介质，可将核酸分子杂交分为固相杂交、液相杂交和原位杂交。其中，固相杂交包括菌落杂交、Southern 印迹杂交、Northern 印迹杂交和斑点杂交。

（一）固相杂交

固相杂交技术最为常用，其基本原理是：先将待测的变性核酸标本结合到某种固相支持物上，然后与溶解在溶液中的标记探针进行杂交。未杂交的游离片段通过漂洗比较容易去除，从而使膜上留下的杂交分子较易检测，并且可有效避免靶 DNA 自我复性。常用的固相支持物有硝酸纤维素膜、尼龙膜、滤膜等，目前使用最多的是硝酸纤维素膜。硝酸纤维素膜对单链 DNA 有较强的吸附作用，能牢固地结合 DNA。RNA 经过特殊处理后也能比较容易地结合到硝酸纤维素膜上。杂交的结果可通过仪器进行检测。虽然固相杂交的类型多，但操作流程可大致概括为：制备待测核酸标本、探针→将待测核酸分子固定在固相支持物上→预杂交和杂交→漂洗→检测杂交结果。

（二）液相杂交

液相杂交是先将变性的待测核酸标本和放射性标记探针在溶液中杂交，此时探针与待测核酸在液体环境中进行反应，按照碱基互补配对原则形成杂交分子。然后分离杂交双链及未参加反应的探针，通过仪器检测，并用计算机分析杂交结果。液相杂交技术是研究最早且操作简便的杂交类型，但由于液相杂交需要将待测核酸和探针同时都溶解到溶液中进行反应，杂交后过量的未杂交探针存在于溶液中，且不易去除，可导致检测误差较大。随着技术的不断发展与成熟，液相杂交技术得到广泛应用，其中之一就是液相芯片（liquid chip）技术。

（三）原位杂交

原位杂交是在保持细胞甚至单个染色体形态的情况下完成的，是将标记探针放到待测核酸所处的组织或细胞内，利用被检测染色体上的靶 DNA 与所标记核酸探针间的序列同源互补性，经"变性→退火→复性"，形成靶 DNA 与标记探针按碱基配对原则进行特异性结合的杂交体，然后应用组织化学或免疫组织化学方法在显微镜下进行细胞内定位检测的方法。

> **知识链接**
>
> ### 基因芯片
>
> 基因芯片，又称DNA芯片，是指根据核酸分子杂交的原理，将大量核酸探针分子固定于固相支持介质上，然后与标记的待测标本进行杂交，通过自动化仪器检测杂交信号的强度及分布，进而分析靶核酸的序列和数量信息。基因芯片技术本质上是集成化的核酸分子杂交技术，在临床医学与科学研究中具有非常广泛的应用价值。
>
> 基因芯片的主要特点是：①高通量和并行性，可以同时对成百上千个基因进行研究。②微型化，每平方厘米的支持介质上固定有大量的核酸探针，支持介质可以是硝酸纤维素膜或尼龙膜。③自动化，芯片设计与制备、杂交、洗片、结果分析等过程都可实现自动化。④基因诊断速度显著加快，一般可于30 min内完成，使诊断成本降低。⑤实验全封闭，可避免交叉感染，使基因诊断的假阳性率、假阴性率显著降低。

三、核酸分子杂交的影响因素

在核酸分子杂交反应中，影响杂交体形成的因素较多，主要有探针的选择、探针的标记方法、探针的浓度、杂交最适温度、杂交严格性、杂交反应时间及杂交促进剂等。在实验过程中，应尽量创造最优的杂交条件。

（一）探针的选择

应根据不同的杂交实验要求，选择相应的核酸探针。在大多数情况下，可以选择克隆的DNA或cDNA双链探针。但是在某些情况下，必须选用其他类型的探针。例如，检测单个碱基改变，应首选寡核苷酸探针；检测单链靶核酸序列，应选用与其互补的DNA单链探针、RNA探针或寡核苷酸探针；检测复杂的靶核酸序列和病原体，应选用长的双链DNA探针；进行组织原位杂交，应选用寡核苷酸探针和短的PCR标记探针。

（二）探针的标记方法

在选择探针的同时，还需要选择合适的标记方法。选择标记方法时，应考虑实验的要求，如灵敏度和显示方法等。通常，放射性探针比非放射性探针的灵敏度高。对灵敏度要求不高时，可采用保存时间较长的生物素标记探针技术和比较稳定的碱性磷酸酶检测系统。

（三）探针的浓度

随着探针浓度的增高，杂交率也会相应增高。在较窄的范围内，随着探针浓度的增高，灵敏度也会提高。探针浓度过低可降低杂交的灵敏度，探针浓度过高又会增加背景的染色深度。最佳原则是选择与靶核苷酸标本达到最大结合度的最低探针浓度。

（四）杂交最适温度

杂交过程最重要的环节之一是选择最适的杂交反应温度。反应温度越高，杂交的速率也越快。但当反应温度升高至低于 T_m 20~30℃的范围时，杂交速率会随杂交温度向 T_m 的逼近而逐渐降低。

(五)杂交严格性

一般认为,在低于杂交体 T_m 25℃的条件下进行杂交反应最佳,所以首先要根据公式计算杂交体的 T_m 值。此外,还可通过调节盐浓度、甲酰胺浓度和杂交液的温度来控制杂交严格性。盐浓度较低时,杂交率较低,随着盐浓度的增加,杂交率也会增高;甲酰胺可降低核酸分子杂交的 T_m 值,并能降低杂交液的温度,低温条件下,探针与待测核酸分子的杂交反应更稳定。

(六)杂交反应时间

在其他条件都得到满足的情况下,杂交能否成功则取决于保温时间。若时间较短,则杂交反应不能完成;若时间较长,则可引起非特异性结合增多。一般来说,杂交时间通常为 2~16 h。

(七)杂交促进剂

在杂交过程中,一般不使用促进剂。惰性多聚体可提高 250 个碱基以上探针的杂交率。常用促进剂有硫酸葡聚糖、聚乙二醇和聚丙烯酸。

小结

核酸分子杂交是分子生物学检验的常用技术,其基本原理是利用核酸的变性与复性。根据不同的杂交介质,可将核酸分子杂交分为固相杂交、液相杂交和原位杂交。其中,固相杂交包括菌落杂交、Southern 印迹杂交、Northern 印迹杂交和斑点杂交。在核酸分子杂交反应中,影响杂交体形成的因素主要有探针的选择、探针的标记方法、探针的浓度、杂交最适温度、杂交严格性、杂交反应时间及杂交促进剂等。

第二节 核酸探针

一、核酸探针

核酸探针是指带有标记物,能与特定的靶核酸序列(DNA 或 RNA)通过碱基互补配对形成双链的核酸片段,且可采用某些特殊方法检测出的已知序列的核酸分子。核酸探针的质量,即标记效率和特异性,是核酸分子杂交成功的关键。

探针可以是单一的核酸,也可以是多种核酸的混合物。根据来源和性质的不同,可将核酸探针分为 DNA 探针、RNA 探针和寡核苷酸探针。根据探针标记物的不同,可将探针分为放射性标记物探针和非放射性标记物探针。

(一)核酸探针的种类

1. DNA 探针 DNA 探针是最常用的核酸探针,是将一段已知序列的多聚核苷酸用放射性同位素、生物素或荧光染料等标记后制成的探针。DNA 探针可与待测核酸进行互补结合,通过检测可以判定膜上是否有同源的核酸分子存在。

DNA 探针可以是双链 DNA、单链 DNA,也可以是 cDNA 探针,长度通常在数百个碱基对或以上。目前使用的 DNA 探针种类很多,通常根据细菌、病毒、原虫、真菌、动物或人类细胞某一基因的全部或部分序列,或是某一非编码序列来进行探针设计,如细菌的毒力因子基因探针或人类的Alu探针，这些DNA探针具有序列特异性。可以通过酶切或聚合酶链反应从基因组中获得特异的DNA来进行DNA探针的制备，然后将其克隆到质粒或噬菌体载体中，随着质粒的复制或噬菌体的增殖而获得大量高纯度的DNA探针。

单链互补DNA（complementary DNA，cDNA）探针，尤其适用于检测基因表达。cDNA是与mRNA序列互补的DNA分子。cDNA探针的制备是以mRNA为模板，经逆转录酶催化产生与mRNA互补的单链逆转录产物，然后形成DNA-RNA杂交体，在RNase H的作用下将mRNA水解。此时以剩余的单链DNA为模板，合成另一条DNA链，即形成双链cDNA。

DNA探针有三大优点：①制备方法简便，DNA探针大多在质粒载体中克隆，可以实现无限扩增。②相对RNA探针而言，由于DNA探针的DNA酶活性能有效地被抑制，不易被降解，所以其稳定性更高。③DNA探针的标记方法较成熟，有许多标记方法可供选择，如随机引物法、切口平移法、PCR标记法等，且能用于放射性标记和非放射性标记。

2. RNA探针　RNA探针主要用于研究基因表达中的转录水平，而不是临床检验。RNA探针可通过分离或重组质粒获得，目前的RNA探针多采用基因工程方法获得。这种体外转录反应效率很高，在底物中加入适量的放射性或生物素标记的dUTP，所合成的RNA即可得到高效标记。

RNA探针的特点：①杂交反应效率高，由于RNA是单链，不存在竞争性的自身复性，所以它与靶序列的杂交反应效率极高。②易于降解、标记方法复杂。③RNA探针的长度不易控制，在RNA探针的标记过程中，其长度取决于重组DNA分子线性化限制性内切酶的酶切位点。

3. 寡核苷酸探针　寡核苷酸探针一般由15~50个核苷酸组成，是通过化学合成技术在体外合成的单链DNA，可以是寡聚核糖核酸或寡聚脱氧核糖核酸，也可以是修饰后的肽核酸。寡核苷酸探针被广泛应用于重组文库的筛选、斑点杂交，也被用于点突变的检测。

寡核苷酸探针最大的缺陷是其性质不如长探针分子稳定，需优化杂交和洗脱条件，以保证寡核苷酸探针杂交的特异性。寡核苷酸探针的优点是：①可以在短时间内大量制备，易于大批量生产和标记。这种探针可采用寡核苷酸合成仪合成，并在合成过程中进行标记制成探针，可一次性合成大量寡核苷酸探针，因此价格低廉。②可以检测小DNA片段，也可识别靶序列内1个碱基的变化。③短探针比长探针杂交速度快、特异性强，探针过长可使杂交时间延长。④单链探针结构避免了双链DNA探针在杂交中的自我复性，使杂交效率提高。

（二）核酸探针的标记物

标记核酸探针的目的是确定探针是否与基因组DNA杂交，以便在结合部位获得可识别的信号。理想的探针标记物应具备高度灵敏性，不影响碱基配对的特异性，不影响探针的主要理化特性和杂交稳定性，检测方法简便，检测结果准确、可靠、重复性好，对环境无污染，对机体无损伤。核酸探针的标记物可分为放射性标记物和非放射性标记物。

1. 放射性标记物　常用的放射性标记物有^{32}P、^{35}S、^{3}H等。其中，^{32}P标记较为常用，其灵敏度高，检测结果可靠，可以检测到含量极微的核酸分子。

放射性探针的优点主要是：①灵敏度高，特异性强。②易掺入DNA和RNA分子中。③标记情况可通过探测仪器进行监测。④放射性标记探针可以在任何一种固相介质上使用，且易于去除，便于介质上的靶序列再次与其他探针杂交。需要注意的是，放射性标记探针最大的缺点是射线可对人体造成一定的损伤，需要进行特殊防护，且某些放射性核素半衰期较短，不宜存放使用，探针需要重复制备，随用随制。

2. 非放射性标记物　常用的非放射性标记物有生物素、地高辛、荧光素（如异硫氰酸荧光素、罗丹明等）和化学发光探针（标记物与某种底物发生反应后可发光，如生物素酰化的碱性磷酸酶）。

非放射性标记探针的优点主要是：①稳定性强，可较长时间储存。②操作简便，不存在放射性污染。③检测时间短。④不需要特殊防护。但是，非放射性标记探针的灵敏度较放射性标记探针低。

（三）探针的标记方法

成熟的探针标记方法有很多，如DNA切口平移标记、随机引物标记、末端标记、聚合酶链反应标记、全程RNA探针标记和化学法全程标记等。

1. DNA切口平移标记　先用脱氧核糖核酸酶Ⅰ（DNaseⅠ）在双链DNA分子的单链上随机切开若干个切口（图6-3），然后利用大肠埃希菌DNA聚合酶Ⅰ的5'→3'外切酶活性，从切口处将5'末端切掉若干个核苷酸，同时在DNA聚合酶Ⅰ 5'→3'聚合酶活性的作用下，在3'末端加上与模板互补的核苷酸。因此，只要标记一种dNTP，就可以对DNA进行全程标记。切口平移标记是一种快速、简便、成本相对较低的DNA探针标记方法，各种螺旋状及线状双链DNA均可作为切口平移标记的底物。在随机引物标记出现前，切口平移标记是使用最为广泛的探针标记法。

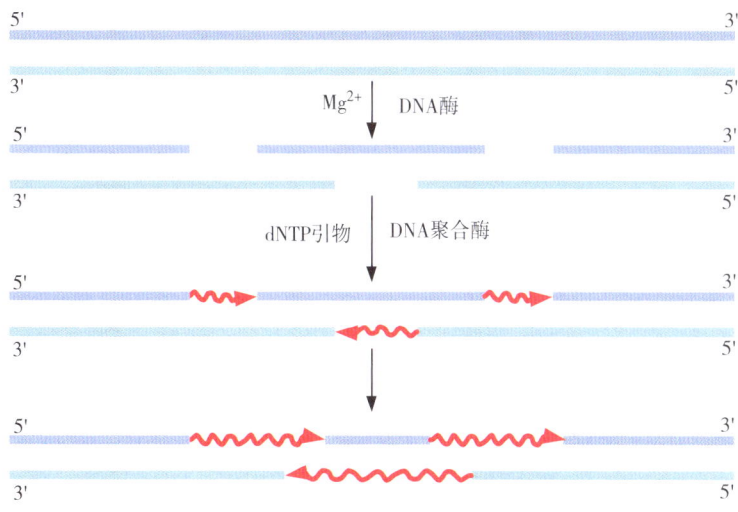

图6-3　切口平移标记示意图

2. 随机引物标记　随机引物标记是最常用的DNA探针标记方法。该方法能较好地控制探针的长度，但其放射性比切口平移标记法制备的探针更强。随机引物标记除可用于双链DNA标记外，也可用于单链DNA和RNA探针的标记。将待标记的DNA探针片段变性后，使其与随机引物进行杂交，然后以此杂交的寡核苷酸为引物，在大肠埃希菌DNA聚合酶Ⅰ的作用下，当反应液中含有标记的dNTP时，引物延伸即产生标记产物，形成标记探针（图6-4）。若以

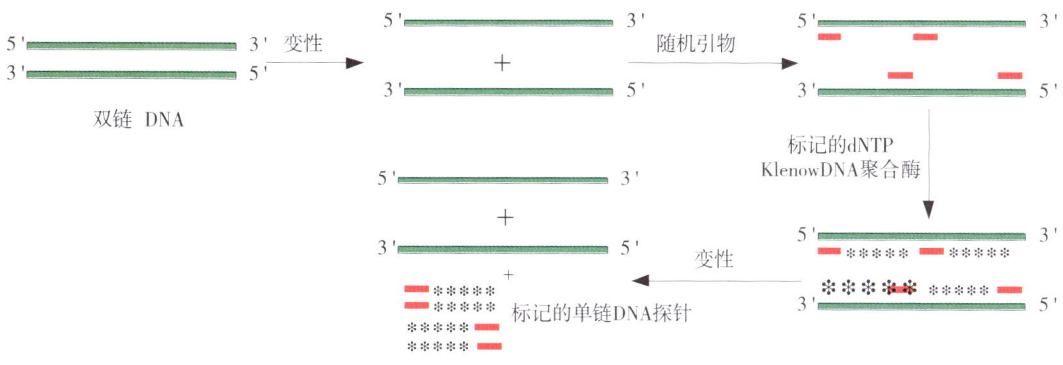

图6-4　随机引物标记示意图

RNA为模板，则须采用逆转录酶，得到的产物是标记的单链cDNA探针。

3. 末端标记 末端标记是将DNA 5'或3'末端进行标记，用该标记法可得到全长DNA片段，但DNA片段并非均匀标记，且标记活性不高。3'末端标记是将末端转移酶、含有标记物的dNTP及待标记的DNA一起孵育。末端转移酶可以催化标记的核苷酸与DNA分子3'末端游离羟基发生反应，从而完成3'末端标记。5'末端标记是在T4多核苷酸激酶的作用下，水解[γ^{32}P] dATP中的γ磷酸基团，使之与5'末端的游离羟基结合，完成5'末端标记。

4. PCR标记 PCR标记是在PCR反应底物中，将一种dNTP换成标记的dNTP。这样，标记的dNTP在PCR反应中即可掺入新合成的DNA链。PCR标记法特别适用于大规模检测和非放射性标记。

5. 全程RNA探针标记 该方法需要借助载体，最常用的是含有两种不同启动子的质粒。两种启动子被多克隆位点分开，经限制性内切酶消化的质粒线性化克隆到两个启动子之间，可获得正义或反义RNA探针（图6-5）。

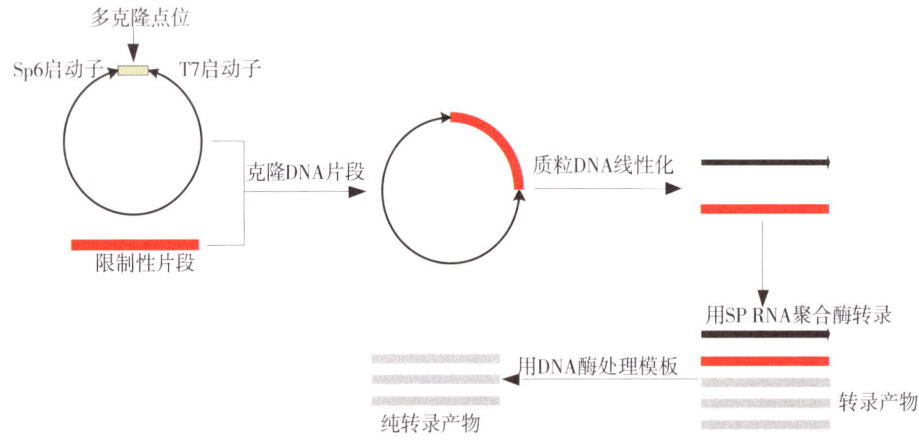

图6-5 RNA探针标记过程示意图

6. 化学法全程标记 该方法简便、高效，通过化学反应将酶连接到探针上，激活的生物素和地高辛均可用于DNA和RNA的全程标记（图6-6）。

二、分子杂交信号检验

分子杂交信号的检验方法需根据杂交类型与标记探针进行选择，放射性标记探针与非放射性标记探针的检验是完全不同的。

（一）放射性标记探针的检验

放射性标记探针的检验包括放射自显影及液体闪烁计数法，最常用的放射性标记物是^{32}P。

1. 放射自显影 放射自显影分为直接放射自显影和间接放射自显影，检验是基于放射性核素释放的能量使感光材料（照片纸）感光成像的原理。

（1）直接放射自显影：是将漂洗后的杂交膜与X线片贴紧放在暗盒中，放射性核素衰减释放的能量可使X线片感光。将X线片在暗室中显影、定影，即可得到清晰的图像。图像的位置与杂交膜上杂化分子的位置相对应，图像颜色的深浅可反映杂化分子的数量。

（2）间接放射自显影：是在直接放射自显影的基础上增加一个增感屏，通过增感屏来延长曝光时间，进而增加曝光强度。在杂交膜与X线片之间夹入增感屏，使用增感屏时，应将

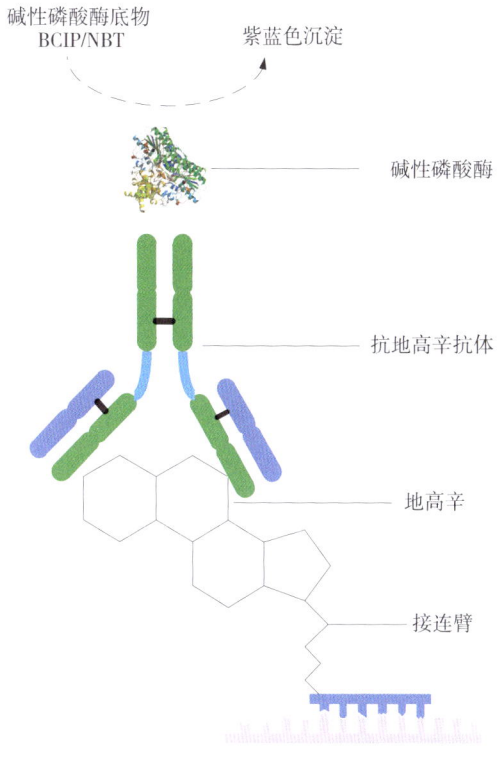

图 6-6　地高辛的酶标记检测示意图

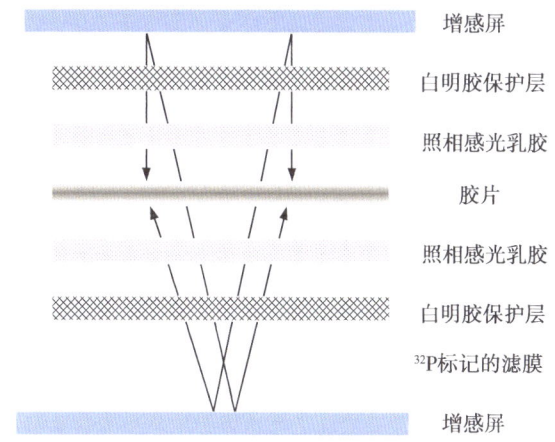

图 6-7　间接放射自显影成像原理示意图

放射自显影的暗盒置于 -70℃ 环境中（图 6-7）。

2. 液体闪烁计数法　液体闪烁计数法的灵敏度高。其原理是放射性核素释放的能量可经闪烁液的溶剂分子传递给闪烁剂分子，当被激发的闪烁剂分子从激发态退激为稳态时，即以荧光光子的形式辐射能量，之后经光电倍增管将信号放大并测量。

（二）非放射性标记探针的检验

非放射性标记探针的检验方法可分为直接检验法和间接检验法。对于非放射性标记的探针，需将非放射性标记物与检验系统偶联，再经检验系统的显色反应来检测杂交信号。应用得较多的非放射性标记物是生物素和地高辛。

1. 直接检验法　直接检验法常用于寡核苷酸探针杂交的检测。由于可检测的标记分子与核酸探针直接结合，杂交后可直接观察结果。如果酶本身作为标记分子掺入到核酸中，那么在洗脱后就可以直接进行检验。酶直接作用于显色或发光的底物，产生颜色沉淀或发光。显色沉淀可以用肉眼检验，而发光的检验则要依靠对蓝光敏感的 X 线片。

2. 间接检验法　间接检验法比直接检验法的应用更广泛。间接检验法包括荧光检测、化学发光检测、多探针检验等。

（1）荧光检测：不同的荧光素在激光作用下可发出不同颜色的荧光，用荧光显微镜或荧光检测系统可以检测荧光信号，主要用于原位杂交的检验。

（2）化学发光检测：化学发光检测的灵敏度高，且有商品化试剂盒。在化学反应过程中伴有发光现象，产生的信号可被检测到。

（3）多探针检验：是指采用多种探针，每种探针分别采用不同的报告基团标记并同时与固定在薄膜上的核酸分子杂交。应用不同的生物素 - 亲和素或抗体 - 酶和相应底物的组合，可以使不同的杂化分子显色。

小结

核酸探针是指带有可检测标记物,能与特定的靶核酸序列(DNA或RNA)通过碱基互补配对形成双链的核酸片段,且可采用某些特殊方法检测出已知序列的核酸分子。常见的核酸探针有DNA探针、RNA探针和寡核苷酸探针。

第三节 常见的核酸分子杂交技术

一、Southern印迹杂交

Southern印迹杂交是由英国学者(E. M. Southern)提出的一种DNA转移方法,又称DNA印迹技术,被检对象为DNA,探针为DNA或RNA,最常用的放射性核素是^{32}P。该技术包括两个主要过程:一是将待测DNA分子通过一定的方法转移到合适的固相支持物上,二是将固定于膜上的DNA与标记的特异核酸探针杂交。利用这一技术可进行克隆基因DNA的酶切图谱分析、基因组中某一基因的定性与定量分析、基因点突变及限制性片段长度多态性分析等。

(一)基本原理

首先以限制性内切酶消化待测的DNA片段,然后进行琼脂糖凝胶电泳,使DNA分离。电泳结束后,将凝胶放入碱性溶液中,使DNA变性并解离为两条单链。在凝胶上覆盖硝酸纤维素膜,利用硝酸纤维素膜具有吸附DNA的功能,使凝胶上的单链DNA区带按照原来的位置吸印到膜上,即转膜。经固定后,在膜上直接进行标记核酸探针与待测DNA标本的杂交。再通过对杂交结果进行检测,从而确定靶序列中某一特定序列的DNA位置和大小(图6-8)。

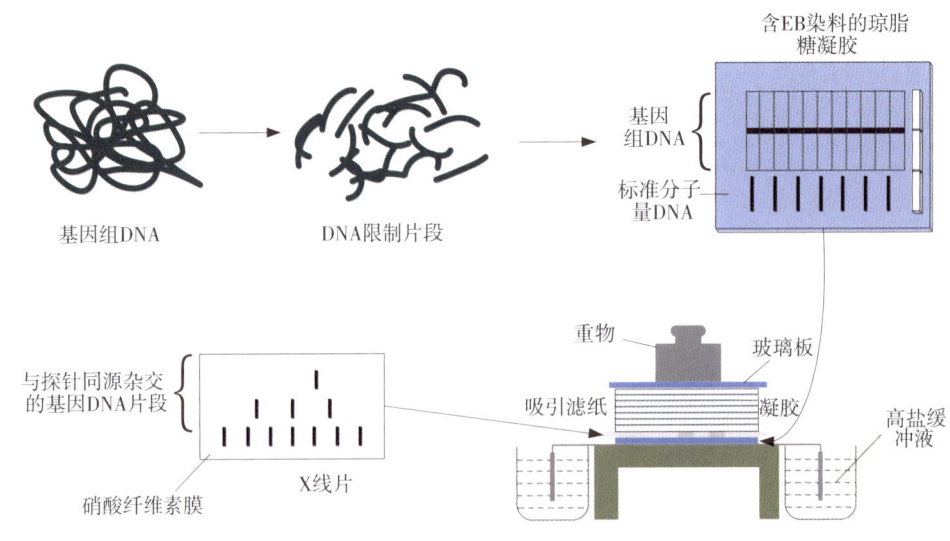

图6-8 Southern印迹杂交原理示意图

(二)操作步骤

1. 待测DNA标本的制备 使细胞裂解或破碎,提取并纯化基因组DNA,然后应用限制性内切酶将DNA剪切为大小不等的DNA片段。

2. 待测 DNA 标本的电泳分离 凝胶电泳具有分子筛效应，大分子 DNA 泳动速度慢，小分子 DNA 泳动速度快，大小相同的分子则处于同一条带。分离大片段 DNA 时应用低浓度凝胶，分离小片段 DNA 时应用高浓度凝胶。

3. 凝胶中核酸的变性 将凝胶置于 NaOH 溶液中，使 DNA 变性并解离为单链 DNA，然后用中性缓冲液中和凝胶。

4. 转膜 是指将电泳分离的 DNA 片段转移到一定的固相支持物上的过程。常用方法有毛细管虹吸转移法、真空转移法和电泳转移法。

（1）毛细管虹吸转移法：是指利用高盐转膜缓冲液的推动作用，将凝胶中的 DNA 转移到固相支持物上（图 6-9）。容器中的转膜缓冲液含有高浓度的 NaCl 和柠檬酸钠，上层吸水纸的虹吸作用可使缓冲液依次通过湿滤纸桥、湿滤纸、凝胶、硝酸纤维素膜向上运动，同时带动凝胶中的 DNA 片段垂直向上运动，凝胶中的 DNA 片段移出凝胶后即滞留在膜上。该方法操作简便，不需要使用其他仪器，但转移时间较长，转移后杂交信号较弱。

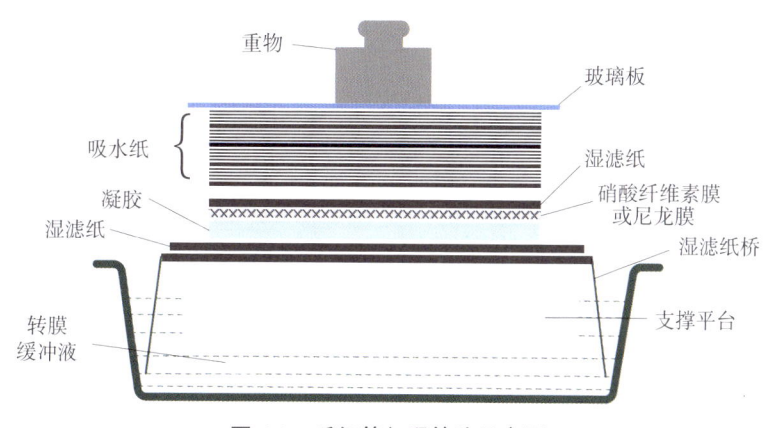

图 6-9 毛细管虹吸转移示意图

（2）真空转移法：该方法的原理与毛细管虹吸转移法相同，以滤膜在下、凝胶在上的方式将其放置在一个真空室上面，利用真空作用使转膜缓冲液从上层容器中通过凝胶和滤膜流到下层真空室中，同时带动核酸片段转移到凝胶下面的尼龙膜或硝酸纤维素膜上。该方法可以使 DNA 片段快速转移，但在操作过程中容易使凝胶碎裂，在洗膜不严格的情况下，其背景颜色较深。

（3）电泳转移法：是指利用电场的电泳作用将凝胶中的 DNA 转移到固相支持物上（图 6-10）。通常，只有当毛细管虹吸转移法和真空转移法无效时，才采用电泳转移法。该方法不需要脱嘌呤或水解作用，就可直接转移较大的 DNA 片段。但在转移过程中电流较大，可使温度过高，导致 DNA 片段扩散。在实际操作过程中，可加入冰块或者在冰浴中进行电泳转移。

电泳转移的基本方法是将滤膜和凝胶贴在一起，并将二者置于滤纸之间，用凝胶固定架固定。将凝胶固定架置于盛有转膜缓冲液的电泳槽中，凝胶平面与电场方向垂直，有滤膜的一面朝向正极。在电场的作用下，凝胶中的 DNA 片段向与凝胶平面垂直的方向泳动，从凝胶中移出，并滞留在滤膜上。

5. 杂交 杂交反应包括预杂交、杂交和洗膜三个步骤。

（1）预杂交：预杂交的目的是封闭膜上能与 DNA 结合的位点。固定于膜上的 DNA 片段与探针进行杂交之前，必须先进行预杂交（预杂交液为不含 DNA 探针的杂交液），将膜上非样品区域所有能与 DNA 结合的位点全部封闭，以避免非特异性结合。

（2）杂交：是指溶液中的 DNA 探针与膜上的待测 DNA 进行杂交。转印后的滤膜在预杂交液中温育 4~6 h，即可加入标记的 DNA 探针进行杂交反应。杂交需要在相对高离子强度的缓冲盐溶液中进行。离子浓度越低，杂交液的温度越高，杂交严格性就越高。杂交应过夜，至

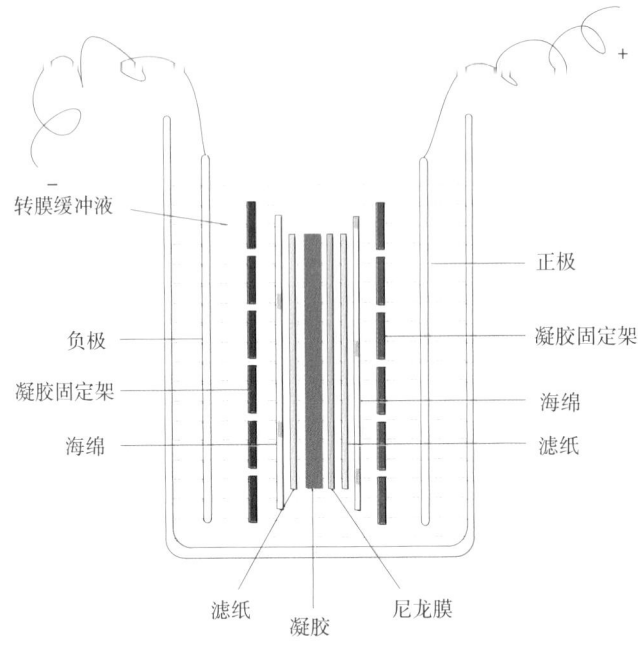

图 6-10　电泳转移示意图

少持续 18 h，然后在较高温度下用盐溶液洗膜。

（3）洗膜：洗膜的目的是去除游离的放射性标记探针或非特异性结合的 DNA。在洗膜过程中，要不停地振荡，并随时检测膜上的放射强度。当放射强度指示数值较环境背景高 1~2 倍时，应停止洗膜。将清洗后的膜浸入核酸分子杂交漂洗液中，取出膜后，用滤纸吸干膜表面的水分，并用保鲜膜包裹。注意保鲜膜与硝酸纤维素膜之间不能有气泡。

6. 杂交结果的检验　放射自显影适用于放射性标记探针的检验，比色法或化学发光检测适用于非放射性标记探针的检验。

二、Northern 印迹杂交

Northern 印迹杂交是将经过凝胶电泳分离的 RNA 转移到适当的微孔膜（如硝酸纤维素膜、尼龙膜等），然后用标记的特异核酸探针进行杂交，以分析特异性 RNA 的技术。Northern 印迹杂交主要用于分析 mRNA 分子的大小、检测 RNA 病毒，或检测基因组中某个特定基因是否得到转录以及转录的相对水平。Northern 印迹杂交被认为是检测基因表达水平的标准方法。

（一）基本原理

Northern 杂交也采用琼脂糖凝胶电泳，将分子量大小不同的 RNA 进行分离，随后将其原位转移至固相支持物上，再用标记的 DNA 或 RNA 探针进行杂交，最后进行放射自显影或化学发光检测（图 6-11）。Northern 印迹杂交和 Southern 印迹杂交的过程基本相同，二者的区别在于 Northern 印迹杂交的靶核酸是 RNA 而不是 DNA，且 RNA 需要先经变性处理后，再在合适的条件下电泳，随后直接转移到硝酸纤维素膜上。固定之后去除变性剂，再进行杂交，可显著提高杂交的灵敏度。

（二）操作步骤

1. 待测核酸标本的制备　使细胞裂解或破碎，然后提取并纯化 RNA。

2. 待测 RNA 标本的电泳分离　由于 RNA 是单链，大部分 RNA 能通过分子内碱基配对

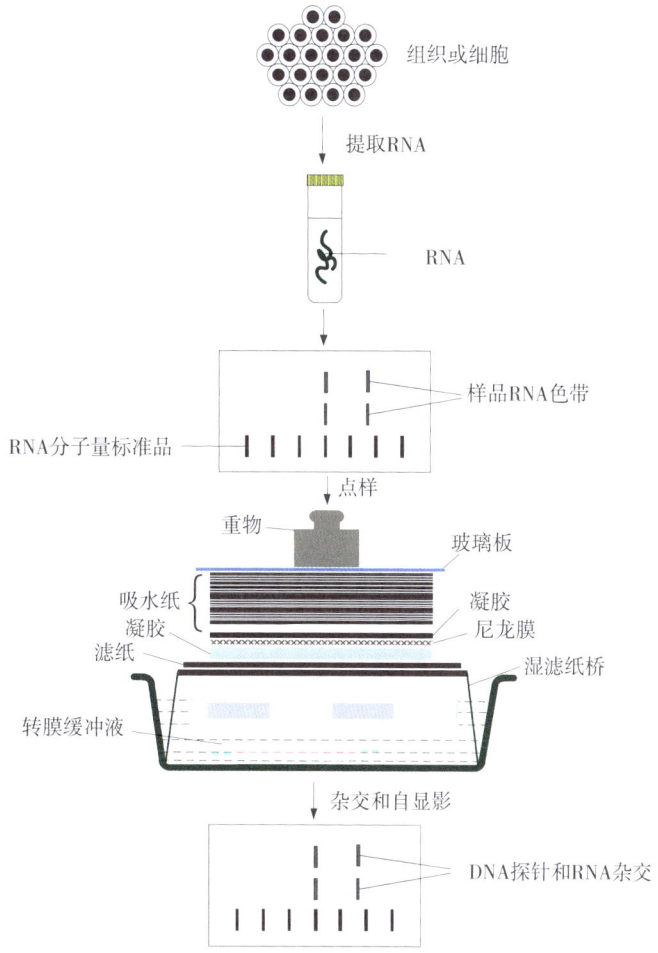

图 6-11 Northern 印迹杂交原理示意图

而形成二级结构。为去除 RNA 中的二级结构，保证 RNA 完全按分子大小分离，待测 RNA 标本的电泳，必须在变性条件下进行。碱性溶液可使 RNA 水解，因此不能进行碱变性。通常采用乙二醛、甲醛和羟甲基汞等进行变性凝胶电泳。另外，在制备琼脂糖凝胶时，应注意凝胶中不能添加 EB，以避免在转膜时影响 RNA 与硝酸纤维素膜的结合。

3. 转膜 即将 RNA 从变性凝胶转移到硝酸纤维素膜或尼龙膜上。若采用真空转移法，则真空转移仪需用焦炭酸二乙酯（diethyl pyrocarbonate，DEPC）溶液冲洗，然后连接真空泵和真空转移仪。剪取一块大小合适的滤膜，在电泳缓冲液中浸湿饱和后，将其放在多孔渗水屏的适当位置，然后盖上塑胶屏、外框，并扣好锁扣。随后将凝胶小心地放在膜的上面，注意膜与凝胶之间不能有气泡。接着打开真空泵，在凝胶面和四周加入电泳缓冲液。转膜过程中要定时添加电泳缓冲液，以确保凝胶面始终浸在电泳缓冲液中。转膜通常持续 2 h，完成后应注意吸掉滤膜上多余的液体。

4. 固定 将滤膜置于 80℃条件下，真空烘烤 1~2 h。烤干后的滤膜用塑料袋密封，置于 4℃条件下保存备用。烘烤前，RNA 与膜结合得并不牢固，所以在转印后不能用低盐缓冲液洗膜，否则 RNA 可被洗脱。

5. 杂交 进行预杂交后，将变性的核酸探针加入预杂交液中，在 42℃条件下杂交 16 h，完成后进行洗膜。

6. 杂交结果的检验 放射自显影适用于放射性标记探针的检验，比色法或化学发光检测适用于非放射性标记探针的检验。

二、原位杂交

原位杂交是以标记的已知序列的特定核酸为探针，与细胞或组织切片中的核酸进行杂交，从而对特定核酸序列进行精确定量、定位的技术。1969 年，Gall 和 Pardue 利用爪蟾核糖体基因探针与其卵母细胞进行杂交，确定了该基因位于卵母细胞核仁中；之后，Nardelli、John 等相继利用放射性同位素标记的核酸探针进行了细胞或组织的基因定位，从而提出原位杂交技术。原位杂交主要用于正常或异常染色体的基因定位、转录水平的分析以及病毒和病原体感染的检验。

（一）基本原理

先标记已知序列的 DNA 片段或 RNA 片段，将其作为探针，然后用含有探针的杂交液作用于待检组织。在适宜条件下，探针可与标本中的待测靶核酸按照碱基配对原则，在组织细胞原位发生特异性结合，形成杂交体。之后可应用与标记物相应的检测系统，在原位检测细胞内的靶核酸。其本质就是在一定的离子浓度和温度下，使具有特异序列的单链探针通过碱基互补原则与组织细胞内的待测核酸复性结合，从而对组织细胞内的特异性核酸进行定位，并通过标记的探针检测显示出待测核酸在组织或细胞内的位置。

（二）操作步骤

1. 杂交前准备　杂交前准备包括固定、取材，以及玻片和组织的处理。

（1）固定：原位杂交的细胞或组织必须经过固定处理，常用 40 g/L 多聚甲醛进行固定，它能较好地固定组织或细胞内的 RNA，保持细胞的形态结构，最大限度地保存细胞内的 DNA 或 RNA 水平。理想的固定液应具备的条件包括：①能保持组织细胞的形态，对核酸无抽提、修饰与降解作用。②不改变核酸在组织细胞内的定位。③不阻碍核酸与探针的杂交过程，对杂交信号无遮蔽作用。④理化性质稳定。

（2）取材：取材时，要保证标本尽可能新鲜，并应迅速取材。检测 mRNA 标本时，应特别注意避免 RNA 降解，须迅速固定或冷冻标本。应避免外源性 RNA 酶的污染，须戴手套。对器械、容器和溶液等，均需进行 RNA 酶灭活处理。

（3）玻片的处理：原位杂交有专用载玻片（即用多聚赖氨酸处理后的载玻片）。应将切片紧密黏附在玻片上，以确保在后续的杂交和冲洗等过程中防止组织或细胞从载片上脱落。玻片的清洁很重要，尤其应注意避免核酸酶的污染。

（4）组织的处理：在杂交前，需要对组织细胞进行杂交前处理，以提高组织细胞通透性、提高靶核酸的反应性，防止 RNA 或 DNA 探针与组织、细胞或载玻片之间发生非特异性结合，从而增强杂交信号强度，减低背景着色。组织细胞杂交前，应用去污剂和蛋白酶 K 去除核酸表面的蛋白质，使探针的穿透力达到最大化。

2. 杂交　杂交包括预杂交和杂交两个步骤，其目的是使探针与细胞中的靶核酸序列结合。预杂交液和杂交液的区别在于前者不含探针和硫酸葡聚糖，将组织切片浸入预杂交液中可达到封闭非特异性杂交结合位点的目的，从而减低背景染色。预杂交和杂交都在湿盒（干的杂交盒底部垫上吸水纸，用蒸馏水充分润湿）内进行，预杂交后不需进行洗脱。为便于探针渗入，用于细胞或组织原位杂交的探针长度均较短。为防止杂交体系中的液体蒸发而造成杂交液浓缩甚至干燥，必须使用封闭的湿盒，另外还可在杂交液上盖一片硅化的盖玻片，并封闭其边缘。

3. 杂交后处理　完成 RNA 探针杂交后，应用不含 DNA 酶的 RNA 酶处理标本，以避免剩余探针附着在标本上而产生非特异性信号。杂交后，需用一系列不同浓度、不同温度的盐溶液进行漂洗,以降低背景颜色深度。盐溶液浓度的选择应由高到低,温度设定则由低到高。需要注意的是,在漂洗过程中,要确保切片始终处于湿润状态,切勿使切片干燥。

4. 杂交结果的检验 可根据核酸探针标记物的种类选择相应的检验系统,包括放射自显影和非放射性标记的组织化学或免疫组织化学显色。

(三)荧光原位杂交技术

1981年,Bauman等将荧光素标记的cDNA探针进行原位杂交,用荧光显微镜观察获得成功,从而提出荧光原位杂交(fluorescence in situ hybridization,FISH)技术。FISH是一种非放射性原位杂交技术,因其所用探针是采用荧光物质间接或直接标记而得名。由于具有操作简便、检测快速、结果易于观察、灵敏度高、特异性强、定位精确、可检测多种类型标本等优点,FISH技术在产前诊断、恶性肿瘤、遗传学研究领域得到广泛应用。

在新生儿先天性疾病中,染色体数目异常是最常见的染色体病致病原因。目前,染色体异常的产前诊断主要依靠羊水细胞的核型分析,可以检测出染色体数目及结构异常,检测准确率可达99.5%以上。但需要对胎儿细胞进行培养,等候时间较长,且结果易受培养条件的影响。FISH最大的优势在于不需要对羊水细胞进行培养,取羊水后2天内即可获得检测结果,可实现快速产前诊断。

FISH被认为是检测人表皮生长因子受体2(human epidermal growth factor receptor 2,HER-2)状态的标准方法。采用荧光标记的*HER-2/Neu*肿瘤基因探针可用于乳腺癌的临床诊断,且FISH技术在监测乳腺癌患者用药方面也具有重要作用。*HER-2*基因状态是乳腺癌治疗药物——曲妥珠单抗治疗效果的主要参考指标。对HER-2过度表达的乳腺癌患者,采用曲妥珠单抗治疗有效。

FISH技术弥补了传统细胞遗传学分析方法对间期细胞、复杂核型细胞和染色体微缺失无法进行诊断方面的不足,被广泛用于血液系统肿瘤的研究和诊断等方面。在临床上对血液系统肿瘤的FISH检测主要集中在染色体易位形成的融合基因检测、基因缺失检测和微小残留病灶的检测。

另外,FISH技术还可用于快速鉴定血培养标本中的微生物、送检标本中的病毒;也可用于生殖医学,如检测单个细胞或组织切片上中期染色体和间期细胞核内特定的DNA片段,故可用于胚胎植入前的遗传学诊断和精子的染色体研究。同时,FISH技术也被用于比较基因组学研究和基因组图谱绘制等。

四、菌落杂交

菌落杂交是从众多细菌克隆中快速筛选出阳性克隆的重要方法。与原位杂交不同的是,菌落杂交需要先将细菌裂解释出DNA,然后进行杂交。

(一)基本原理

先将细菌从培养基上转移到硝酸纤维素滤膜上,然后将滤膜上的菌落裂解,以释出DNA,再对DNA进行变性处理,使双链解离为单链。随后将单链DNA烘干并固定于膜上,使其与放射性标记探针杂交,通过放射自显影检测菌落杂交信号,并与平板上的菌落进行对位分析(图6-12)。如果底片上出现蝌蚪状黑点,即表明相应的菌落中具有与探针DNA同源的核酸片段。

(二)操作步骤

1. 细菌菌落平板培养 配制含有抗生素的培养基,以培养细菌。

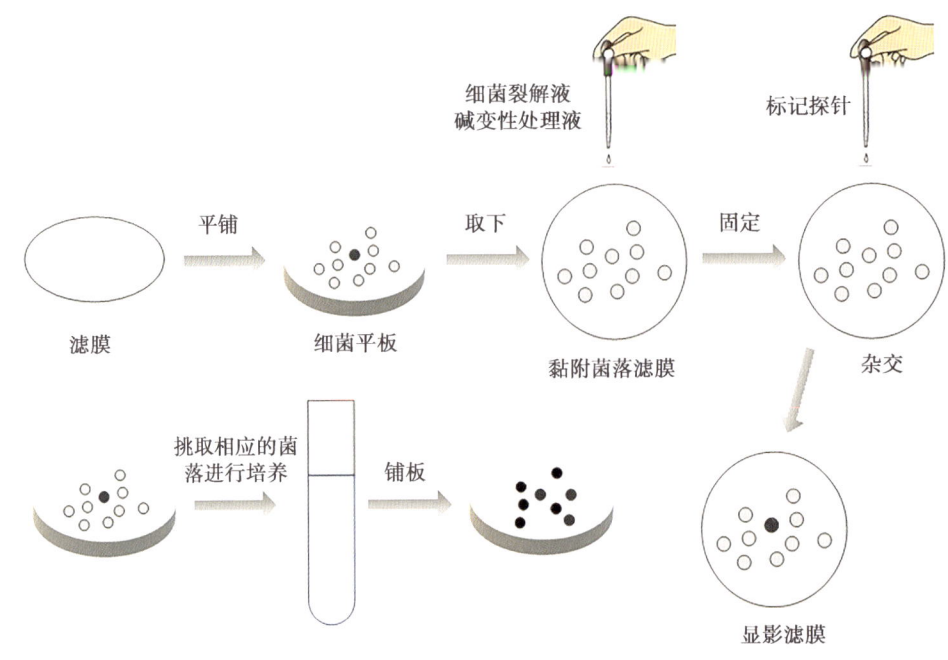

图 6-12 菌落杂交过程示意图

2. 将细菌转移至滤膜上 将硝酸纤维素膜剪成比平板稍小的圆片，并将其覆盖在平板上，在 37℃ 条件下培养。待滤膜上产生足够的菌体后，在滤膜和平板上做好相应的标记，并用无菌镊将滤膜轻轻揭起，使滤膜和平板的菌落位置相同。

3. 取膜 将主平板妥善保存在 4℃ 冰箱内。在一块平皿中放置普通滤纸，用变性溶液浸湿，然后倒掉多余的液体，注意将滤纸铺平整。然后将带有菌落的滤膜取下并轻轻置于滤纸上，使菌落面朝上，注意将滤膜与滤纸紧密贴合，防止滤膜底面存有气泡。

4. 变性与中和 变性溶液中的强碱可以使菌体裂解、细胞内物质释放、蛋白质和 DNA 变性，以及 RNA 降解。变性后，将滤膜转移至预先被中性缓冲液浸湿的普通滤纸上进行中和，然后将滤膜转移到核酸分子杂交漂洗液中，洗去菌体碎片和蛋白质。

5. 杂交 将变性的 DNA 烘干并固定于滤膜上，与 ^{32}P 标记的探针杂交，然后洗涤。

6. 杂交信号检测 放射自显影可用于杂交信号的检测，并能与主板上的菌落进行对位分析，以确定阳性克隆。

五、斑点杂交

斑点杂交（dot blot）印迹呈圆形，条形斑点杂交印迹呈线状。斑点杂交的核酸标本不需要用限制性内切酶或通过凝胶电泳进行分离，而是直接将待测标本点到膜上、烘烤固定即可，并且能同时检测多个标本。该方法操作简便、灵敏度高、耗时短，但特异性不强，不能用于检测核酸分子量，而是进行半定量分析。目前临床检验主要用于病毒基因检测以及鉴别 DNA 和 RNA。

（一）基本原理

将待测核酸标本（已变性处理的 DNA 或 RNA）直接点在硝酸纤维素膜上，经烘干固定后，用已标记的探针进行杂交。杂交后通过放射自显影检测，可见斑点。

（二）操作步骤

斑点杂交有 DNA 斑点杂交、RNA 斑点杂交和完整细胞斑点杂交三种类型。不同类型的斑点杂交操作步骤略有不同。

1. 滤膜预处理　先将硝酸纤维素膜放入水中浸湿，再置于核酸分子杂交漂洗液中。

2. 待测核酸标本的制备

（1）DNA 斑点杂交：将 DNA 标本溶于水或 TE 缓冲液中，煮沸 5 min 后，置于冰块上迅速冷却。

（2）RNA 斑点杂交：与 DNA 斑点杂交不同的是标本的处理。需将 RNA 标本溶于 DEPC 溶液中，并加入甲醛，使 RNA 变性。

3. 点样　用铅笔在滤膜上标记好位置，然后将处理过的待测标本点样于滤膜上，每个标本一般点样 5 μl。完整细胞斑点杂交是将整个细胞点到膜上，然后经 NaOH 处理，使 DNA 暴露、变性。

4. 固定　将膜烘干，然后密封保存备用。

其余操作步骤与其他杂交方法大致相同，即需进行预杂交、杂交、洗膜以及杂交结果检验。完整细胞斑点印迹可用于筛选大量标本，因为该方法是使细胞直接在膜上溶解，故标本中的 DNA 含量比其他方法更高，且不影响待测标本与 ^{32}P 标记的探针杂交，但该方法所获得的 DNA 纯度不够，并且会产生高本底，不适用于非放射性标记探针的杂交。

小结

常见的核酸分子固相杂交技术包括 Southern 印迹杂交、Northern 印迹杂交和斑点杂交。Southern 印迹杂交的检测对象为 DNA，Northern 印迹杂交的检测对象为 RNA。固相杂交技术的操作流程基本一致，可大致概括为：靶核酸分子的制备和探针的制备与标记→将靶核酸分子固定于固相支持物上→预杂交和杂交→漂洗→检测杂交信号→分析杂交结果。原位杂交的靶核酸分子位于组织或细胞内且需在原位进行检测，因此，原位杂交在预杂交和杂交前的处理包括组织的处理、玻片的处理、取材、固定以及探针的制备与标记。荧光原位杂交广泛应用于产前诊断、血液系统肿瘤诊断、病原微生物快速诊断、生殖医学等临床检验。菌落杂交与原位杂交的不同点在于菌落杂交需要裂解细菌，常用于快速筛选细菌阳性克隆。

思考题

一、选择题

1. 在加热或紫外线照射下，可导致两条 DNA 链之间的氢键断裂，而核酸分子中所有的共价键不受影响的过程称为

　　A. DNA 变性　　　　　　　　B. DNA 复性

　　C. DNA 重组　　　　　　　　D. DNA 杂交

　　E. 沉淀

2. 将 RNA 或 DNA 变性后直接点样于硝酸纤维素膜上，用于基因组中特定基因及其表达的定性及定量研究的技术称为

　　A. 原位杂交　　　　　　　　B. 核酸酶保护实验

　　C. 斑点杂交　　　　　　　　D. Southern 杂交

　　E. Northern 杂交

3. 使核酸保持在细胞或组织切片中，经适当方法处理细胞或组织后，将标记的核酸探针

与细胞或组织内的核酸进行杂交的过程称为

  A. 原位杂交   B. 核酸酶保护实验

  C. 斑点杂交   D. 狭缝杂交

  E. Southern 杂交

4. 将固定于膜上的 DNA 片段与探针进行杂交之前，必须将膜上所有能与 DNA 结合的位点全部封闭的过程称为

  A. 杂交   B. 预杂交

  C. 杂交前处理   D. Northern 杂交

  E. 斑点杂交

5. 在 Southern 杂交过程中，最常用于标记核酸探针的放射性核素是

  A. ^{32}P B. ^{3}H

  C. ^{35}S D. ^{125}I

  E. 地高辛

6. 某些标记物可与某种物质反应产生化学发光现象，通过化学发光可以像放射性核素一样直接使 X 线胶片上的乳胶颗粒感光，这些标记物称为

  A. 半抗原   B. 配体

  C. 荧光素   D. 放射性核素发光探针

  E. 放射性核素

二、问答题

1. 试述核酸分子杂交的基本原理。
2. 试述影响核酸分子杂交的因素。
3. 试述探针的种类及其特点。

（牛文华）

第七章

核酸序列分析技术

学习目标

通过本章内容的学习，学生应能够：

识记：
1. 说出核酸序列分析技术的几种方法。
2. 陈述双脱氧链终止法反应体系。
3. 陈述第二代核酸测序技术的类型。

理解：
1. 第二代核酸测序技术和双脱氧链终止法的基本原理。
2. 比较第一代测序技术和第二代测序技术的优、缺点。

运用：
应用核酸数据库进行具体核酸序列的查询与检索。

案例导入

案例 7-1

核酸序列分析技术可用于检测未知病原体核酸序列的碱基排列顺序。新型冠状病毒肺炎疫情暴发后，中国科学家通过核酸序列分析技术鉴定出新型冠状病毒，并成功绘制出其全基因组序列信息，使研究人员能快速研发用于新型冠状病毒肺炎诊断的实时荧光RT-PCR 试剂盒。

思考题：
1. 新型冠状病毒可以通过实时荧光 RT-PCR 试剂盒进行诊断，这表明该病毒属于哪种核酸类型？
2. 简述新型冠状病毒核酸序列分析的一般步骤。

核酸序列分析技术，又称核酸测序技术，简称测序（sequencing），是指通过一定的技术手段测定 DNA 或 RNA 中核苷酸的排列顺序，即四种碱基的排列组成顺序。最早出现的测序技术是 RNA 测序。1965 年，Holley 等科学家完成了酵母丙氨酸 tRNA 76 个核苷酸的序列分析。1967 年，Sanger 等通过 RNA 小片段序列测定法，完成了大肠埃希菌 5S rRNA 120 个核苷酸的序列分析。由于纯化的 DNA 较 RNA 更难获得，所以 DNA 测序技术出现较晚。1975 年，Sanger 和 Coulson 等提出测定 DNA 序列的"加减法"。1977 年，Sanger、Nicklen 和 Coulson 在"加减法"的基础上引入双脱氧核苷三磷酸（dideoxyribonucleoside triphosphate，ddNTP），提出了双脱氧链终止法。同年，Maxam 和 Gilbert 等提出了 DNA 测序的化学降解法。双脱氧链终止法和化学降解法是早期进行 DNA 测序的基本方法。此后，DNA 序列分析的效率和准确率显著提高。

20 世纪 80 年代末，科学技术和分子生物学迅速发展，基于双脱氧链终止法的荧光标记技术，将 DNA 测序技术带入自动化测序的时代。荧光自动测序技术具有简便、快速（自动化）、精确（计算机控制）和安全（荧光标记）等优点，成为人类基因组计划的主要技术手段。

随着多通道毛细管电泳技术、多色荧光标记技术、循环测序技术和荧光共振能量转移测序引物等的出现及其在自动化核酸测序中的应用，使 DNA 测序逐渐进入了高通量、大规模并行、高效率、低成本的高通量测序时代。目前，高通量核酸测序技术使测序速度更快、灵敏度更高、成本更低，并且为临床疾病的分子诊断提供了更为准确的判定依据。

第一节　双脱氧链终止法核酸序列分析技术

双脱氧链终止法核酸序列分析技术又称 Sanger-Coulson 法、双脱氧法核酸序列分析技术或第一代测序技术，是由 Sanger 和 Coulson 等在加减法测序的基础上提出的核酸序列分析技术。

一、基本原理

双脱氧链终止法的核心是引入双脱氧核苷三磷酸（ddNTP），作为链终止物随机终止 DNA 链的延伸。其基本原理是：利用 DNA 聚合酶，以待测单链 DNA 为模板，以 4 种 dNTP 为底物，设立 4 个相互独立的测序反应体系。在每个反应体系中加入不同的双脱氧核苷三磷酸（ddNTP）作为链延伸终止剂。在测序引物的指导下，按照碱基互补配对原则，使每个反应体系合成一系列长短不一的引物延伸链。通过高分辨率的变性聚丙烯酰胺凝胶电泳分离，经放射自显影检测后，从凝胶底部到顶部按 $5'→3'$ 方向读出新合成链的序列，由此即可得知待测模板链的序列（图 7-1）。

（一）进行测序反应

对每个待测模板进行由 4 个反应管组成的一套测序反应（图 7-1）。向每个反应管中都加入模板、DNA 聚合酶、引物、4 种 dNTP（dATP、dCTP、dGTP、dTTP）的混合底物和一定离子浓度的溶液，但每个反应管中分别只有 4 种 ddNTP（ddATP、ddCTP、ddGTP、ddTTP）中的一种。在每个反应管的反应体系中，以单链 DNA 为模板，在特异性引物的指导下，DNA 聚合酶可催化 dNTP 的 $5'$-磷酸基团与引物的 $3'$-OH 生成 $3',5'$-磷酸二酯键。根据与模板链的碱基互补配对原则，新生互补 DNA 单链得以从 $5'→3'$ 延伸。但 ddNTP 比普通的 dNTP 在 $3'$ 位置缺少一个羟基（$2',3'$-ddNTP）（图 7-2），在体系中引入 ddNTP，其虽然可以通过 $5'$-三磷酸基团掺入到正在延伸的 DNA 链中，但由于缺少 $3'$-OH，所以不能与后续的 dNTP 形成 $3',5'$-磷酸二酯键。这样，在每个反应管的反应体系中，dNTP 介导的新生 DNA 链的延伸事件将与 ddNTP 介导的随机发生却高度特异的链终止事件产生竞争，使这条链的延伸终止于异常的核苷酸处。每管的反应产物是分别终止于模板链的每一个 A、C、G 和 T 位置上的一系列

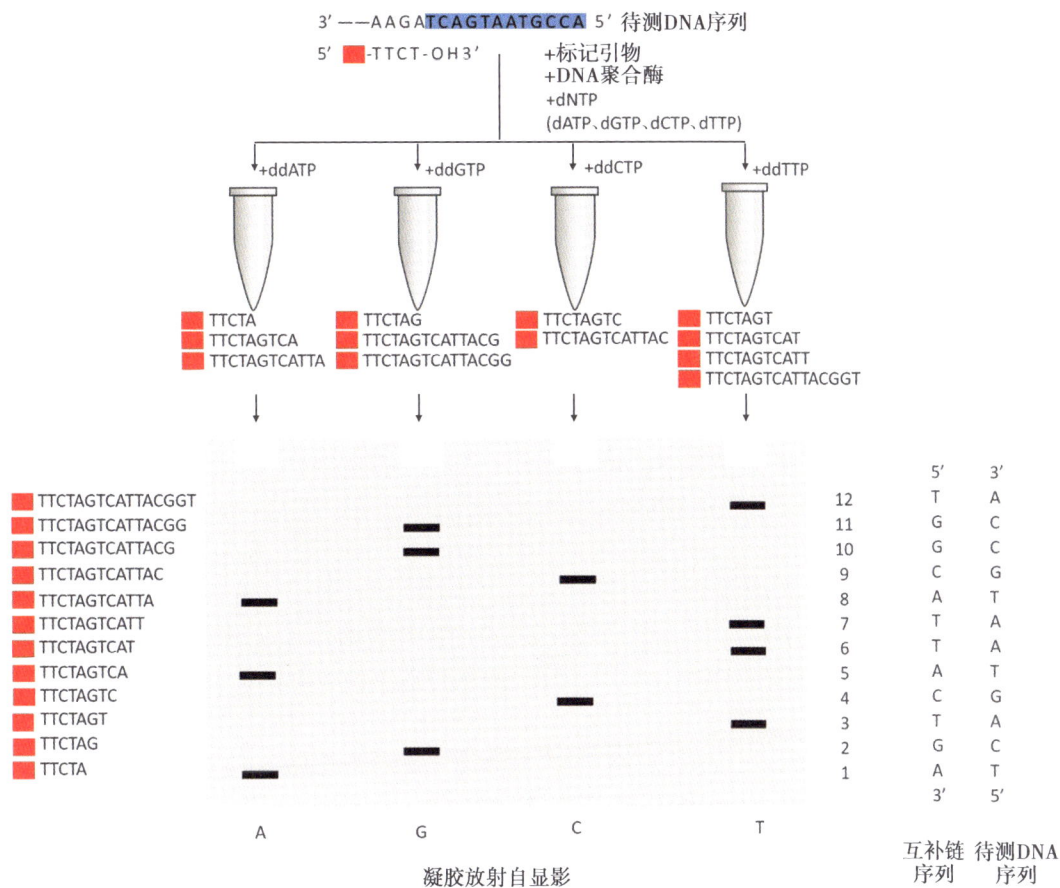

图 7-1 双脱氧链终止法测序的原理示意图

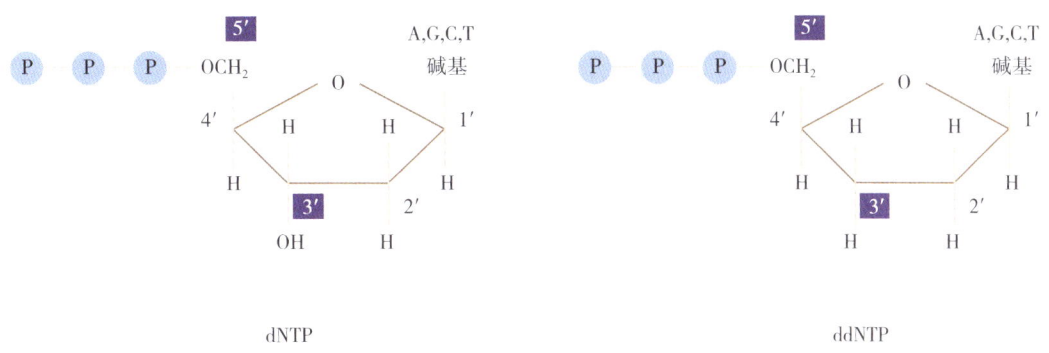

图 7-2 dNTP 和 ddNTP 的结构示意图

长度不一的核苷酸链。

（二）反应产物的识别和分析

双脱氧链终止法测序的关键点之一是有效地识别和分析反应产物。反应产物可被放射性同位素和荧光染料标记，再经高分辨率变性聚丙烯酰胺凝胶电泳分离，最后通过放射自显影技术和激光探测装置等生成与 DNA 序列相对应的带型或轨迹模式。目前，荧光染料标记技术已替代放射性同位素标记，将毛细管电泳技术应用于 Sanger 法自动化测序技术，利用 4 种荧光基团分别标记 4 种 ddNTP，反应产物可以在 1 条泳道内电泳，从而降低测序泳道间迁移率差异对精确性的影响。最后，全自动激光扫描电泳结果可直接读出碱基排列顺序。

二、反应体系

双脱氧链终止法的反应体系主要包括：DNA 模板、测序引物、DNA 聚合酶、dNTP 和 ddNTP、荧光标记物和缓冲液。

（一）DNA 模板

双脱氧链终止法的优点之一是其适用于多种类型的 DNA 模板，且可采用不同的测序策略。纯化的单链 DNA 及双链 DNA 都可以作为 Sanger 法测序的模板。

1. 单链 DNA 模板　一般情况下，可将靶 DNA 片段克隆在 M13mp 噬菌体载体上。从重组克隆的 M13mp 噬菌体颗粒中分离得到单链 DNA 模板后，可使用 M13mp 载体的通用引物进行测序。

2. 双链 DNA 模板　以双链 DNA 作为模板时，需通过热变性、碱变性和外切酶剪切等方式将其转变为单链 DNA 后再进行测序。双链 DNA 的来源包括：①采用氯化铯 - 溴乙锭梯度平衡超速离心法制备的质粒 dsDNA，此类测序质粒最好应具有较高的拷贝数并有插入失活的选择标志，有配套的通用引物结合区。② PCR 或 RT-PCR 扩增产物，对 PCR 产物进行测序前，需要使用试剂盒、PEG 沉淀或琼脂糖凝胶电泳等方法进行纯化，彻底去除可严重干扰测序反应的试剂，如引物、dNTP、酶和非特异性扩增产物。

（二）测序引物

测序引物是一条与模板链的特定序列互补的寡核苷酸链，DNA 的合成和延伸是从测序引物开始的。双脱氧链终止法的测序引物主要有 2 类：①通用测序引物，其互补序列通常是某些载体（质粒或黏粒）所共有的序列。通用测序引物可与单链 DNA 模板（如克隆的 M13mp 载体）和变性双链 DNA 模板（如变性质粒 DNA）侧翼的载体序列相退火。用于测序的通用质粒和通用引物目前已商品化。②特定测序引物，如采用普通 PCR 的上游或下游引物对 PCR 产物进行双向测序，但对其 3′ 末端起始处的 10 ~ 20 个碱基序列分析通常是不准确的。

（三）DNA 聚合酶

DNA 聚合酶是实现超长读长的关键之一，选用合适的 DNA 聚合酶是保证测序质量的重要因素之一。双脱氧链终止法测序常用以下几种 DNA 聚合酶：①大肠埃希菌 DNA 聚合酶 I 大片段（Klenow 片段），是 DNA 链终止法测序所使用的第一个 DNA 聚合酶。由于其持续合成能力低，目前一般用于测定核苷酸在 250 个碱基以内，且不含核苷酸同聚物、非二重对称的 DNA 序列。②测序酶（sequenase），是一种经化学修饰的 T7 噬菌体 DNA 聚合酶，具有持续合成能力强、聚合率高等优点，是长片段 DNA 测序的首选 DNA 聚合酶。③耐热 DNA 聚合酶，Taq DNA 聚合酶在 70 ~ 75℃条件下具有较高的活性，且持续合成能力强，可直接对体外扩增 DNA 产物进行序列测定，已广泛应用于以双脱氧链终止法为基础的自动化测序技术。

（四）dNTP 和 ddNTP

dNTP 和 ddNTP 是双脱氧链终止法中必需的单核苷酸，4 种 dNTP，即 dATP、dGTP、dCTP 和 dTTP，具有使链延伸的作用；4 种 ddNTP，即 ddATP、ddGTP、ddCTP 和 ddTTP，具有使链终止的作用。在双脱氧链终止法测序过程中，既要使一部分链得到适当的延伸，又要使另一部分链在适当位置终止,而且 DNA 聚合酶催化 dNTP 和 ddNTP 的掺入速率有所差异,所以在链终止反应体系中,通常要根据不同的反应体系和特性优化 dNTP 和 ddNTP 的比例,以确保在获得最大测序精确度的同时读取更长的测序片段。

(五)荧光标记物

放射性同位素标记主要应用于早期的 DNA 测序技术,如 α-^{32}P-dNTP 和 α-^{35}P-dNTP,但其可危害人体健康,造成污染环境,不适用于自动化测序。而荧光染料标记技术安全、环保、操作简便,且灵敏度高、特异性强,同时易于实现自动化,已成为自动化测序的主要标记技术。测序中常用的荧光染料有 IRDye 41、IRDye 40、IRDye 700、Cy5、Cy5.5、FOM、JEO、ROX、R110、R6G 和 TAMRA 等。

荧光标记 DNA 测序反应产物有 3 种方案(图 7-3):①标记引物,是指将荧光基团与引物的 5′端相连。②标记终止物,是指将荧光基团与 ddNTP 的 3′端相连。③内部标记,是指用荧光基团标记新合成 DNA 链的 dNTP。这三种标记 DNA 测序反应产物方案各有其优、缺点。

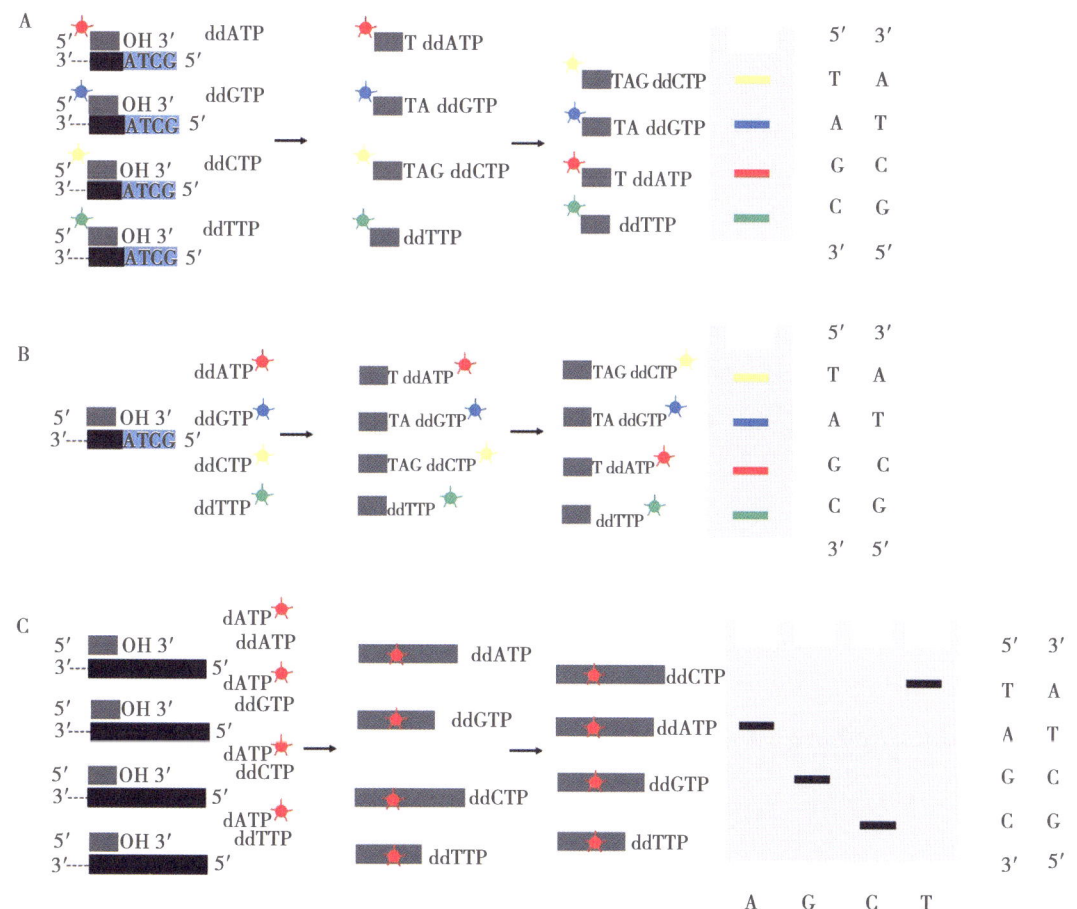

图 7-3 双脱氧链终止法中荧光标记及产物的识别与分析方法示意图

(六)方法评价

双脱氧链终止法是早期应用得最多的核酸测序技术之一,是人类基因组计划的主要测序方法。作为测序技术的首选方法,该方法具有安全、无污染、简便、精确、可靠、读长较长等优势。现有的自动化测序仪对每个反应可一次读取 400~900 bp 的序列片段,准确率高达 99.9%,每次运行时间为 20 min~3 h。双脱氧链终止法的不足之处是过度依赖电泳分离技术,无法进一步提高通量和测序规模,也难以降低反应试剂的用量和测序成本。但 Sanger 法测序技术对于不需要进行高通量测序的应用仍然非常广,如验证质粒构建体或 PCR 产物等。

> **小结**
>
> 双脱氧链终止法的基本原理是在特异性引物、DNA 聚合酶和 dNTP 的作用下,使 DNA 链进行正常的延伸反应。将链终止剂 ddNTP 加入延伸的 DNA 链时,可阻止 DNA 链的进一步延伸,从而形成长短不一的终止于 ddNTP 的 DNA 片段。通过电泳和放射自显影技术即可测定出 DNA 的碱基序列。双脱氧链终止法的反应体系主要包括:待测模板、测序引物、DNA 聚合酶、4 种 dNTP、4 种 ddNTP、荧光标记物和缓冲液。

第二节　第二代核酸序列分析技术

为解决 Sanger 法核酸序列分析技术通量低的技术瓶颈,第二代测序技术(second generation sequencing technique),即二代测序(next-generation sequencing,NGS)技术应运而生。NGS 主要采用大规模矩阵结构的微阵列分析技术,阵列上的 DNA 可被大规模同时并行分析,能够一次获得数十万条到数百万条 DNA 分子序列信息,具有可靠、准确、高通量、低成本等特点。因此,NGS 又可称为大规模平行测序(massive lyparallel signature sequencing,MPSS)或高通量测序(high throughput sequencing,HTS)。然而,从 NGS 开始出现的测序技术都具有高通量的特点,所以严格来说,NGS 属于 HTS。近年来,高通量核酸测序技术飞速发展,新技术方法也不断商业化,并广泛应用于生命科学研究的各个领域,包括基因组测序、外显子组测序、基因组重测序、RNA 测序(RNA-Seq)、DNA-蛋白质相互作用(ChIP 测序)、表观基因组分析、遗传病谱测定、SNP 测定、miRNA 研究和 DNA 甲基化分析等,有力地推动了基础研究,并逐渐应用于临床疾病的诊断。

第二代测序技术按照测序原理大致可分为合成测序和连接测序两大类。合成测序技术通过捕捉新合成的末端标记信号来确定 DNA 序列,是应用于高通量核酸测序技术中并行测序的一种方法。基于合成测序原理的技术较多,常见的有边合成边测序技术、联合探针锚定聚合测序技术、焦磷酸测序技术和半导体测序技术等,前两者主要基于循环可切除终止法(cyclic reversible termination,CRT),后两者主要基于单核苷酸增加法(single-nucleotide addition,SNA)。连接测序技术是利用 DNA 连接酶将荧光探针连接到 DNA 链的锚定位置,同时捕捉连接位置的荧光信号来进行边连接边测序的技术,其中,边连接边测序技术已得到广泛应用。

> **知识链接**
>
> **第二代测序技术操作流程**
>
> 第二代测序技术操作流程主要包括文库的制备、测序和数据分析。
>
> 第 1 步:文库的制备
>
> 通过该步骤可制备出兼容测序仪的 DNA 或 RNA 标本。通常先对 DNA 进行片段化处理,然后再向其两端添加特定的接头来构建测序文库。接头含有的互补序列可以使 DNA 片段结合到流动槽上,随后再扩增和纯化片段。在实际工作中,为了节省资源,可以将多个文库混合在一起,在同一运行反应中进行测序,该过程称为多重分析。在接头

连接过程中，唯一标签序列（或"条形码"）会添加到每个文库中。这些标签序列可以在数据分析过程中区分各个文库。

第 2 步：测序

将文库上样到流动槽后置于测序仪中。簇生成过程可扩增 DNA 片段簇，生成数百万个单链 DNA 拷贝。随后加入测序试剂，检测实时链末端的延伸信号，进行大规模并行测序。

第 3 步：数据分析

测序结束后，仪器软件可识别并预测碱基检出的准确性。进行数据分析时，可以将测序数据导入数据分析应用程序，同时可以进行序列比对、变异检测、数据可视化或解读等。

一、边合成边测序技术

（一）基本原理

边合成边测序技术的核心是 DNA 簇和可逆终止化学反应。反应体系中使用的荧光标记物 dNTP 是"可逆终止子"（reversible terminator），其 3′-OH 基团带有可化学切割的部分（图 7-4）。由于 3′-OH 被屏蔽而阻止下一个 dNTP 与之相连，因此每次循环只容许掺入单个碱基。根据荧光种类读取每条模板序列第一轮反应所聚合的核苷酸种类。之后，将"可逆终止子" dNTP 可化学切割的部分进行切割，恢复 3′端黏性，进而继续聚合第二个核苷酸。通过"去阻断 - 延伸 - 激发荧光 - 切割荧光集团 - 去阻断"这样的循环，统计每次循环收集到的荧光信号结果，即可得知每个模板 DNA 片段的序列。

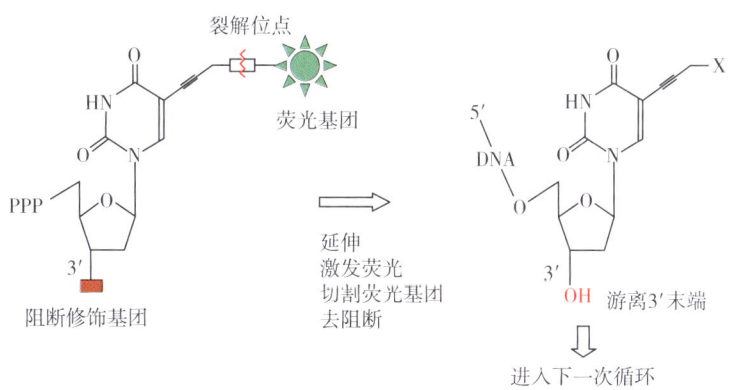

图 7-4　边合成边测序技术可逆终止反应示意图

（二）测序流程

测序开始前，应先将模板 DNA 剪切成 100～200 bp 的片段，然后在这些片段的两端加上特定的接头。测序芯片表面附着一层单链引物，两端连有接头的单链 DNA 片段通过与芯片表面的引物序列互补结合，经 PCR 扩增成为双链。此时，DNA 的一端就被锚定在测序芯片上，而另一端则随机与附近的引物互补结合，从而也被固定住，形成"桥式"结构。经过扩增和变性反复 30 次的循环 PCR 扩增后，每个 DNA 片段得到约 1000 倍的扩增产物，形成单克隆DNA簇。然后，需要经特定的化学反应去除反向引物上的特定基团，将反义链去除，再进行正向DNA链测序。随后，向反应体系中加入经过处理的DNA聚合酶、测序引物和荧光标记的可逆终止子dNTP。由于dNTP的3′-OH经过化学保护，每次循环只允许添加1个dNTP，若此dNTP能被添加在合成链上，那么加入激发荧光所需的缓冲液后，链末端即可产生相应的荧光信号。通过光学设备对荧光信号进行记录后，加入化学试剂淬灭荧光信号，并去除dNTP的3′-OH阻断基团，以恢复3′端黏性，即可继续进行下一轮测序反应，聚合第二个核苷酸，如此循环，直至每条模板序列都被聚合成双链。在上述过程中，运用显微监测系统捕捉每次循环中产生的荧光信号，通过高性能计算机可以将荧光信号转化为不同颜色的测序峰图，并对大规模测序数据进行拼接和分析，即可得出模板DNA的序列分析结果（图7-5）。

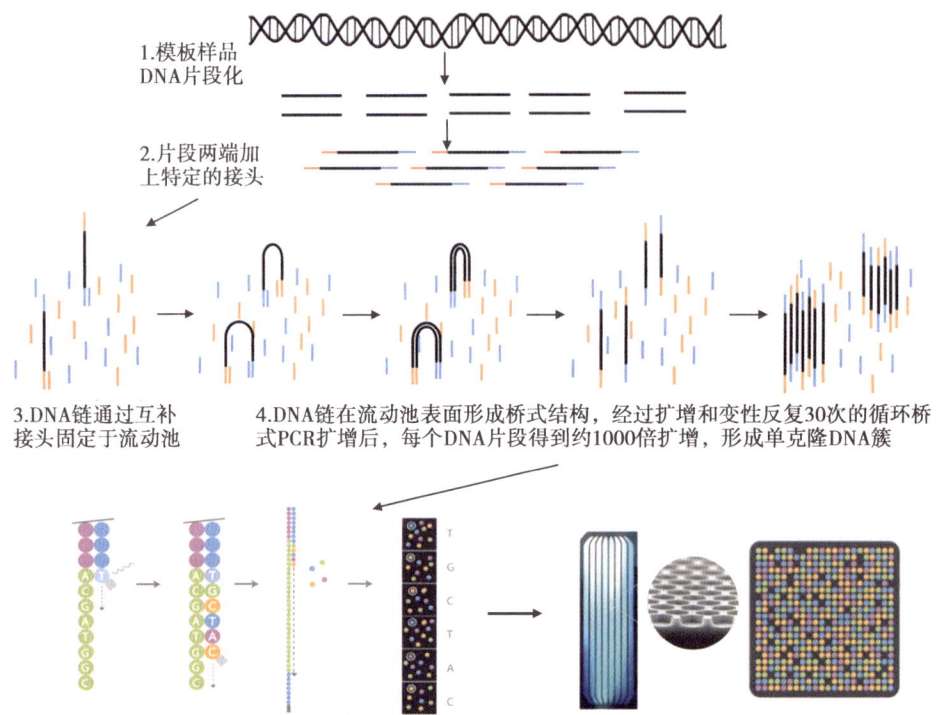

图7-5 边合成边测序技术流程示意图

（三）方法评价

边合成边测序技术目前能够获得最大为300 bp的配对末端读长，准确率达99.9%。由于测序仪和指定的读取长度不同，所以测序时间范围为1~11天。边合成边测序技术由于应用微阵列技术，使测序通量得到极大的提高，并且微型化设备的使用显著降低了试剂和标本的消耗量，使降低成本，但其设备昂贵且需要高浓度的DNA标本。

二、焦磷酸测序技术

焦磷酸测序（pyrosequencing）技术是于1987年由Nyren等研发的首个基于边合成边测序技术原理的一种依靠酶促级联反应和生物发光进行DNA测序的技术。

(一)基本原理

焦磷酸测序是由 4 种酶催化 3 种反应底物的酶促级联化学发光反应。其基本原理是：以单链 DNA 为测序模板，在 DNA 聚合酶的催化下，特异性测序引物指导合成新的 DNA 链，每一轮测序均依次加入 4 种 dNTP（dATPαS、dCTP、dGTP、dTTP）中的一种，若加入的 dNTP 与测序模板单链 DNA 所对应的碱基互补配对，则此 dNTP 即可掺入测序引物指导的合成链 3′末端。同时，该 dNTP 可释放一个 PPi 分子，驱动酶促级联反应，在 ATP 硫酸化酶（ATP sulfurylase）、荧光素酶（luciferase）的级联催化作用下，最终将荧光素转变成氧化荧光素，同时产生光信号。光信号强度与掺入的 dNTP 数量成正比（图 7-6）。腺三磷双磷酸酶（apyrase）可持续降解反应体系中未掺入新合成 DNA 链的 dNTP。降解反应完成后，再依次加入 4 种 dNTP 进行新一轮测序，这样重复循环进行，逐步合成互补 DNA 链。新合成 DNA 链每一个 dNTP 的掺入均与一个光信号的释放耦联，可根据加入 dNTP 的顺序及其对应的光信号强度所形成的峰值图，准确读取待测模板 DNA 的完整序列信息。通常以信号峰的有无来判断碱基的种类，以信号峰的高低来判断碱基数目。

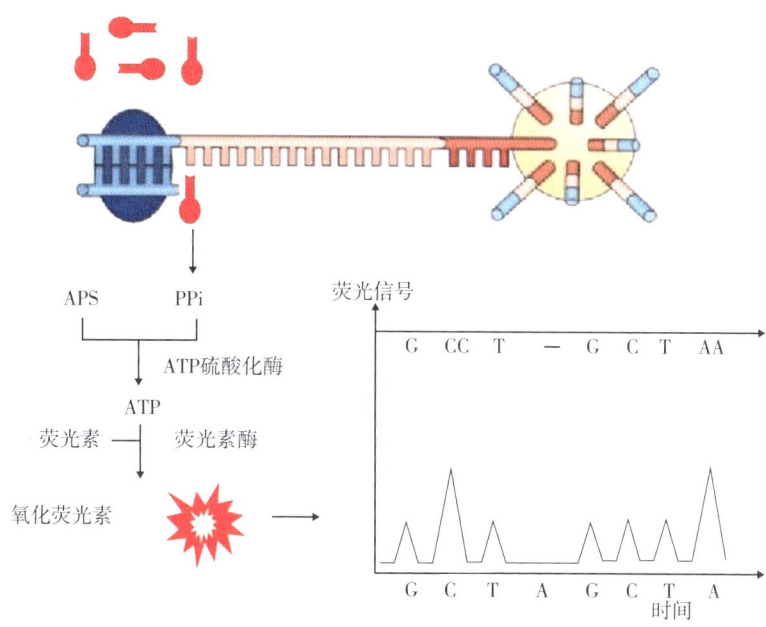

图 7-6 焦磷酸测序技术原理示意图

(二)反应体系

焦磷酸测序技术的反应体系包括：待测单链 DNA、测序引物、3 种反应底物和 4 种酶。3 种反应底物是脱氧核苷三磷酸（dATP、dCTP、dGTP、dTTP）、腺苷-5′-磷酰硫酸（adenosine-5′-phosphosulfate，APS）和荧光素（luciferin）。需要注意的是，在焦磷酸测序过程中，dATP 能被荧光素酶分解，对之后的荧光强度测定影响很大，而 dATPαS 受荧光素酶的影响比 dATP 低 500 倍，因此在焦磷酸测序中用 dATPαS 代替 DNA 合成的天然底物 dATP。4 种酶分别是 DNA 聚合酶、ATP 硫酸化酶、荧光素酶和腺三磷双磷酸酶。DNA 聚合酶可催化 dNTP 掺入到测序引物指导合成链的 3′末端，同时释放一个焦磷酸（PPi）分子；ATP 硫酸化酶可催化 APS 和 PPi 结合生成 ATP；荧光素酶可催化 ATP 和荧光素结合生成氧化荧光素，同时产生光信号；腺三磷双磷酸酶可降解反应体系中剩余的 dNTP 和少量残留的 ATP（图 7-7）。

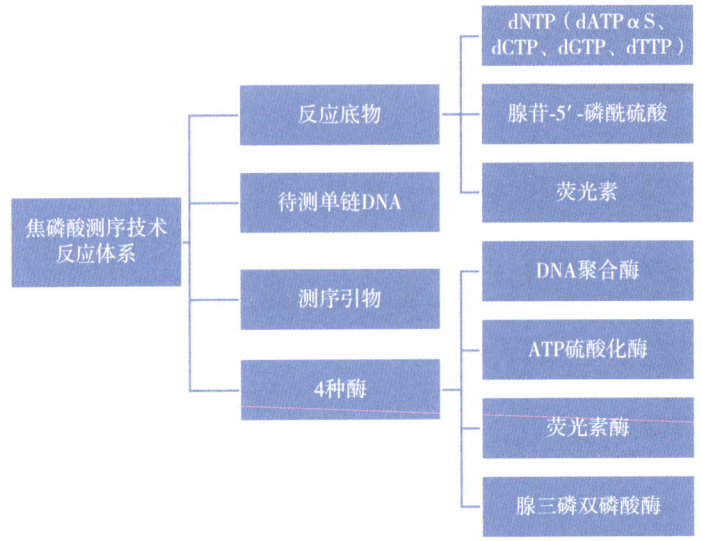

图 7-7 焦磷酸测序技术反应体系

(三) 测序流程

首先将模板 DNA 剪切成 300~800 bp 的片段，经末端修复后与特异性接头序列连接，并将其与覆盖有互补接头、引物、dNTP 和 DNA 聚合酶的磁珠一起混合，在乳液内进行乳液 PCR 扩增，使每个磁珠表面覆盖有数千个拷贝的相同 DNA 序列，随后以这些扩增片段作为焦磷酸测序的模板（图 7-8）。焦磷酸测序仪的测序反应板包含数百万个皮升体积的孔，每个孔仅能容纳一个磁珠。将模板富集后的磁珠、测序引物和测序酶混合物等试剂放入测序微孔中，再将 4 种 dNTP 试剂依次逐个加入反应体系中，若碱基与模板互补，则在 DNA 聚合酶的催化

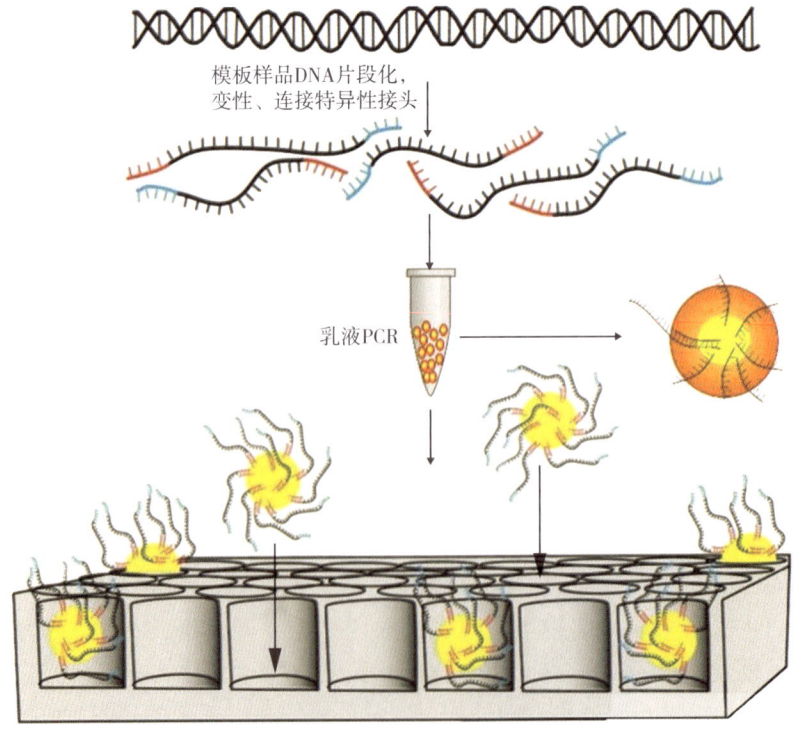

图 7-8 乳液 PCR 扩增示意图

下，此 dNTP 可掺入新合成的链中，同时释放 PPi。PPi 分子与 ATP 硫酸化酶一起将 APS 转化为 ATP。ATP 是荧光素酶将荧光素转化为氧化荧光素的辅助因子，副产物是荧光。然后用电荷耦合器件（charge-coupled device，CCD）相机扫描反应板，根据荧光信号的有无判断 dNTP 是否掺入，根据荧光信号的强弱判断掺入 dNTP 的数量。最后，使用腺三磷双磷酸酶降解未掺入的碱基。待降解反应完成后，再加入下一个碱基，进行新一轮测序。

（四）方法评价

焦磷酸测序技术无需进行电泳分离，无需进行荧光标记，具备同时对大量标本并行测序分析的功能。目前读长可达 700 bp，准确率达 99.9%，每次可持续运行 24 h，可读取 1 百万个碱基对，其优势是读长较长且快速。但焦磷酸测序技术需要依赖一系列酶进行检测，其试剂价格导致成本相对较高，且在测定相同核苷酸聚合物区域时，若有一连串 GGGGGG 序列，则靠光信号强度来推断同聚核苷酸的长度，容易导致碱基"插入或缺失"的错误。

三、半导体测序技术

半导体测序（semiconductor sequencing）技术也是边合成边测序单核糖苷增加法的典型代表。半导体测序技术不依靠化学发光反应，而是通过实时监测链末端增加的 dNTP 所释放出的 H^+ 进行测序。其技术核心是结合微流控和半导体的测序芯片，主要用于小基因组测序、微生物测序、靶向测序、RNA 测序、外显子测序和多重扩增子测序等。

（一）基本原理

带有接头的片段化单链 DNA 与磁珠上的互补序列结合，通过乳液 PCR 扩增待测 DNA 片段。半导体测序芯片上有数百万个微孔阵列，每个磁珠仅能在一个微孔中进行测序反应。当 4 种 dNTP 的测序试剂依次循环流过芯片微孔时，若 dNTP 能与模板链进行配对，则可同时释放一个 H^+，使孔内局部 pH 值发生变化。离子传感器可实时检测出 pH 值的变化，并将其转化为电压信号。根据电压信号的有无和强弱，可判断待测碱基的顺序（图 7-9）。

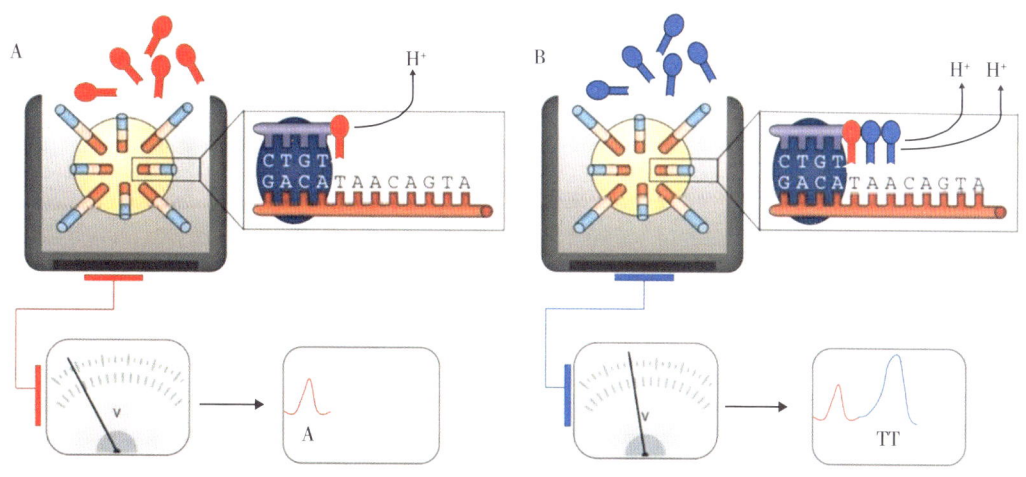

图 7-9 半导体测序技术原理示意图

（二）测序流程

获取纯化的核酸后，将基因组 DNA/cDNA 剪切成 200~1500 bp 的片段。经末端修复与特异性接头连接等修饰后，变性处理并回收单链 DNA。单链 DNA 文库通过接头上的序列和磁珠上的互补序列被固定在 DNA 捕获磁珠上,经乳化形成油包水的混合物。每个独特的 DNA 片段在各自的微反应器中进行独立的乳液 PCR 扩增,使微球表面含有约 10^6 个同样的 DNA 拷贝。在大规模并行半导体测序芯片上有数百万个微孔阵列,当磁珠通过微流控芯片时,带有 DNA 的单个磁珠可进入微孔,形成一个独立的测序微反应器。当 4 种 dNTP 测序试剂逐个依次循环流过芯片微孔时,基于碱基互补配对原则,正确的 dNTP 在 DNA 聚合酶的作用下即插入到正在延伸合成的 DNA 链中,并释放一个 H^+,使该微孔局部环境中的 pH 值发生变化。离子传感器可实时监测 DNA 复制时产生的离子流,并将其转变为数字电压信号。如果没有掺入 dNTP,则不会产生电压信号。若 DNA 含有 2 个相同的碱基,则会掺入相同的 dNTP,并释放 2 个 H^+,使电压信号强度加倍。系统根据电压信号的强弱和此时通过芯片微孔的核苷酸种类等信息,可以对模板 DNA 序列直接进行实时、快速的判读。

(三)方法评价

半导体测序技术在设计上创新性地将微流控与半导体芯片技术结合,使用天然核苷酸和 DNA 聚合酶,无需荧光染料、化学发光的配套试剂和酶试剂,无需进行光学检测和扫描,使测序成本降低,碱基读取时间缩短,运行速度提高,读长可达 600 bp,准确率高达 99.6%。一个测序周期约需 2 h,每次运行可读取高达 8000 万个碱基对。半导体测序技术的缺点是可产生均聚物错误,即当单个碱基多次重复(如 CCCCC)时,可在一次循环中产生大量 H^+,进而引起周围环境的 pH 值发生剧变,容易导致碱基"插入或缺失"错误。

四、联合探针锚定聚合测序技术

联合探针锚定聚合(combinatorial probe-anchor synthesis,cPAS)测序技术是对联合探针锚定连接技术的改进,是一种高通量测序技术。

(一)基本原理

联合探针锚定聚合测序技术的两大核心技术是 DNA 纳米球的制备和芯片规则阵列技术(图 7-10)。

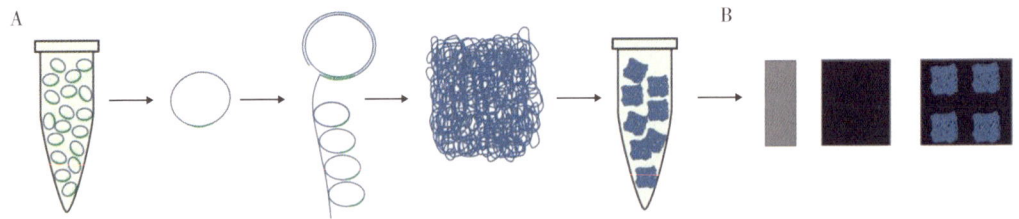

图 7-10 联合探针锚定聚合测序技术原理示意图

注:A 表示 DNA 纳米球的制备;B 表示测序芯片上的每个活性位点只结合一个 DNA 纳米球。

1. DNA 纳米球的制备 首先将基因组 DNA 进行片段化处理,加上接头序列,经变性处理,并使之环化形成单链环状 DNA。然后使用滚环扩增技术将单链环状 DNA 进行 300~500 个串联拷贝。最后所产生的扩增 DNA 打开,形成一个直径为 220~240 nm 的三维结构,称为 DNA 纳米球。

2. 测序芯片的规则阵列 采用光刻和干法刻蚀技术,在硅片表面形成阵列和对准标记,通过"涂敷深紫外光刻胶 - 阵列图案曝光 - 显影暴露局部硅表面 - 汽相淀积(氨基硅烷修饰)"的一系列处理,流通池上每个位点的直径约为 250 nm,相邻两个位点的中心相隔 700 nm,故每个带正电荷的位点阵列只能与1个带负电荷的DNA纳米球相结合,以确保不同DNA纳米球的光信号不会相互干扰,也能减少流通池上聚簇不足或过度聚簇的问题。

测序芯片上有经特殊工艺制备的DNA纳米球结合位点,以确保一个位点只结合一个DNA纳米球。测序时,先加入与DNA纳米球接头序列互补的寡核苷酸引物,即锚定序列(anchor sequence),然后加入一种荧光标记的"可逆终止子"dNTP,即荧光探针,参与锚定序列的聚合反应。在激光激发前,去除未结合的荧光探针。激光所激发出的荧光信号经高分辨率成像系统实时采集,并被转换为数字信号输出,用于鉴定碱基类型。每一轮测序结束后,去除锚定探针复合物。新的锚定序列和荧光探针杂交,便开始新一轮的测序。这个过程通常要循环进行50~300次,以确定待测DNA的碱基序列。

(二)方法评价

DNA纳米球扩增技术是目前唯一的液相DNA扩增技术,通过滚环扩增DNA片段,可增强测序过程中的荧光信号,同时降低误差积累和测序偏差。所制备的DNA纳米球大小与芯片上活性位点的大小相匹配,使得每个位点只结合一个DNA纳米球,在保证测序精度的前提下提高测序芯片的利用效率。联合探针锚定聚合技术准确率可高达99.999%,但其灵敏度和特异性稍差。若产生某些错误的碱基变化,则真实的碱基变化可能会被忽略。该技术的显著不足是读长过短。测序所需总时间根据标本DNA的长度和每次测序流动池的个数而定,通常为1~9天。

五、边连接边测序技术

边连接边测序技术即寡核苷酸连接测序及检测(sequencing by oligonucleotide ligation and detection,SOLiD)技术,是利用DNA连接酶将一个含有8个碱基的单链荧光探针锚定到模板DNA的特定位置,同时捕捉连接位置的荧光信号进行测序的技术。

(一)基本原理

边连接边测序技术的原理是(图7-11):使通用测序引物(锚定序列)与待测DNA互补结合,随后加入含有8个碱基的单链荧光探针混合物,荧光探针的第1、2位双碱基编码区与模板DNA第1、2位碱基互补结合。同时,DNA连接酶催化荧光探针与通用测序引物5′末端连接,并释放荧光基团,通过检测荧光基团的发射波长可判断模板DNA第1、2位的碱基类型。然后,通过化学反应切割探针,留下探针的第1~5位碱基,重复进行上述连接反应,直至模板DNA杂交完成,即可识别模板DNA每5个碱基中前2个碱基的类型。随后,去除所有连接的引物和探针,重新锚定测序位置,并重复上述锚定探针的结合、连接、成像和切割过程,即可确定模板DNA的碱基顺序。

通用测序引物与模板一端的接头序列互补,即锚定序列,又称连接引物,一般有5种。这5种连接引物的长度相同,但在引物区域的位置相差一个碱基(分别用n、n–1、n–2、n–3和n–4表示),其5′末端磷酸基团可保证连接反应的进行。

含有8个碱基的单链荧光探针,可简写成3′-NNnnnZZZ-★5′(图7-11 A)。探针3′端第1、2位(NN)的碱基对是由A、T、C、G 4种碱基中的任意2种组成的双碱基编码区,所以共有16种含有8个碱基的单链荧光探针。3′端第3、4、5位的"nnn"表示随机碱基,第6、7、8位的"ZZZ"指的是可以与任何碱基配对的特殊碱基。探针的5′末端分别是标记了CY5、Texas Red、CY3、6-FAM 4种颜色的荧光染料(★)。"双碱基编码矩阵"决定了双碱基编码区16种碱基对和4种探针颜色的对应关系,即2个碱基确定1个荧光信号(图7-11 B)。在边连接边测序反应中，这些含有 8 个碱基的单链荧光探针按照碱基互补原则与单链 DNA 模板链配对。

（二）测序流程

进行 SOLiD 测序时，可制备片段文库或末端配对文库，两种文库的两端分别加上 P1、P2 接头，片段总长度为 120～180 bp。模板 DNA 5′端的 P1 接头序列与磁珠表面的 P1 引物序列互补，从而将 DNA 固定于磁珠上。然后在磁珠上进行乳液 PCR 扩增，理论上每个乳滴只含一个模板 DNA 和一个 P1 磁珠。随后，将含有大量模板 DNA 的 P1 磁珠共价结合在 SOLiD 测序玻片表面进行 SOLiD 测序（图 7-11 C）。每轮测序反应的第一个连接反应通常是由与模板 DNA P1 引物区域互补的连接引物"n"介导。然后向测序体系中加入含有 8 个碱基的单链荧光探针混合物作为 SOLiD 连接反应的底物，随即开始测序反应。测序时，当 1 个含有 8 个碱基的单链荧光探针的第 1、2 位双碱基区域与模板 DNA 的第 1、2 位碱基序列互补时，SOLiD 测序仪即可记录到代表探针第 1、2 位编码碱基的荧光信号。随后以化学方法处理断裂探针 3′端第 5、6 位碱基间的化学键，并去除第 6、7、8 位碱基及 5′末端的荧光基团，暴露探针第 5 位碱基的 5′磷酸，为下一次连接反应提供连接末端。未延伸的模板 DNA 链被无标记的探针或磷酸酶所覆盖，以维持循环同步。SOLiD 测序的每一次连接反应使得合成链增加 5 个碱基，故第二次连接反应可获得模板 DNA 第 6、7 位碱基序列的颜色信息，第三次连接反应后可获得模板 DNA 第 11、12 位碱基序列的颜色信息……若每一轮测序反应经过 7 次连接反应，则第一轮测序反应可获得模板 DNA 以 1、2 位起始的 7 个碱基对的颜色信息。第一轮测序反应结束后，移除连接引物"n"、探针复合物。连接引物"n-1"可介导新一轮测序反应，故第二轮测序得到以 0，1 位起始的 7 个碱基对的颜色信息。5 轮测序反应结束后，按照 0、1 位，1、2 位……的顺序分析对应模板 DNA 的颜色信息。经信息处理，即可得到模板 DNA 的碱基序列，相当于每个位置的碱基均被检测了 2 次。SOLiD 测序过程由一系列锚定探针的结合、连接、

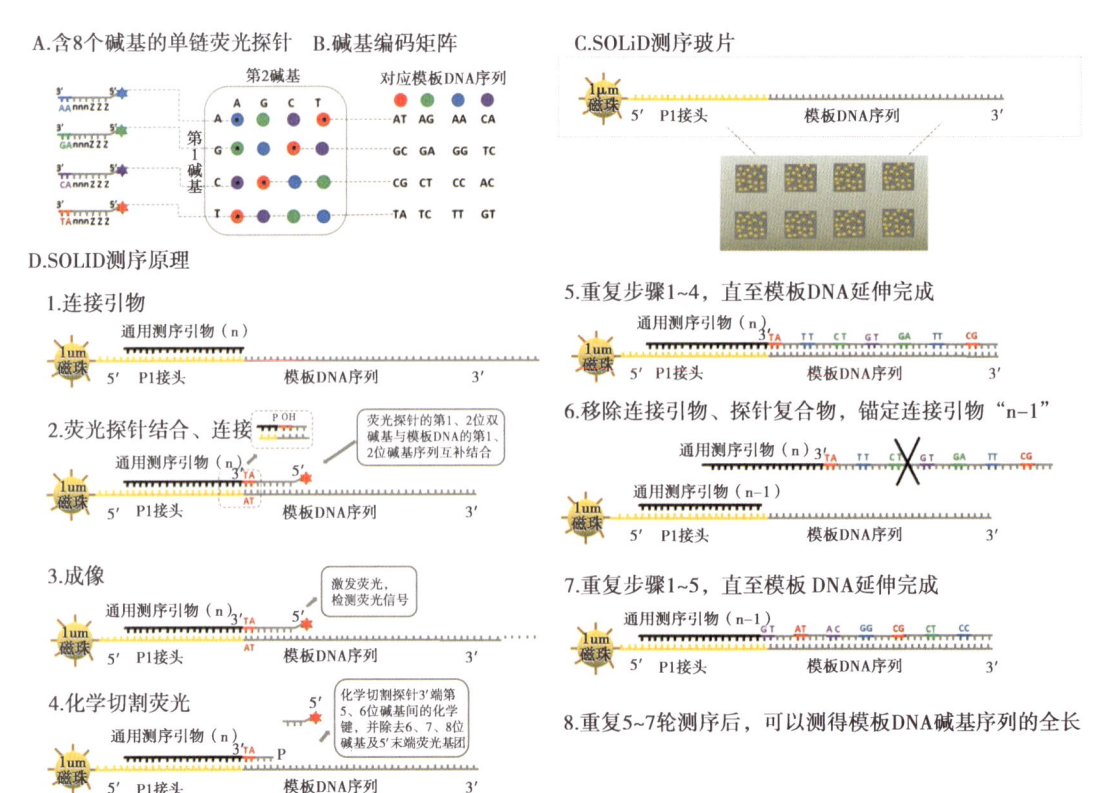

图 7-11 边连接边测序技术模式图

成像以及切割步骤循环组成（图 7-11 D）。

（三）方法评价

与边合成边测序技术相比，SOLiD 测序技术由于对每个碱基均检测 2 次，故其具有更高的准确度，高达 99.99%，并且能对具有参考基因组序列的物种进行重测序，鉴定 SNP 及基因组结构变化。另外，该技术还可用于转录组学研究，分析细胞转录产物的数量变化及其结构信息等。但 SOLiD 测序技术的文库制备费用高、操作繁琐，且读长较短，后续序列的拼接也较为复杂。另外，由于双碱基编码规则中双碱基与颜色信息的兼并特性（一种颜色对应 4 种碱基对），所以可导致一个错误颜色编码引起"连锁解码错误"，需要进行校正。

小结

第二代测序技术采用大规模并行分析技术，能够一次获得数十万条到数百万条 DNA 分子序列信息，测序结果可靠、准确，且能实现高通量、低成本。

合成测序技术通过捕捉新合成的末端标记信号来确定 DNA 序列，包括循环可切除终止测序法和单核糖核酸增加法。应用较为广泛的有边合成边测序、焦磷酸测序、半导体测序和联合探针锚定聚合测序。

连接测序技术是利用 DNA 连接酶将荧光探针连接到 DNA 链的锚定位置，同时捕捉连接位置的荧光信号进行测序的技术。SOLiD 技术应用范围较广。

第三节　核酸数据分析

生物体的基本遗传信息储存在核酸序列中。核酸数据分析的重点在于揭示核酸序列与功能之间的关系。

一、核酸数据库

核酸数据库（nucleic acid data bank）是生物数据库中最重要的组成之一，包括核酸序列数据库和核酸二级结构数据库。核酸二级结构数据库主要包括 refseq 数据库、dbEST 数据库、gene 数据库、ncRNAdb 和 miRBase 等。国际上权威的核酸序列数据库主要有三个：GenBank、EMBL 和 DDBJ。1988 年，这三大核酸序列数据库共同成立了国际核酸序列数据库联盟（International Nucleotide Sequence Database Collaboration，INSDC），采用相同的核酸序列记录格式，共享所有序列数据。数据每日更新，并保持一致。下面主要介绍核酸序列数据库的相关信息。

（一）基因库

基因库（GenBank）是由美国国家生物技术信息中心（National Center for Biotechnology Information）建立的 DNA 序列数据库，可通过网址 https://www.ncbi.nlm.nih.gov/genbank/ 进行访问。数据库每日更新，每年发行六版。其中所收集的序列包括：基因组 DNA 序列、cDNA 序列、EST 序列、STS 序列、载体序列、人工合成序列及 HTG 序列等。GenBank 中的每一条数据都有唯一的编码，即登录号。每一条 GenBank 数据包含序列的全面注释（序列的简单描述、科学命名、物种分类名称、参考文献和序列特征表等）和序列本身。向该数据库提交核酸序列的方式有 2 种，包括通过基于 Web 界面的 Bank IT 工具及 Sequin 软件。

（二）EMBL 数据库

欧洲分子生物学实验室数据库（European Molecular Biology Laboratory Database，EMBL Database）由欧洲分子生物学实验室（EMBL）支持并维护，可通过网址 https://www.ebi.ac.uk/ 进行访问。每一条 EMBL 数据也包含序列信息和生物学特征注释等。EMBL 数据库中的每一个序列都被赋予永久性唯一标识。用户可通过 Web 界面的 Webn 工具或 Sequin 软件向该数据库提交核酸序列。

（三）DDBJ 数据库

日本 DNA 数据库（DNA Data Bank of Japan，DDBJ）由日本国立遗传学研究所遗传信息中心维护，可通过网址 https://www.ddbj.nig.ac.jp/index-e.html 进行访问。用户可通过主页上提供的 SRS 工具进行数据检索和序列分析，也可用 Sequin 软件向该数据库提交核酸序列。

二、数据库信息查询与检索

核酸数据库的信息查询和检索都是在网站主机或服务器上完成的。常用的核酸数据库检索工具有 Entrez 检索工具和 SRS 检索工具。

（一）Entrez 检索工具

Entrez 是 NCBI 的主要文本搜索和核心检索系统，包含 39 个分子和文献数据库，管理 NCBI 的主要生物信息资源，包括 DNA 序列数据库、蛋白质序列数据库和 UniGene 数据库等。用户也可以在 NCBI 主页上直接用关键词进行搜索。点击各个数据库的图标，输入关键词即可检索相应的数据库信息。

（二）SRS 检索工具

SRS 是 EMBL 的主要数据库检索工具，可以从 EMBL 主页进行访问。用户可以通过 SRS 快速访问生物分子数据库和文献数据库，包括 EMBL、EMBL-NEW、SWISS-PROT、PIR 等一级数据库，以及其他多级数据库。SRS 检索的信息较 Entrerz 多，而且能进行复杂的关系型信息检索。

三、核酸序列分析

核酸序列分析是现代生命科学研究中的一个重要问题。通过对核酸序列进行分析，可以了解其特征、功能、结构和进化过程。核酸序列分析主要包括核酸序列的基本分析、核酸序列的对比分析、开放阅读框和编码序列分析、启动子预测分析等内容。

（一）核酸序列的基本分析

核酸序列的基本分析包括分子量、碱基组成、碱基分布、限制性酶切分析、测序分析、EST 序列的电子延伸等，均可用 DNA Star、DNA MAN、Bio Edit 等常规的核酸分析软件加以分析。

1. 核酸序列的分子量、碱基组成、碱基分布等基本分析　常用软件有 Bio Edit 和 DNA MAN，可以完成大部分常规序列分析任务，还能够完成限制性酶切分析、序列组装、同源对比和引物分析等。

2. 限制性酶切分析 限制性内切酶数据库（the Restriction Enzyme Database，REBASE）是最好的查询数据库。它包含限制性内切酶的所有信息，包括识别序列位点、断裂位点、甲基化酶、甲基化特异性、酶的来源以及参考文献等。

3. DNA测序分析 常用Chromas、BioEdit和DNA MAN软件对全自动测序仪获得的测序结果的彩色全峰图进行序列读取、碱基查看、核实与修改。

4. EST序列的电子延伸 常用Blast软件搜索GenBank的EST数据库来进行。EST序列的电子延伸方法：以物种A的某核酸序列X作为种子序列，对物种B的EST数据库BLAST进行比对，将所得到的所有EST序列用CAP3、DNA MAN、DNA Star等程序拼接成一条序列后，再以新的序列为种子重复比对物种B的EST数据库BLAST，然后将新的EST数据与原来拼接好的序列再次拼接。重复这种BLAST、拼接的过程，直至没有新的EST序列产生，从而得到物种B的X基因部分甚至全长cDNA序列。利用计算机协助EST序列的电子延伸成为电子基因克隆，已成为克隆新基因的重要方法，并成功地应用于人类基因组研究。

（二）核酸序列的对比分析

核酸序列的对比分析主要是通过比较两个或多个核酸序列，进行序列相似性和同源性对比分析，找出序列之间一致或相似的区域，辨别序列之间的差异，从而揭示序列的生物属性、结构、功能和进化信息。常用的程序有BLAST、FASTA等。

1. 双序列比对 双序列比对包括整体比对和局部比对。整体比对是对两条序列从头到尾进行比较，考虑序列的整体相似性，如Needleman-Wunsch算法，全局比对两条序列，从不同角度反映序列的特性，包括结构、功能、进化关系等。局部比对是指对两条序列的局部区域进行比对，如Smith-Waterman算法。BLAST和FastA等数据库均能进行局部相似性比对，局部比对两条序列中相似度最高的区域。虽然在序列的其他部位可能有插入、缺失或突变，但编码蛋白质功能位点的序列往往较短，且具有较高的保守性，所以局部相似性比对往往比整体比对具有更高的灵敏度，其结果也更具有生物学意义。

2. 多序列比对 多序列比对的常用软件是Clustal、TCOFFEE、MUSCLE。多序列比对可用于确定某个未知序列是否属于某个家族，这是构建进化树的必需步骤。在不同物种中，许多基因的功能保守，序列相似性较高，通过多序列比对，可发现保守与变异的部分。另外，多序列比对还可用于预测蛋白质/RNA的二级结构，整体或局部多序列比对可用于比较基因组学研究。

（三）开放阅读框分析

开放阅读框（open reading frame，ORF）是指从5′端翻译起始密码子ATG到终止密码子（TAA、TAG或TGA）的一段能够编码完整多肽链的DNA序列。原核生物基因是连续的，不含内含子，通过对双链DNA潜在的6个ORF进行分析得知，中间没有被终止密码子隔开长度超过300 bp的编码区可能就是一个ORF。而真核生物基因多不连续，包含交替出现的外显子和内含子，并且存在不同的拼接方式，所以真核生物的ORF长度变化范围较大。但真核生物外显子与内含子的连接序列高度保守：外显子尾部与下一个内含子的头部多数是GT碱基，内含子尾部与下一个外显子的头部多数是AG碱基，即GT-AG法则，可协助识别ORF，也作为RNA剪切的识别信号。常用的软件有ORF Finder、ORF Investigator、ORF Predictor、ORFik和ORFipy等。ORF Finder可用于搜索DNA序列中潜在的蛋白质编码片段，可通过网址 https://www.ncbi.nlm.nih.gov/orffinder/ 进行查询。其web版本限制查询序列最长为50 kb，独立版本可用于 Linux x64，且没有查询序列长度限制。另外，也可使用 BLAST 验证所预测的蛋白质。ORF Investigator 不仅能提供编码和非编码序列的信息，还可以执行不同基因/DNA 区域序列的成对全局比对，便于检测不同的突变（包括单核苷酸多态性）。Orf Predictor 是一个 web 服务器，可用于识别 EST 衍生序列中的蛋白质编码区。ORFik 是 Bioconductor 中的一个软件包，可用于寻找开放阅读框，并能通过第二代测序技术验证 ORF。ORFipy 是一个用 Python/Cython 编写工具，可用于快速分析包含多个较小 FASTA 序列的数据信息。

（四）启动子预测分析

启动子常位于基因的上游区域，作为 RNA 聚合酶和某些转录因子结合的靶序列，能激活并引导 RNA 聚合酶与模板 DNA 准确结合，同时参与调控基因的起始时间和基因的表达，对研究基因的表达与调控具有重要意义。

启动子预测分析主要包括 3 个部分：①核心启动子，如 TATA 框等元件，一般涉及转录起始点上游 20~30 个碱基的位置，包含的碱基序列是 TATAAAT，是 RNA 聚合酶的结合位点及一般转录因子的结合位点，能保证 RNA 聚合酶准确识别转录起始位点并开始转录过程，影响转录的起始。②近端启动子，包括某些基本的调控元件，在转录起始点上游约 250 个碱基的位置，是特定转录因子的结合位点。③远端启动子，位于基因的远处序列上游区域，包括某些额外的调控元件，影响力较近端启动子弱，是特定转录因子的结合位点。

启动子具有以下特点：①通常含有某些特定的元件，如 TATA 框。②具有方向性，可启动下游基因的表达。③长度具有不确定性。④一个基因通常含有多个启动子，启动不同转录本的表达。⑤某些启动子具有表达的时空性和组织特异性。

常见的启动子预测软件有：Promoter 2.0、真核生物 Promoter Database、PROMOTERS & TERMINATORS、TFBIND、Promoter Scan、phiSITE、Promoters、DBTSS 和 FirstEF 等。Promoter 2.0 是较早使用的预测启动子在线软件，要求输入的基因序列为 FASTA 格式。真核生物 Promoter Database 是比较齐全的基因启动子数据库，并且经过验证，还可同时给出 UCSC 中基因起始位点的数据下载链接。PROMOTERS & TERMINATORS 可用于预测细菌启动子、真核生物启动子以及转录终止位点。TFBIND 软件可与 TRANSFAC 数据库联合应用预测启动子。Promoter Scan 可预测真核生物 Pol Ⅱ 启动子序列，是一个在线预测工具，可接受多种输入格式。phiSITE 是噬菌体基因调控数据库，可以预测原核生物启动子序列，要求输入序列的 FASTA 格式。Promoters 可提供 3 种启动子预测工具，即 BPROM（可预测细菌启动子）、TSSP（可预测植物启动子）、TSSG & TSSW（可预测人类启动子）。另外，该数据库还可以用于寻找剪切位点、筛选 SNP 以及分析表达谱等。DBTSS 可用于人类、小鼠、大鼠、疟原虫、红藻、穴居人、猴 7 个物种的转录起始位点预测，这些 TSS 位点是经过 TSS-seq 验证的，可以查看 TSS 区域的 SNV 信息。FirstEF 是预测人类启动子和第一个外显子的在线工具。

小结

核酸数据库包括核酸序列数据库和核酸二级结构数据库。权威的核酸序列数据库主要有 GenBank、EMBL 和 DDBJ 数据库。核酸二级结构数据库主要包括 refseq 数据库、dbEST 数据库、gene 数据库、ncRNAdb 和 miRBase 等。常用的核酸数据库检索工具有 Entrez 检索工具和 SRS 检索工具。核酸序列分析包括基本分析、对比分析、开放阅读框分析和启动子预测等，这些分析均需借助 BioEdit、BLAST、ORF Finder、Promoter Database 等在线工具完成。

思考题

一、选择题

1. 通过一定的技术手段测定 DNA 或 RNA 中核苷酸排列顺序的技术称为
   A. DNA 分子杂交 B. DNA 链接
   C. 生物芯片 D. PCR
   E. DNA 测序

2. 关于双脱氧链终止法测序的描述，错误的是
   A. 又称 Sanger 法测序
   B. 是链终止法测序
   C. 属于第二代测序技术
   D. 以双脱氧核苷三磷酸（ddNTP）作为链延伸终止剂
   E. 属于第一代测序技术

3. 不属于边合成边测序技术的是
   A. 是基于边合成边测序可逆终止法的技术
   B. 使用 5′端具有可切割修饰作用的 dNTP（可逆终止子）
   C. 使用 3′端具有可切割修饰作用的 dNTP（可逆终止子）
   D. 直接在 dNTP 上连接荧光基团和阻断基团
   E. 每一轮反应只能整合 1 个核苷酸，通过仪器读取相应的荧光信号

4. 关于焦磷酸测序技术的描述，正确的是
   A. 是基于焦磷酸测序的一种技术 B. 基于 Sanger 法测序
   C. 反应体系中包含荧光标记 dNTP D. 不是边合成边测序技术
   E. 通过桥式 PCR 扩增 DNA 簇

5. 下列属于半导体测序技术相关描述的是
   A. 每轮反应整合 4 种核苷酸，通过仪器读取相应的荧光信号
   B. 实时监测链末端增加的 dNTP 所释放出的 H^+ 进行测序
   C. 通过桥式 PCR 扩增 DNA 簇
   D. 使用 3′端具有可切割修饰作用的 dNTP（可逆终止子）
   E. 在测定相同核苷酸聚合物区域时，不容易产生错误

6. 关于联合探针锚定聚合测序技术的叙述，不正确的是
   A. 其两大核心技术是 DNA 纳米球的制备和芯片的规则阵列技术
   B. 测序芯片上的每个位点只能与 1 个 DNA 纳米球结合
   C. 环化的单链 DNA 通过滚环扩增技术进行 DNA 串联拷贝
   D. 锚定序列与 DNA 纳米球接头序列互补
   E. 读长较长

7. 关于对边连接边测序技术的描述，正确的是
   A. 边连接边测序技术属于第一代测序技术
   B. SOLiD 技术通过滚环复制扩增目的 DNA
   C. SOLiD 技术是利用双碱基编码的原理
   D. 进行 SOLiD 时对每个碱基只检测 1 次
   E. 边连接边测序技术的碱基读长较长，但准确性较差

8. 关于核酸数据库的描述，不正确的是

A. 核酸数据库包括核酸序列数据库和核酸二级结构数据库
B. 国际上权威的核酸序列数据库主要有三个,即 GenBank、EMBL 和 DDBJ 数据库
C. 三大核酸序列数据库采用不同的核酸序列记录格式
D. 三大核酸序列数据库共同组成国际协作核酸序列数据库(INSDC)
E. 三大核酸序列数据库共享所有序列数据,数据每日更新,并保持一致

二、问答题

1. 简述双脱氧链终止法测序技术的原理。
2. 简述双脱氧链终止法测序的反应体系。
3. 简述高通量测序的临床应用。

(毛红亚)

第八章 蛋白质分析技术

学习目标

通过本章内容的学习，学生应能够：

识记：
1. 陈述蛋白质印迹技术的基本流程。
2. 列举蛋白质分离与纯化的主要技术。
3. 说出常见细胞破碎方法。

理解：
1. 解释蛋白质混合物的分离方法与蛋白质性质之间的关系。
2. 阐明细胞破碎的原理。
3. 阐明蛋白质印迹中 SDS-PAGE 电泳、电泳染色、转膜、免疫学检验的原理。

运用：
能指出蛋白质印迹试剂盒中各试剂的用途，并能分析相应临床标准操作规程每一步操作的目的和结果。

案例导入

案例 8-1

在实验室进行小鼠腹水多克隆抗体制备，通常是将小鼠饲养到一定月龄，然后用少量的纯抗原免疫小鼠。待其产生抗体后，向其体内注射癌细胞。最后取小鼠腹水（含抗体）分离、提纯多克隆抗体。

思考题：
1. 通过什么方法可以得到纯抗原？
2. 对含有抗体的小鼠腹水，如何分离、纯化多克隆抗体？如何保存纯化抗体？

蛋白质组（proteome）是指一个基因组所表达的全部蛋白质，或在一定条件下，一种细胞、组织甚至一种生物体所表达的全部蛋白质。

蛋白质组学是从整体水平对特定时间或环境下细胞或组织内基因组所表达的全部蛋白质的

结构和功能进行研究的学科，主要包括 3 个方面：表达蛋白质组学、结构蛋白质组学和功能蛋白质组学。

近 20 年来，蛋白质组学迅猛发展，已广泛用于临床多种疾病蛋白质生物标志物的发现、筛选和验证等方面。例如，在各类恶性肿瘤标志物的研究方面，已证实热激蛋白（heat shock protein，HSP）、脂肪酸结合蛋白 5（fatty acid-binding protein 5，FABP 5）和醇脱氢酶 4（alcohol dehydrogenase 4，ADH4）等可作为潜在的肝癌标志物；钙结合蛋白 S100A11、钙结合蛋白 S100P 和剪切因子 RBM 25 可作为潜在的结直肠癌诊断标志物和治疗靶点；明胶蛋白、胶凝素 -11、和蛋白激酶 A 锚定蛋白 7 蛋白是早期糖尿病肾病的候选生物标志物；S 蛋白家族和神经元特异性烯醇化酶有助于临床上判断神经组织的病灶大小、治疗效果和预后等。

虽然基于蛋白质"指纹图谱"的分析优于单个蛋白质生物标志物，但是将候选生物标志物或蛋白质"指纹图谱"用于临床诊断还有待进一步验证。因此，目前临床使用的大部分蛋白质生物标志物是单一蛋白质，主要通过免疫学方法进行检测。

第一节　蛋白质的分离与纯化

根据蛋白质的种类、性质、所处体系以及分离与纯化的目的不同，蛋白质的分离与纯化程序也不尽相同。但不同蛋白质的分离与纯化程序都有一定的规律，大多数分离与纯化工作中都有类似的步骤，如图 8-1 所示。

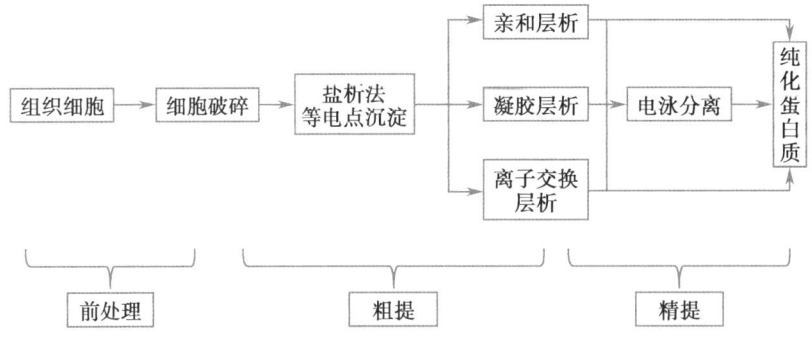

图 8-1　蛋白质分离与纯化的过程

一、细胞破碎的方法

除了提取体液细胞外的某些多肽激素、蛋白质和酶不需要进行细胞破碎外，对于细胞内及多细胞生物组织中各种蛋白质的分离与纯化，都需先将组织细胞破碎，使蛋白质充分释放出来。常见的细胞破碎方法及原理如表 8-1 所示。

表8-1　细胞破碎方法的分类及原理

类别	破碎方法	原理
机械破碎法	研磨法 匀浆法	通过机械运动产生剪切力，使组织细胞破碎
物理破碎法	超声法 低渗裂解法 冷热交替法 反复冻融法	通过各种物理因素的作用，使组织细胞的外层结构破坏，从而使细胞破碎

续表

类别	破碎方法	原理
化学破碎法	有机溶剂法 表面活性剂法	通过各种化学试剂对细胞膜的作用使细胞破碎，常需其他破碎方法辅助
酶促破碎法	自溶法 外加酶法	通过细胞自身的酶系或者外加酶制剂，使细胞外层结构破坏

（一）机械破碎法

通过机械剪切力作用使组织细胞破碎的方法称为机械法，如匀浆法、研磨法等。

1. 匀浆法 匀浆法是破碎机体软组织最常用的方法之一。其原理是先将组织剪切成小块，再加入 3～5 倍体积的预冷匀浆缓冲溶液，通过固体剪切力破碎组织和细胞，并释放蛋白质进入溶液。

2. 研磨法 研磨法是破碎单一细胞的有效方法，借助研磨过程中磨料与细胞间的剪切及碰撞作用破碎细胞。常用的磨料为沙粒、氧化铝等。该方法主要用于细菌、酵母等的破碎。

（二）物理破碎法

1. 超声法 是指通过输入高能超声波以破碎细胞。其机制与超声波作用于溶液时气泡的产生、增大和破碎的空化现象有关。空化现象引起的冲击波和剪切力可以使细胞裂解。超声波破碎法在处理少量标本时操作简便，效率高，损失少，适用于实验室操作。

2. 低渗裂解法 低渗裂解法是指无胞壁细胞在低渗溶液中通过渗透张力的作用裂解的方法，常用于红细胞的裂解。

3. 冷热交替法 将材料投入沸水中，在 90℃ 条件下维持数分钟后，取出并迅速置于冰浴中，使之迅速冷却。该方法可使绝大多数细胞结构破坏，一般适用于从细菌或病毒中提取蛋白质。

4. 反复冻融法 把待破碎标本冷却至 -15℃ 条件下，使之冻固，然后缓慢地溶解。如此反复操作，大部分动物体细胞及细胞内颗粒可被破碎。由于在此过程中易使活性蛋白质失活，故该方法适用于提取性质非常稳定的蛋白质。

（三）化学破碎法

1. 有机溶剂法 某些有机溶剂（如苯、甲苯等）可以改变细胞壁或细胞膜的通透性，使其内含物有选择性地渗透出来。

2. 表面活性剂法 较常用的有十二烷基磺酸钠、Triton X-100、去氧胆酸钠等。表面活性剂有亲水基团和疏水基团，在水溶液中，表面活性剂靠近细胞膜，然后与磷脂互相溶解，形成疏水基团在里面、亲水基团在外面的球状结构，细胞膜即被破坏。

（四）酶促破碎法

酶促破碎法是利用生物酶将细胞壁和细胞膜消化溶解的方法。采用此方法处理细胞必须根据其结构和化学组成选择适当的酶。常用的有溶菌酶、p-1,3-葡聚糖酶、p-1,6-葡聚糖酶、蛋白酶、甘露糖酶、糖苷酶、肽链内切酶、壳多糖酶等。

二、蛋白质混合物的分离方法

蛋白质的分离与纯化是根据其溶解度、分子大小及形状、电离性质、生物学功能的差异而进行的（表8-2）。大多数蛋白质在低温条件下性质比较稳定，因此蛋白质的分离与纯化一般都在0℃左右条件下进行。

表8-2 常用的蛋白质分离与纯化方法

利用的性质	方法
溶解度的差异	盐析、等电点沉淀、有机溶剂沉淀
分子形状和大小差异	层析技术、凝胶过滤技术、电泳技术、超滤、梯度离心
电离性质差异	电泳、离子交换层析技术
生物学功能的差异	亲和层析技术

（一）利用溶解度差异的分离方法

1. 盐析法 盐析是最经典的方法，常用于进行粗分离。当加入一定浓度的中性盐时，由于蛋白质分子及分子间带电的极性基团有着静电荷层，可以使蛋白质溶液保持稳定，但当盐浓度增加到一定程度时，蛋白质表面的电荷被大量中和，水化膜被破坏，蛋白质由于溶解度出现不同程度的下降而相互聚集并先后析出，称为蛋白质的盐析。

蛋白质的盐析常采用中性盐，主要有硫酸铵、硫酸镁、硫酸钠、氯化钠等，其中应用得最多的是硫酸铵。在具体应用中，一般采用分段盐析的方法，即加入不同的盐量，使溶液处于不同的饱和度，从而使不同性质的蛋白质析出。

2. 等电点法 由于蛋白质是两性化合物，其溶解度受pH值影响极大。在其等电点附近时，由于分子接近中性，溶解度极低，故非常容易析出。处于等电点时，各种蛋白质仍有一定的溶解度而使沉淀不完全，同时许多蛋白质的等电点十分接近，故单独使用此方法效果不理想，实际工作中常将等电点法和盐析法、有机溶剂沉淀法联合使用。

3. 有机溶剂沉淀法 有机溶剂能降低溶液的介电常数，从而增加蛋白质分子内不同电荷之间的静电引力，导致溶解度降低。另外，有机溶剂通过与水作用，能破坏蛋白质的水化膜，使蛋白质在一定浓度的有机溶剂中沉淀析出。利用不同蛋白质在不同浓度的有机溶剂中溶解度的差异而将其分离的方法，称为有机溶剂分段沉淀法。常用的有机溶剂为乙醇和丙酮。高浓度有机溶剂易引起蛋白质变性失活，操作必须在低温条件下进行，并在加入有机溶剂时注意搅拌均匀，以避免局部浓度过高。有机溶剂沉淀蛋白质的分辨率比盐析法好，溶剂易于去除；缺点是易使活性蛋白质或酶失活。

（二）根据相对分子质量不同的分离方法

1. 透析和超滤法 透析和超滤是利用蛋白质分子不能通过半透膜的性质，使蛋白质和其他小分子物质（如无机盐、单糖等）分离。透析是将待提纯的溶液装入透析袋内，再将透析袋置于蒸馏水中，更换透析外液，直到透析袋内的无机盐等小分子物质减少到最低为止，其原理如图8-2所示。超滤是利用压力或离心力，迫使水和其他小分子溶质通过半透膜，而蛋白质则保留下来。可以选择截留不同相对分子质量的超滤膜，将相对分子质量不同的蛋白质分离。

2. 凝胶过滤层析法 又称分子筛层析法，是根据分子大小分离蛋白质混合物最有效的方法之一，其原理如图8-3所示。

进行凝胶过滤时，柱中的填充料是高度水化的惰性多聚物，最常用的是葡聚糖凝胶和琼脂糖凝胶。凝胶颗粒是具有不同交联度的网状结构物，不同型号凝胶的"网眼"大小不同，可用来分离与纯化分子大小不同的物质。在层析过程中，分子大小不同的蛋白质借助重力作用通

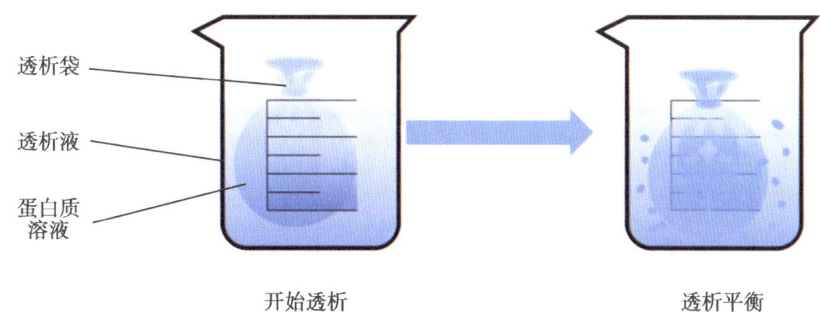

图 8-2　蛋白质透析原理示意图

过层析柱内的凝胶颗粒，比"网眼"大的蛋白质分子因不能进入网格内而被排阻在凝胶颗粒之外，并随洗脱剂的流动首先流出；比"网眼"小的蛋白质分子则进入凝胶颗粒内部。这样，不同大小的分子由于所通过的路径距离不同而被分离。

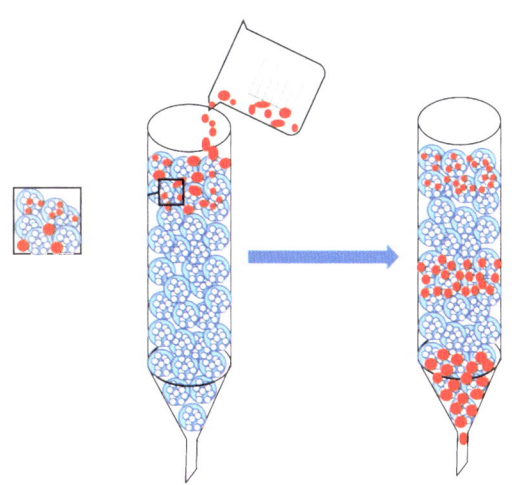

图 8-3　凝胶过滤层析原理示意图

（三）根据电荷不同的分离方法

1. 电泳法　在外界电场的作用下，带电粒子在电场中向与其自身所带电荷相反方向移动的现象称为电泳。粒子移动的速度取决于蛋白质分子所带的净电荷性质及数量，也与分子的大小和形状有关。电泳技术的类型多种多样，以下主要介绍几种目前临床上进行蛋白质检测常用的电泳方法。

（1）醋酸纤维素薄膜电泳：是以醋酸纤维素作为支持物的一种电泳技术。纤维素的羟基经乙酰化而得到醋酸纤维素。醋酸纤维素薄膜电泳法操作简便、快速，且价廉、便于自动化，广泛用于血浆蛋白、血红蛋白、甲胎蛋白、同工酶等生物大分子的检测。

（2）琼脂糖凝胶电泳：是以琼脂糖凝胶为支持介质的一种电泳，它兼有分子筛和电泳的双重作用，可使物质通过时受阻。大分子物质在泳动时受到的阻力大，带电粒子的分离不仅取决于净电荷的性质和数量，还取决于分子的大小，从而显著提高电子分辨能力。但由于其孔径相当大，对大多数蛋白质而言，其分子筛作用甚微，目前广泛应用于核酸的研究。

2. 离子交换层析法　利用离子交换剂（常用离子交换树脂）作为层析支持物（固定相），由于带有不同电荷的蛋白质与固定相之间的静电作用力（吸附力）不同，从而达到分离的目的，其原理如 8-4 所示。离子交换剂的基质由带电荷的树脂或纤维素组成。带有正电荷的为阴离子交换剂；反之则为阳离子交换剂。在 pH 值和离子浓度相同的的溶液中，不同蛋白质分子具有不同的带电特性。阴离子交换剂结合带有负电荷的蛋白质；反之，阳离子交换剂结合带有正电荷的蛋白质，并且结合力也不相同。通过提高洗脱液的盐浓度，结合的蛋白质被留在层析柱上。可以通过逐步增加洗脱液的盐浓度或提高洗脱液的 pH 值，将吸附在层析柱上的蛋白质洗脱下来，从而用于蛋白质的分离与纯化。

一般情况下，粗胶粒的离子交换剂常用于提纯的前面步骤，高分辨率的离子交换剂则用于纯化的后面步骤。

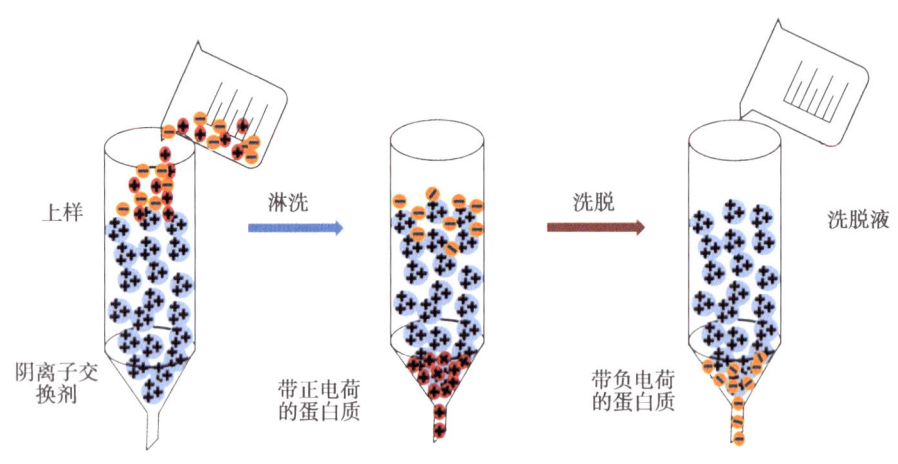

图 8-4　离子交换层析原理示意图

（四）利用生物学功能差异的分离方法

亲和层析是利用结合于层析填料的配体与目的蛋白质之间特异性、可逆性的亲和作用，从而实现目的蛋白质与其他蛋白质之间的分离，是一种非常有效的蛋白质分离方法，其原理和操作步骤如图 8-5 所示。具有亲和作用的一对分子中的一方以共价键形式与不溶性基质相连接，作为固定相吸附剂。当含有混合组分的标本通过固定相时，只有与固定相分子有特殊亲和力的物质才能被吸附结合，而没有亲和力的无关组分则随流动相流出，然后改变流动相的成分，将所结合的亲和物质洗脱下来。常用的亲和层析填料有纤维素、葡聚糖、聚丙烯酰胺、琼脂糖、多孔玻璃等，其优、缺点如表 8-3 所示。

表 8-3　常用亲和层析填料的特点

种类	优点	缺点
纤维素	价格低、活性基团较多	非特异性吸附能力强、稳定性和均一性较差
葡聚糖	稳定性较好	孔径较小
聚丙烯酰胺	稳定性较好	孔径较小
琼脂糖	非特异性吸附能力弱、稳定性好、孔径均匀且适当、易于活化	—
多孔玻璃	机械强度好，化学稳定性好	活性基团较少、对蛋白质有较强的吸附作用

亲和层析填料是通过在基质骨架上共价结合一种特定的配体而制成的。例如，酶的底物（包括辅酶或辅基）、酶的可逆性抑制剂、酶的变构效应物、凝集素、抗体或抗原、激素的结合蛋白、谷胱甘肽等都可以作为配体用于分离相应的酶、糖蛋白、抗体、抗原或抗体、激素、谷胱甘肽 S-转移酶的重组融合蛋白等。常用的亲和配体的种类及其分离对象见表 8-4。

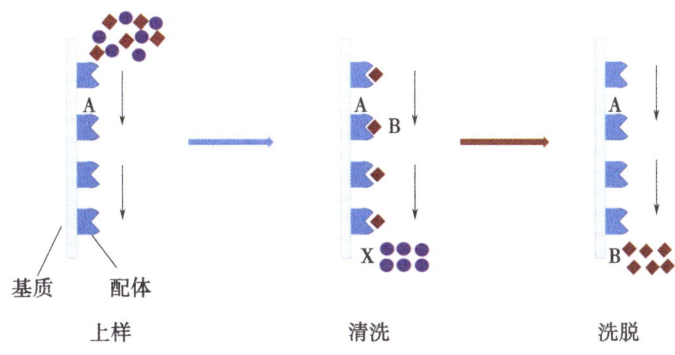

图 8-5　亲和层析原理和操作步骤示意图

表8-4　亲和配体的种类及其分离对象

配体	分离对象
抗原	抗体
抗体	抗原、病毒、细胞
蛋白质 A、蛋白质 G	免疫球蛋白
蛋白酶抑制剂、底物	蛋白酶
三嗪染料	脱氢酶、激酶、白蛋白、干扰素
凝集素	多糖、糖蛋白、细胞表面因子受体、细胞
核酸	互补碱基序列、组蛋白、核酸结合蛋白
激素、维生素	受体、载体蛋白
螯合金属离子（如 Ni^{2+}）	含有组氨酸、半胱氨酸、色氨酸残基的蛋白质
酶	底物类似物、抑制剂、辅助因子
肝素	脂蛋白、脂肪酶、甾体受体、限制性核酸内切酶、抗凝血酶

亲和层析的优点是纯化过程操作简便、迅速，分离效率高。经过一次亲和层析，产物可被纯化数百倍甚至上千倍，目的蛋白质纯度可达 90%。亲和层析的纯化条件温和，可避免某些不稳定的生物活性物质在纯化过程中变性、失活。近年来，随着新型亲和层析填料的出现和应用，高效亲和层析技术得到了发展。这项技术具有高选择性和快速的特点，将在蛋白质的分离与纯化应用中发挥更大的作用。

三、蛋白质分离与纯化的影响因素

蛋白质是一类具有空间构象的结构复杂的生物大分子，离开了天然环境，蛋白质分子就会变得极不稳定。因此，从正常生物材料中提取各种蛋白质均需要保持特定的条件。

（一）缓冲溶液

缓冲溶液可以抵消蛋白质溶液中 pH 值改变的影响。选择合适的缓冲溶液对于维持一定 pH 值条件下蛋白质的稳定性及保证实验的可重复性十分重要。各种缓冲溶液原则上都可用于蛋白质的分离与纯化，但具体选择何种缓冲溶液，应视分离与纯化的蛋白质及所采用的纯化技术而定。

（二）盐、金属离子和螯合剂

大多数蛋白质（如球蛋白等）仅在稀盐溶液中才能溶解，因此应采用含盐缓冲溶液。通常用 0.1~0.2 mol/L NaCl 或 KCl 来模拟生理状态下的离子强度。某些金属离子特别是二价金属离子（如 Ca^{2+}、Mg^{2+} 等）往往是酶的组成部分，若失去金属离子，则酶活性可显著降低，应避免其与缓冲溶液中的成分形成复合物。

对于含巯基的蛋白质，巯基往往是维持蛋白质活性所必需的。为减少金属离子对蛋白质活性的影响，可以在缓冲溶液中加入特异金属离子的螯合剂，以去除这些金属离子，如 Zn^{2+} 的螯合剂为邻二氮菲；重金属及其他金属离子的螯合剂为 EDTA。

（三）还原剂

细胞内有多种还原成分，一旦细胞破碎，由于与氧接触以及稀释作用，即可使抗氧化成分减少，导致许多蛋白质（如含巯基的蛋白质）被氧化而失活。通常应加入适当的还原剂，如抗坏血酸、巯基乙醇、二硫苏糖醇（dithiothreitol，DTT）等，可以有效阻止上述氧化过程。

（四）去污剂

当膜蛋白与去污剂分子接触时，膜蛋白的疏水区可被去污剂分子覆盖，成簇的去污剂分子将亲水性头部向外，从而能与水溶性缓冲溶液相溶。常用的去污剂有离子型去污剂、非离子型去污剂和两性去污剂。常用去污剂的类型和特点见表 8-5。

表8-5　常用去污剂的类型及特点

类型	特点	常用去污剂
离子型去污剂	具有带电荷的头部，带正电荷的为阳离子去污剂，带负电荷的为阴离子去污剂；对蛋白质有较强的变性作用	十二烷基硫酸钠（SDS）、十二烷基硫酸锂（LDS）、胆酸钠、脱氧胆酸钠
非离子型去污剂	具有非极性的疏水性头部，对蛋白质间的相互作用干扰较弱，变性作用也较弱	Triton X-100、Triton X-114、NP-40、Tween-20
两性去污剂	同时带有正、负电荷的头部，对蛋白质间的相互作用干扰微弱，对蛋白质的变性作用也较弱	CHAPS、zwittergent 3-14

（五）蛋白酶抑制剂

破碎细胞提取蛋白质的同时，细胞会释放出多种蛋白酶，这些蛋白酶需要迅速被抑制才能保持蛋白质不被降解。由于大多数蛋白酶的最适 pH 值为 3~5 或更大，因此可以采用低 pH 值条件，以降低蛋白酶的活性，但最重要的是加入蛋白酶抑制剂。常用的蛋白酶抑制剂及其抑制的蛋白酶见表 8-6。

表8-6　常用的蛋白酶抑制剂及其抑制的蛋白酶

蛋白酶抑制剂	受抑制的蛋白酶
苯甲基磺酰氟（phenylmethylsulfonyl fluoride，PMSF）	丝氨酸蛋白酶、凝血酶等
苄脒（benzamidine）	丝氨酸蛋白酶

续表

蛋白酶抑制剂	受抑制的蛋白酶
EDTA/EGTA	金属蛋白水解酶
胰蛋白酶抑制剂	丝氨酸蛋白酶、血管舒缓素、胰蛋白酶、胰凝乳蛋白酶等
胃蛋白酶抑制剂	酸性蛋白酶、胃蛋白酶、组织蛋白酶D、凝乳酶、血管紧张肽原酶
亮抑蛋白酶肽	丝氨酸蛋白酶和巯基蛋白酶

(六) 环境因素

1. 物理因素 细胞破碎不完全或者破碎过度都可能影响蛋白质的结构和性质,进而影响分离与纯化。例如,采用超声法破碎细胞时,如果功率过大,则可使蛋白质炭化;若功率过小,则细胞不能释放蛋白质。剧烈震荡和反复冻融会对蛋白质造成不可逆的损伤。

2. 温度 当环境温度超过30℃时,蛋白质会变得极不稳定,大多数蛋白质可由于热变性而失活。在低温条件下,蛋白质性质稳定,其半衰期可延长。

3. 储存条件 高浓度保存溶液通常更有利于保持蛋白质性质的稳定,因此,对纯化后的蛋白质,应使用高浓度(最好在1 mg/ml以上)保存液进行低温分装保存。蛋白质短期(1天至1周)保存时,可以使用4℃保存液保存。长期(超过1周)储存时,应根据需要采取不同的储存方式,如在硫酸铵溶液中以沉淀悬浮的方式在4℃条件下保存;或者用硫酸铵沉淀蛋白质,离心后在液氮中冷冻,然后低温保存;最好的方法是将蛋白质以冻干的粉末形式进行保存。以冰冻干燥的失水状态进行保存对许多蛋白质是有利的,但冻干状态可使蛋白质部分失活。

小结

细胞破碎方法有物理法和化学法等。蛋白质混合物的分离可根据分离的目的蛋白质与其他蛋白质之间的溶解度差异、分子量差异、电荷差异和生物学功能差异而采取不同的方法,其分离效果受到缓冲溶液、盐、金属离子、螯合剂、还原剂、去污剂和环境因素的影响。

第二节 蛋白质印迹技术

蛋白质印迹(Western blotting)又称免疫印迹(immunoblotting),是20世纪80年代初在蛋白质电泳与分离和抗原-抗体检测的基础上发展起来的一项蛋白质检测技术。它将SDS聚丙烯酰胺凝胶电泳的高分辨力与抗原-抗体反应的特异性相结合。典型的蛋白质印迹法包括以下三个步骤。

第一个步骤是SDS聚丙烯酰胺凝胶电泳(SDS polyacrylamide gel electrophoresis, SDS-PAGE)。蛋白质标本经SDS处理后带负电荷,在聚丙烯酰胺凝胶中从负极向正极泳动,相对分子质量越小,泳动速度就越快。

第二个步骤是电转移,是指将在凝胶中已经分离的条带转移至硝酸纤维素滤膜上。

第三个步骤是酶标记免疫定位。将印有蛋白质条带的硝酸纤维素滤膜(相当于包被了抗原的固相载体)依次与特异性抗体和酶标记第二抗体作用后,加入能形成不溶性显色物的酶反应底物，使区带显色。常用的酶反应底物为 3,3'- 二氨基联苯胺（呈棕色）和 4- 氯 -1- 萘酚（呈蓝紫色）。

一、SDS 聚丙烯酰胺凝胶电泳

（一）原理

SDS-PAGE 是在蛋白质标本中加入 SDS 和含有巯基乙醇的标本处理液。SDS 是一种很强的阴离子表面活性剂，可以使分子内和分子间的氢键断裂，从而破坏蛋白质分子的二级结构和三级结构（图 8-6）。强还原剂 β- 巯基乙醇或二硫苏糖醇（DTT）可以使二硫键断裂，从而破坏蛋白质的四级结构，使蛋白质分子被解聚成肽链形成的单链分子。解聚后的侧链可与 SDS 充分结合，形成带负电荷的蛋白质 -SDS 复合物。该复合物所带负电荷的量远远超过其原有的净电荷，从而消除了不同种蛋白质之间所带净电荷的差异。因此，在电泳过程中仅根据单链蛋白质的分子量差异进行分离，聚丙烯酰胺凝胶孔径对电泳速度及分离效果影响很大。聚丙烯酰胺凝胶的适宜浓度与有效分离范围见表 8-7。

表8-7　聚丙烯酰胺凝胶的适宜浓度及有效分离范围

适宜的凝胶浓度（%）	蛋白质相对分子质量范围（Da）
15	12 000 ~ 43 000
10	16 000 ~ 58 000
7.5	36 000 ~ 94 000
5.0	57 000 ~ 212 000

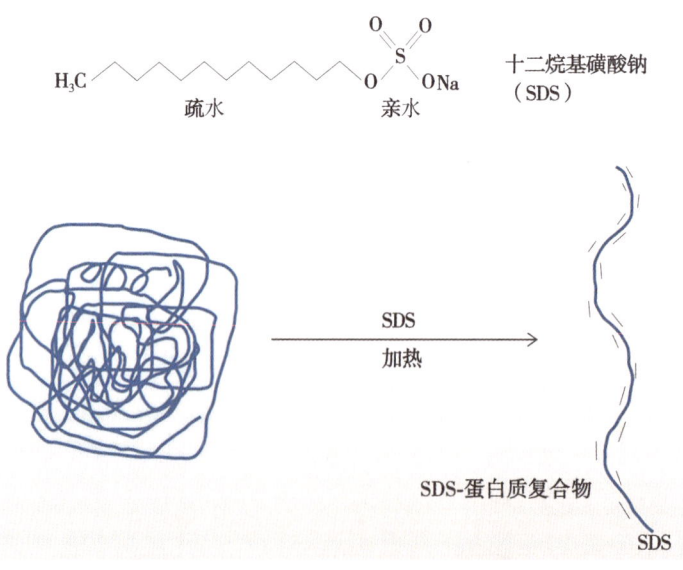

图 8-6　SDS 与蛋白质的相互作用示意图

（二）电泳系统

SDS-PAGE 通常采用不连续凝胶电泳体系，即用上层胶（浓缩胶）和下层胶（分离胶）两种不同浓度的凝胶灌注凝胶板。浓缩胶和分离胶的作用、缓冲液的 pH 和凝胶浓度见表 8-8，凝胶电泳过程如图 8-7 所示。

表8-8 不连续凝胶电泳体系

类型	作用	缓冲液pH	凝胶浓度
浓缩胶	使蛋白质标本浓度增高	pH 6.8 Tris-Cl	低，2%~5%
分离胶	使蛋白质标本分离	pH 8.8 Tris-Cl	高，根据蛋白质分子大小确定

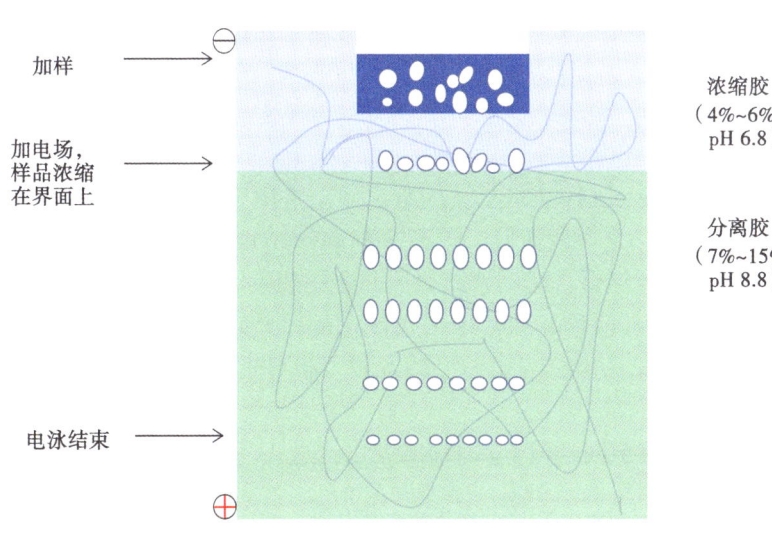

图 8-7 SDS-PAGE 示意图

二、蛋白质的固定与检测

凝胶电泳中蛋白质染色的方法很多，其灵敏度和分辨率不同。根据蛋白质标本量和后续分析目的的不同，可选择下面几种染色方法。

（一）考马斯亮蓝染色

考马斯亮蓝染色是最常用的蛋白质染色方法之一，可对聚丙烯酰胺凝胶或斑点杂交后的蛋白质进行染色。考马斯亮蓝可与蛋白质以非共价键结合，形成紧密的复合物，包括 R-150、R-250、R-350 和 G-250 等类型，其中，R-350 检测灵敏度最高。

考马斯亮蓝染色过程简便、无毒性。染色后凝胶背景很低，对比度良好，从而避免了较长时间的脱色过程。其不足之处在于灵敏度偏低，检测限度为 30 ~ 300 ng。近年来，胶体考马斯亮蓝染色技术利用染料的胶体特性，使胶体颗粒和自由染料之间形成平衡状态。自由染料可以穿透凝胶而对蛋白质进行染色，但胶体颗粒却不进入凝胶内，因此背景更好，进一步提高了染色灵敏度，蛋白质检测限度可达到 10 ng。

考马斯亮蓝染色对于蛋白质鉴定技术具有良好的相容性，可进行后续蛋白质分析，如氨基酸测序、质谱分析等。

（二）银染色

银染色是一种灵敏度很高的蛋白质染色方法，它利用蛋白质条带上的银离子（硝酸银）还原成金属银来检测蛋白质，灵敏度可达到 ng 级以下，是传统考马斯亮蓝染色的 100 倍，尤其是对酸性蛋白质，但对部分蛋白质（如糖蛋白、钙结合蛋白等）则染色效果不理想。银染色条带的深浅与蛋白质的量不呈比例，因此不能定量检测蛋白质。

(三) 荧光染色

荧光染色是近年兴起的蛋白质染色技术，尤其是在蛋白质的整体表达和大规模蛋白质组研究中，该染色方法得到广泛关注。

有机荧光染料与凝胶中的蛋白质结合后，可发出较强的荧光，利用这一特性可检测表达的蛋白质。有机荧光染色技术简便、易行，仅需要固定、染色和洗涤步骤，且多数有机荧光染料已经商品化，直接染色一般仅需 30~60 min，其灵敏度与银染色法相近。

三、凝胶转印

蛋白质转移是影响 Western 印迹的重要因素之一。常用于 Western 印迹的固相支持膜包括硝酸纤维素膜（NC 膜）、尼龙膜和聚偏二氟乙烯（polyvinylidenefluoride，PVDF）膜等，它们与蛋白质均通过疏水作用相结合。硝酸纤维素膜与蛋白质的亲和力强，背景较好，应用广泛。其孔径有 0.2 μm 和 0.45 μm 两种，通常采用 0.45 μm。当转移蛋白质小于 20 kD 时，可使用 0.2 μm 的 NC 膜。聚偏二氟乙烯膜与蛋白质的亲和力相对较弱，但膜性质稳定、质韧，也是蛋白质转移理想的支持膜。

将蛋白质从凝胶中转移至固相膜上多采用电转移技术，可分为湿转印法和半干转印法。各种转移方法的原理类似，都是将固相膜与凝胶放在中间，在其上、下各加数层滤纸，制成"三明治"样的转移单位，并保证蛋白质的电荷向正极转移，即膜侧连接正极。转膜缓冲液由缓冲系统和甲醇组成，三羟甲基氨基甲烷-甘氨酸系统（Tris Gly）是最常用的缓冲系统，有时也可加入少量 SDS，以提高转移效率。

湿转印法，是指将凝胶-膜夹层组合完全浸入转膜缓冲溶液中。半干转印法，是指将凝胶-膜夹层组合放置在浸有转膜缓冲溶液的吸水纸之间，其原理如图 8-8 所示。湿转印法是将凝胶-膜夹层组合放入带有铂丝电极的缓冲溶液槽中，而半干转印法是将凝胶-膜夹层组合置于两个石墨平板电极之间。由于蛋白质带有负电荷，故凝胶在负极一侧，硝酸纤维素膜在正极一侧。接通电源后，蛋白质由负极向正极转移至膜上。转移结束后，可将凝胶用蛋白质染料（如考马斯亮蓝等）进行染色，以检查转移是否完全。硝酸纤维滤膜可用丽春红染色，以显示蛋白质转移的情况，并根据蛋白质相对分子质量进行定位。湿转印法适用于转移大分子蛋白质，需要大量缓冲溶液和较长的转膜时间。半干转印法尤其适用于小分子蛋白质的转移。

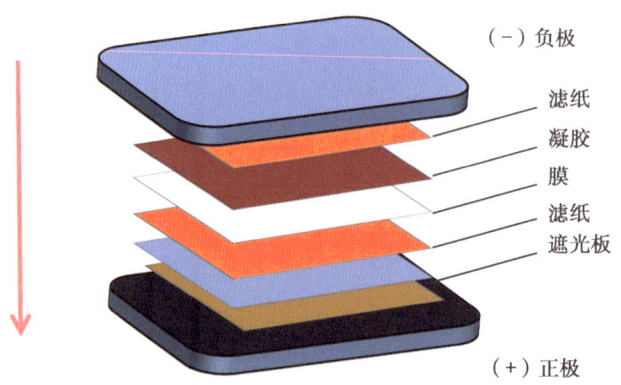

图 8-8　蛋白质半干转印法原理示意图

四、免疫学检验

对转移至膜上的蛋白质进行免疫学检验可分为封闭、第一抗体反应、第二抗体反应和显色。

（一）封闭

免疫学检验主要取决于抗原、抗体的特异性，特别是能够识别膜上变性的和已固定抗原的抗体。由于印迹膜上有非特异性吸附蛋白质的位点，因此需进行封闭，以防止免疫试剂的非特异性吸附。将印迹膜与一定浓度的不参与特异性反应的蛋白质或去污剂孵育即可达到封闭效果，主要目的是减少非特异性结合，优化背景。常用的封闭剂有脱脂奶粉、牛血清白蛋白、血红蛋白、酪蛋白等。血红蛋白有时会对膜造成"负染"作用。几乎适用于所有检验系统的两种封闭缓冲溶液是脱脂奶粉和牛血清白蛋白缓冲溶液。封闭剂浓度通常为5%，浓度过高可能会封闭膜上蛋白质的位置而影响蛋白质与抗体的结合。

（二）第一抗体反应

第一抗体反应是指第一抗体与靶蛋白的结合。第一抗体的质量是影响Western印迹成败的关键因素之一。在Western印迹过程中，蛋白质均可发生变性，失去原有蛋白质折叠的空间结构，因此应用于Western印迹的抗体是能识别变性后蛋白质表位的抗体。作用于靶蛋白的第一抗体有单克隆抗体和多克隆抗体两种类型。多克隆抗体往往可以识别同一抗原分子上的多个结合位点，因此杂交信号较强，但也容易产生非特异性条带，使背景增强。单克隆抗体通常只识别一个抗原表位，对抗原分子中某个特定区域的检测有很大优势，特异性强，但杂交信号相对较弱。

（三）第二抗体反应

第二抗体反应是指第二抗体与第一抗体的结合。第二抗体是针对第一抗体的免疫球蛋白，即抗-抗体。可用酶（辣根过氧化物酶或碱性磷酸酶）、生物素、放射性物质等标记，经与膜一同温育后，形成抗原-第一抗体-第二抗体复合物。经标记的第二抗体就被固定在固相膜上，用于检测目的蛋白质的位置。根据标记物的不同，选择不同的检测方法，即可显示靶蛋白在膜上所处的位置。

（四）显色

应用最广泛的是化学发光法，它是替代放射性核素标记的一种高度灵敏的检测方法，多使用辣根过氧化物酶（horseradish peroxidase，HRP）和碱性磷酸酶（alkaline phosphatase，ALP）作为第二抗体的偶联物。化学发光法比以往使用的显色法或放射活性检测法更灵敏。经过与第一抗体发生免疫学反应，酶标第二抗体被固定在硝酸纤维素滤膜靶蛋白所在的位置上，根据偶联酶的不同，ALP可催化底物5-溴-4-氯-3-吲哚磷酸（5-bromo-4-chloro-3-indolyl phosphate，BCIP）与硝基蓝四氮唑（nitroblue tetrazolium，NBT）发生反应，产生深蓝色化合物，进而显示蛋白质所在的位置。HRP可以催化底物3,3'-二氨基联苯胺（3,3'-diaminobenzidine，DAB）与H_2O_2反应并产生棕色条带。另外，还可使用增强化学发光法检测辣根过氧化物酶。在H_2O_2存在的情况下，氧化化学发光试剂可使其发光，通过胶片感光或专用的CCD成像设备可显示蛋白质所在的位置及其表达的量。

小结

蛋白质印迹法通常包括电泳、固定和检测、凝胶转印和免疫学检验四个步骤。一般采用不连续 SDS-PAGE。可采用考马斯亮蓝染色、银染色和荧光染色等方法进行检测。凝胶转印可采用湿转印法或半干转印法；免疫学检验包括封闭、第一抗体反应、第二抗体反应和显色。

思考题

一、选择题

1. 分离与纯化蛋白质主要依据的是
   A. 蛋白质分子大小及形状不同　　B. 蛋白质所带电荷不同
   C. 蛋白质的溶解度不同　　D. 蛋白质的相对分子质量不同
   E. 蛋白质的理化性质

2. 下列可用于测定蛋白质相对分子质量的方法是
   A. 密度梯度离心　　B. 凝胶过滤　　C. 亲和层析
   D. SDS 聚丙烯酰胺凝胶电泳　　E. 离子交换层析

3. 与有机沉淀法相比，盐析法的优点是
   A. 分辨率高　　B. 变性作用小　　C. 易去除杂质
   D. 沉淀易分离　　E. 标本体积减小

4. 分离与纯化蛋白质可用离子交换层析法，其原理是
   A. 蛋白质的溶解度不同
   B. 组成蛋白质的氨基酸种类和数目不同
   C. 蛋白质分子能与其对应的配基进行特异性结合
   D. 蛋白质所带电荷不同
   E. 蛋白质的空间结构不同

5. 聚丙烯酰胺凝胶电泳比一般凝胶电泳的分辨率高，是因为具有
   A. 浓缩效应　　B. 分子筛效应　　C. 电荷效应
   D. 黏度效应　　E. 浓缩效应、分子筛效应和电荷效应

6. 蛋白质在电场中的泳动方向取决于
   A. 蛋白质的相对分子质量　　B. 蛋白质分子所带的净电荷
   C. 蛋白质的构成　　D. 蛋白质所在溶液的温度
   E. 蛋白质所在溶液的 pH 值

7. 下列利用配体生物学功能特异性的蛋白质分离方法是
   A. 凝胶过滤层析　　B. 离子交换层析　　C. 疏水作用层析
   D. 亲和层析　　E. 反相层析

8. 关于凝胶过滤技术的叙述，正确的是
   A. 相对分子质量大的分子最先洗脱下来
   B. 相对分子质量小的分子最先洗脱下来
   C. 可用于蛋白质相对分子质量的测定

D. 主要根据蛋白质的电荷数量不同而达到分离的目的

E. 主要根据蛋白质的空间结构不同而达到分离的目的

9. 适合少量大肠埃希菌破碎的方法是

A. 匀浆法　　　　　　B. 反复冻融法　　　　　C. 研磨法

D. 超声法　　　　　　E. 高压挤压法

二、问答题

1. 简述凝胶过滤层析技术的原理。
2. 简述亲和层析技术的原理及其特点。
3. 简述蛋白质分离与纯化的影响因素。
4. 简述蛋白质印迹技术的定义及其主要过程。

（郭　华）

第九章 生物芯片技术

学习目标

通过本章内容的学习，学生应能够：

识记：
陈述基因芯片技术和蛋白质芯片技术的四大要点。

理解：
解释基因芯片技术和蛋白质芯片技术的原理。

应用：
辨析基于基因芯片技术和蛋白质芯片技术的医疗器械产品的原理和用途，并知晓相应临床操作规程各步骤操作的结果和目的。

案例导入

案例 9-1

耳聋是最常见的出生缺陷之一，其发病率为 1%~3%，60% 以上的新生儿耳聋由遗传因素导致。据统计，我国有 80% 的耳聋患儿出生在听力正常的家庭。幼儿语言发育的关键期为 1~3 岁，所以对耳聋患儿进行早期诊断、早期干预和早期治疗至关重要。

如果一对夫妇，夫妻双方均身体健康、听力正常，但家族中有耳聋病史。为保证优生优育，应帮助这对夫妻做好早发现和早预防。

思考题：
1. 耳聋基因筛查一般筛查哪些基因？
2. 耳聋基因芯片的原理是什么？

芯片（chip）是指内含集成电路的硅片，具有体积小、容量大等特点。生物芯片（biochip）是指包被在硅片、尼龙膜等固相支持物上的高密度的组织、细胞、蛋白质、核酸、糖类以及其他生物组分的微阵列。

生物芯片技术源于 DNA 分子杂交技术与电子芯片技术的结合，是将微电子学、生物学、物理学、化学、计算机科学融为一体的新技术。以生物芯片技术为代表的高通量快速检测技术，具有标本处理能力强、用途广泛和自动化程度高等特点，能有效克服传统核酸分子杂交等方法存在的技术复杂、自动化程度低、检测目的分子数量少和通量低等不足。通过设计不同的探针阵列和使用特定的分析方法，可使该技术具有多种不同的应用价值，如基因表达谱测定、突变检测、多态性分析、基因组文库作图及杂交测序等。生物芯片技术为新基因的发现、基因诊断、药物筛选、个体化用药等方面的研究提供了强有力的工具，为"后基因组计划"的基因功能研究和生物医学的发展，甚至整个人类社会发展都带来了深远的影响。

根据芯片上固定的生物分子类型的不同，可将生物芯片分为基因芯片、蛋白质芯片和芯片实验室等。目前临床应用较多的是基因芯片和蛋白质芯片。

第一节　基因芯片技术

随着分子生物学的迅速发展以及 20 世纪 90 年代初人类基因组计划的实施，人们对于生物的认识已经进入基因水平，基因芯片技术应运而生。基因芯片（gene chip）又称 DNA 芯片（DNA chip）或 DNA 微阵列（DNA microarray），其基本原理是核酸分子杂交。基因芯片技术的一般流程是：首先，将大量核酸探针分子固定于固相支持介质上；然后，使固相支持介质上的核酸探针与标本中已标记的核酸分子进行杂交；最后，通过自动化仪器检测杂交信号的强度及分布等，以获知靶核酸的序列和数量信息。因此，基因芯片技术本质上是集成化的核酸分子杂交技术。与计算机芯片高度集成半导体管相似，基因芯片技术是通过检测成千上万呈网格状密集排列的已知碱基顺序的基因探针与靶核酸序列互补结合的情况来确定靶核酸的序列和数量，进而获知是否存在异常基因及其产物等信息的技术。

一、基本原理

基因芯片是生物芯片家族中应用最广泛、技术最完善的。基因芯片技术是以核酸分子杂交原理为基础来鉴别核酸序列特征（包括基因表达量的变化和特定碱基位点突变等）的。在高温、碱性溶液或有机溶剂存在等条件下，DNA 双螺旋链上互补配对的碱基间氢键断裂、双螺旋链解开，形成单链分子，这一过程称为变性。此时变性的 DNA 黏度降低，浮力增大，沉降速度加快，紫外吸收能力增强。当消除这些变性条件后，两条互补的 DNA 单链又可以重新结合，恢复双螺旋结构，这一过程称为复性。利用 DNA 的这一重要理化特性，将两条不同来源的核酸分子按照碱基互补配对原则，通过变性、复性形成异源杂合双链分子的过程称为杂交。温度比其他变性条件更容易控制，当双链 DNA 分子所处温度高于其变性温度时，DNA 双螺旋链即解开成为单链 DNA 分子；当所处温度低于其变性温度时，单链 DNA 分子即根据碱基互补配对原则，复性结合成为双链分子。因此，一般通过控制温度的变化，使 DNA 在变性和复性的过程中进行杂交。

杂交分子的形成并不要求两条单链的碱基序列完全互补。不同来源的核酸单链，只要有一定程度的互补序列，就可以形成杂交双链。杂交可以发生在 DNA 与 DNA、RNA 与 RNA 或 RNA 与 DNA 的两条单链之间。利用核酸分子杂交这一特性，先将杂交链中的一条（如探针）进行标记（如荧光标记），再使其与另一条（如待测标本中的核酸）进行杂交，然后对杂交信号进行定性或定量检测，即可根据杂交信号情况分析待测标本中是否存在某一基因，或该基因的表达有无变化。通常将探测靶 DNA 的互补序列称为探针，待检测的核酸称为靶序列。在传统杂交技术（如 RNA 印迹和 DNA 印迹）中，将标记探针称为正向杂交方法，而基因芯片通常采用反向杂交方法，即将多个探针分子点样在芯片上，将标本的核酸靶序列进行标记后与芯片进行杂交。其优点是可以同时研究成千上万的靶序列，甚至可以将全基因组作为靶序列。例如，利用基因芯片技术测序时，是将已知序列的八核苷酸探针有序固化于基片表面，然后使待测标本中带有荧光标记的序列 TATGCAATCTAG 与基因芯片上对应位置的核酸探针进行互补配对，通过荧光强度最强的探针位置可获得一组序列完全互补的探针序列。之后，用激光扫描仪检测杂交信号，由计算机分析结果即可重组出靶核苷酸序列。

基因芯片技术主要包括四个基本要点：芯片方阵的构建、标本的制备、生物分子反应和信号的检测。

（一）芯片方阵的构建

目前制备芯片主要以特殊处理过的玻片、硅片、聚丙烯膜等作为载体材料，采用原位合成或直接点样等方式将寡核苷酸片段或 cDNA 有序固化于载体表面。芯片的制备除需要采用微加工技术外，还需要应用机器人技术，以便快速、准确地将探针放置到芯片上的指定位置。其中，探针的设计和探针在芯片上的阵列尤为重要。

1. 探针的设计 对于基因表达检测芯片，只需要设计出针对基因中特定区域的多套寡核苷酸或者 cDNA 作为探针。单核苷酸多态性检测芯片的探针设计一般采用等长移位设计法：一组是与靶序列完全匹配的野生型探针，另一组是基因中间某一位置被其他三个碱基替代的探针，从而形成三种不同的单基因序列变化的核酸探针。特定位点突变检测探针的设计方法是：以突变区每个位点的碱基为中心，在该中心左、右两侧各选取 15~25 个碱基的靶序列，再合成与其互补的寡核苷酸片段作为野生型探针，然后将中心位点的碱基用其他三种碱基替换，进而得到三个位点突变的探针。

2. 基因芯片的制备方法 芯片的种类不同，制备方法也不同。常见的芯片制备方法可分为原位合成（in situ synthesis）和点样法两类。原位合成是直接在芯片上用 4 种核苷酸合成所需探针的制备技术，通常有光导原位合成法、原位喷印合成法和分子印章多次压印合成法。点样法是将预先合成好的寡核苷酸、cDNA 等核酸探针通过高速点样机直接点在芯片上。该方法技术成熟、便于自动化，但是需要提前纯化芯片方阵的核酸。

（二）标本的制备

标本的制备过程包括核酸的纯化、扩增和标记。生物标本往往是复杂的分子混合物，需提前纯化。除少数特殊标本外，一般不能直接与芯片发生反应，而且有时标本的量很小。因此，必须对标本进行提取、扩增，获取其中的 DNA 或 RNA，然后用荧光标记，以提高检测的灵敏度和使用者的安全性。根据芯片的用途不同，探针制备的核酸类型及来源也不尽相同。如果是检测基因表达谱，常需要从待测标本 mRNA 或者总 RNA 中制备 cDNA 探针；如果是检测 SNP，则需要从待测标本 DNA 中通过 PCR 制备探针或者人工合成寡核苷酸探针。用于标本中的核酸标记物常为荧光物质，常见的有异硫氰酸荧光素、罗丹明 B 200、四甲基罗丹明、羧基荧光素、Cy3 和 Cy5 等。此外，也可用生物素残基作为标记物，具体方法是先将生物素标记的扩增产物与芯片中的探针进行杂交，再使生物素与被其标记的荧光物质结合，使荧光物质位于杂交部位，然后利用荧光检测系统对荧光信号进行检测。

（三）生物分子反应

生物分子反应是生物芯片技术中除芯片方阵的构建之外最重要的一步，其复杂程度和具体控制条件视芯片中基因片段的长度和芯片本身的用途而定。通过选择合适的反应条件，使生物分子间的反应处于最佳状态，降低生物分子间的错配率，才能获取最能反映生物特性的信号。在荧光标记的标本与探针进行杂交反应产生信号的过程中，要注意选择合适的杂交温度、杂交时间和杂交液成分等。如果是检测基因表达情况，则反应时需要注意保持较高的盐浓度、较低的温度和较长的反应时间等条件。如果要检测是否存在基因突变，由于涉及单个碱基的错配，所以往往需要在较短的时间、较低的盐浓度和较高的温度条件下确保高度特异性杂交。

（四）信号的检测

目前最常用的芯片信号检测方法是将芯片置入芯片扫描仪中，通过采集各反应点的荧光信号强弱和荧光位置，利用相关软件分析图像以获得有关生物信息。基因芯片技术发展的最终目的是将标本制备、杂交反应和信号检测的整个过程集成化，以获得微全分析系统或称缩微芯片实验室。信号强弱的检测与最终结果的判断密切相关，若杂交信号较弱，则需要用光电倍增管（photomultiplier，PMT）或者电荷耦合器件（charge coupled device，CCD）完成光电信号转换，并需要经过整合、放大、传输等，才能最终将其变成可读数据。芯片杂交图谱的处理与储存需要用专门设计的软件来完成。一个完整的生物芯片配套软件包括芯片扫描仪控制系统、图像处理系统和数据提取、统计与分析系统等。

> **知识链接**
>
> **光电倍增管和电荷耦合器件**
>
> 光电倍增管在可见光波范围内是最灵敏的探测器。一般用激光作为激发光源，能激发出较强的荧光，以提高灵敏度。通过点成像探测并结合高速 x 轴、y 轴扫描，可以对生物芯片进行扫读，均一性较好。同时，光电倍增管可以与共聚焦系统兼容，以降低背景噪声。
>
> 电荷耦合器件一次可成像很大面积的区域，激发光源多采用氙灯或高压汞灯等非激光光源。在单一光源下，可通过更换滤光片的方式来满足激发不同荧光的需要。由于 CCD 芯片扫描仪能同时对整张芯片表面信号进行读取，不需要 x-y 二维移动平台，能显著提高获取荧光图像的速度，从而使扫描速度比 PMT 激光扫描仪快，一般仅需 0.5~2 min。

二、种类

基因芯片的种类很多，通常可按照载体材料、点样方式及用途的不同来进行分类。

1. 根据载体支持物进行分类 根据载体支持物不同，可将基因芯片分为无机基片基因芯片和有机合成物基片基因芯片两类。无机基片载体主要有半导体硅片和玻片等，探针主要采用原位合成。有机合成物基片载体主要有硝酸纤维素膜和尼龙膜，探针主要是预先合成后通过特殊的微量点样装置或仪器有序固化到基片上。其中，玻片型芯片的荧光背景低、应用方便，被广泛使用。

2. 根据探针阵列的形式进行分类 根据探针阵列的形式不同，可将基因芯片分为原位合成芯片和微矩阵芯片两类。原位合成芯片是将半导体中的光刻技术运用到 DNA 合成化学中，以单核苷酸或其他生物大分子为底物，在玻片上原位合成寡核苷酸。微矩阵芯片是目前应用最广泛的基因芯片之一，是将经过 PCR 或化学合成等方法得到的 DNA 或寡核苷酸片段，用点样法直接有序固化到玻片等载体上而制成芯片。

3. 根据芯片的用途进行分类 根据芯片的用途不同，可将基因芯片分为基因表达谱芯片（图 9-1）和 DNA 测序芯片两类。同一组织细胞在不同的发育阶段、不同的外界环境因素影响下，其基因表达模式不同；同一个体不同组织器官的基因表达模式也不同。基因表达谱芯片可以将提前克隆的大量基因特异的探针或 cDNA 片段固定在一块 DNA 芯片上，对不同组织、细胞中提取的 mRNA 或反转录后生成的 cDNA，根据芯片信号变化可得出基因表达差异信息。DNA 测序芯片是指单链 DNA 或 RNA 序列被分解成碱基数固定、错落而重叠的寡核苷酸（又称亚序列），将这些亚序列全部检测出来后，根据结果信息重新组建出原序列。

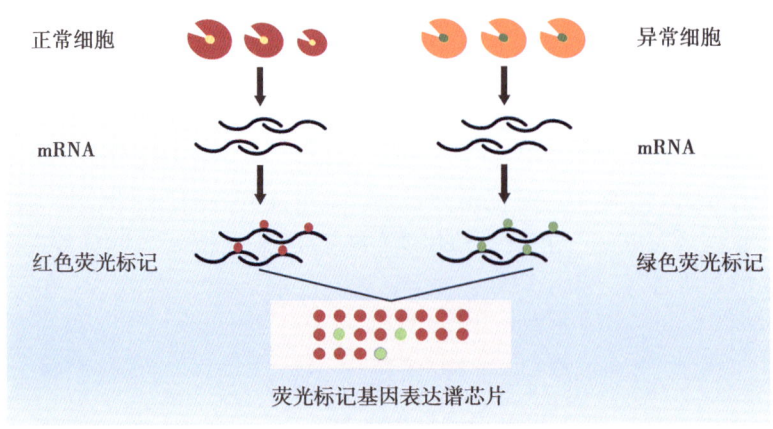

图 9-1　基因表达谱芯片示意图

三、临床应用

（一）基因诊断

将基因芯片技术应用于基因诊断时，需要先从正常人的基因组中分离出 DNA，使其与 DNA 芯片杂交就可以得出标准图谱。然后，从患者的基因组中分离出 DNA，使其与 DNA 芯片杂交以得到患者图谱。通过比较标准图谱和患者图谱，就可以分析出患者的 DNA 信息。这种诊断技术具有快速、高效、灵敏、经济、平行化和自动化等特点。目前，肝炎病毒检测芯片、结核分枝杆菌耐药性检测芯片及多种恶性肿瘤相关病毒基因芯片等一系列基因诊断芯片已逐步被研发出来并投入使用。

随着基因芯片应用范围的扩展，其在疾病的早期诊断、分类、预后判断和寻找致病基因方面都将发挥一定的作用。在癌症或感染性疾病诊断方面，通过基因芯片技术来检测某些基因和蛋白质的表达情况，可以对疾病进行准确的早期诊断。目前，我国研制的丙型肝炎病毒基因芯片，灵敏度和分辨率高，诊断准确率接近 100%。

（二）基因表达分析

利用基因芯片可以自动、快速地检测出成千上万个基因的表达情况。基因芯片技术具有高效、灵敏、高通量及平行化等特点，可对来源于不同个体（正常人和患者）、组织、细胞周期、发育或分化阶段、病变部位和刺激条件（包括诱导和治疗手段等）下细胞内基因表达的差异进行检测。

（三）药物筛选与新药研发

基因芯片具有高通量、大规模、平行化等特点，适用于进行大规模的药物筛选研究。利用基因芯片可以分析用药前后机体不同组织、器官基因表达的差异。由于 RNA 和单链 DNA 能形成复杂的空间结构，所以容易与靶分子相结合。将核酸库中的 RNA 或单链 DNA 固定在芯片上，与靶蛋白共同孵育，可形成蛋白质-RNA 或蛋白质-DNA 复合物，用于筛选特异的药物蛋白或核酸。因此，将基因芯片技术和 RNA 库相结合，可应用于药物筛选，并使药物筛选、靶基因鉴定和新药测试的速度显著加快，从而使成本降低。以基因工程创建合成胰岛素的细菌为例，当把人胰岛素基因转移到大肠埃希菌细胞后，利用芯片技术对细菌的基因型进行分析，可以节省新药研发成本。

（四）个体化治疗

临床上，相同的药物剂量对不同的患者产生的作用具有明显的差异，这主要是由于不同个体在遗传学上存在差异（单核苷酸多态性），导致对药物产生不同的反应。利用基因芯片技术可以对患者提前进行诊断，从而实施个体化药物治疗。

（五）优生、优育

基因芯片技术可用于遗传病的产前筛查和诊断，以降低先天性疾病婴儿的出生率。对于新生儿，基因芯片技术可用于提前预测潜在遗传病，以便于早期干预和治疗。

基因芯片技术的优势包括：①可以同时对成百上千个基因进行检测和研究，且诊断速度快、效率高；②由于探针设计、核酸提取、杂交、结果分析等都可以在同一个芯片上完成，所以可实现全自动化，既能节省人力、提高工作效率，又能避免交叉污染。然而，基因芯片技术也存在着许多尚未解决的问题，如技术成本高、技术复杂、检测灵敏度较低、重复性差、分析范围有限等。

小结

基因芯片技术以核酸分子杂交原理为基础，可快速检测核酸序列及其特征，包括基因表达量的变化以及特定碱基位点突变等；主要包括四个基本要点：芯片方阵的构建、标本的制备、生物分子反应和信号的检测。

第二节 蛋白质芯片技术

蛋白质是进行生命活动的物质基础。基因是携带遗传信息的 DNA 片段，由基因所表达出的蛋白质具有执行生命活动的功能。因此，机体蛋白质的结构与功能以及蛋白质表达水平的研究，已成为近年来生命科学领域的研究热点。蛋白质组是指由一个基因组或一个细胞、组织在特定的环境或条件下表达的所有蛋白质的总和。蛋白质芯片（protein chip）又称蛋白质微阵列。2001 年，第一张可以同时检测血清中 24 种重要细胞因子的抗体芯片的诞生，表明蛋白质芯片技术已应用于临床医学检验领域。

一、基本原理

蛋白质芯片技术的基本过程是：首先，把多种不同的蛋白质（如酶、抗原、抗体、受体、配体、细胞因子等）高密度地固定在固相载体（玻片、硝酸纤维素膜、硅片等）表面，形成蛋白质微阵列；然后，使微阵列上的蛋白质与酶、放射性同位素或荧光素等生物活性物质标记的靶蛋白质分子（存在于血清、血浆、淋巴、间质液、尿液、渗出液、细胞溶解液、分泌液中）

进行反应；最后，通过质谱仪、电荷耦合照相系统及 CCD 扫描仪等检测芯片信号，并用计算机软件对所获得的信号进行快速、准确的分析，从而获取大量的生物信息。

蛋白质芯片技术主要包括四个基本要点：固体芯片的构建、探针的制备、生物分子反应和信号的检测。

（一）固体芯片的构建

常用的芯片材料有玻片、硅片、云母片及各种膜片等。理想的载体表面是渗透滤膜（如硝酸纤维素膜）或包被有不同试剂（如多聚赖氨酸）的载玻片。

（二）探针的制备

低密度蛋白质芯片探针是指特定的抗原、抗体、酶、受体和免疫复合物等具有生物活性的蛋白质。高密度蛋白质芯片探针一般为基因表达产物，如一个 cDNA 文库所产生的几乎所有蛋白质，可同时检测数千个标本。

（三）生物分子反应

先将含有蛋白质的待测标本（如尿液、血清、精液、组织提取物等标本）按一定程序做好预处理，然后在每个芯片反应池中加入处理过的待测标本。根据测定目的的不同，可选用不同的探针进行反应，或使探针与标本中含有的生物制剂相互作用一段时间，然后洗掉未结合的或多余的物质，再将标本固定并进行检测。

（四）信号的检测

检测时，可用特殊的芯片扫描仪获取信号，再用相应的计算机软件进行数据分析；或将芯片经放射自显影后，再选用相应的软件进行数据分析。

二、种类

蛋白质芯片主要有三类：蛋白质微阵列芯片、微孔板蛋白质芯片、三维凝胶块芯片。

（一）蛋白质微阵列芯片

1989 年，Ekins 在免疫组化分析研究中发现，降低标本的反应量有助于提高检测的灵敏度，从而提出蛋白质微阵列（protein microarray）的概念。21 世纪初，哈佛大学通过点样机械装置制备蛋白质芯片，并将其转移至载玻片上，以研究蛋白质与蛋白质之间、蛋白质与小分子之间的特异性相互作用。蛋白质微阵列芯片主要通过物理吸附（静电作用等）或化学反应形成蛋白质探针阵列。

（二）微孔板蛋白质芯片

微孔板蛋白质芯片是在传统微滴定板的基础上，利用机械手在 96 孔的每一个孔平底上点样，形成同样的 4 组蛋白质，每组 36 个点（4×36 阵列），含有 8 种不同的抗原和标记蛋白。微孔板蛋白质芯片有配套的全自动免疫分析仪来测定反应结果，适用于进行蛋白质的大规模、多种类筛选。

（三）三维凝胶块芯片

三维凝胶块芯片是由美国阿贡国家实验室和俄罗斯科学院恩格尔哈特分子生物学研究所共

同研发的一种芯片技术。三维凝胶块芯片实质上是在基片上点阵 10 000 个微小聚苯烯酰胺凝胶块，每个凝胶块可用于靶 DNA、RNA 和蛋白质的分析。这种芯片技术可用于筛选抗原、抗体以及酶动力学反应的研究。其优点是：凝胶条的三维化能加入更多的已知标本，以提高检测的灵敏度；能够对蛋白质的天然状态进行分析，可用于免疫测定、受体与配体研究和蛋白质组分分析。

三、临床应用

目前蛋白质芯片已成为蛋白质表达谱、生物标志物筛选、蛋白质翻译后修饰和蛋白质与其他生物分子相互作用等研究的重要工具。其临床应用主要有以下几个方面。

（一）肿瘤诊断

临床上对于肿瘤的检测与诊断包括生化检查、影像学检查、免疫学检测及基因检测等多种方法，但是在肿瘤早期诊断、无明显临床症状的肿瘤疾病诊断和高灵敏度的肿瘤标志物的发现等方面，同时检测多个标志物对提高肿瘤诊断的准确性和降低治疗成本具有重要意义。例如，采用蛋白质芯片同时检测 IL-18、FGF-2 和 CA125 和抗肌萎缩蛋白等，可大幅提高乳腺癌和卵巢癌的确诊率。

（二）病原体检测

鉴定病毒和细菌等微生物的传统方法包括采集标本、富集或选择培养，然后计数，或直接采用夹层、生长圈等方法。这些方法都需要较长的时间周期。蛋白质芯片技术则可以有效地缩短检测与鉴定时间。例如，将靶细菌对应的特异性抗体通过物理吸附固定在硅片上，然后利用抗体和细菌的特异性结合捕获细菌，再结合显微镜观察鉴别大肠埃希菌和沙门菌，这样即可大幅缩短鉴定时间。

（三）药物筛选

疾病的发生和发展与特定蛋白质的变化有关。利用蛋白质芯片筛选化学治疗药物，可以直接筛选出与靶蛋白作用的化疗药物，从而加快药物的研发。另外，还可利用蛋白质芯片技术，将化疗药物的作用与疾病联系起来，以确定药物是否具有不良反应，评估药物的治疗效果，为指导临床用药提供参考依据。

> **知识链接**
>
> **芯片实验室**
>
> 芯片实验室或称微全分析系统（micro-total analysis system，m-TAS）是指把标本制备、生物与化学反应、分离、检测等基本操作单元集成或基本集成到一块数平方厘米的芯片上，以实现样品全分析的一种微流控技术。
>
> 美国斯坦福大学医学院研发出一种价廉并可重复使用的诊断用"芯片实验室"技术。芯片生产成本仅为 1 美分，20 min 即可制成一块芯片。这种多功能生物芯片系统适用于进行小规模样本检测，有助于从多种细胞中提取单一类别的细胞、分离稀有细胞，或对各类细胞进行计数。与价格昂贵的流式细胞分析仪相比，该技术可以显著降低成本。

小结

蛋白质芯片是把多种不同蛋白质高密度地固定在固相载体表面而形成蛋白质微阵列，然后与标记的靶蛋白质分子进行杂交，再通过自动化仪器检测并分析芯片信号，从而获取大量信息的技术。蛋白质芯片技术主要包括四个基本要点：固体芯片的构建、探针的制备、生物分子反应和信号的检测。

思考题

一、选择题

1. 基因芯片技术的主要步骤不包括
   A. 信号检测　　　　　　B. 杂交反应　　　　　　C. 标本的制备
   D. 酶切分析　　　　　　E. 芯片方阵的构建
2. DNA 芯片的固相载体不可以使用
   A. 尼龙膜　　　　　　　B. 半导体硅片　　　　　C. 玻片
   D. 滤纸　　　　　　　　E. 硝酸纤维素膜
3. 下列有关 cDNA 探针的描述，不正确的是
   A. 利用 mRNA 通过 RT-PCR 在体外进行逆转录可制备大量的 cDNA 探针
   B. cDNA 探针不包含内含子
   C. cDNA 探针的合成最方便，是探针最主要的来源
   D. cDNA 探针不包含大量的高度重复序列
   E. cDNA 探针芯片可用于基因诊断
4. 关于核酸探针的描述，不正确的是
   A. 必须是单链核酸　　　　　　　　B. 可用非放射性核素标记
   C. 可以是 DNA　　　　　　　　　　D. 可以是 RNA
   E. 可用放射性核素标记

二、问答题

1. 简述基因芯片技术的基本原理。
2. 基因芯片方阵的构建有哪几种方法？
3. 试述蛋白质芯片的种类。

（田平平）

第十章 生物质谱技术

学习目标

通过本章内容的学习，学生应能够：

识记：
1. 列举临床上常用的生物质谱分析技术及检测流程。
2. 陈述生物质谱技术在蛋白质组学中的应用。

理解：
解释生物质谱分析技术的基本原理。

运用：
通过学习基质辅助激光解吸电离飞行时间质谱技术在细菌鉴定中的应用，分析其对疾病诊断甚至个体化精准医疗的作用。

案例导入

案例 10-1

精准医疗是一种将个体基因组成、环境与生活习惯差异考虑在内的疾病预防和治疗的医学模式。质谱技术是一项基于带电粒子质荷比的分析技术，具有质量分析准确、灵敏度高、特异性强等优点，是人类揭示机体功能和解释复杂疾病机制的有利工具之一，对精准医疗具有关键的作用。从小分子代谢物到大分子蛋白质的检测与分析，质谱技术在多个应用领域都发挥了一定的作用。随着生物制药、生命科学研究及分子诊断技术的迅速发展，质谱技术将具有更广阔的应用前景。

思考题：
1. 运用质谱技术检测的标志物主要有哪些？
2. 质谱分析的优点有哪些？

质谱技术是将化合物解离成离子或分子碎片，然后按照质荷比（常用符号 m/e 表示）的不同进行测定，再进行成分分析和结构分析的一种方法。根据质谱检测结果（质谱图），可以进行有机物、无机物的定性和定量分析,以及生物大分子的结构分析等。生物质谱技术就是用于进行生物大分子分析与测定的一类质谱技术。

第一节 概 述

一、基本原理

生物质谱技术是通过测定离子的质荷比,对生物大分子的成分和结构进行分析的方法,其在灵敏度、特异性和多指标联合检测等方面具备独特的优势,可用于生物体内的组分序列分析、结构分析、分子量测定和各组分含量测定。

生物质谱分析需要借助质谱分析仪来完成。质谱仪的种类很多,但基本结构相同(图10-1),主要包括五个组成部分:样品导入系统、离子源、质量分析器、检测器及数据采集与分析系统。其中,样品导入系统主要有标本靶、气相色谱(gas chromatography,GC)、高效液相色谱(high performance liquid chromatograph,HPLC)、毛细管电泳(capillary electrophoresis,CE)、气体扩散等类型,可以完成进样。离子源主要通过电子电离、化学电离、快速原子轰击电离、电喷雾电离、大气压化学电离、电感耦合等离子体电离和基质辅助激光解吸电离等方式产生。质量分析器主要通过磁场式(扇形磁场质量分析器、傅里叶变换离子回旋共振质量分析器)或电场式(四极杆质量分析器、四极离子阱飞行时间质量分析器、轨道阱质量分析器和飞行时间质量分析器)等类型,使带电离子按不同质荷比分离。检测器主要通过不连续式电子倍增器、连续式电子倍增器、通道电子倍增器和法拉第杯收集器等完成离子质量的测量。数据采集与分析系统通过模数转换系统得到质谱图,并利用计算机与数据库进行比对,从而得到鉴定结果。此外,质谱仪还需要一个高真空系统,以确保标本不会因碰撞而损失,或避免测量的离子质荷比出现偏差。

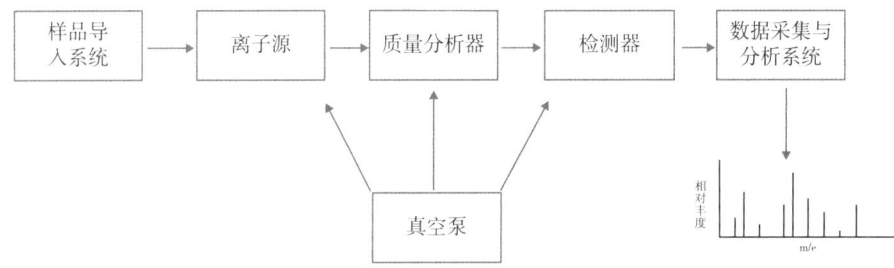

图 10-1 生物质谱仪的组成示意图

纯物质与成分简单的标本可以直接经接口导入质谱仪。若标本为复杂的混合物,则可先由液相或气相色谱仪分离标本组分后再导入质谱仪。将分析标本导入质谱仪后,先在离子源对分析标本进行电离,将其转变成气相的带电离子(分析物可根据其性质成为带正电的阳离子或带负电的阴离子);质量分析器则根据质荷比不同分离带电离子;经过分离的离子进入检测器后,可产生放大的电流,通过测定离子强度或丰度,可形成质谱图;然后,可以利用数据采集与分析系统分析所获得标本的分子量、分子结构和分子式等信息。

二、基本方法

（一）离子化

从 20 世纪初期开始，逐渐出现各种形式的离子化技术，使质谱分析技术广泛应用于许多领域的化学分析。目前没有单一种类的离子化方法能适用于所有的分析需求，各种离子化方法都有其独特之处，使用者可以根据标本与待分析样品的理化特性选用适当的离子化方法。

1. 电子电离　电子电离（electron ionization，EI）是借助具有一定能量的电子束使样品分子转化为离子的一种离子化方法。该方法是将电子的动能传递给样品分子，使其离子化而带电。该方法仅能离子化气体分子，主要应用于挥发性较强的有机化合物分析。对于多肽分子或蛋白质，无法采用该方法进行分析。

2. 化学电离　化学电离（chemical ionization，CI）是利用电子先将某一特定的试剂气体离子化以产生反应气体离子，再使反应气体离子与样品分子发生气相离子 - 分子反应，使样品分子通过质子转移或电子转移等反应成为带电离子。化学电离的离子源设计与电子电离相近，适用于分析低沸点样品，而且离子化过程不容易使样品发生碎裂，可观测到分子离子峰。因此，化学电离是与电子电离互补的技术。

3. 快速原子轰击电离　快速原子轰击电离（fast atom bombardment，FAB）是用快速原子束（一般为 Ar 或 Xe）轰击液态或固态样品表面而使其离子化的过程，能够产生带正电和带负电的离子，适用于挥发性极弱、极性强、热不稳定的有机化合物，如氨基酸、多肽、糖类、糖苷等。

4. 电喷雾电离　电喷雾电离（electrospray ionization，ESI）是将溶液中的带电离子在大气压下经由电喷雾的过程转换为气相离子的一种离子化方法。该方法不仅适用于分析蛋白质大分子，还适用于分析小分子极性化合物，并具有极高的灵敏度。

5. 大气压化学电离　大气压化学电离（atmospheric pressure chemical ionization，APCI）与化学电离相似，但大气压化学电离是借助电晕放电进行电离的离子化方式，主要用于分析中、低极性，分子量小的小分子化合物。

6. 电感耦合等离子体电离　电感耦合等离子体电离（inductively coupled plasma ionization）是指样品通常以水溶液的气溶胶形式引入氩气流中，然后进入由射频能量激发的处于大气压下的氩等离子体中心区，等离子体的高温可使样品去溶剂化、汽化解离和电离。

7. 基质辅助激光解吸电离　基质辅助激光解吸电离（matrix-assisted laser desorption/ionization，MALDI）技术是生物质谱法中一种常用的新型软电离离子化技术。MALDI 由激光解吸离子化技术发展而来，可以解决激光解吸难挥发和热不稳定高分子标本的离子化问题。其原理是在一个微小的区域和极短的时间间隔内，以激光照射待分析物质（标本与基质的混合物），提供高强度脉冲式能量，使其在瞬间解吸和电离，且不发生热分解。MALDI 技术已被广泛应用于蛋白质、多肽、低聚糖、合成聚合物等大分子物质的分析与检测。

（二）质量分析器

质量分析器是根据不同的方式将离子源中生成的标本离子按质荷比（m/e）的大小进行分离的仪器，是质谱仪的重要组成部件，位于离子源和检测器之间。质量分析器主要包括扇形磁场质量分析器、傅里叶变换离子回旋共振质量分析器、四极杆质量分析器、轨道阱质量分析器以及飞行时间质量分析器。

1. 扇形磁场质量分析器　扇形磁场质量分析器是最早应用于有机质谱分析的质量分析器，

早期以单一扇形磁场来分析离子质量,称为单聚焦质量分析器,之后与静电场结合发展成为双聚焦质量分析器,能够达到较高的质量分辨率。质荷比不同的离子在磁场和电场的作用下会有不同的运动轨迹,根据此原理来分析不同质量的离子。扇形磁场质量分析器稳定性强,适用于进行定量分析,但扫描速度相对较慢。

2. 傅里叶变换离子回旋共振质量分析器 傅里叶变换离子回旋共振质量分析器是具有较高分辨率的质量分析器,适用于进行精确质量测定和多级质谱分析,但因其必须在液氦的适宜温度和超高真空系统下运行,所以对环境条件的要求非常高,且价格昂贵,维护成本较高。其原理是根据给定磁场中的离子回旋频率来测量离子质荷比(m/e),从而进行质谱分析。傅里叶变换离子回旋共振质量分析器本身就是检测器,不需要外加离子检测器。

3. 四极杆质量分析器 四极杆与四极离子阱都属于四极杆质量分析器,均由四根棒状的电极组成,两对电极中间施加交变射频场,在一定射频电压与射频频率下,只允许一定质量的离子通过四极杆质量分析器而达到检测器。四极杆质量分析器的突出优点是仪器结构简单,体积小,没有磁铁作为分析器,所以不会产生磁滞现象,扫描响应速度快。其缺点是分辨率较低。

4. 轨道阱质量分析器 轨道阱质量分析器是利用直流电场将离子局限于离子阱中,并运用快速傅里叶变换技术将时域信号转换为频域信号,再经换算得到离子的质荷比信号。轨道阱质量分析器与傅里叶变换离子回旋共振质量分析器都属于高分辨率的质量分析器。因为离子被局限在固定的轨道内进行长时间的周期性高速运动,所以通过长时间检测可以得到高分辨率的质谱信号。轨道阱质量分析器具有较高的分辨率、质量精度和动态范围。

5. 飞行时间质量分析器 飞行时间质量分析器的原理是通过测定由相同电压加速后的离子经过飞行管到达检测器所用的时间来计算离子的质荷比。其测定的离子质荷比与飞行时间呈正比。飞行时间质量分析器常与脉冲激光离子化方法联合应用,以提高分辨率。该质量分析器的出现使蛋白质鉴定和肽段序列分析的可靠性和高通量程度得到进一步提高。

(三)检测器

当离子通过质量分析器后,所有的离子都需要经过检测器转换成电信号才能被记录和分析。离子检测器需要具备灵敏度高、反应时间快、信号稳定等特性。根据检测器的特性与应用大致可将其分为电子倍增器、通道电子倍增器和法拉第杯收集器等。

1. 电子倍增器 电子倍增器是使离子撞击到容易释放出二次电子的材质表面,二次电子经由重复撞击相同材质连续倍增后,再记录二次电子数量(一个入射离子可产生数百万个以上的二次离子,能够达到放大离子信号的效果),从而达到检测信号的目的。依据其结构不同可分为不连续式电子倍增器和连续式电子倍增器。电子倍增器对于离子飞行时间与距离的定义不够精确,不适合作为飞行时间质量分析器的检测器,但常作为离子阱质量分析器的检测器使用。

2. 通道电子倍增器 通道电子倍增器是将每个微小化的连续式电子倍增器制成数组形态,并集中在一块半导体圆盘上。由于圆盘表面与离子飞行路径垂直,且对电流信号的时间与离子飞行距离的定义非常精确,所以通道电子倍增器是飞行时间质谱仪上最常用的检测器。

3. 法拉第杯收集器 法拉第杯收集器是一种杯状金属,是用来测量带电粒子入射强度的一种真空检测器。法拉第杯收集器通常直接放置在离子路径上收集离子,以测量离子电流,可用于判定入射电子或离子的数量。其优点是构造简单,缺点是灵敏度不高。

三、生物质谱技术的常见类型

生物质谱技术主要用于维生素 D 检测、新生儿遗传性代谢疾病筛查、血药浓度监测、固醇类激素测定、元素分析和微生物鉴定等。目前,临床主要采用基质辅助激光解吸电离飞行时间质谱技术（matrix-assisted laser desorption/ ionization time of flight mass spectrometry，MALDI-TOF-MS）和电喷雾串联质谱技术（electrospray ionization mass spectrometry，ESI-MS）。随着精准医学的进一步发展和生物质谱的进一步临床化，生物质谱技术将会成为促进个体化精准医疗的重要推动力。

（一）基质辅助激光解吸电离飞行时间质谱技术

1. 基本原理 基质辅助激光解吸电离飞行时间质谱技术是近年来发展起来的一种以软电离离子技术为基础的新型质谱技术。在 MALDI-TOF-MS 出现之前的质谱分析技术多集中在低分子量的生物分子研究，因为只有低分子量的大分子可以完全被气化，而高分子量的大分子物质则会在能量作用下变得性质不稳定而发生自身分解，因而限制了质谱技术的应用。MALDI-TOF-MS 非常适用于生物大分子的质谱分析。

MALDI-TOF-MS 主要由两部分组成：基质辅助激光解吸电离离子源和飞行时间质量分析器。其原理是：将不同的生物标本与过量的基质溶液点在标本板上；溶剂挥发后，可形成标本与基质的共结晶；利用激光作为能量来源照射结晶体，基质吸收激光的能量进而被蒸发、离子化，基质-标本分子间发生电荷转移而使标本分子离子化；标本离子在加速电场下获得相同的动能，经高压加速、聚焦后进入飞行时间质量分析器进行离子分离；检测器检测到不同质荷比（m/e）的离子，并以离子质荷比为横坐标，以离子峰为纵坐标，形成特异性的蛋白质组指纹图谱；通过与图谱库中的图谱进行对比，最终可得到鉴定结果（图 10-2）。

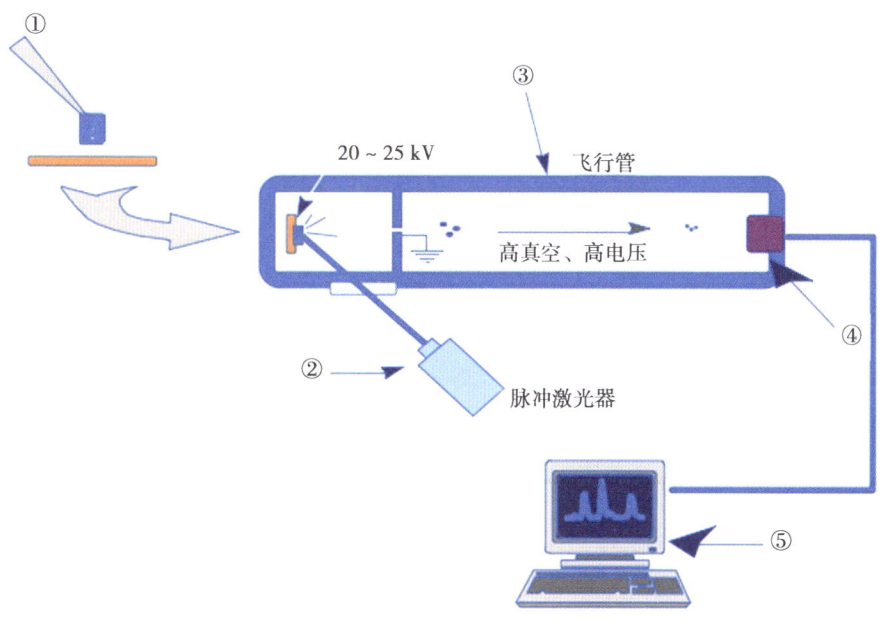

图 10-2 MALDI-TOF-MS 原理示意图

注：①基质与多肽标本共同置于标本板上；②标本被激光照射电离，形成多肽离子混合物；③多肽离子在飞行管中飞行，飞行速度取决于多肽离子的 m/e；④到达检测器后，检测器检测出每个肽段离子的 m/e；⑤在同一张图谱上，计算机输出每个肽段的 m/e，即蛋白质多肽图谱，通过与理论数据库中的图谱进行比对，从而鉴定蛋白质。

2. 基质 基质辅助激光解吸电离离子源引入了关键的小分子物质——基质，可以减少大分子物质与其他物质的相互作用，保护大分子可以完整地成为气相状态。当高浓度基质存在时，待测大分子会以单分子状态均匀地与基质混合。基质吸收较强的激光照射后，可使待测分子吸收较弱的激光能量，从而避免大分子被破坏。被激化的基质由于热量而挥发，同时使待测大分子气化，以促进标本离子化。

基质辅助激光解吸电离离子源中的基质须满足以下几个条件：①能嵌入并分散待测标本（如通过共结晶的方式）；②能与标本共溶于合适的溶剂体系；③在真空下能稳定存在；④能吸收激光；⑤在激光照射下，能与标本共解吸；⑥能促进标本离子化。在 MALDI-TOF-MS 中，常用的基质有以下几种：① 2,5- 二羟基苯甲酸和 α- 氰基 -4- 羟基苯丙烯酸，能够顺利使分子量<5000 Da 的糖肽离子化；②对于完整的糖蛋白（分子量往往>5000 Da），通常采用芥子酸、2,5- 二羟基苯乙酮或 2,4,6- 三羟基苯乙酮等。

3. 离子质量分析 MALDI-TOF-MS 中采用的飞行时间质量分析器是结构比较简单的电场式质量分析装置。其基本原理是通过测定离子在得到能量后经过飞行管到达检测器的时间来反映离子的不同质量。当能量相同的情况下，离子质量越小，飞行速度越快，即越先到达检测器。因此，飞行时间质量分析器可以检测和区分不同离子的分子量，质量测定的精确度高。

4. 质量检测特点 MALDI-TOF-MS 具有较宽的质量检测范围（>300 KDa）、较高的精确度；分析速度快，分离的离子峰直观；对标本的质量和用量要求较低，1 pmol 甚至更少的标本量即可用于检测。

（二）电喷雾串联质谱技术

电喷雾串联质谱技术（ESI-MS）是生物大分子研究的重要工具。

1. 原理 电喷雾串联质谱仪能直接分析溶液标本。由于该质谱法不存在标本加热气化的过程，因而特别适用于分析强极性、难挥发或热不稳定的化合物，尤其是肽类和蛋白质类物质。ESI-MS 能产生多电荷形式的离子，利用常规范围的质谱仪即可实现生物大分子的分析与测定，能快速、灵敏和准确地测定分子量高达数万到十多万的生物大分子。

ESI-MS 是利用强静电场将带电液滴转变为气态离子的一种方法。首先，样品溶液经过很细的进样管进入电喷雾室；其次，在强电场的作用下，样品溶液在毛细管出口处因电荷的分离和静电引力而破碎成许多细小的带电液滴；然后，通过逆向气流或热蒸发去除溶剂，使液滴体积不断缩小，表面电场强度不断增大，当静电引力超过表面张力时，液滴即发生"库仑爆炸"，从而形成一系列多电荷状态的离子，在毛细管出口产生"电喷雾"（图 10-3）；带电离子经过一系列分离器和静电透镜进入质量分析器进行离子分离；检测器检测出不同离子的质荷比（m/e），并以离子质荷比为横坐标，以离子峰为纵坐标，形成特异性的蛋白质指纹图谱；最后，通过与蛋白质组数据库中的图谱进行对比，即可得到鉴定结果。

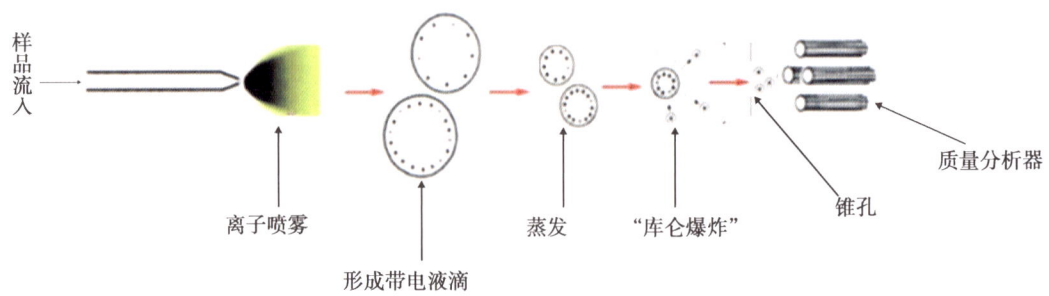

图 10-3 电喷雾串联质谱技术原理示意图

2. 特点 ①ESI-MS 是一种软电离技术，不产生碎片离子，可以在不破坏生物大分子的情况下，观察到蛋白质的非共价键作用和肽段的翻译与修饰情况；②质量检测范围宽（分子量为数万至数十万 Da），并能通过多电荷离子峰获得分子的平均质量；③灵敏度高，可检测 pmol（10^{-12} mol）至 fmol（10^{-15} mol）水平；④精确度高。另外，ESI-MS 还可以与液相色谱等技术联合使用，进一步提高其分析混合物的精确度。

3. 分类 ESI-MS 可分为电喷雾空间串联质谱技术和电喷雾时间串联质谱技术。空间串联需要使用多个独立的质量分析器，包括飞行时间质量分析器、三级杆质量分析器、四级杆质量分析器等；时间串联质谱技术则使用同一个质量分析器，通过分析过程的时间顺序划分，包括四级杆质量分析器和离子阱质量分析器等。

4. 应用 ESI-MS 能够解决强极性、热不稳定蛋白质的电离以及大分子有机物分子质量检测的问题。此外，与其他质谱技术相比，ESI-MS 可显著提高混合物检测与分析的灵敏度、准确性和复杂性，拓宽了质谱技术在蛋白质研究领域的应用。

（1）复杂肽类混合物的分析：ESI-MS 一般不产生碎片离子，虽然可以准确测定蛋白质或多肽的分子量，但无法分析蛋白质的结构和氨基酸序列。ESI-MS 可与离子解离等技术相结合，用于分析蛋白质的一级结构和共价修饰位点等。该方法常用于鉴定复杂的肽类混合物，如混合蛋白裂解物或 SDS-PAGE 凝胶上的混合蛋白质条带。ESI-MS 特别适用于串联质谱分析，因为 ESI-MS 可以产生多个离子电荷峰，而多电荷离子容易断裂，这可以增加碰撞活化。其中最常使用的裂解技术是与惰性气体撞击的碰撞诱导解离。碰撞诱导解离技术通过与惰性气体碰撞，将部分动能转化为内部能量，激活离子，促使多肽裂解，并串联多肽碎片离子信息，以分析多肽的氨基酸序列，可用于监测目标肽，并获得其完整的序列信息。

（2）寡核苷酸片段的分析：ESI-MS 的出现为寡核苷酸及其类似的结构和序列分析提供了一种强有力的方法。ESI 可部分降解待测寡核苷酸标本，并在不同的时间点对其进行采样以进行质谱分析，从而获得寡核苷酸部分降解的分子离子峰信号。通过比较两个相邻片段的分子量，即可以计算出切割的核苷酸单体的分子量。将寡核苷酸的分子量与 4 种脱氧核苷酸的标准分子量进行比较，可读取寡核苷酸的序列信息。

小结

生物质谱仪的组成通常包括样品导入系统、离子源、质量分析器、检测器及数据采集与分析系统。目前临床上使用的生物质谱技术主要包括 MALDI-TOF-MS 和 ESI-MS，两者分别采用的是适用于生物大分子检测与分析的基质辅助激光解吸电离和电喷雾电离技术。

第二节　生物质谱技术的临床应用

一、基质辅助激光解吸电离飞行时间质谱技术鉴定细菌

快速鉴定致病菌是诊断及有效治疗疾病的关键。采集、分离及鉴定致病菌的传统方法是利用鉴别性培养基或选择性培养基进行培养，再通过显微镜观察，以菌落形态和特征表现作为分离的指标。此外，还可以采用生化或血清学方法分离与鉴定微生物。然而，这些方法往往需要投入很多时间及人力。

生物质谱是一个功能强大的分析工具。目前，临床微生物实验室已普遍应用质谱仪鉴定大量细菌和真菌，从而实现快速鉴定微生物。这种鉴定具有高效性和准确性，可快速检测和鉴

定革兰氏阳性菌、革兰氏阴性菌、厌氧菌、分枝杆菌和酵母菌等，而且实验成本较低，已经成为微生物鉴定的常用方法。研究显示，基质辅助激光解吸电离飞行时间质谱技术与传统方法相比，可以降低实验室成本，显著缩短检测结果报告时间，与传统方法所需的数小时相比是一个质的飞跃。

MALDI-TOF-MS 的发展，解决了以往分析复杂标本的问题，这种软电离法不会产生太多的碎片离子，可扩大分子质量检测的范围，故可应用于分析各种生物分子，如糖类、蛋白质、多肽、脱氧核糖核酸、核糖核酸及聚合物。目前，MALDI-TOF-MS 基于细菌表面蛋白质分子检测技术，通过测定未知微生物自身独特的蛋白质指纹图谱及特征性的图谱峰，并与数据库中参考菌株的蛋白指纹图谱进行比对，可直接鉴定细菌的属、种及亚种。下文主要介绍基质辅助激光解吸电离飞行时间质谱技术在细菌鉴定方面的应用。

（一）采用细菌蛋白质指纹鉴定细菌

应用 MALDI-TOF-MS 分析细菌标本，主要通过比对蛋白质、多肽或细胞内其他成分的质谱图而达到区分或鉴别细菌的目的。目前，蛋白质组数据库已广泛用于鉴定细菌标本。

应用 MALDI-TOF-MS 分析细菌标本时，标本的制备非常重要。在实验过程中，培养条件、基质、溶剂、细胞裂解方式及点样方法都是变量。通常，细菌标本主要从培养液或单一菌落中取得，然后将标本点样在标本盘上，再进行质谱分析。在标本制备过程中，最常使用的基质是 α-氰基-4-羟基苯甲酸、芥子酸及羟基苯丙烯酸；相比后两者，前者拥有较好的信噪比，可以降低背景噪声，羟基苯丙烯酸则适用于分子量 ≥15 KDa 的标本检测。

（二）采用其他生物标志物鉴定细菌

蛋白质含量多且与基因有相关性，是细菌鉴定最常用的物质。除蛋白质外，MALDI-TOF-MS 也可鉴定其他种类的生物标志物，如细菌内毒素（是一种脂多糖，是革兰氏阴性菌外膜的重要组成成分）。细菌内毒素结构包含脂质和多糖，脂质部分为脂质 A，可被固定在细胞膜内。以薄层色谱法选择性分离及萃取细菌内毒素后，可直接采用 MALDI-TOF-MS 分析内毒素。另外，还可直接利用 MALDI-TOF-MS 鉴定由 3 种柠檬酸杆菌及 2 种德氏乳杆菌菌株萃取出的脂质 A。此方法的优点是能够鉴定微量的细菌、内毒素及脂质 A。

（三）细菌的药物敏感性检测

MALDI-TOF-MS 可用于病原体的药物敏感性检测。常规的药物敏感试验方法比较费时，仅限于检测少数细菌。MALDI-TOF-MS 则可通过比对耐药菌株和药物敏感菌株间的特征性蛋白质和图谱峰以及检测耐药菌株与抗生素共培养后的分解产物，分析其几乎所有的耐药机制。因此，随着质谱技术在临床微生物实验室的应用和数据库的进一步完善，MALDI-TOF-MS 技术将会在细菌鉴定、菌种分型、同源分析、耐药监测等方面发挥更大的作用。

MALDI-TOF-MS 鉴定微生物非常迅速，可以在数分钟内完成微生物鉴定。同时，MALDI-TOF-MS 操作简便，可实现高通量检测，能同时鉴定多个标本。

二、生物质谱技术在蛋白质组学中的应用

从分析化学的角度来看，蛋白质组学是针对某一蛋白质组进行定性、定量及功能分析。定性分析包括鉴定蛋白质的氨基酸序列、翻译后修饰及蛋白质之间的相互作用等；定量分析则是比较蛋白质组（某一生物体内所有的蛋白质）在不同状态下表达量的差异。然而，蛋白质组在数量及结构上的复杂性远超过基因组，人类 3 万个基因所能表达的蛋白质可能超过 10 万

个,加之翻译后修饰,其整体复杂程度难以估计。双向凝胶电泳分离蛋白质和生物质谱鉴定蛋白质是蛋白质组学研究的基本技术平台。以质谱技术为基础的蛋白质组研究已成为当前蛋白质组学研究中最重要的手段,尤其是电喷雾串联质谱技术和基质辅助激光解吸电离质谱技术的出现,使蛋白质的鉴定技术得到飞速发展。随着质谱技术的快速发展,可以实现快速、灵敏、可靠地进行蛋白质的定性、定量分析。下文主要介绍生物质谱技术在蛋白质组学中的应用。

(一)以生物质谱技术为基础的蛋白质组定性分析

21 世纪初,质谱分析技术逐渐取代以埃德曼降解反应为基础的蛋白质测序法,成为多肽测序与蛋白质鉴定的主要化学分析工具。以质谱技术为基础的蛋白质分析技术被广泛应用。

> **知识链接**
>
> **埃德曼降解反应**
>
> 埃德曼降解反应是蛋白质或肽的氨基末端分析法之一,即将异硫氰酸苯酯(PTH)在弱碱性条件下与氨基酸、肽或蛋白质的游离氨基反应,然后用酸处理,从多肽链上仅使氨基末端残基以氨基酸的苯基乙内酰硫脲衍生物形式游离出来,然后进行分析。根据此原理设计出的自动分析仪进行分析时,能够可靠地测定肽链上的 30 个左右氨基酸残基序列,甚至可以分析 50~60 个氨基酸残基。在最适宜的条件下,每形成一次 PTH-氨基酸,效率都可保持在 99% 以上。另外,此方法标本用量少,一般仅用 10~100 pmol 多肽即可测定氨基酸序列。对于肽链较长的多肽,可以先将肽链切成多个短小的肽,再进行氨基酸分析,然后将所获得的信息拼接起来,即可读出起始肽链中的氨基酸序列。

1. 从头测序法 从头测序是将蛋白质水解为多肽后,以串联质谱仪先选取特定质荷比的多肽作为前体离子,然后将其送入碰撞室。前体离子了与氢气或氨气等气体分子发生碰撞,将部分动能转变成分子内能,造成前体离子的化学键断裂,产生的碎片离子随即进入质量分析器,通过检测可获得多肽碎片质谱图。根据图谱可推算出多肽的氨基酸序列。此方法适用于缺乏可检索的蛋白质组数据库时,以分析未知物种的基因组序列、基因组成、进化特点等,而不适用常规的蛋白质鉴定。

2. 检索数据库测序法 自人类基因组测序完成后,将基因序列转译为蛋白质序列,建立了完整的蛋白质序列数据库。利用生物信息软件将数据库中的蛋白质进行计算机仿真解离,可得出其多肽质量、碎裂后的碎片离子质量;再将质谱数据与计算机仿真数据进行比对,用统计学方法即可找出最符合实测值的蛋白质序列。检索数据库测序主要有多肽质量指纹图谱和多肽碎片模式。

多肽质量指纹图谱是指将特定的蛋白质用特定的水解酶(最常用的是胰蛋白酶)水解成多肽后,用质谱仪测量出多肽质量指纹图谱(具有唯一性,像人类的指纹一样,不同的蛋白质多肽质量指纹不同)。然后与利用数据库序列计算产生的"理论多肽质量指纹图谱"进行比对,最后以比对算法配合统计学评估法找出最有可能为正确蛋白质的序列(图 10-4)。该方法能提升蛋白质鉴定的效率与正确率。

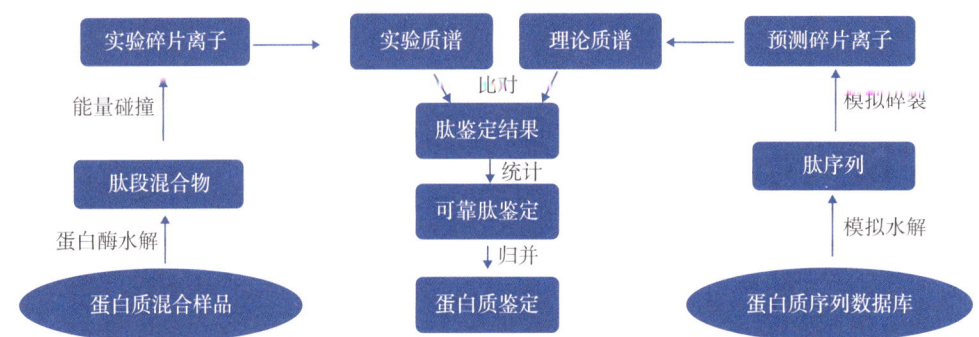

图 10-4 多肽质量指纹测序流程示意图

3. 蛋白质鉴定流程 目前，利用质谱分析方法鉴定蛋白质已有多种标准化的流程，以图 10-5 所示流程为例进行说明。首先，根据生物样品的复杂度、目的蛋白质的浓度不同，设计不同的提取方法来提取蛋白质；其次，对提取的蛋白质通过二维凝胶电泳进行分离、浓缩、纯化；再次，将要分析的目的蛋白质利用胰蛋白酶进行水解处理，使其成为多肽混合物；接着将含有多肽混合物的标本以电喷雾电离法或基质辅助激光解吸电离法离子化，并进行质谱分析，得到质谱图；最后，与蛋白质数据库进行比对后，即可得到准确的蛋白质信息。

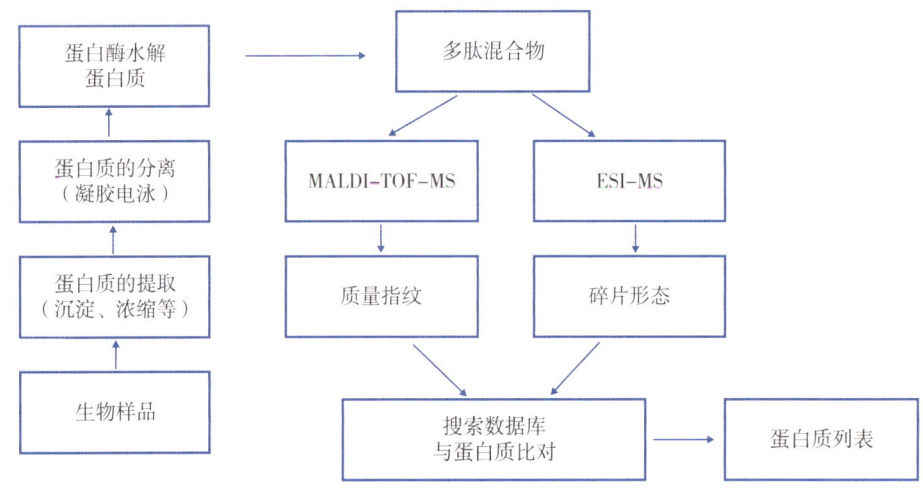

图 10-5 生物质谱技术鉴定蛋白质流程示意图

（二）以生物质谱技术为基础的蛋白质组定量分析

蛋白质的鉴定是蛋白质组学的首要任务。以定量分析方法比较生物体（或器官、组织、细胞）在不同生理状态下（健康和疾病、疾病治疗前后）蛋白质表达量的变化，能找出具有调控功能的蛋白质，以便进一步了解它们与病理机制的关系。

对于组成复杂的蛋白质而言，现阶段的质谱仪仍无法一次分析数以千计甚至上万的蛋白质信息，全面分析蛋白质组中每一个蛋白质的浓度可行性不高，绝对定量分析仅限于数个蛋白质的范围。目前大部分采用的是蛋白质相对定量分析，比较在多种不同状态下的蛋白质标本，再找出相对浓度发生变化的蛋白质，并鉴定其身份。此外，由于蛋白质组的复杂程度较高，如果要检测蛋白质组中的每一个蛋白质，在进行质谱分析前，就必须借助适当的蛋白质分离技术，以降低标本的复杂程度。因此，目前定量蛋白质组常用的方法有通过双向电泳来分离、定量，或通过液相色谱法分离联合质谱分析的方法。

采用液相色谱-质谱法进行蛋白质组定量分析的基本原理是：首先，将生物样品中的所有蛋白质用蛋白酶水解处理，得到复杂的多肽混合物；其次，通过液相色谱将多肽混合物进行分类分离，得到多种不同种类的多肽溶液；然后，将分离后的多肽，以电喷雾法电离并使之进入串联质谱仪进行质谱分析；最后，根据质谱图分析，可得知生物样品中蛋白质组的种类和浓度。

小结

临床常用的 MALDI-TOF-MS 主要通过比对蛋白质、多肽或细胞内其他成分的质谱图而达到区分细菌的目的。目前，指纹数据库已广泛用于鉴定细菌标本。

思考题

一、选择题

1. 生物质谱技术常用于
   A. 蛋白质组学研究　　B. 转录子组学研究　　C. 基因组学研究
   D. RNA 组学研究　　　E. 脂类组学研究
2. 生物质谱技术测量的是生物大分子的
   A. 离子数　　　　　　B. 离子质荷比　　　　C. 体积
   D. 结构　　　　　　　E. 质量
3. 需要基质的电离方式是
   A. 电喷雾电离　　　　　　　　　B. 基质辅助激光解吸电离
   C. 电子电离　　　　　　　　　　D. 化学电离
   E. 大气化学电离
4. 最常用于生物大分子的电离方式是
   A. 电子轰击电离　　　　　　　　B. 基质辅助激光解吸电离
   C. 场电离　　　　　　　　　　　D. 化学电离
   E. 大气化学电离
5. 不需要真空的质谱仪构件是
   A. 离子源　　　　　　B. 质量分析器　　　　C. 检测器
   D. 数据分析系统　　　E. 样品导入系统

二、问答题

1. 简述生物质谱分析法的基本流程。
2. 简述目前临床上常用的生物质谱技术的基本原理及分类。

（董岩岩）

第十一章 分子生物学检验新技术

学习目标

通过本章内容的学习,学生应能够:

识记:
1. 陈述数字PCR技术和第三代测序技术的主要分类。
2. 列举数字PCR与实时荧光定量PCR的异同点。
3. 列举第三代测序技术与第二代测序技术、第一代测序技术的异同点。

理解:
1. 解释数字PCR技术的基本原理。
2. 解释第三代测序技术的基本原理。

运用:
分析基于第三代测序技术和数字PCR技术的医疗器械产品的应用场景。

案例导入

案例 11-1

神经元性核内包涵体病是以中枢和外周神经系统以及内脏器官内嗜酸性透明包涵体为特征的一种罕见的慢性进展的神经退行性疾病。其致病机制至今尚不明确。近年来,研究者利用全基因组测序及全外显子组测序,尚未发现任何致病性的单核苷酸多态性或拷贝数变异,而在利用第三代测序技术时则发现患者都存在GGC序列重复扩增,这表明三核苷酸重复序列特异性扩增可能是本病的致病机制之一。

思考题:
1. 何谓第三代测序技术?
2. 第三代测序技术有哪些优点?

第一节 数字聚合酶链反应技术

数字聚合酶链反应技术即数字 PCR（digital polymerase chain reaction，dPCR）技术，本质上是把弱信号从噪声信号中提取出来，是一种核酸绝对定量分析方法。1992 年，Sykes 等在标本稀释和泊松分布数据处理的巢式 PCR 定量分析技术的基础上，提出了数字 PCR 的构想。之后，随着单分子定量技术、微升级 PCR 定量技术、芯片 PCR、百万级微流体数字 PCR 等技术的突破性发展，数字 PCR 技术逐渐被引入临床分子生物学检验。

一、数字 PCR 技术的基本原理

数字 PCR 技术一般包括两部分，即 PCR 扩增和荧光信号分析。在 PCR 扩增阶段，数字 PCR 先将样品稀释到单分子水平，再将其平均分配到数十至数万个单元中进行反应。与实时荧光定量 PCR 技术对每次循环进行实时荧光测定的方法不同，数字 PCR 是在扩增结束后对每个反应单元的荧光信号进行采集，有荧光信号标记为 1，无荧光信号标记为 0。有荧光信号的反应单元中至少包含 1 个拷贝的目标分子（DNA 模板），再通过直接计数或泊松分布公式计算得到样品的原始浓度或含量（图 11-1）。

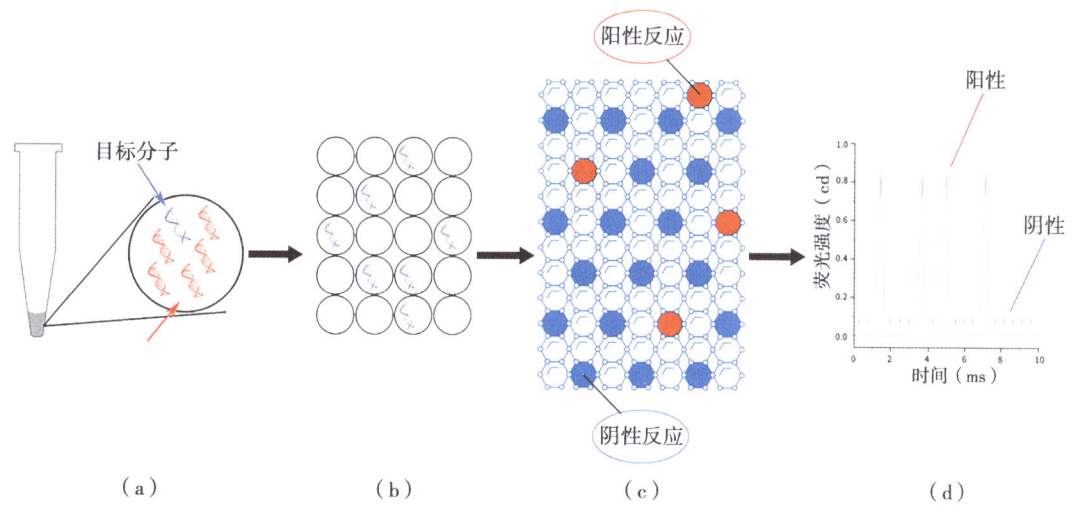

（a）样品，（b）样品被分成多个微小的反应单元，（c）PCR，（d）检测荧光信号

图 11-1 数字 PCR 技术原理示意图

二、数字 PCR 技术的分类

目前，数字 PCR 技术主要有 3 种类型：微反应室/孔板数字 PCR 技术、微滴数字 PCR 技术和集成微流控芯片数字 PCR 技术。

（一）微反应室/孔板数字 PCR 技术

数字 PCR 的灵敏度取决于反应单元的总数，因此，理论上反应单元数越多，越有利于提高灵敏度和准确度。Morrison 等在长和宽分别为 75 mm、25 mm 的不锈钢芯片上刻蚀了 3072 个直径为 300 μm 的微反应室，使每个反应单元的体积降低至 33 nl。该芯片可在商品化 PCR 仪上使用，与 384 孔板的检测灵敏度相当，但反应体积降低为原来的 1/64，使样品通量提高了 24 倍。

（二）微滴数字 PCR 技术

微滴数字 PCR（droplet digital PCR，ddPCR）源于乳液 PCR 技术，是将模板与连接引物的磁性微球以极低的浓度包裹于油水两相形成的纳升至皮升级微滴中进行扩增，扩增后的产物富集在磁性微球上，破乳后收集扩增产物并进行测序。通过油水两相间隔得到的以微滴为单位的 PCR 反应体系，更容易实现小体积和高通量测序，而且反应体系简单、成本低，已成为理想的数字 PCR 技术平台。

该技术的优点包括：①能够检测含量极低的核酸序列，灵敏度高，甚至可检测单个核酸分子，检测限度低至 0.001%，其原因在于微滴化步骤可以实现靶 DNA/RNA 的富集。②不需要标准品（标准曲线）即可对靶分子起始量进行绝对定量分析。③特别适用于检测基质复杂的样品，终点 PCR 检测不依赖 Ct 值，不依赖扩增效率，且不受 PCR 抑制剂的影响；适用于对动物血样、石蜡包埋组织、粪便、尿液、痰液、水样、土壤、植物等复杂标本进行 DNA 的绝对定量分析。④能够有效区分浓度差异（变化）微小的样品，具有更好的准确度、精密度和重复性，可用于精确测定靶基因的相对表达水平、基因拷贝数变异分析等。

（三）集成微流控芯片数字 PCR 技术

微流控芯片又称微全分析系统或芯片实验室。微流控芯片 PCR 技术采用微流控芯片，将 PCR 反应液分割成数量众多且体积相等的反应单元，通过检测扩增后荧光信号呈阳性反应单元的数量，对核酸模板进行定量分析，具有可绝对定量、灵敏度高等优点。微流控芯片技术的发展提供了一个可实现低成本、小体积和高通量平行 PCR 分析的理想平台。

1. 微流控芯片的原理 微流控芯片采用类似半导体的微机电加工技术，在芯片上构建微流控系统，将实验与分析过程转载到由彼此联系的路径和液相小室组成的芯片结构上。加载生物样品和反应液后，采用微机、微泵、电水力泵和电渗流等方法驱动芯片中缓冲液的流动，形成微流控系统，在芯片上进行一种或连续多种反应。采用多种检测系统以及分析手段可以对样品进行快速、准确和高通量分析（图 11-2）。

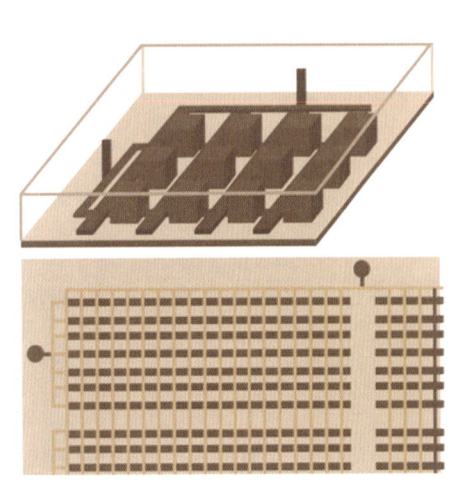
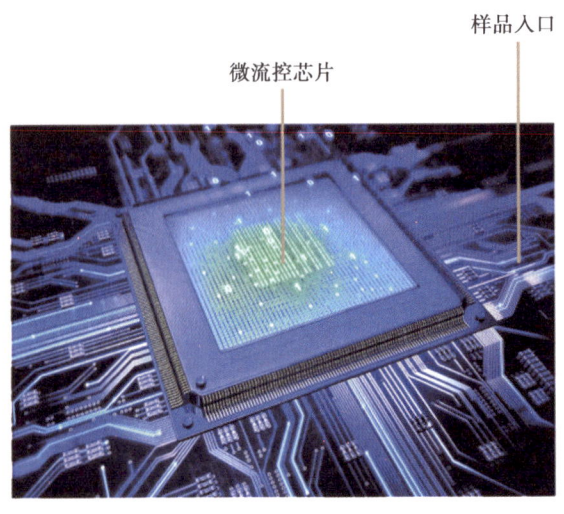

图 11-2　微流控芯片示意图

2. 制作微流控芯片的材料　用于制作芯片的材料有单晶硅、无定形硅、玻璃、金属和有机聚合物，如环氧树脂、聚甲基丙烯酸甲酯、聚碳酸酯和聚二甲基硅氧烷等。使用光刻和蚀刻技术可以将微通道网络集成在各种芯片材料上。目前，聚二甲基硅氧烷已广泛用于微流控芯片的制备。

3. 微流控芯片的制作方法

（1）芯片的微结构制作方法：根据光刻与蚀刻法分为模塑法、热压法、激光烧蚀法、微接触印刷法、湿法刻蚀和干法刻蚀。

（2）芯片的封合方法：键合是芯片制作过程中的一个关键环节。具体方法有热键合、阳极键合和黏结等。其中，最常用的是热键合。

（3）芯片的微通道构型和进样、驱动方式：较普遍的微通道结构为"T"形、"十"字交叉形和双"T"形，在设计通道时应注意死体积区、弯道效应等。

（4）微流控芯片的检测方法：与传统的分析系统相比，微流控芯片对检测装置有某些特殊要求，如分析系统的灵敏度、速度、特殊结构、多重平行检测功能等。目前较常用的方法有紫外吸收检测法、荧光检测法、化学发光检测法以及电化学检测法。

三、数字 PCR 技术的应用

数字 PCR 技术在临床上不仅可用于病原体的定性分析，而且可用于病原体 DNA 或 RNA 的准确定量分析。同时，应用该技术能对整个病程中潜在病原体的活动情况等进行动态研究，有助于临床疾病的早期诊断、药物疗效观察、病情观察及预后评估等。

（一）肿瘤早期研究

1. 稀有突变检测　应用 dPCR 法对肺癌患者痰液标本进行检测，结果显示有 30%~50% 的患者存在 *EGFR* 突变，这与采用血液标本的检出率相似，表明使用 dPCR 进行痰液检测可代替活检。另外，dPCR 还可用于其他体液标本的检测，有利于通过非侵入性方式诊断肿瘤。

2. miRNA 定量分析　miRNA 是一类内源性的具有调控功能的非编码 RNA，可以参与调节细胞功能，并能稳定地存在于外周血中，可发展为癌症早期的肿瘤标志物。dPCR 可以用于血液标本 miRNA 的定量分析。

3. 拷贝数变异研究　拷贝数变异（copy number variation，CNV）是指基因组中存在的拷贝数发生了非正常变化，表现为缺失、扩增和易位，长度为数百到数百万个碱基对，可能与疾病的易感性有关。使用 dPCR 确定目的基因后，用限制性内切酶来分离目的基因，将每个模板稀释到独立的微滴中，然后分别计数，可以获得极高的精确度，从而确定拷贝数变异情况。拷贝数变异研究对了解肿瘤的发生和发展具有重要的作用。

（二）感染性疾病的诊断

采用 dPCR 能准确地检测出标本中 HBV 的拷贝数，判断患者体内的病毒是否处于复制期，复制情况如何，以及患者是否具有传染性等情况。

针对病原微生物基因组的特征性片段、染色体 DNA 的序列多态性、基因变异位点及特征等，设计和选择合适的核酸探针，就能获得病原微生物种属、亚型、毒力、抗药性、致病性、同源性、多态性、变异和表达等信息，为疾病的诊断和治疗提供参考。应用微流控芯片同时可检测数种至数十种呼吸道病毒，并可准确鉴定病毒的种属、型和亚型。

(三)产前诊断

产前诊断是指在出生前利用分子遗传学和医学影像学方法,对胚胎或胎儿的发育状态、是否患有疾病等进行诊断。产前诊断方法大都需要通过羊膜腔穿刺、绒毛取样等有创性技术,从母体子宫内获得胎儿标本进行检测和分析。虽然上述技术能确保检查的准确性和安全性,但仍存在一定的风险。数字 PCR 技术比传统定量 PCR 技术具有更高的准确性和分辨率,在产前检查方面具有广泛的应用前景。研究表明,利用数字 PCR 技术进行孕妇血浆胎儿染色体异常分析,可检测出 25% 的胎儿基因。

(四)第二代测序

第二代测序技术需要通过测序校正分子数量,文库制备需要微克级的标本核酸,对标本量要求较高。数字 PCR 实现了测序文库的绝对定量,消除了构建 PCR 定量标准曲线等不确定因素,相对标准偏差<10%,在无滴定情况下,也能满足直接测序的精度要求。

(五)环境微生物检测

由于 dPCR 灵敏度更高,因此不需要进行细菌培养就可对标本直接进行快速鉴定。采用多种细菌的通用引物进行多重 PCR 分析,还可提高通量,节约成本,实现快速诊断。

(六)多重 PCR 实现快速诊断

对突发或不明原因感染进行确诊时,需要对标本进行大规模选择性地筛查,如在同一反应体系中进行多重反应和定量分析多种目的片段,在保证荧光信号强度与探针浓度呈正比的前提下,通过调整荧光素的浓度以及两种荧光素混合时的配比,可以在同一反应中检测很长的特定序列的突变。

数字 PCR 是一种全新的绝对定量分析方法,在分子诊断领域将会发挥更大的作用,尤其是对于临床分子生物标志物的筛选及检测方面,具有巨大的促进作用。

> **小结**
>
> 数字 PCR 技术的基本原理是先将样品稀释到单分子水平,再平均分配到数十至数万个单元中进行反应。数字 PCR 技术主要有 3 种类型:微反应室/孔板数字 PCR 技术、微滴数字 PCR 技术和集成微流控芯片数字 PCR 技术,可应用于肿瘤早期筛查、感染性疾病的诊断和快速诊断以及遗传病的诊断等。

第二节 第三代核酸序列分析技术

第三代核酸序列分析技术又称第三代测序技术,是指单分子测序技术,即不需要经过 PCR 扩增就可以实现对每一条 DNA 分子的单独测序。第三代测序技术的原理主要分为两类:第一类是单分子荧光测序技术,代表性的技术为真正的单分子测序(single molecule sequencing)技术和单分子实时测序(single molecule real time sequencing)技术。第二类是纳米微孔测序技术,新型纳米微孔测序法(nanopore sequencing)是采用电泳技术,借助电泳驱动单个分子逐一通过纳米微孔以达到测序的目的。

一、单分子荧光测序技术的基本原理

(一)真正的单分子测序技术

该测序技术是由斯坦福大学的 S. R. Quake 等提出的,是一种利用光学信号进行 DNA 碱基识别的边合成边测序(sequencing by synthesis,SBS)技术。该技术无需对标本进行 PCR 扩增,简化了测序文库的构建过程,也避免了 DNA 扩增中出现的错误。

已商业化的基于该测序技术原理的单分子荧光测序仪的基本原理是:将待测序列分割成小片段,并在 3′ 端加上 poly(A),用末端转移酶在接头末端加上 Cy3 荧光标记。将小片段与表面带有寡聚 poly(T)的平板进行杂交。然后加入 DNA 聚合酶和 Cy5 荧光标记的 dNTP 进行 DNA 合成反应,每一轮反应加入 1 种 dNTP。之后,将未参与合成的 dNTP 和 DNA 聚合酶洗脱,检测上一步记录的杂交位置是否有荧光信号。若有信号,则表明该位置结合了所加入的 dNTP,再用化学试剂去掉荧光标记,以便进行下一轮反应。经过不断地重复合成、洗脱、成像、淬灭过程,即可完成测序。读取长度为 30~35 bp,每一循环数据产出量为 21~28 Gb。

(二)单分子实时测序技术

单分子实时测序技术基于边合成边测序的原理,以单分子实时测序芯片为载体进行测序反应。单分子实时测序芯片是一种带有很多零模波导孔的厚度为 100 nm 的金属片。将 DNA 聚合酶、待测序列和不同荧光标记的 dNTP 放入零模波导孔的底部进行合成反应。与其他技术不同的是,荧光标记的位置是磷酸基团,而不是碱基。当 1 个 dNTP 被加入合成链的同时,会进入零模波导孔的信号检测区,并在激光束的照射下发出荧光,根据荧光种类即可判断 dNTP 的种类。由于其在信号检测区停留的时间与进入、离开的时间相比较长,所以信号强度较强。在下一个 dNTP 被添加之前,这个 dNTP 的磷酸集团可被氟聚合物切割并释放,荧光分子即离开荧光信号检测区。单分子实时测序技术的测序速度很快,可达每秒 10 个 dNTP(图 11-3)。

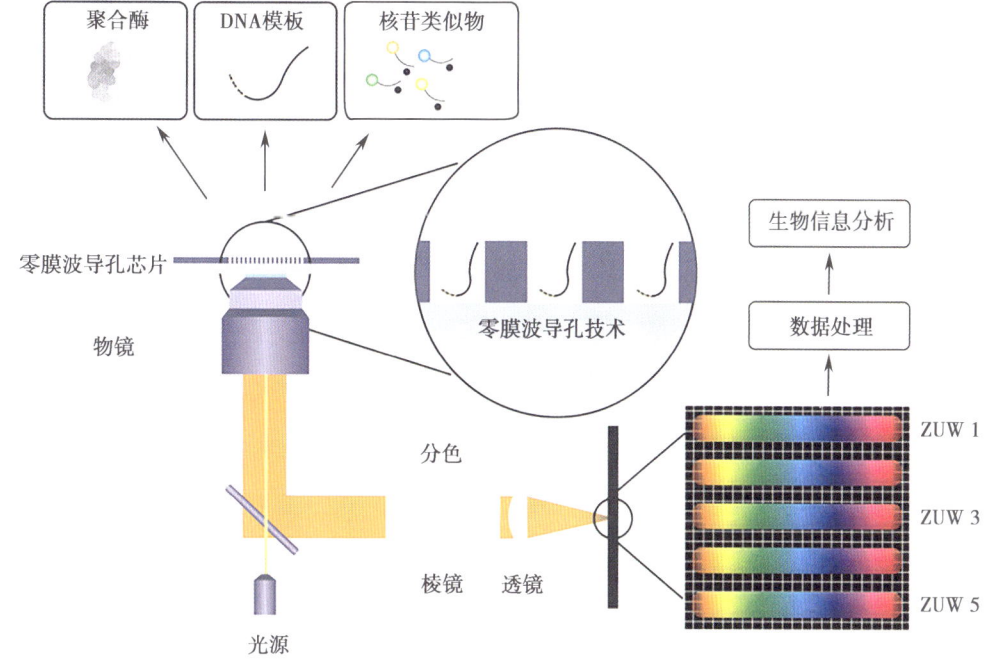

图 11-3 单分子实时测序技术流程示意图

二、纳米微孔单分子测序技术的基本原理

纳米微孔单分子测序技术是一种基于电信号测序的技术。主流的纳米微孔测序技术是应用一种以 α-溶血素为材料制作的纳米微孔，在孔内有分子接头环糊精共价结合。用核酸外切酶切割 ssDNA 时，被切下来的单个碱基会落入纳米微孔，并与孔内的环糊精相互作用，短暂地影响流过纳米微孔的电流强度。这种电流强度的变化幅度就成为每种碱基的特征。碱基在纳米微孔内的停留时间是毫秒级的，其解离速率常数与电压有关，180 mV 的电压就能够保证在电信号记录后将碱基从纳米微孔中清除。纳米微孔单分子测序技术的另一个特点是能够直接读取甲基化的胞嘧啶，而不像传统方法那样需要用重亚硫酸盐处理，这有助于在基因组水平研究表观遗传相关现象。该测序法准确率高，且发现错误后易于修正，因为 4 种碱基中的 2 种与其余 2 种的电信号差异很明显。另外，由于每次只测定一个核苷酸，所以很容易解决同聚物长度的测量问题。该技术目前的问题是需要寻找合适的外切酶载体以及承载纳米微孔平台的材料。

三、第三代测序技术的特点

1. 测序速度快 第三代测序技术实现了 DNA 聚合酶自身的反应速度，每秒可检测 10 个碱基，测序速度是化学法测序的 2 万倍。

2. 检测序列长 第三代测序技术实现了 DNA 聚合酶自身的延续性，同一反应就可以检测非常长的序列，能检测数千个碱基。

3. 测序精度高 第三代测序技术的测序精度非常高，可达 99.9999%。

4. 可直接测定 RNA 序列 DNA 聚合酶能够实时观察，以 RNA 为模板复制 DNA 的逆转录酶也同样可以。对 RNA 进行直接测序，可显著减少体外逆转录产生的系统误差。

5. 可直接测定甲基化 DNA 序列 实际测序时，DNA 聚合酶复制碱基 A、T、C、G 的速度是不同的。以正常的碱基 C 或者甲基化的碱基 C 为模板，DNA 聚合酶停顿的时间不同。根据这一差异，可以判断模板的碱基 C 是否甲基化。

第一代测序技术、第二代测序技术和第三代测序技术的测序原理和特点比较见表 11-1。总体而言，第三代测序技术既突破了第一代测序技术通量低的瓶颈，又具有第二代测序技术高通量的优点，同时能实现单分子测序。

表11-1 第一代、第二代和第三代测序技术的比较

测序技术	方法/酶	测序长度	每次循环的数据产出量	每次循环耗时	主要错误来源
第一代测序技术	Sanger 法 /DNA 聚合酶	1000 bp	56 kb	—	—
第二代测序技术	焦磷酸测序法 /DNA 聚合酶	400 bp	400~600 Mb	10 h	插入/缺失
	边合成边测序 /DNA 聚合酶	2~75 bp	20.5~25 Gb	9.5 d	替换
	连接酶测序 /DNA 连接酶	2~50 bp	10~15 Gb	6~7 d	替换
第三代测序技术	边合成边测序 /DNA 聚合酶	30~35 bp	21~28 Gb	8 d	替换
	边合成边测序 /DNA 聚合酶	100 000 bp	—	—	—
	电信号测序 /核酸外切酶	无限长	—	—	—

四、第三代测序技术的应用

（一）基因组测序

由于具有超长读长的特点，单分子实时测序技术在基因组测序中能减少测序后的重叠群（contig）数量，明显减少后续基因组拼接和注释的工作量，节省大量时间。

（二）甲基化研究

单分子实时测序技术采用的是对DNA聚合酶的状态进行实时监测的方法，聚合酶合成每一个碱基，都需要一定的时间，而当模板碱基被修饰时，聚合酶的合成速度就会减慢。如果带有修饰的碱基两个相邻的脉冲峰之间的距离和参考序列的距离比值>1，就可以推断该位置有修饰。美国芝加哥大学的研究人员利用单分子实时测序技术和5 hm C的选择性化学标记方法进行高通量检测5 hm C。通过聚合酶动力学信息，可直接检测到DNA甲基化，包括N6甲基腺嘌呤、5 m C和5 hm C，为表观遗传学研究提供了一条新的思路。

（三）单核苷酸突变鉴定

单分子测序技术的分辨率具有不可比拟的优势，而且不需要经过PCR扩增，就不会产生扩增引入的碱基错误，所以适用于进行特定序列的SNP检测、稀有突变及其频率测定。例如，在医学研究中，对于 *FLT3* 基因是否是急性髓系白血病的有效治疗靶标一直没有定论。研究人员采用单分子测序技术分析患者耐药基因，发现患者耐药性与 *FLT3* 基因下游出现的稀有突变有关，同时表明 *FLT3* 基因是急性髓系白血病的有效治疗靶标。单分子测序技术平均3000 bp的读长可获得更多基因下游的信息，且能够检测到低频率（低至1%）的罕见突变，对相关疾病研究具有重要的意义。

小结

第三代测序技术通常包括单分子荧光测序技术和纳米微孔单分子测序技术。第三代测序技术具有高通量、超长读长、高精度、快速检测的特点，并可检测RNA和甲基化的DNA序列。

思考题

一、选择题

1. 微滴数字PCR的检测灵敏度为
   A. 1%　　　　　　　　　B. 0.1%　　　　　　　　C. 0.01%
   D. 0.001%　　　　　　　E. 0.0001%
2. 微滴数字PCR的技术优势不包括
   A. 高灵敏度
   B. 属于真正意义上的绝对定量分析方法，可统计突变率
   C. 所需标本量较多
   D. 数据分析便捷
   E. 高特异性

3. 最早提出数字 PCR 构想的是
   A. Sykes
   B. Kalinina
   C. Vogelstein
   D. Heyries
   E. Morrison
4. 数字 PCR 在临床诊断方面的应用不包括
   A. 对病原体的定性分析能力差
   B. 对病原体 DNA 或 RNA 序列可准确定量
   C. 对潜在病原体的复活可进行动态研究
   D. 可早期诊断疾病
   E. 可准确地检测出标本中 HBV 的拷贝数
5. 下列不属于数字 PCR 技术的是
   A. 微反应室数字 PCR 技术
   B. 孔板数字 PCR 技术
   C. 集成微流控芯片数字 PCR 技术
   D. 微滴数字 PCR 技术
   E. 定量 PCR 技术

二、简答题
1. 简述数字 PCR 技术的分类。
2. 简述第三代测序技术的优点。

（孟凡萍）

第十二章

临床基因扩增实验室的建立与质量管理

学习目标

通过本章内容的学习，学生应能够：

识记：
1. 陈述临床基因扩增实验室的分区、各区域功能及常见设备。
2. 列举临床基因扩增实验室的感染途径和常见应急处理措施。
3. 说出常见的生物安全设备和个人防护设备。

理解：
解释临床基因扩增实验室设计的基本原则、临床基因扩增实验室的空气流向。

运用：
1. 初步拟订临床基因扩增实验室的布局设计方案和常用设备、设施。
2. 初步制定临床基因扩增实验室分析前、中、后的质量控制措施。

案例导入

案例 12-1

基因扩增是临床分子生物学实验室最常使用的一种技术，其灵敏度高，但可出现假阳性和假阴性，并且可能引发生物安全事故。国家卫生健康委员会先后颁布了《临床基因扩增检验实验室管理暂行办法》《临床基因扩增检验实验室工作规范》和《医疗机构临床基因扩增检验实验室管理办法》等一系列法规，以规范医疗机构临床基因扩增检验实验室管理，保障临床基因扩增质量和实验室生物安全。

思考题：
1. 临床基因扩增实验室的建设应满足哪些原则？
2. 基因检测质量控制包括哪几方面？

第　节　临床基因扩增实验室的建立

临床基因扩增实验室的建设是一个复杂的系统工程，是医院检验科室建设规划的重要部分。分子生物学技术与临床工作的相互渗透、融合，极大地推动了检验医学的现代化进程。基因扩增检验的精密性及安全性对临床基因扩增实验室的设计与布局提出了严格要求。临床基因扩增实验室的设计与布局应遵守《生物安全实验室建筑技术规范》和《病原微生物实验室生物安全环境管理办法》等相关标准与法规。同时，为了保障实验室生物安全，临床基因扩增实验室应采取一系列消防安全和生物安全防护措施，以确保实验室人员的安全和实验室周围环境的安全。

临床基因扩增实验室建成后，为了最大限度地发挥其作用，实验室人才队伍的建设就非常重要。应了解临床基因扩增实验室人员的特点，运用现代化的科学方法对实验室人员进行合理规划、组织、培训、调配，实施有效管理，以保障实验室工作的顺利开展。

一、临床基因扩增实验室的布局设计与人员资质要求

分子生物学检验已逐渐成为现代检验医学领域中的一门新兴学科，能为临床诊断和治疗疾病提供十分重要的信息。但临床基因扩增检验不同于以往常规的检验项目，该技术灵敏度高，可将微量目的核酸片段扩增百万倍以上。因此，该技术的应用对实验室的布局设计、专业人员技术能力和质量管理等方面也提出了严格的要求。

（一）临床基因扩增实验室的设计原则

临床基因扩增实验室应当设置的区域包括试剂储存和准备区、标本制备区、核酸扩增区和产物分析区（表12-1）。这4个区域在物理空间上通常是完全相互独立的。各区域无论是在空间上还是在使用过程中，都应当始终处于完全的分隔状态，不能有空气的直接流通，即应遵循"各区独立，注意风向"的原则。然而，考虑到各医院和第三方检验机构的整体规划和房间布局有所差异（图12-1），在设计临床基因扩增实验室时，还应遵循"因地制宜，方便工作"的原则。根据实验室所使用仪器的功能不同，有的区域可适当合并，例如，若采用标本处理、核酸提取及扩增检验为一体的自动化分析仪，则可合并标本制备区、核酸扩增区及产物分析区。

表12-1　临床基因扩增实验室的区域及其功能

区域名称	功能
试剂储存和准备区	进行储存试剂的制备、试剂的分装和扩增反应混合液的准备，以及离心管、枪头等一次性耗材的储存和准备
标本制备区	进行核酸（DNA、RNA）的提取、储存，并将其加入扩增反应管
核酸扩增区	进行 cDNA 合成、DNA 扩增
产物分析区	进行扩增片段的进一步分析与测定，如杂交、电泳、核酸测序、质谱分析等

（二）临床基因扩增实验室的空气流向

临床基因扩增实验室的空气流向可按照试剂储存和准备区→标本制备区→核酸扩增区→产物分析区的方向进行，防止扩增产物以气溶胶的形式顺着空气气流进入扩增前的区域。可通过安装排风扇、负压排风扇实现空气压力从试剂储存和准备区→标本制备区→核酸扩增区→产物

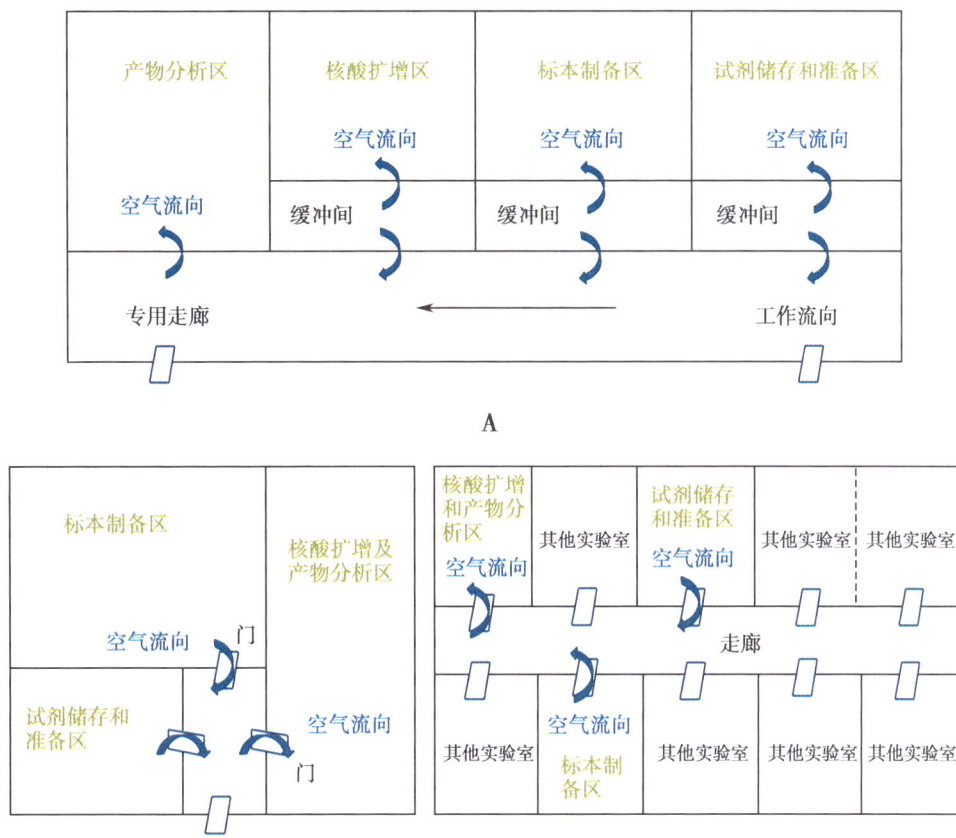

图 12-1 临床基因扩增实验室平面示意图

分析区逐渐递减，达到控制空气定向流动的目的。同时，工作人员进入各工作区域也须严格按照单一方向进行，即试剂储存和准备区→标本制备区→核酸扩增区→产物分析区，不可逆向行走。各区域还应粘贴生物安全和行走方向的警示标识。

（三）各区域注意事项和仪器设备要求

临床基因扩增实验室各区域设备不仅包括基因扩增和基因产物检验设备，还包括相应的生物安全设备或设施。临床基因扩增实验室各区域的常见设备、设施及注意事项见表12-2。

表12-2 临床基因扩增实验室各区域的设备及注意事项

区域名称	设备	注意事项
试剂储存和准备区	2~8℃和-20℃以下冰箱 高速离心机 混匀器 超净工作台 微量加样器 （覆盖0.2~1000 μl） 可移动紫外灯	储存试剂溶液经检查可用后，应将其分装储存备用，避免经常开盖吸液而造成污染及反复冻融；储存试剂和用于标本制备的消耗品等材料应当直接运送至试剂储存和准备区；试剂盒中的阳性对照品及质控品不应当保存在该区，应当保存在标本制备区

续表

区域名称	设备	注意事项
标本制备区	2~8℃和-20℃以下冰箱 高速离心机 混匀器 水浴箱或加热模块 微量加样器 （覆盖0.2~1000 μl） 可移动紫外灯 生物安全柜	标本制备应在生物安全柜内进行，对具有潜在传染危险性的标本，必须在生物安全柜内开盖，并有明确的标本处理和灭活程序；为避免标本间的交叉污染，加入待测核酸后，必须盖好含反应混合液的反应管；经高温温育后的标本，应冷却至室温后再离心；用过的吸头、标本容器等应立即放入盛有0.5%次氯酸钠溶液的废液缸内；工作台上还应放置利器盒，以便将所有存在刺破皮肤危险的利器都放入盒内；使用后的仪器都需用紫外灯照射或0.5%次氯酸钠溶液消毒
核酸扩增区	核酸扩增仪 微量加样器 （覆盖0.2~1000 μl） 可移动紫外灯	此区域最易产生扩增产物的污染源；为避免气溶胶所致的污染，应当尽量减少在此区域内走动；所有经过检验的反应管不得在此区域打开；扩增孔可用棉签蘸取0.5%次氯酸钠溶液进行孔内清洁及消毒，再用棉签蘸取蒸馏水或75%乙醇溶液清洁
产物分析区	水浴箱或加热模块 微量加样器 （覆盖0.2~1000 μl） 可移动紫外灯	此区域是最主要的扩增产物污染来源，须注意避免通过此区域的物品及工作服将扩增产物带出；由于在此区域可能会使用某些致癌物质（如溴化乙锭、丙烯酰胺、甲醛或放射性核素等），故应注意工作人员的安全防护

（四）人员资质要求

临床基因扩增实验室工作专业技术性强且易发生生物安全事故，因此，对于临床基因扩增实验室工作人员有以下要求：①实验室工作人员应具备医学检验专业或相关专业专科及以上学历，具有专业技术职称。②实验室工作人员应参加卫生部门或省临床检验中心举办的 PCR 技术培训，并取得合格证。③在岗未取得培训合格证书者，应先参加专业培训，在条件许可的情况下，尽快获取上岗培训合格证书；其临床检验过程和出具检验报告须在具有培训合格证书的技术人员监督下完成。④实验室工作人员上岗前必须学习并掌握 PCR 实验室管理相关文件。

二、临床基因扩增实验室生物安全

临床基因扩增实验室是医疗机构病原体较为集中的区域，这些病原体对实验室工作人员及周围环境具有一定的潜在危害，甚至可造成疾病的流行，危及广大群众的健康和生命安全，影响社会经济发展。因此，实验室生物安全管理是临床基因扩增实验室日常工作的重中之重。

（一）临床基因扩增实验室生物安全的相关概念

1. 实验室生物安全 实验室生物安全（laboratory biosafety）是指在实验室从事病原微生物实验活动中，采取措施避免病原微生物对工作人员和相关人员造成危害、对环境造成污染以及对公众造成伤害，保证实验研究的科学性，并保护实验对象免受污染。实验室生物安全贯穿实验的整个过程，从取样开始，直到对所有潜在危险材料的处理结束。

2. 生物剂 生物剂（biological agent）是指能够进行基因修饰、细胞培养和寄生于人体的一切微生物和其他相关的生物活性物质。

3. 危险废弃物 危险废弃物（hazardous waste）是指有潜在生物危险、易燃、易腐蚀、有毒害性、有放射性和起破坏作用的对人和环境有害的一切废弃物。

4. 气溶胶 气溶胶（aerosol）是由直径为 0.001~0.1 μm 的固态或液态微粒分散并悬浮在气体介质中形成的胶体分散体系，又称气体分散体系。在开启、摇动、倾注、搅拌液体或半流体时，均有可能产生气溶胶。

5. 个人防护装备 个人防护装备（personal protective equipment，PPE）是防止工作人员受到物理、化学和生物等有害因素伤害的各种器材和用品。

（二）实验室警示标识

为使临床基因扩增实验室操作人员免受实验室的污染与伤害，临床上对生物危害、化学危害等均有专门的警示标识，对消防安全疏散通道、紧急出口也有相应的标识。警示标识的颜色为黄底、黑边、黑色图案，形状为等边三角形，顶角向上。常见的实验室警示标识见表12-3。

表12-3 常用的实验室警示标识

标识	意义	建议粘贴处
⚠️	生物危害、当心感染	门、离心机、安全柜等
⚠️	当心毒物	试剂柜、有毒物品操作处
⚠️	当心高温	热源处
⚠️	当心锐器	锐器存放、使用处
⚠️	当心灼伤	存放和使用具有腐蚀性化学物质处
⚠️	小心腐蚀	试剂室、配液室、洗涤室

(三)实验室感染途径及应急处理

临床基因扩增实验室是病原体较为集中的地方,多种途径均可能感染实验室人员,进而导致生物安全事故。实验室人员应当熟知可能的感染途径和相应的应急处理措施。临床基因扩增实验室常见感染途径及应急处理措施如表12-4所示。

表12-4 临床基因扩增实验室感染途径及应急处理措施

感染途径	应急处理措施
呼吸道吸入气溶胶	所有人员必须立即撤离相关区域,任何暴露人员都应接受医学咨询
	应当立即通知实验室负责人和生物安全员
	为使气溶胶排出并使较大的颗粒沉降,在一定时间内(如1 h内)严禁任何人员进入实验室;若实验室没有中央通风系统,则应推迟(如24 h)进入实验室
	应穿戴适当的防护服和呼吸防护用品
进食潜在感染性物质	报告食入材料的鉴定结果和事故发生时的细节,并保留完整的医疗记录
直接接种	受伤人员应当脱下工作服,清洁并消毒双手和受伤部位,使用适当的皮肤消毒剂
	记录受伤原因和相关的微生物,保留完整的原始记录
直接接触	立即用洗眼器冲洗眼部,并通知医生予以进一步治疗

(四)实验室生物安全设备及个人防护装备

实验室生物安全防护(biosafety protection for laboratory)是指在实验室环境中处理和保存生物危险因子的过程中采取一系列的防护措施,包括一级防护和二级防护。生物安全设备和个人防护装备属于一级防护。临床基因扩增实验室常见的个人防护设备和生物安全设备见表12-5和表12-6。

表12-5 临床基因扩增实验室个人防护装备

种类	用途与注意事项
防护服	包括一般操作服、隔离衣、连体衣等;临床基因扩增实验室一般选用长袖、背面开口的隔离衣、连体衣,适用于在生物安全柜中进行操作;防护服禁止带离实验室区域
护目镜和面罩	避免因实验物品飞溅对眼部和面部造成的危害;护目镜和面罩均不得带离实验室区域
手套	在实验室进行一般操作时,应使用一次性手术用手套;操作完成后和离开实验室之前,均应摘除手套并彻底清洁、消毒双手
鞋	推荐使用皮制或合成材料的不渗液体的鞋类

表12-6 临床基因扩增实验室生物安全设备

种类	用途与注意事项
生物安全柜	生物安全柜是为操作具有危险性的实验材料时,用于保护操作者本人、实验室内外环境及实验材料,使其避免暴露于上述操作过程中可能产生的感染性气溶胶和溅出物所使用的一种实验室安全防护设备;临床基因扩增实验室一般选用Ⅱ级A2型、Ⅱ级B1型
紫外灯	紫外灯可用于实验室整体或局部环境的消毒

续表

种类	用途与注意事项
高压灭菌器	用于实验室一次性消耗品或玻璃器皿的灭菌；实验室应有专人负责高压灭菌器的操作和日常维护，且操作人员应受过专业培训
洗眼器	当标本或试剂不慎溅入眼部时，可用洗眼器进行紧急冲洗，避免实验室工作人员受到进一步伤害；每周应测试洗眼器连接装置，以确保其功能正常，并冲掉积水
紧急喷淋装置	通常安装在苛性碱和腐蚀性化学品附近；应定期测试喷淋装置，以保证其功能正常

小结

临床基因扩增实验室的设计应遵循"各区独立，注意风向，因地制宜，方便工作"的原则。实验室应配备生物安全设备和个人防护设备。

第二节 临床基因扩增实验室的质量管理

基因扩增技术在分子生物学和临床诊断等领域是一种非常有价值的重要技术，具有灵敏度高、特异性强、快速检测、操作简便等特点，能将传统方法难以检测的极少数病毒DNA片段扩增百万倍以上。因此，该技术的应用对实验室的质量控制提出了严格的要求。如果没有严格的质量管理与控制，则容易导致污染，检测结果的质量就不能得到保证。2010年，国家卫生部发布了《医疗机构临床基因扩增检验实验室管理办法》，对临床基因扩增实验室质量管理和监督管理等提出了相关要求。

一、临床基因扩增实验室质量管理体系的建立

临床基因扩增实验室必须建立严格的实验室管理制度、标准操作规程（standard operating procedure，SOP）和系列质量管理文件等，以确保实验室的日常运行符合国家卫生部门的要求，确保检验结果准确、实验室生物安全及长期稳定运行。

实验室质量管理体系的建立首先应立足于"自身条件"和"发展需求"，再依据相应的国际标准、国家标准或国家和地方政府的法律、法规，制订切实可行的质量方针和目标，然后精心策划与准备，建立符合现状的实验室管理质量体系（图12-2）。本节主要介绍质量管理体系文件系统的组成。

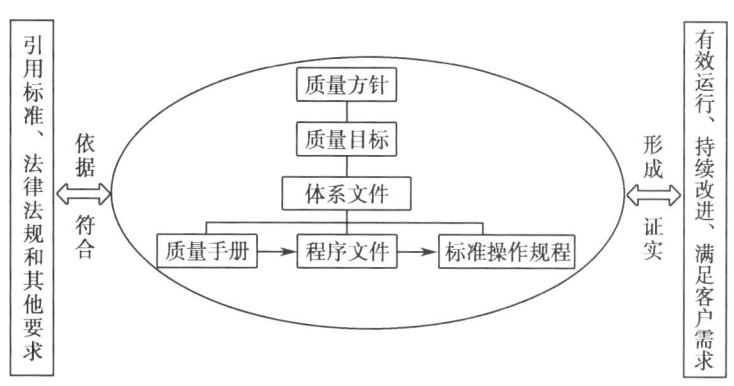

图12-2 质量管理体系建立架构示意图

（一）质量手册

质量手册是阐明实验室的质量方针并描述其质量体系的文件，属于第一层次文件。

1. 核心 质量手册是对质量方针、质量目标、组织机构和质量管理体系要素进行描述，明确其所引用的质量管理体系标准，且与该标准相适应，结构上也应与该标准保持一致。

2. 内容 质量手册一般包括目录、批准页、前言、质量方针、组织结构、人员职责、实验室设施环境、仪器设备、溯源性、检验方法、标本管理、记录、报告等，是对质量管理体系的一般性描述。

（二）程序文件

程序文件是对于整个实验室某些方面工作的通用性文件描述，属于第二层次文件。

1. 核心 程序文件的编制应遵循"5W + 1H"（what、who、why、when、where 和 how）原则，即明确做什么、由谁或哪个部门做、目的是什么、何时、何地及如何做。

2. 内容 程序文件应包括实验室文件和档案等的管理、内审、管理评审、人员培训、投诉处理、保密、计算机安全、新项目开展、量值溯源、试剂仪器及实验用品的购买、标本管理、废物处理等方面的内容。

（三）标准操作规程

标准操作规程（SOP）是指在临床实验室内部对每项相关操作和过程拟定的标准，形成详细的书面文件或管理办法，是保证质量过程的基础文件，可为开展纯技术性的质量活动提供指导，也是质量管理体系程序文件的支持性文件，属于第三层次文件。

1. 内容 SOP 一般包括仪器设备 SOP 文件、试验项目 SOP 文件以及质量管理 SOP 文件等。

2. 分类 按照工作流程，可将 SOP 分为分析前 SOP、分析中 SOP 和分析后 SOP 三类。

（1）分析前标准操作规程：分析前 SOP 包括标本采集、处理和保存的标准操作规程。一般可将标本采集、处理和保存的标准操作规程写成一个独立的文件，也可以在各分析项目的操作规程文件中列出对标本采集、处理和保存的要求。

（2）分析中标准操作规程：分析中 SOP 主要是分析项目标准操作规程和分析仪器标准操作规程。

（3）分析后标准操作规程：分析后 SOP 一般可以与分析项目标准操作规程写在同一个文件中。

3. 作用和意义 实验室 SOP 文件的使用对象主要有三类人员：①行政和业务主管人员，可以根据程序的具体要求，进行质量管理；②熟练的检验技术人员，主要依据 SOP 文件对质量活动的描述，严格按照要求进行符合规程的操作，对出现的问题及时纠正，以保证检验结果准确、可靠；③新入职的检验人员、进修和实习人员等，可以学习 SOP 文件中的内容，并严格按照规程进行实际操作。

标准操作流程是检验系统的组成部分，是临床检验的技术档案。临床实验室的标准操作规程一旦形成，就成为该实验室内所有工作人员都必须共同遵守的准则。检验人员一切质量活动的正确操作必须以 SOP 文件所描述的规程为依据，以确保质量活动的正确实施，从而保证检验质量。因此，SOP 文件是保证检验结果准确性和可靠性的必需内容。另外，SOP 文件还可以反映临床实验室开展检验技术的水平。但应指出，标准操作规程并不能用来弥补检验方法设计上的缺陷。

二、临床基因扩增实验室的质量控制

PCR 技术作为现代分子生物学检验技术之一,为多种疾病提供了核酸诊断依据。但 PCR 技术作为一种分子生物学检验手段,其灵敏度较高,细微的变异都可能导致明显的误差。因此,PCR 实验必须加以严格管理,如人员的正规培训、仪器设备的校准、试剂盒的评价、标本的处理,并加强内部质量控制,参与室间质量评价等。

(一)内部质量控制

内部质量控制(internal quality control,IQC)是指由实验室工作人员采取一定的方法和步骤,为达到质量要求的操作技术和活动过程,包括连续评价本实验室工作的可靠性,旨在监测和控制本实验室工作的精密度,提高本实验室常规工作中批内、批间标本检验的一致性,以确定检验结果是否可靠、能否发出报告。内部质量控制一般应包括三部分内容:分析前质量控制、分析中质量控制和分析后质量控制。

1. 分析前质量控制 分析前质量控制包括标本的采集、运送、预处理和保存等过程的质量控制。

(1)标本采集的质量控制:常用于基因扩增检验的临床标本包括全血、血浆、血清、毛囊、骨髓、活体组织、腹水、分泌物、新鲜组织、胸水、石蜡切片等。标本采集的原则一般包括:①早,即用于病毒分离、抗原或核酸检测的标本应尽早采集、尽早检验。②快,即标本应尽快送检,不能及时检测的标本放入低温容器内送检;短时间内可低温保存,冻存的标本忌反复冻融。③近,即标本应尽量取自病变部位或接近病变部位。④多,即标本的量不宜过少;⑤净,即应尽量避免污染标本。

(2)标本运送的质量控制:所有临床 PCR 检验标本一经采集,在送至实验室之前,均应暂时置于 2~8℃条件下保存,同时应尽快送至检验实验室。对于无菌条件下采集的 DNA 标本,在室温条件下于应 8 h 内运送至检验实验室;对于 RNA 标本,在室温条件下应于 10 min 内送至实验室,若时间较长,则应加入冰块低温运送。若标本中已加入适当的稳定剂,如用于 RNA 测定加入了异硫氰酸胍(guanidinium isothiocyanate)的血清(浆)标本和用于 DNA 测定加入了 EDTA 抗凝的血液标本等,则可在室温条件下运送。

(3)标本预处理和保存的质量控制:适当的标本预处理和正确的保存方式,对用于 PCR 测定的核酸模板能否成功提取具有决定性的作用。

1)血清(浆)标本:如用于 DNA 提取检验,应按照一般的血清标本处理程序;如用于 RNA 提取检验,则最好使用 EDTA 抗凝,严禁使用对 PCR 扩增有抑制作用的肝素。应在 1 h 内分离血清,抗凝后 4 h 内分离血浆,然后转移至 1.5 ml 灭菌离心管中保存。短期保存(1~2 周)可将标本置于 −20℃条件下,较长期保存则应置于 −70℃条件下。

2)全血标本:以全血作为待测标本时,必须注意抗凝剂的选择,一般使用依地酸二钠或枸橼酸钠。若用于 DNA 提取检验,则可将标本置于 4℃条件下短期保存;若用于 RNA 检验,则应在采血后,尽快提取 RNA。

3)外周血标本:单个核细胞可使用抗凝全血制备,主要有两种方法:一是使用淋巴细胞分离液分离制备;二是使用红细胞裂解液,裂解全血中的红细胞,经生理盐水洗涤数次后,即可得到单个核细胞。对于外周血单个核细胞,若暂不提取核酸,可保存于 −70℃条件下。

4)痰液标本:属于分泌物,临床上常作为结核分枝杆菌 DNA 测定标本。痰液标本中含有大量黏蛋白和杂质,故在核酸提取时,需对标本进行初步处理,即用 1 mol/L NaOH 溶液或变性剂在室温条件下放置 30 min 左右予以液化,然后转移至 1.5 ml 灭菌离心管。经离心、取上清液、沉淀、生理盐水洗涤 2～3 次后，既可用于 DNA 的提取。

若用于非结核分枝杆菌（如肺炎支原体）的 PCR 检验，则须在室温条件下将痰液标本悬浮于生理盐水中，充分振荡混匀，促使大块黏状物下沉。经取上清液、离心、去上清液后，所得到的沉淀物即可用于核酸的提取。注意避免使用 NaOH 液化的痰液标本。液化标本若不立即用于提取核酸，则需保存于 -70℃ 条件下。

5）棉拭子、脓液、组织和其他体液标本：①使用 PCR 方法检验性传播疾病的病原体时，临床标本一般为棉拭子。可将棉拭子置于适量生理盐水中，充分振荡、洗涤后，在室温条件下静置 5～10 min。待大块状物下沉后，取上清液立即离心，所得到的沉淀物即可用于 DNA 的提取。棉拭子若不立即用于提取核酸，则需保存于 -70℃ 条件下。②脓液的处理，应视具体情况而定，黏稠的脓液可采用痰液标本的处理方法；水样脓液则直接离心，所得到的沉淀物用生理盐水洗涤 2～3 次后，即可用于 DNA 的提取。脓液沉淀标本的保存条件为 -70℃。③胸腔积液、腹水、脑脊液、尿液等标本，可按水样脓液标本的处理方法经离心取沉淀物后，即可提取核酸。标本的保存条件为 -70℃。④对新鲜组织块提取核酸时，应先用生理盐水洗涤 2 次，然后将其捣碎或切碎，加入生理盐水后剧烈振荡、混匀，经离心、弃上清液，再用蛋白酶 K 消化后，即可提取核酸。新鲜组织不能及时提取核酸时，最好保存于 50% 乙醇溶液中。对石蜡切片提取核酸时，需先用二甲苯脱蜡，再用蛋白酶 K 消化后，即可提取核酸。

从上述标本中提取的核酸若用于 DNA 扩增分析，则可置于 10 mmol/L Tris、1 mmol/L EDTA（pH 7.5～8.0）缓冲液中，在 4℃ 条件下保存；用于 RNA 扩增分析的 RNA 标本，则应置于上述缓冲液中，在 -70℃ 条件下或液氮中保存。核酸的乙醇沉淀物则可在 -20℃ 条件下保存。

（4）仪器设备的校准与日常维护：临床 PCR 检验实验室需定期校准的常用仪器有电子天平、冰箱（温度）、温湿度计、移液器、恒温水浴锅、生物安全柜、离心机、扩增仪等。通过定期维护和校准，可使仪器处于良好的状态。校准后应粘贴校准状态标识，并保存相关技术参数的测试报告。如果仪器出现故障，则应立即停止使用，并贴上相应标识。影响检验结果的部件修复后，须经校准或验证，达到标准要求后方能再次投入使用，并应检查或评估故障对之前所进行的检验工作的影响（表 12-7）。

1）电子天平的日常维护：电子天平应置于专用平台上，避免振动及阳光直射。电子天平应由专业技术人员定时进行清洁，并对天平内部进行校准，以保证其精确度，一般由计量部门相关人员进行校准。

2）离心机的日常维护：在离心机的使用过程中，最重要的是注意保持其平衡，尤其是大型高速离心机。离心机的转头应定期（视使用频率而定）清洗和消毒。清洁、消毒转头时，应先切断电源，然后拧开转头螺丝，用双手将转头垂直拔出，再取出套管，用消毒液处理。选择合适的中性消毒液浸泡或喷洒转头，注意避免使用具有腐蚀性的含氯消毒液（如次氯酸钠）。转头浸泡到达规定时间后，用蒸馏水冲洗数次，尤其是孔内，然后将其置于吸水纸上晾干待用。

3）扩增仪的日常维护：应定期用 75% 乙醇溶液清洁扩增仪热盖和反应槽（或孔），然后用无水乙醇清洁光路部分。扩增仪是临床 PCR 检验的关键仪器设备之一，其光学系统是否处于良好状态，孔间温度差异是否在允许范围内，对扩增结果都有很大的影响。

4）恒温水浴锅的日常维护：应定期用 75% 乙醇溶液擦拭恒温水浴锅加热孔。针对常用的工作温度，随机挑选多个加热孔进行温度检验，注意检验恒温水浴锅能否达到设定的温度，以及温度是否具有孔间差异。

5）移液器的日常维护：移液器属于精密计量仪器，在出厂前已经过生产厂家的校准。进入实验室后，随着日常工作的使用，移液器不仅会出现临床标本、各种试剂以及飞尘等污染，而且其吸取体积可能与设定值不一致。因此，必须对移液器进行定期清洁和校准。应定期用

75% 乙醇溶液擦拭移液器。移液器的校准周期应根据其使用频率来确定，一般每半年至少校准 1 次。

6）生物安全柜的日常维护：生物安全柜日常宜用 75% 乙醇溶液擦拭，注意避免用次氯酸钠溶液清洁。操作区气溶胶浓度的测定，一般由计量部门相关人员进行。生物安全柜滤网应根据实际使用频率及检验结果，定期进行更换。

表12-7　临床基因扩增实验室仪器设备的维护及校准

仪器设备	功能检查及校准方法	固定校准频率	其他需要校准的情况
电子天平	砝码校准	每年 1 次	不符合要求时
扩增仪	仪器校正实验	移动仪器后	实验失败时
	热电偶探针监测温度	每月 1 次	靶温度或温度差异超出允许范围
	扩增功能检验、温度均一性	每 4 个月 1 次	待测孔未出现扩增产物
恒温水浴锅	温度检验	每次实验时	不符合要求时
移液器	重量测试法校准	每年 2 次	不符合要求时
生物安全柜	噪声、光照度、风速、人员保护	每年 1 次	不符合要求时

2. 分析中质量控制　分析中质量控制包括标本制备、逆转录、扩增和产物分析等环节采取的质控措施。

（1）核酸提取的质量控制：对于核酸提取试剂盒，实验室在使用前，必须对其核酸提取浓度、纯度和完整性进行计算和评价。

1）核酸浓度计算：核酸浓度可通过测定核酸 OD_{260} 值来计算。

2）核酸纯度评价：核酸纯度可通过计算提取核酸的 OD_{260}/OD_{280} 比值进行判定。质量较好的 DNA 提取物，其 OD_{260}/OD_{280} 比值通常为 1.8~2.0；质量较好的 RNA 提取物，其 OD_{260}/OD_{280} 比值通常约为 2.0。

3）核酸完整性评价：可通过凝胶电泳将标本的核酸提取物与标准核酸进行比较，以判断所提取的核酸是否发生降解。

> **知识链接**
>
> **OD_{260}/OD_{280} 比值的判读**
>
> 提取核酸后，实验室常用微量紫外-可见分光光度计测定其浓度及纯度，以便于实验室工作人员判断所提取的核酸是否能用于后续检验。核酸的纯度常用 OD_{260}/OD_{280} 比值来判断。① DNA 提取物：OD_{260}/OD_{280} 比值为 1.8~2.0，表明 DNA 纯度较高；OD_{260}/OD_{280} 比值<1.8，表明有蛋白质、酚等污染；OD_{260}/OD_{280} 比值>2.0，表明有 RNA 污染。② RNA 提取物：OD_{260}/OD_{280} 比值约为 2.0，表明 RNA 纯度较高；OD_{260}/OD_{280} 比值<1.8，表明蛋白质或其他有机物的污染较明显；OD_{260}/OD_{280} 比值>2.2，表明可能有异硫氰酸残留。

（2）标本中存在抑制物或干扰物的质量控制：对标本中可能存在抑制物或干扰物时的质量控制，可采取加入内标的方法。内标应在临床标本制备前加入，然后与标本中的靶核酸一起经历核酸提取过程。这样，所加入的内标也可作为核酸提取过程中的质控物。

对于 DNA 测定的内标，可使用有机体存活所必需的靶基因，如维生素 D 血浆结合蛋白基因。对于病原体的基因检测，内标多采用人工制备的竞争性内标。若标本中存在逆转录抑制物，或核酸提取过程中发生 RNA 降解，或逆转录酶失活，内标即表现为阴性结果。

目前所使用的商品化试剂盒有部分未采用内标方法。因此，在测定血清/血浆病原体核酸（如 HBV-DNA、HCV-RNA 等）时，还应使用已知的弱阳性血清/血浆作为质控标本，加入内标，与待测临床标本等共同处理，提取核酸及进行扩增，以判断逆转录及扩增检验的效果。使用这些外加的弱阳性质控标本不仅可检验扩增反应液的质量，还可获得有关 PCR 试剂的检验下限和特异性信息。需要注意的是，这些质控标本在扩增检验时必须使用与患者标本相同的主反应混合液。

（3）测定结果有效性的质量控制：目前进行结果有效性质量控制的方法主要有 Levey-Jennings 质量控制法和 Westgard 多规则质量控制法。

3. 分析后质量控制 分析后质量控制包括检验报告、报告传递、结果接收、结果审核、检验临床咨询等环节。

（1）检验结果的审核与报告：检验系统运行完毕后，应对每一个患者的检验结果进行审查和确认。数据审核和确认没有固定的程序和要求，一般包括下列内容：①检查医生申请的检查项目是否完全检验完毕，是否有漏检项目。②同一患者不同的检验结果之间是否有互认性，检验结果之间有无互相矛盾。③对于数值特别高的检验结果，要注意是否超出该检验方法的线性范围，是否需要稀释标本后再进行检验；对于数值特别低的检验结果，要注意是否存在被测物含量过高、与反应物之间不成比例的情况，或是否存在某种干扰物或抑制物，从而影响检验结果。④对危重症患者的检验结果，无论是正常还是异常，都属于审核的重点，因其会作为医生实施抢救或治疗的依据。⑤要结合临床资料进行分析，对某些可疑结果需要临床资料的支持才能确认数据是否可靠。必要时，检验者应与临床医师联系，了解相关信息，也可查阅患者病历，甚至可直接与患者本人联系，获得所需信息后再确认检验结果。⑥复检标本也是确认检验结果的一种手段，对可疑结果或不能解释的结果，可采取复检标本甚至重新采集原始标本复检的办法进行确认。⑦检验报告单发出前，除主要操作人员签字外，还应有另一科室授权的检验人员核查并签字。

检验报告至少要包括以下信息：①将报告与特定患者相关联的唯一编号。②咨询人员的姓名和联系方式。③与检验结果解释有关的特异性信息和检验特性。④检验项目及所使用的方法（包括检验范围及检验局限性）。⑤标本类型。⑥标本接收日期。⑦检验实验室名称、地点，包括咨询实验室。⑧检验结果。⑨对检验结果的解释。⑩报告批准人的签字。⑪实验室联系方式。⑫报告日期。⑬在适当情况下，还应包括有资质的咨询人员以及进一步检验建议。

（2）检验临床咨询：临床咨询的内容主要包括检验项目的选择、临床标本的采集、标本类型的选择和检验结果的解释等。咨询对象包括临床医师、患者和健康人群。检验结果的解释要注意综合分析，例如，肺结核患者痰涂片呈阴性，而结核分枝杆菌（TB）PCR 检测呈阳性或时而阳性时而阴性，可能是由于患者为起病初期，间断排菌但排菌量不多所致；或经抗结核治疗后，常有检验结果矛盾的报告（细菌培养呈阴性、PCR 检测呈阳性），因为只要有 TB 靶核酸片段存在，PCR 即可呈阳性，但检测结果呈阳性，不一定表明细菌有活动性，加之病情与菌量不一定呈正比。HBV（或 HCV）感染者在抗病毒治疗过程中，可出现 HBV-DNA（或 HCV-RNA）阴转的情况，有时停药后又可转阳。药物是否能彻底清除病毒，还应根据酶学、病毒血清学标志物及核酸检测结果综合考虑，仅有核酸阴转而其他指标不改变，并不能表明临床痊愈。另外，PCR 检测结果呈阴性并不能排除标本含有病原体的可能性，还可能表明所含病原体浓度低于本试剂的检验下限。

4. 内部质量控制的局限性 内部质量控制的基本原理实质上是对阴性、阳性质控标本的反复检验，通过质控规则对分析批标本是否处于质量控制范围内作出判断。虽然质控标本与患者标本的测定是在同一个反应条件下完成的，但对每一个标本而言，有许多影响检验质量的因素，不能仅仅依靠内部质量控制。当某一分析批质控品测定值处于质量控制范围内时，并不代表每一个患者标本的测定值一定准确、可靠。因此，内部质量控制存在一定的局限性，主要表现在以下几个方面。

（1）不能控制检验前的标本流程：一个标本从采集到报告单发出通常要经过许多程序，检验程序只是其中的一部分。在临床检验工作中，由检验前引起的质量问题数不胜数。特别是标本的采集、标识、转运等过程中出现的标本质量问题尤其突出，如倒错标本、抗凝剂使用不当、标本放置过久导致被测物消耗或成分发生改变等，这些都是内部质量控制无法解决的问题。

（2）不能控制标本中某种物质的干扰：如某些治疗药物、溶血等对检验方法的干扰。

因此，质量控制仅是对分析批标本反应条件的控制，并不能对每一个患者的检验结果进行控制。当一个检验系统运行完毕后，即使内部质量控制完全合格，仍应对每个标本的检验结果进行逐个确认和审核。确认和审核无误后，才能发出报告。

（二）室间质量控制

凡对外开展基因检测并出具检验报告的实验室，均应定期参加国家有关法定部门组织的检验项目的室间质量评价测试。

1. 概念 室间质量评价（external quality assessment，EQA）是将多个标本周期性地发送到不同实验室进行分析和（或）鉴定，将每一个实验室的结果与其他实验室的同组结果或指定值进行比较的过程。室间质量评价的目的是通过评价不同实验室的实验结果偏差，提高不同实验室的工作质量和结果间的可比性及一致性。

EQA 是对实验室操作和实验方法的回顾性评价，而不是用于确定实时测定结果的可接受性。当 EQA 作为执业许可或实验室认证而用于评价实验室操作时，常描述为实验室能力验证（proficiency testing，PT）。

2. 条件 EQA 的进行包括组织领导机构、质评标本、确定靶值、测定方法的统一和工作流程等。

（1）组织领导机构：EQA 由国家卫生健康委员会临床检验中心和各省、市、自治区成立的临床检验中心组织开展。

（2）质评标本的要求：通常，质评标本应符合以下几个条件。

1）标本基质与临床患者标本应尽量一致：若临床标本为血清，则质评标本也应为血清。对某些体液（如痰液、分泌物等）标本，质评标本的基质无法做到一致时，可采用生理盐水等作为替代基质。

2）标本浓度应与临床应用一致：即根据临床上最常用的浓度及常用试剂盒或方法的检测下限设计质评标本，避免出现与实际检验结果差异较大的情况。例如，目前我国采用的 HBV-DNA PCR 试剂盒和 HCV-RNA RT-PCR 试剂盒的测定范围多为 $10^3 \sim 10^8$ U/ml，检测下限通常为 10^3 U/ml，因此，在设计质评标本时，浓度就不应低于 10^3 U/ml。

3）标本在发放过程中应保持稳定：各参评实验室分布在全国不同地区，质评标本通过特快专递进行邮寄，耗时较长。因此，质评标本如能在室温条件下稳定保存 10 天以上，就不会因邮寄而出现稳定性方面的问题。目前，国家卫生健康委员会临床检验中心使用的全国 HBV-DNA 和 HCV-RNA 扩增实验室间质评标本均为冻干品，可确保室温条件下邮寄质评标本的稳定性。

4）不存在传染危险性：要求质评标本已经灭活处理，没有已知的病原体（如 HBV、HIV 等）传染危险性。

（3）参评实验室的要求：凡参加室间质量评价的机构，均应先在本机构实行内部质量控制。否则，实验室内的检验结果不能控制稳定，参加 EQA 也就没有可比的基础，更无法提高实验室检验结果间的一致性。参加 EQA 的实验室必须根据组织机构的要求对质评物进行检验，主要包括以下几方面内容。

1）检验时间和发送报告时间必须根据组织机构的要求进行，既不能提前，也不可推迟，检验结果要及时向组织机构报送。

2）检验质评物时的条件必须与检验患者标本的条件完全相同，包括标本处理流程、检验方法、检验试剂、检验环境、检验人员等，不允许有任何特殊对待，也不可反复多次测定后推定某个值进行报告。

3）实验室检验人员对质评物进行测定时，每个步骤都应详细记录，包括标本处理的过程、检验系统的运行环境、所采用的方法、试剂、质控品、质控数据、质控图趋势等内容，作为室间质量评价回顾总结和质量管理体系记录的重要资料。

4）向 EQA 组织机构报送检验结果前，不得在各实验室之间互相交流，更不得修改本实验室的检验结果，或将组织机构发放的质评物交给其他实验室代做。

5）实验室主任和标本检验人员必须在由 EQA 组织机构提供的质评表上签字，表明室间质评标本是按常规标本处理和检验的，没有违反 EQA 组织机构的相关要求。

（4）确定质评标本的靶值：在进行 EQA 的过程中，质评标本靶值的确定是一个非常关键的环节，在一定程度上决定了参评实验室的质评结果。对于室间质评标本的靶值，在进行定性测定时，应为明确的阴性或阳性，应采用多个试剂盒检验确认。进行定量测定时，则为参考方法值或参评质评实验室的修正均值（剔除超出 $X \pm 3S$ 的值后计算得到的均值）。

（5）统一测定方法：参评实验室在测定 EQA 质评标本时，要以与常规临床检验标本完全相同的方法测定；参评实验室的报告结果要一致，以便统计和计算，报告要清楚、简洁，提交应迅速、及时。

（6）工作流程：采用调查的方式来评价，是 EQA 最常用的方法。EQA 的工作流程分为组织机构内部工作流程和参评实验室工作流程两部分。

1）组织机构内部工作流程：包括确定质评方案、质评组织的计划和设计、邀请书的发放、质控标本的选择和准备、质控标本的包装和运输、检验结果的接收、检验结果的录入、检验结果的核对、靶值的确定、报告的发放以及与参加者的沟通等。每个被调查的质评项目每次至少制备 5 个标本，其浓度包括高、中、低 3 个浓度范围。

2）参评实验室工作流程：包括接收质控品后将接收单提交到组织机构、按规定日期检验质评物、上报检验结果、查收组织机构的评价报告、分析报告评价、决定是否采取纠正措施、评价采取措施的效果等。

3. 室间质量评价的局限性　EQA 也存在一定的局限性。

（1）参评实验室可能区别对待室间质量评价标本和患者标本：比较常见的情况是实验室担心质评结果不理想，采用特选试剂多次重复检验质评标本。这种区别对待室间质量评价标本和患者标本的做法是不可取的。当然，其质评结果也不能反映实验室的真实检验情况。

（2）使用单一靶值时，难以评价单个实验室和测定方法：由于临床 PCR 检验的标准化流程仍有待改进，所以不同的方法或不同试剂盒间测定值的差异有时较大，某些方法或试剂盒本身就有较大的批间差异，此时单一的靶值对于特定实验室测定的评价有时会欠准确。

（3）可能影响不同检验方法的改进：由于质评标本的靶值是建立在目前最常用的方法和试剂的基础上，若靶值为所有参评实验室的修正均值或参考实验室的均值等，则以此来评价测定性能更好的改良方法时，质评结果可能较差，这就可能会影响新的检验方法在实验室的应用。

（4）采用不同的室间质量评价程序，对实验室的评价可能不同：由于不同的外部机构所发放标本的类型、浓度、数量或评价方法可能会有所差异，所以同一个实验室参加不同外部机构组织的室间质量评价时,评价的结果就可能出现差异。

综上所述,临床 PCR 检验实验室的质量保证是实验室的核心活动。做好质量保证,最重要的是了解影响检验结果的所有因素。在临床 PCR 检验过程中,临床标本的收集是最容易出现问题并影响检测结果的环节。室间质量评价作为内部质量控制的补充,对临床 PCR 检验实验室的质量控制不可或缺。扩增检验技术多种多样,不同方法或试剂的偏差仍然是不同实验室扩增检测结果间缺乏一致性的直接原因。因此,EQA 的实施将有力地促进 PCR 扩增实验室的标准化。

小结

应贯彻全面质量管理理念,建立临床基因扩增实验室质量保证体系。文件系统一般包括质量手册、程序文件和 SOP 等。IQC 和 EQA 是质量保证体系不可或缺的部分,但它们仍有一定的局限性。因此,临床基因扩增实验室的质量保证依然任重而道远。

思考题

一、选择题

1. 关于临床基因扩增实验室空气流向的描述,正确的是
   A. 试剂储存和准备区→核酸扩增区→标本制备区→产物分析区
   B. 试剂储存和准备区→标本制备区→核酸扩增区→产物分析区
   C. 核酸扩增区→标本制备区→试剂储存和准备区→产物分析区
   D. 试剂储存和准备区→标本制备区→产物分析区→核酸扩增区
   E. 试剂储存和准备区→产物分析区→核酸扩增区→标本制备区
2. 试剂盒中的阳性对照品和质控品应当保存在
   A. 试剂储存和准备区   B. 核酸扩增区
   C. 标本制备区   D. 产物分析区
   E. 核酸扩增区和产物分析区
3. 此标识的警示含义是
   A. 当心高温   B. 小心灼伤   C. 生物危害
   D. 当心毒物   E. 当心锐器
4. 临床基因扩增实验室选用的生物安全柜类型一般是
   A. Ⅱ级 A1 型、Ⅱ级 B2 型   B. Ⅰ级、Ⅱ级 A2 型
   C. Ⅰ级、Ⅱ级 B2 型   D. Ⅱ级 A2 型、Ⅱ级 B1 型
   E. Ⅱ级 A1 型、Ⅱ级 B1 型
5. 核酸的乙醇沉淀物一般保存于
   A. 室温条件下   B. 4℃条件下   C. -20℃条件下
   D. -70℃条件下   E. 液氮中

二、问答题

1. 试述临床基因扩增实验室的设计原则及其含义。
2. 试述内部质量控制和室间质量控制的概念及局限性。

(王有为)

第十三章 感染性疾病的分子生物学检验

学习目标

通过本章内容的学习，学生应能够：

识记：
陈述常见病原微生物的基因组结构特征，以及一般性、完整性检出策略涉及的分子生物标志物和分子生物学检验方法。

理解：
解释病原微生物的基因组结构特征与一般性检出策略涉及的分子生物标志物、分子生物学检验方法之间的内在联系。

运用：
能辨析针对病原微生物分子生物学检验一般性检出策略的医疗设备的原理和各试剂的用途，并分析相应临床标准操作规程每一步操作的目的和结果，初步解释检验结果。

案例导入

案例 13-1

患儿，女，2岁，咳嗽12天，高热4天。患儿12天前受凉后发热、咳嗽，在私人门诊经静脉滴注头孢类抗生素治疗，体温降低。之后又出现咳嗽、发热，反复治疗4天无效，遂来院就诊。

医生结合患者的临床表现和检查结果高度怀疑患儿可能感染了肺炎支原体或肺炎衣原体。

实验室检查：血常规示白细胞计数不高，C反应蛋白也未见升高。荧光定量PCR检测肺炎支原体核酸结果呈阳性。

经2~3周系统治疗后，患儿的临床症状明显好转。3个月后随访复查，肺炎支原体核酸检验结果转阴。

思考题：
1. 通常检验哪些分子生物标志物可诊断为肺炎支原体感染？
2. 还可采用哪些分子生物学检验技术来检验上述分子生物标志物？

感染性疾病（infectious disease）是由病原体感染机体后所导致的一类疾病。病原体包括细菌、病毒、衣原体、支原体、立克次体、螺旋体、放线菌和寄生虫等。可利用微生物学、免疫学、生物化学及血液学的方法对这些病原体进行检测，但是这些方法受灵敏度和特异性的限制，在明确疾病的病因、是否存在潜在感染、病原体分类和分型鉴定等方面还存在不足。随着分子生物学的发展及相关检验技术的进步，优于传统检验方法的分子生物学检验技术在疾病早期诊断、疗效监测、耐药基因分析等方面具有明显的优势，并被广泛应用于感染性疾病的检验。

常用的分子生物学检验方法有：对病原体基因保守序列的扩增检验、基因芯片技术、支链DNA检测技术；病原体特异核酸序列杂交、限制性内切酶酶谱分析、限制性片段长度多态性连锁分析等。

第一节　细菌感染的分子生物学检验

细菌感染是致病菌或条件致病菌入侵机体，并在机体内生长、繁殖，产生毒素或其他代谢产物所引起的全身性感染，临床上以寒战、高热、关节痛等为特征，部分患者还可出现烦躁、四肢厥冷、发绀、呼吸加快、血压下降，甚至感染性休克等临床表现。细菌感染性疾病的分子生物学检验是指利用分子生物学方法对病原菌的特异性生物大分子（DNA、RNA和特异性蛋白质分子）进行检验，为疾病的诊断、治疗提供信息。与传统方法相比，利用分子生物学技术检验感染性疾病病原体的自身遗传物质（RNA或DNA），具有早期、快速、灵敏、特异的优点，已经成为临床检验的主流技术之一。

病原菌的分子生物学检验技术主要包括PCR及其衍生技术（如链置换扩增技术、核酸序列扩增技术及转录介导的扩增技术等）、定量PCR、核酸分子杂交、DNA测序及基因芯片技术等。近年来，脉冲电场凝胶电泳（pulsed-field gel electrophoresis，PFGE）、随机扩增多态性DNA（random amplified polymorphic DNA，RAPD）分析、基质辅助激光解吸电离飞行时间质谱（MALDI-TOF-MS）技术及变性高效液相色谱（denaturing high performance liquid chromatography，DHPLC）等一系列新技术也逐步应用于病原菌的分类鉴定及基因分型。目前已有18种有关细菌核酸及耐药基因检测试剂盒在国家药品监督管理局注册并应用于临床。

一、细菌感染的分子生物学检验策略

分子生物学检验是以核酸（DNA或RNA）或特异性蛋白质分子为检验目标，通过检测人体内源基因或外源（病原体）基因的存在、缺陷或表达异常，对机体状态或疾病作出特异性诊断的方法和过程。细菌感染的分子生物学检验对象主要是人体内存在的细菌病原体特异性核酸序列或蛋白质分子。细菌感染的分子生物学检验策略主要包括以下两种：①一般性检出策略，即只需要检验是否存在某种病原体的感染；②完整性检出策略，即不仅对病原体进行快速、准确的诊断，而且需要对其进行分型（包括亚型）和耐药性等方面的检验。

（一）细菌感染的一般性检出策略

细菌感染的分子生物学检验一般性检出策略是以病原菌固有的特异性核酸序列（DNA或RNA）作为检验目标序列，利用分子生物学技术（PCR技术、实时荧光定量PCR技术、杂交技术和芯片技术等）对目标序列进行检验，从而直接判断有无细菌感染以及是何种病原菌感染。

(二) 细菌感染的完整性检出策略

一般性检出策略所提供的病原菌相关信息量较少，仅能提示有无细菌感染及感染细菌的种类，往往不能满足临床需要。例如，某些细菌由于存在不同的血清型，其致病力有很大的差别。另外，由于抗菌药物的滥用，目前已有很多细菌对抗菌药物产生了耐药性，如结核分枝杆菌耐药株的出现，可严重影响抗结核药物治疗效果。一般性检出策略由于不能提供病原菌型别（包括变异株）和耐药性等方面的详细信息，无法对临床诊疗过程提供更多的信息。因此，对于病原菌的分子生物学检验，应尽可能多地了解病原菌的相关信息，即采取完整性检出策略。不仅要对病原菌的存在与否及病原菌的种类作出明确判断，还要明确带菌者、诊断潜在性感染，并能对病原菌进行分类、分型和耐药性鉴定。

细菌感染的一般性检出策略往往仅用于快速诊断病原菌感染。临床上为了得到更多关于病原菌的信息，建议采取完整性检出策略，利用多种分子生物学检验技术对病原菌进行全面检测和分析。

二、细菌感染的广谱分子生物学检验

在细菌感染的广谱分子生物学检验方法中，应用较为广泛的是 16S rRNA 基因序列分析和基质辅助激光解吸电离飞行时间质谱（MALDI-TOF-MS）等技术。

(一) 16S rRNA 基因序列分析鉴定细菌

1. 细菌 16S rRNA 基因的结构特征　16S rRNA 基因编码原核生物核糖体小亚基 rRNA（16S rRNA），长度约为 1500 bp，存在于所有细菌及衣原体、支原体、立克次体、螺旋体、放线菌等原核生物的染色体基因中，不存在于病毒、真菌等非原核生物体内。其序列包含 10 个可变区和 11 个保守区，保守区为所有细菌共有，细菌间无差别；可变区因细菌种类不同而异，变异程度与细菌的系统发育密切相关。

2. 16S rRNA 基因序列分析鉴定细菌的原理　16S rRNA 基因被称为细菌的"分子化石"。目前，几乎所有病原菌的 16S rRNA 基因测序均已完成，常作为细菌分类鉴定的靶基因。根据 16S rRNA 基因设计通用引物，通过 PCR 扩增，即可判断细菌存在与否。其基因序列包含可变区和保守区，根据保守区设计的通用引物可用于检测所有细菌，根据可变区序列又可检测特有细菌。通过对扩增产物进行序列分析，包括测序及对可变区进行分子杂交，可鉴定病原菌的种类。目前该方法已应用于新生儿败血症、新生儿化脓性脑膜炎及慢性前列腺炎等细菌感染性疾病的检验。

3. 采用细菌 16S~23S rRNA 基因序列分析鉴定细菌　由于某些细菌的种间差异较小，在利用细菌 16S rRNA 基因进行分类鉴定时，即使表型不同的细菌也具有相同的 16S rRNA 基因序列，这就限制了 16S rRNA 基因序列分析在临床上的广泛应用。细菌 16S~23S rRNA 基因是位于 16S rRNA 基因与 23S rRNA 基因之间的区间序列，具有高度变异性及相对保守性，所以 16S~23S rRNA 基因也可作为靶基因。研究已证实，16S~23S rRNA 基因区间的进化率较 16S rRNA 基因高 10 倍。因此，16S~23S rRNA 基因区间具有更适合区分不同细菌的特点，不仅可以用于菌种间的鉴别，还可用于分辨 16S rRNA 基因不能鉴别的非常接近的菌种和种内菌株。

4. 目前存在的主要问题　利用细菌 16S rRNA 基因进行分类鉴定时，由于使用的是通用引物，这就要求在实验过程中严格控制细菌污染，保证各环节的无菌操作，以提高诊断的准确性和可靠性。此外，标本前处理是鉴定临床标本中病原微生物 16S rRNA 基因最主要的技术难点，应注意去除干扰因素，提取到足量的核酸，否则很可能导致实验失败。

（二）基质辅助激光解吸电离飞行时间质谱技术鉴定细菌

随着基质辅助激光解吸电离飞行时间质谱（MALDI-TOF-MS）技术的不断发展与成熟、数据处理和图谱识别分析软件的开发应用以及大型微生物蛋白指纹质谱图数据库的建立与完善，MALDI-TOF-MS被广泛应用于各种微生物，特别是细菌和真菌的鉴定。

1. MALDI-TOF-MS技术鉴定细菌的原理

（1）用于细菌鉴定的目标分析物：由于蛋白质在细菌体内含量高，种类及结构相对稳定，且大多数蛋白质是分子量处于非常适合进行MALDI-TOF-MS分析的范围，因此目前多采用蛋白质作为标志物。由于核糖体蛋白是受管家基因调控、丰度高且受外部环境影响小的特异性保守蛋白质，所以是MALDI-TOF-MS进行细菌鉴定的主要标志物。

（2）MALDI-TOF-MS肽质量指纹谱：蛋白质质谱图存在种属特异性及重现性是采用MALDI-TOF-MS进行微生物鉴定的基础。一般而言，保守性核糖体蛋白谱差异在属水平较为明显，在种及以下水平的差异越来越小，进行种内微生物鉴定时，可能导致错误结果。因此，鉴定微生物时，应充分利用特异性蛋白质（标志物）和非特异性蛋白质信息。实际检测时，多根据相对分子质量为2000~20 000的全蛋白质质谱图，即肽质量指纹谱（protein/peptide mass fingerprinting，PMF）。将待测微生物PMF与数据库中已知的微生物PMF进行比对，即可得到鉴定结果。

2. MALDI-TOF-MS技术鉴定细菌的基本过程　进行质谱分析前，一般需要对标本进行分离、培养，以富集分析物。根据标本来源及分析成分不同，可采用不同的方法分离、富集目标分析物，同时尽可能去除干扰物。菌落标本也可以不经任何处理，直接挑取菌落涂片用于质谱分析。

3. 目前存在的主要问题　①进行质谱分析前，需要对细菌进行分离、培养，但目前的数据分析系统仍难以准确识别微生物混合物。②虽然质谱分析本身具有较高的灵敏度，但仍不能对临床标本进行直接检验，进行质谱分析前仍需对微生物进行分离、培养，以提高鉴定的正确率及重现性。③由于种及种以下水平的蛋白质标志物差异越来越小，所以基于MALDI-TOF-MS的微生物鉴定系统存在一定的局限性，主要表现为微生物鉴定系统对进化过程中某些具有较近亲缘关系的微生物存在交叉或错误鉴定，对大多数菌株不能进行亚种、血清型鉴定，在微生物耐药性、细菌毒力及药物敏感性检验方面，还存在明显不足。④同一鉴定系统对不同种类微生物鉴定的正确率变异较大，需要不断完善数据库，以提高鉴定的重现性。

三、结核分枝杆菌感染的分子生物学检验

结核分枝杆菌（*Mycobacterium tuberculosis*，MTB），简称结核杆菌，是引起结核病的病原菌。结核分枝杆菌是一种细长略弯曲的革兰氏阳性菌。其细胞壁除肽聚糖层外，还含有一层由特殊脂质、糖脂和多糖组成的结构。结核分枝杆菌对培养条件的要求特殊，一般要经4~6周才能出现肉眼可见的菌落。结核分枝杆菌可通过呼吸道、消化道和破损的皮肤黏膜侵入机体，被吞噬后能在吞噬细胞内繁殖，导致巨噬细胞裂解，也可在细胞外繁殖，并可侵犯人体各组织器官，但以肺部最多见。

结核病是一种慢性传染病，被列为我国"乙类"法定传染病之一。随着抗结核药物的不断出现和医疗卫生状况的改善，结核病的发病率和病死率曾大幅下降。但随着艾滋病（AIDS）的流行、结核分枝杆菌耐药株的出现、免疫抑制剂的应用、贫困及人口广泛流动等因素，全球范围内结核病发病率又呈现升高趋势。同时，结核分枝杆菌耐药菌株的出现和传播造成结核分

枝杆菌耐药率不断上升，给结核病的治疗和控制带来了严峻的挑战。传统的检验方法操作繁琐、耗时较长，尤其是对于培养条件严格的细菌，常可导致延误诊断。采用分子生物学技术可以直接检验标本中病原体的自身遗传物质，具有快速、灵敏、特异的优点，尤其适用于结核分枝杆菌感染的临床快速诊断及抗结核治疗的用药指导。

（一）结核分枝杆菌的基因组结构特征

1998 年，英国 Sanger 中心和法国 Pasteur 研究所的科学家合作完成了结核分枝杆菌 H37Rv 株的全基因组测序工作。结核分枝杆菌 H37Rv 株为环状双链 DNA，基因组全长 4～5 kb，G + C 含量为 65.6%，其基因序列高度保守，包含重复序列、蛋白质编码基因和 rRNA 基因。其中，重复序列区段多用于鉴定结核分枝杆菌复合群中的株，并可用于分子流行病学调查。蛋白质编码基因主要用于编码蛋白菌体成分，也可用于菌种的基因鉴定。而 rRNA 基因则用于编码细菌核糖体。

（二）结核分枝杆菌特异基因检测方法

目前最常用的结核分枝杆菌分子生物学检验技术主要包括普通 PCR、荧光定量 PCR、链置换扩增（SDA）技术、核酸分子杂交、DNA 测序及基因芯片技术等。

1. 荧光定量 PCR 技术　PCR 扩增所选择的结核分枝杆菌基因组特异性序列主要有 65 kD 热激蛋白基因、MPB 蛋白基因、rRNA 基因、结核分枝杆菌 IS6110 插入序列和染色体 DNA 的重复序列等，并根据靶序列设计一对 PCR 引物和一条核苷酸探针。通过对每轮 PCR 终点探针释放出的荧光信号的检验，可以推算出 Ct 值和标准曲线，进而定量检验待检标本中结核分枝杆菌的实际拷贝数。与传统的培养鉴定方法相比，荧光定量 PCR 技术具有灵敏、快捷的特点，而且结果准确、可靠，可以为临床结核病感染的早期诊断提供依据。目前，实时荧光定量 PCR 技术是最常用的结核分枝杆菌检验方法。

2. 测序和序列分析技术　测序技术是使用 PCR 或巢式 PCR 扩增结核分枝杆菌基因组中的特定区段。实际工作中常选用的是 16S rDNA 或 65 kD 热激蛋白基因区段，然后使用基因测序仪对获得的 PCR 产物进行测序，再用所读取的序列与菌种特异的参考菌株序列构建基因进化树，通过比较同源进化关系，鉴定待检标本中结核分枝杆菌的菌种。此外，测序技术还可以用于对结核分枝杆菌耐药相关基因突变的测序分析。焦磷酸测序属于第二代 DNA 测序技术，适用于短序列的分析，具有低成本、高通量、更加自动化等优点。

3. 线性探针检测　线性探针检测（line probe assay，LPA）利用生物素标记的特异性引物，扩增结核分枝杆菌的靶序列，将标记有生物素的扩增产物与固定在薄膜检验条上的特异性寡核苷酸探针进行反向杂交，通过酶联免疫吸附测定显示结果，以检测结核分枝杆菌。由于一次杂交可以检测多种靶序列，因此该方法具有简便、快速、灵敏度高的特点。

4. 链置换扩增技术　链置换扩增（strand displacement amplification，SDA）技术是一种基于酶促反应的 DNA 体外恒温扩增技术。采用 SDA 技术检测结核分枝杆菌时，通常以 IS6110 和 16S rRNA 基因为扩增靶点。该检测方法特异性较强，但存在一定的假阳性。

5. 基因芯片技术　根据结核分枝杆菌基因组中耐药基因以及属、种、株特异的核酸区段设计多条核苷酸探针，并将探针交联到固相载体上制成基因芯片，再将标本裂解后获得的结核分枝杆菌核酸与芯片上的探针进行核酸杂交，进而鉴定结核分枝杆菌的菌种以及基因耐药株。基因芯片技术能够高通量、准确、快速地实现对结核分枝杆菌的分类鉴定及耐药基因的检测，但由于成本高、仪器昂贵，在一定程度上限制了其临床应用。

目前已有商业化的全自动结核分枝杆菌核酸检验平台，它以半巢式荧光定量 PCR 技术为基础，将标本前处理、核酸提取、PCR 检验和结果分析等过程相结合，能够直接从患者痰液标本中快速检测结核分枝杆菌和利福平耐药性，具有灵敏、快速、自动化等优点。

(三) 分子生物学检验的临床意义

与传统的结核分枝杆菌临床检测方法（如细菌培养、痰涂片抗酸染色、免疫学方法等）相比，分子生物学检验方法更加快速、准确，误诊率及漏诊率更低，具有重要的临床意义。

1. 有利于结核分枝杆菌的早期诊断 分子生物学检验方法能在结核分枝杆菌感染的早期，如结核分枝杆菌病灶通过血源性传播时或结核分枝杆菌在外周血中存在量极少时，通过体外扩增检测并确诊。

2. 有利于结核分枝杆菌的快速检测 结核分枝杆菌的培养条件较严格，分子生物学检验方法则克服了结核分枝杆菌培养时间长、痰涂片检查阳性率低等缺点，提高了检验的特异性和准确性。

3. 有利于疾病的鉴别诊断 痰液或支气管灌洗液结核分枝杆菌 DNA 检验可辅助诊断肺结核，血液标本结核分枝杆菌 DNA 检验可辅助诊断播散型结核和各器官结核病。

4. 有利于结核分枝杆菌的耐药性检测 分子生物学检验方法有利于筛查结核分枝杆菌耐药突变基因以及制订相应的治疗方案，并能通过定期检测，评价抗结核药物的疗效。

四、淋病奈瑟球菌感染的分子生物学检验

淋病奈瑟球菌（*Neisseria gonorrhoeae*，NG）简称淋球菌，是淋病的病原菌，属奈瑟菌属。淋球菌为革兰氏阴性双球菌，是一种人体寄生菌，常存在于急性尿道炎与阴道炎患者脓性分泌物的白细胞中，形态与脑膜炎球菌相似。淋病是一种性传播疾病，主要是通过与淋病患者或淋球菌携带者的性接触引起，也可由于接触污染的卫生洗浴用品而发生间接感染。男性可引起尿道炎、慢性前列腺炎、精囊炎等，女性可引起阴道炎、宫颈炎、子宫内膜炎等，胎儿经过淋病性阴道炎产妇的产道可导致感染。另外，淋球菌也可侵犯眼部、咽部、直肠和盆腔等部位，导致播散性感染。

传统的诊断方法包括直接涂片染色法、分离培养法和免疫学法，但检验灵敏度不高，淋球菌培养周期长，存在漏检等情况。随着分子生物学技术的发展和临床广泛应用，淋球菌检验的灵敏度和特异性均得到大幅提升，并将检验时间缩短至数小时。目前，分子生物学检验已成为淋病早期诊断的常用检查方法。

(一) 淋病奈瑟菌的基因组结构特征

淋病奈瑟球菌 FA1090 基因组为环状 DNA，长度为 2.15 Mb，其中 G + C 含量为 52.68%。编码区占总长度的 78%，共含有 2069 个基因，包括 2002 个具有编码功能的基因和 67 个结构性 RNA 基因，如 16s rRNA 基因、胞嘧啶 DNA 甲基转移酶基因和外膜蛋白基因（*omp* 基因）等。淋球菌的菌体内还含有可以传递耐药性的外源性质粒。此外，基因组中有多个基因与淋球菌的耐药性相关，如 *gyrA* 和 *parC* 基因与氟喹诺酮类药物耐药有关；*penA*、*ponA* 基因与青霉素耐药有关；*emm* 基因与大环内酯类药物耐药有关。

(二) 淋病奈瑟球菌的分子生物学检验

淋球菌的分子生物学检验方法主要包括 PCR、连接酶链反应（ligase chain reaction，LCR）、定量 PCR、SDA、PCR-RFLP 及基因芯片等。

1. PCR 技术 聚合酶链反应是分子生物学检验中最常用的基因检测技术，也是淋病奈瑟球菌基因诊断中最基本的方法。设计 PCR 引物时，应选择与其相应的靶基因，多采用隐蔽

性质粒 *cppB* 基因、16s rRNA 基因、*porA* 假基因、外膜蛋白基因（*omp* 基因）、*opa* 基因和胞嘧啶 DNA 甲基转移酶基因等。根据不同基因设计的引物对 PCR 的灵敏度和特异性有不同的影响。

2. 实时荧光定量 PCR 技术　该技术是目前临床检验以淋球菌为代表的常见病原体的主要分子生物学技术。该技术设计原理的先进性以及商品化试剂盒技术日益成熟，极大地提高了检验的灵敏度和特异性，并能有效地避免交叉污染，缩短检验时间，所以广泛应用于临床分子生物学检验。

3. DNA 测序技术　该技术不仅适用于淋球菌的菌种鉴定和淋病的分子流行病学调查、传染源和传播途径调查，而且是检验病原微生物耐药基因突变的标准方法，适用于淋球菌菌株的耐药基因筛查，并能确定耐药基因的突变类型和碱基构成情况，对淋球菌基因耐药机制研究具有重要的意义。但该技术需要基因测序仪等大型设备的支持，对于检验技术要求也相对较高，且操作步骤繁琐，限制了其在临床推广应用。

4. 聚合酶链反应 - 单链构象多态性（polymerase chain reaction-single strand conformation polymorphism，PCR-SSCP）分析技术　PCR-SSCP 分析技术是利用 DNA 或 RNA 单链构象具有多态性的特点，结合 PCR 技术进行基因检测的一种分析技术。其原理是通过 PCR 扩增特定靶序列，然后将扩增产物变性为单链，进行非变性聚丙烯酰胺凝胶电泳。此时 DNA 或 RNA 单链的迁移率主要取决于单链的构象。相同长度的 DNA 或 RNA 单链其碱基顺序不同，所形成的构象也不同，所以电泳迁移率也不同。由于迁移率的变化可导致泳动率不同，从而可区分变异与正常的 DNA 或 RNA。该技术主要用于分析淋球菌的遗传学特征和耐药基因突变。与测序技术相比，该技术具有简便、灵敏、特异等优点，适用于淋球菌耐药基因突变的快速筛查研究。此外，该技术在微生物分类、新种类鉴定、分子流行病学调查方面均具有重要的作用。

5. 连接酶链反应技术　检验的靶基因主要有 *opa* 基因和 *pilin* 基因等。LCR 是在连接酶扩增反应的基础上，引入热稳定的连接酶而建立的类似 PCR 技术的新方法。具体方法是在 DNA 连接酶的作用下，通过连接与模板 DNA 互补的两个相邻寡核苷酸引物，快速进行 DNA 片段扩增。如果与靶序列杂交的相邻寡核苷酸引物与靶序列完全互补，则 DNA 连接酶即可连接封闭这一缺口，并形成可测数量的连接产物；如果连接处的靶序列有点突变，引物就不能与靶序列结合，连接反应就无法进行，也就不能形成连接产物。因此，通过连接酶链反应，可明确区分寡核苷酸是否与模板 DNA 完全互补，以检测基因点突变。LCR 操作便捷，适用于进行大规模性传播疾病的普查。但该方法仍需进一步完善质量控制，避免污染而导致假阳性或抑制物所致的假阴性。

6. 基因芯片技术　近年来随着基因芯片技术的迅猛发展，其临床应用也越来越广泛，检验成本也不断降低。该技术的最大优点是可以高通量、快速地对病原微生物进行菌种鉴定和突变位点分析。目前已广泛应用于淋球菌等病原微生物的大规模耐药基因突变筛查研究。

（三）分子生物学检验的临床意义

淋球菌是引起淋病的病原菌，临床诊断淋病主要依赖于对淋球菌的检测，培养法是诊断淋球菌的主要方法。虽然传统的涂片法适用于检测大多数标本，且价格低廉，但灵敏度低，易受各个操作环节的影响。而分子生物学检验方法具有快速、灵敏度高、特异性强等特点，对淋球菌感染的早期诊断、分型及耐药基因检测等具有重要的临床意义：①克服了淋球菌培养时间长等缺点，提高了临床标本检测的阳性率和准确性；②可以进行淋球菌感染的分子流行病学调查；③可以准确、快速地评价药物治疗效果；④有助于淋病的鉴别诊断。

五、肠出血性大肠埃希菌感染的分子生物学检验

肠出血性大肠埃希菌（enterohemorrhagic *Escherichia coli*，EHEC）是大肠埃希菌的一个亚型，以 O 抗原分型，可分为 O157、O26、O111 血清型，主要致病菌株为 O157：H7，即 EHEC O157：H7，可引起感染性腹泻，因能引起人类出血性肠炎而得名。O157：H7 型大肠埃希菌进入人体后，主要侵犯小肠远端和结肠、肾、肺、脾和大脑，可引起肠黏膜水肿、出血、肠细胞水肿、坏死及肾、脾和大脑病变。其已知的主要毒力基因有黏附因子基因（*eaeA* 基因）、志贺毒素基因（*Shiga toxin* 基因，*Stx1* 基因，*Stx2* 基因）及溶血素基因（*EHEC-hly* 基因）等，可引起人类出血性肠炎和溶血性尿毒症综合征，后者病死率较高。

自 1982 年首次发现该病原菌引起的食物中毒以来，相继在英国、加拿大、日本等多个国家出现 O157：H7 型大肠埃希菌感染性腹泻疫情的暴发或流行。我国自 1997 年以来，在部分地区也发生了 O157：H7 型大肠埃希菌感染性腹泻的流行。

（一）O157 型大肠埃希菌的基因组结构

大肠埃希菌基因组由一个环状染色体和大质粒组成。对 O157：H7 Sakai 株与非致病的实验株 *E.coli* K-12 MG1655 株的全基因组序列进行比较，发现 O157：H7 Sakai 株染色体大小为 5.5 Mb，比 K-12 长 895 kb，两者约有 4 Mb 的高度保守序列。O157：H7 Sakai 株染色体中包含 5361 个开放阅读框（ORF），其中 3729 个 ORF 存在于 K-12 中，其余 1632 个 ORF 在 K-12 中不存在。1632 个 ORF 中，有 873 个 ORF 的功能是已知的，369 个 ORF 与未知功能的蛋白质相似，其余 ORF 则是 O157：H7 Sakai 株所特有的。除环状染色体外，O157：H7 还含有一个分子量约为 93 kb 的特异性大质粒 pO157，该质粒与细菌的致病力密切相关。编码志贺毒素的 *Stx1* 和 *Stx2* 基因在 2 个 λ 样噬菌体的区域，编码溶血素的基因在 pO157 质粒上。

（二）O157 型大肠埃希菌的分子生物学检验

目前用于 O157：H7 型大肠埃希菌的分子生物学检验方法主要是基于 PCR 的方法，包括普通 PCR、多重 PCR、实时定量 PCR 等，以及基因芯片技术。

1. 聚合酶链反应　PCR 是最常用于检测 EHEC O1157：H7 致病基因的方法。用于 PCR 检测的靶基因主要有志贺毒素 *Stx1* 基因和 *Stx2* 基因、溶血素基因（*hlyAB* 基因）、黏附因子 *eae* 基因、O157 抗原编码基因（*rfbE* 基因）及 H 抗原编码基因（*fliC* 基因）等。随着 PCR 技术的发展，其衍生技术（如实时荧光定量 PCR 技术、多重 PCR 技术等）已被广泛应用于 EHEC O1157：H7 的分子诊断。

2. PCR-RFLP　该方法是目前细菌鉴定最常用的方法之一，也被成功应用于 EHEC O1157：H7 的多态性分析。

3. 基因芯片技术　该方法具有高通量、微型化和自动化等特点，现已应用于 EHEC O1157：H7 的诊断。

（三）分子生物学检验的临床意义

EHEC O157：H7 感染已成为全球性公共卫生问题，具有高流行性、高发病率及高病死率等特点。面对突发传染病，病原体的快速检测和鉴定是控制疫情的关键。目前，EHEC O1157：H7 的实验室诊断主要依靠传统的细菌学检验方法，步骤繁琐，细菌培养耗时较长，且结果易受环境因素的影响，不用于疾病暴发时的大规模标本分析。而分子生物学检验技术简便、快捷、灵敏度高、特异性强，尤其适用于 O157：H7 型大肠埃希菌的早期诊断和大规模流

行病学调查研究，有利于尽快鉴定病原菌的来源，及时防止病情扩散。

六、细菌耐药基因的分子生物学检验

近年来，随着抗菌药物的广泛使用，耐药细菌不断涌现。"超级细菌"的产生和快速传播使得细菌耐药成为全球高度关注的重大公共卫生问题之一。高效、便捷、实用性强的耐药细菌检验方法对于大规模监测细菌耐药、探究耐药机制、防控耐药细菌的流行和传播十分重要。目前已有的细菌耐药性检验方法可分为经典方法（即药物敏感试验）和分子生物学检验方法两大类。分子生物学检验技术检验细菌耐药基因具有快速、特异、灵敏的优点，更有助于指导临床用药和监测耐药菌。

（一）细菌耐药性产生的机制

在药物治疗过程中，病原体对长时间或反复应用的药物（主要是抗菌药物）敏感性降低的一种状态，称为耐药性，表现为抗菌药物不能有效抑制细菌生长、繁殖或杀灭细菌。随着临床上抗生素的广泛使用，细菌出现耐药性，导致药物治疗失败。细菌耐药包括天然耐药和获得性耐药两种。

天然耐药又称固有耐药，是指某一病原微生物对从未接触的某种抗微生物药物产生的耐药性。细菌的天然耐药与细菌的种属遗传有关，是细菌在长期进化过程中为适应环境而获得的抵抗不利因素的能力。这种耐药是由细菌染色体基因决定的，代代相传，不会改变。细菌对某一类或者两类相似的抗菌药物耐药，即决定了该抗菌药物的抗菌谱，如革兰氏阴性细菌对青霉素的耐药性，肠球菌对头孢菌素、林可霉素和磺胺类药物的耐药性。

获得性耐药是指细菌由于发生了某些突变或从其他细菌获得了某种决定性基因，使原来不具有耐药性的细菌产生某种程度新的耐药性。获得性耐药是细菌常见的耐药方式，主要表现为以下几种方式：①产生抗生素降解酶或修饰酶，使抗生素进入细菌菌体之前失活或结构发生改变；②与抗生素作用的靶位点发生突变，使之不能紧密结合或不能结合；③细菌细胞壁通透性发生改变，使进入细菌细胞内的抗生素浓度降低；④细菌"外流泵"作用，使细菌细胞内的抗生素浓度降低。

（二）细菌耐药基因的分子生物学检验方法

目前已有的细菌耐药性检验方法可分为药物敏感试验和分子生物学检验方法两大类。常规药物敏感试验是目前临床和实验室最常用的细菌耐药性检验方法，但药物敏感试验首先需要获得纯培养物，不适用于难培养及非培养菌，且耗时较长，有时难以满足临床重症、急性感染性疾病的快速诊断和对症治疗需求。利用分子生物学检验方法检验耐药基因，具有快速、特异、准确等优点。

细菌产生耐药性的基础是基因突变或获得耐药基因。有针对性地检验基因突变或相关耐药基因是细菌耐药性检验和监测的重要手段和途径。利用分子生物学检验方法检验耐药基因的技术包括 PCR 技术、定量 PCR（quantitative PCR，qPCR）技术、多重 PCR 技术、基因芯片技术及全基因组测序技术等。

1. PCR 技术　PCR 技术在细菌耐药基因检测方面发挥了很大的作用，包括耐甲氧西林金黄色葡萄球菌检测、结核分枝杆菌利福平耐药性检测等。由于 PCR 检测方法稳定、重复性好，所以是目前细菌耐药科研、监测领域使用最多的非培养细菌耐药检测方法。

2. qPCR 技术　qPCR 技术不仅实现了 PCR 从定性到定量分析的飞跃，而且比普通 PCR 技术具有更高的灵敏度和特异性、耗时更短、自动化程度更高，并能有效避免交叉污染，实时监测和分析实验进程及结果，无需进行 PCR 产物的琼脂糖凝胶电泳分析等。在临床上，很多类型的细菌感染对治疗、用药的及时性和准确性提出了较高的要求。因此，快速、准确判断细菌耐药情况是指导用药的关键，qPCR 技术在快速诊断细菌耐药性方面具有明显优势。

3. 多重 PCR 技术 多重 PCR 技术是在反应体系中加入多对引物、探针进行 PCR，扩增产物长度不同或具有不同发射光谱的荧光基团等，一次反应即可检测多个目的基因片段。随着抗菌药物使用范围的扩大和耐药机制研究的深入，越来越多的耐药基因被发现和关注，对细菌耐药性检测也提出了更高的要求。因此，多重 PCR 技术被应用于耐药耐药性的研究和监测。通过这种快速、准确的检测，可获得不止 1 种耐药基因及其元件信息，为细菌耐药性研究提供了更加便利的方法。

4. 基因芯片技术 基因芯片技术是一种基于核酸分子杂交原理，能够同时将大量探针固定于固相载体表面，核酸标本经荧光标记或扩增后，利用核酸杂交的特异性对大量未知标本进行检测、分析的方法。基因芯片技术在人类遗传学、病原体检测、DNA 分子识别等领域具有重要的作用。由于基因芯片技术具有高通量、高效、快速、准确的特点，不仅可以反映标本携带某种耐药基因的情况，而且可以同时检测多种耐药基因的携带情况，同时能避免多重 PCR 技术多重反应相互影响、彼此制约以及引物探针设计困难等问题，对未知病原体鉴定、致病因子筛查、细菌耐药基因检测等具有重要意义。基因芯片技术在细菌耐药检测方面具有明显的优势和潜在的应用价值。然而，基因芯片技术也存在一定的局限性，如无法获得细菌精确的 MIC 值、设备和配套芯片价格昂贵，成品化芯片检测耐药基因固化与实际研究目的不一致，缺乏商品化芯片等，这在一定程度上制约了该技术的大规模推广应用。

5. 全基因组测序技术 随着全基因组测序技术的发展，其在细菌耐药基因检测和表型预测方面得到了广泛的应用。全基因组测序技术发挥其强大的细菌耐药基因搜索功能的前提是有完备的耐药基因数据库，该数据库应包含目前已知的所有细菌耐药基因及其元件。目前国际上公认的三大核酸数据库为：美国国家生物技术信息中心的 GenBank、欧洲分子生物学实验室的 EMBL 数据库和日本 DNA 数据库（DDBJ），三大数据库每日交换并更新数据，保证数据库同步更新，但是目前国际上还缺乏细菌耐药基因的数据库。全基因组测序可以发现几乎所有细菌耐药相关基因和元件，在发现新的耐药基因方面具有其他技术无法比拟的优势。然而，全基因组测序对耐药基因数据库的要求非常严格，且该技术进行耐药性检测的过程繁琐、价格昂贵、通量低、分析耗时长，目前更适用于重要细菌毒株的耐药机制研究。

（三）细菌耐药基因分子生物学检验的临床意义

细菌耐药基因分子生物学检验的临床意义包括以下几方面：①指导临床用药，有助于临床医师选用合适的抗菌药物，以提高疗效，缩短疗程，延缓耐药菌株的出现。②精确控制耐药菌株的流行，及时分析和掌握耐药细菌的来源和分布，并检测耐药性变化情况，有利于流行病学监测和医院感染控制。③对生长缓慢或难以培养的微生物，直接测定耐药基因比传统的培养法检测结果报告时间缩短，在感染早期即可为临床提供细菌耐药的相关信息并指导用药。

同时，目前检测细菌耐药性的分子生物学检验方法也存在一定的局限性：①目前商品化试剂盒较少，而且对仪器设备条件要求严格，检验费用较高；②现有技术无法进行新型（未知）耐药机制分析；③细菌最终的耐药性通常由多种耐药机制综合作用所致，仅分析一种或数种耐药机制尚不能准确指导抗感染药物治疗。④对许多耐药基因的检测方法，还缺乏多中心临床对照研究以评价其准确性、重复性及临床应用价值。

七、细菌分型检验

对细菌进行准确分型是研究各菌株之间的克隆关系、确定病原菌和感染途径、防止和控制病原菌的流行、预防交叉感染、明确致病力强的菌株和制订有效控制措施等的关键。因此，对细菌的分型方法须满足以下几个条件：①能对种内的所有生物进行分型；②需要有高分辨率，能清楚地区分无关的株型；③具有可重复性，以确保对特定株型重复检测得到一致的结果。

传统的细菌分型方法主要依靠细菌表型特征（如生化反应、血清学特征等型）进行鉴定，存在分辨率低、重复性差、操作繁琐、耗时费力等局限性。近年来，随着分子生物学技术的快速发展，基因分型技术已广泛应用于病原菌流行病学研究、医院感染控制等领域。应用分子生物学技术对细菌进行分型的方法包括：脉冲电场凝胶电泳（pulsed field gel electrophoresis，PFGE）分型、生物芯片分型、多位点序列分型（multilocus sequence typing，MLST）、质粒DNA图谱分型以及随机扩增多态性DNA（random amplified polymorphic DNA，RAPD）分型等。

（一）脉冲电场凝胶电泳

脉冲电场凝胶电泳（PFGE）以其重复性好、分辨率强的特点被视为细菌分子生物学分型技术的标准方法，可用于大分子DNA的分离，分辨范围达到10 Mb。其基本原理是使用限制性内切酶将高度纯化的DNA基因组标本切割成一定大小的片段，然后对DNA片段进行凝胶电泳，并定时改变电场方向的脉冲电源，每次电流方向改变后持续1 s ~ 5 min，然后再改变电流方向，如此周期性地交替进行。DNA分子在交替电场作用下改变迁移方向所需的时间取决于其分子大小，DNA分子越大，构象改变所需的时间就越长，于是在每个脉冲时间内可用于迁移的时间就越短，因而在凝胶中移动也较慢，而较小的DNA分子移动较快，移动的距离也较长，从而使DNA分子在琼脂糖凝胶网孔中呈曲线泳动，最终将10 ~ 800 kb的大片段细菌DNA分子有效地分离。所获得的电泳图经荧光素（如溴乙锭）染色后可进行观察。成像数据可存储在数据库中，通过数据分析，即可进行细菌分型。

PFGE图谱的结果判读标准　根据其电泳条带，可分为以下几种情况：①若PFGE图谱一致，则表明为相同菌株；②若有1 ~ 3个条带存在差异，则表明菌株间有相近关系，且只有单基因变异；③若有4 ~ 6个条带存在差异，则表明菌株间可能有相近关系，并且有2个独立基因变异；④若有6个条带或更多条带存在差异，则表明有3个或更多基因变异，可视为菌株间无相关性。该标准仅适用于少量局部性基因的变异研究，有一定的局限性。

PFGE适用于各种病原菌的分型，与其他分型方法相比，具有更高的分辨率和重复性。目前，对很多常见的病原菌（如肺炎球菌、肠球菌、肠杆菌属、铜绿假单胞菌和其他革兰氏阴性菌以及非结核分枝杆菌等），都可用PFGE进行分型。但是，某些病原菌（如耐甲氧西林金黄色葡萄球菌、b型流感嗜血杆菌和O157∶H7型大肠埃希菌等），由于各菌属有相同的内切核酸酶位点，因此，在流行病学上无相关性的分离株也能呈现相同的PFGE图谱，不易区分。尽管如此，PFGE仍然是分子生物学分型技术中分辨率最高的方法。同时，进行PFGE图谱数据存储与分析，有助于创建所有病原菌PFGE图谱数据库。通过与数据库进行比较，可判断待测菌株与相同菌属间的遗传学相关性。

（二）随机扩增多态性DNA

随机扩增多态性DNA（RAPD）又称随机引物PCR，是以长度为10 bp的随机寡核苷酸作为引物,对基因组DNA进行PCR扩增,以获得长度不同的DNA片段,再将扩增产物经琼脂糖凝胶电泳分离,并直接对电泳图谱数据进行分析,根据DNA条带的多态性来反映模板DNA序列上的多态性。RAPD的原理是随机引物与模板结合位点的改变。如果模板基因组在引物结合区域发生了突变,就可能导致结合位点的分布发生变化,导致PCR产物的片段长度不同。通过凝胶电泳分离这些产物,染色后即可得到特征性的图谱,进而分析不同基因组的差异,并进行细菌分型。

由于所用引物为随机引物,不依赖于种属特异性,也不需要预先得知待扩增基因组的DNA序列,所以RAPD技术理论上适用于所有物种的基因分型。该技术操作比PFGE更简单,所需费用较低,分析耗时较少,并且所需DNA标本量较少,对标本纯度的要求也不高。虽然其重复性和分辨率不及PFGE,但适用范围较PFGE更广,在病原菌感染暴发与流行研究方面得到广泛应用,是一种常用的病原菌分型手段。但由于退火温度较低(通常设定为36℃),且试剂、操作、仪器等方面的细微差异均可造成检测结果的不同,因而重复性较差,还有待进一步统一化和标准化。

(三)多位点序列分型

多位点序列分型(MLST)是一种基于核酸序列测定的细菌分型方法,通过PCR扩增多个管家基因(一般是6~10个)位点400~600 bp的核苷酸序列片段,并测定其序列。对每个位点的序列根据其发现的时间顺序赋予一个等位基因编号,将每一菌株的等位基因编号按照指定的顺序进行排列,就可得到其等位基因谱,也就是该菌株的序列型(sequence type,ST)。这样得到的每个ST均代表一组单独的核苷酸序列信息。通过比较ST,可以发现菌株间的相关性,即密切相关的菌株具有相同的ST或仅有极个别基因位点不同的ST,而不相关菌株的ST至少有3个或3个以上基因位点不同。然后根据等位基因图谱使用配对差异矩阵等方法构建系统图(树图),以进行聚类分析,从而分析菌株的变异情况,并进行分型。实际应用过程中,对于已有成熟MLST方案的细菌,可直接从MLST数据库(http://pubmlst.org/)中获取分型方案。

MLST具有更高的分辨率,可以将同种细菌分为更多的亚型,并确定不同ST之间的系统发育关系及其与疾病的联系。MLST操作简单,能快速得到分型结果,以便于不同实验室进行比较,目前已用于多种细菌的流行病学监测和进化研究。随着测序速度的加快和技术成本的降低,以及分析软件的发展,MLST逐渐成为细菌的常规分型方法和国际间菌株比较的常用工具,有助于建立一种更为准确的分型系统方法。通过将数据库与其他国家和地区的研究结果进行比对,可以更加全面地了解本地区细菌流行的特征。

第二代测序技术提供了快速、经济、高效的细菌基因组测序方法,使得核心基因组多位点序列分型(core genome multilocus sequence typing,cgMLST)技术逐渐取代了传统的MLST技术。

cgMLST是使用某一个种的细菌核心基因组中成百上千个基因位点的序列差异对菌株进行区分和分型的方法。与传统的MLST不同,MLST仅能检测和比对6~10个基因位点的序列差异,而cgMLST能检测和比对成百上千个基因位点的序列差异。cgMLST以基因比对的方式在核心基因组中搜寻等位基因差异,赋予每个菌株一组等位基因编号来进行分型。这种以基因为单元的比对和分型方法,比传统的MLST方法具有更高的分辨率,在结核分枝杆菌、金黄色葡萄球菌、嗜肺军团菌等多种病原菌的分型、分子流行病学、致病性和进化等研究领域已经显示出较好的应用前景。

> **小结**
>
> 结核分枝杆菌、淋病奈瑟球菌、O157：H7型大肠埃希菌等细菌感染的分子生物学检验包括一般性检出策略和完整性检出策略。一般性检出策略主要是采用PCR及其衍生技术检测病原菌固有的特异性核酸序列，从而判断有无感染以及是何种病原菌感染。完整性检出策略则包括病原菌的分类、分型、耐药性鉴定以及带菌者和潜在感染的诊断等，往往需要联合应用多种方法。

第二节　病毒感染的分子生物学检验

病毒是由核酸分子（DNA或RNA）与蛋白质组成的结构简单的非细胞型微生物。据统计，约70%的人类感染性疾病是由病毒引起的，有超过400种病毒可以感染人类。其中，乙型肝炎病毒、丙型肝炎病毒、人乳头瘤病毒、人类免疫缺陷病毒、人流感病毒及疱疹病毒等是引起病毒感染的常见或主要病原体。

病毒感染人体后，由于基因整合等原因，可长期与机体共存，很难彻底被清除。加之病毒感染后所造成的机体损伤较重，因此，有必要对病毒感染进行早期诊断和病毒载量监测，以便有效指导临床治疗。

一、病毒感染的分子生物学检验策略

病毒感染的分子生物学检验策略分为一般性检出策略和完整性检出策略。

（一）病毒感染的一般性检出策略

一般性检出策略是针对病毒的特异性核酸序列，通过分子生物学技术检验病毒的DNA或RNA，仅能提供是否存在某种病毒的证据，临床上可用于判断有无病毒感染以及是何种病毒感染，是快速诊断病毒感染的首选方法。由于一般性检出策略是针对病毒的特异性核酸序列进行检验，从而确定病毒存在与否，因此，通常选择病毒基因组保守序列作为检验靶标来设计PCR引物或制备特异性探针。

（二）病毒感染的完整性检出策略

完整性检出策略是通过分子生物学检验技术在明确判断病毒存在与否的基础上，进一步检验病毒载量、进行病毒基因分型和亚型鉴定以及病毒耐药基因分析。完整性检出策略可以为病毒感染的临床诊断和治疗提供非常重要和更丰富的信息。例如，通过病毒的定量检测不仅可明确显性感染的诊断，还能够诊断出隐性感染和潜伏性感染者。

二、乙型肝炎病毒感染的分子生物学检验

病毒性肝炎（viral hepatitis）是由多种肝炎病毒引起的，以肝损害为主的一组传染性疾病。肝炎病毒包括甲型、乙型、丙型、丁型、戊型等，是病毒性肝炎的致病因子。其中，乙型肝炎病毒（hepatitis B virus，HBV）感染可引起急性、慢性乙型病毒性肝炎，是病毒性肝炎的主要病原体之一，也是肝硬化和肝细胞癌的重要致病因子。乙型病毒性肝炎是一种世界性的传染性

疾病,而我国又是 HBV 感染的高发区。因此,高效、准确地检测 HBV 对于乙型病毒性肝炎的预防、诊断和治疗等都具有重要的意义。

(一)乙型肝炎病毒的基因组结构特征

HBV DNA 是带有部分单链区的环状双链 DNA 分子,基因组长度为 3.2 kb。HBV 的两条链长度不等,长链称为负链,用"L(-)"表示,带有病毒全部的编码信息;短链称为正链,用"S(+)"表示,S(+)在不同的分子中长度不等。两条链的 5' 端有 250~300 个碱基是可以互补结合的,称为黏性末端,是 DNA 保持双链环状结构的基础,也是 HBV 最常整合到肝细胞染色体中的 DNA 序列。在黏性末端的两侧各有 11 个核苷酸(5'-TTCACCTCTGC-3')构成的同向重复序列(direct repeat,DR)。DR 区域是 DNA 环状结构及病毒复制的关键区域。

HBV 基因组负链 DNA 核酸序列上含有 S、C、P、X、前-S1、前-S2 和前-X 这 7 个开放阅读框(ORF)。S 基因区又可以划分为前-S1(Pre-S1)区、前-S2(Pre-S2)区和 S 区。其中,S 区基因编码外膜主蛋白(即 S 蛋白),是乙型肝炎病毒表面抗原(hepatitis B surface antigen,HBsAg)的主要成分;Pre-S2 区基因和 S 区基因共同编码外膜中蛋白;Pre-S1 区、Pre-S2 区和 S 区基因共同编码外膜大蛋白。C 基因区可以分为前 C 区和 C 区两部分:C 区基因编码乙型肝炎核心抗原(hepatitis B core antigen,HBcAg);前 C 区和 C 区基因共同编码乙型肝炎 e 抗原(hepatitis B e antigen,HBeAg)。P 区基因编码乙型肝炎病毒 DNA 聚合酶(HBV DNA polymerase,HBV DNAP),该 DNA 聚合酶兼具逆转录酶、RNaseH 及 DNA 聚合酶活性。X 区基因编码乙型肝炎 X 抗原(hepatitis B X antigen,HBxAg)。

(二)乙型肝炎病毒的分子生物学检验

1. 乙型肝炎病毒核酸检测 乙型肝炎病毒的分子生物学检验主要是针对 DNA 的检测。HBV DNA 是病毒复制和具有传染性的直接标志。定量检测 HBV DNA 对于判断病毒复制程度、传染性强弱、抗病毒药物疗效等具有重要意义。常用的检验技术有 PCR 技术和核酸分子杂交技术。

(1)PCR 技术:普通 PCR 检测 HBV DNA 的灵敏度可以达 ng 级水平,检测结果能直接反映 HBV 病毒的复制程度,从分子水平为临床提供病原体诊断依据。PCR 检测的特异性和灵敏度取决于引物的设计,HBV DNA 的 PCR 引物通常根据其 S、C、P 和 X 基因区内的高度保守序列进行设计。

(2)荧光定量 PCR 技术:采用荧光定量 PCR 技术,可以在检测 HBV DNA 的同时进行相对定量分析,从而更直接地了解乙型肝炎患者体内 HBV 的复制程度及传染性,准确地反映 HBV DNA 的复制水平、病程变化和治疗恢复情况等。该技术特异性强,灵敏度可达 0.01 fg,检测范围为 $2.5 \times 10^2 \sim 2.5 \times 10^9$ copies/ml。

(3)核酸杂交技术:通常采用斑点杂交和液相杂交两种方法。斑点杂交是将待测标本点状加样于硝酸纤维素膜上,与标记的 HBV DNA 寡核苷酸探针进行杂交,从而检测标本中是否存在 HBV DNA,可进行定性或半定量分析。该技术不需要特殊仪器设备,特异性强,但灵敏度不高。液相杂交可以采用 ^{125}I 标记的核苷酸探针,与液相中的变性 DNA 杂交。其检验限度为 1.0×10^6 copies/ml 或 1~2 pg/ml。

(4)杂交捕获系统:该系统采用特异的 RNA 探针与靶分子 HBV DNA 杂交形成 RNA-DNA 杂交分子。多个 RNA-DNA 杂交分子被通用抗体捕获至微孔中,然后采用偶联有碱性磷酸酶的多克隆抗体检测杂交分子。此过程产生的信号可放大 3000 倍,检验限度为 4.7×10^3 copies/ml。

(5)基因芯片技术:根据乙型肝炎病毒高度保守的特异性基因序列设计寡核苷酸探针制

备基因芯片，将待测标本进行 PCR 扩增，同时对扩增产物进行荧光标记，然后将标记产物与基因芯片杂交。通过扫描系统分析杂交结果，即可确定待测标本是否存在病毒感染。

2. 乙型肝炎病毒的基因分型　根据 HBV 全核苷酸序列的差异 =8% 或 S 基因区序列核苷酸差异≥4% 进行基因分型，目前可将 HBV 分为 A、B、C、D、E、F、G 和 H 8 种基因型。基因型可以反映 HBV 自然感染过程中的变异特点，是病毒变异与进化的结果。HBV 不同基因型存在地理区域、种族分布差异，可表现为不同的病毒学和临床特性。因此，研究和检测 HBV 基因型与亚型具有重要的临床意义。

目前对 HBV 进行基因分型的方法主要有序列特异性引物（sequence specific primer, SSP）-PCR、PCR-RFLP、基因芯片技术和 PCR 酶联免疫吸附测定等。

（1）SSP-PCR：是根据不同 HBV 基因型存在的差异序列设计一系列特异性引物，经 PCR 扩增后可得到不同长度的片段，以此进行分型。该方法操作简单，但对引物设计的要求较高。

（2）PCR-RFLP：这是目前常用的基因分型方法。通过 PCR 扩增出不同基因型的目标片段，该片段通常为 S 基因或前 S 基因。扩增产物用 3～5 种特定的限制性内切酶进行酶切，再将酶切图谱与数据库进行比较，即可确定基因型。RFLP 灵敏度高，但酶切位点易受基因变异的影响，且发生混合感染或酶切不完全时，可能出现复杂条带，影响分型结果的判断。

（3）基因芯片技术：是将基因分型所用的型特异性探针点样到玻片上，直接与荧光标记的 PCR 扩增产物进行杂交，经漂洗后通过荧光扫描来判断结果。操作时，先提取待测标本中的 HBV DNA，然后通过 PCR 进行基因扩增。在 PCR 反应液中加入一种荧光标记的 dNTP，使 PCR 产物与 HBV 基因分型芯片杂交，如在某一种型特异性探针所在的位置出现荧光，即可确定 HBV 属于该基因型。

3. 乙型肝炎病毒的耐药性分析　临床上最常用的抗 HBV 药物为核苷（酸）类似物，如拉米夫定（lamivudine）、阿德福韦（adefovir）等，但在长期用药过程中，可诱导 HBV DNA 发生基因变异，从而对抗病毒药物产生耐药性。其耐药性发生的机制是：核苷（酸）类似物与 HBV DNA 的自然底物（dNTP）竞争性地掺入病毒 DNA 链，导致 HBV DNA 合成终止，达到抑制 HBV 复制的目的。因此，与 HBV DNA 结合能力的强弱决定了该类药物的疗效。当 HBV DNA 的氨基酸序列发生改变并使其空间构象发生改变时，可导致 HBV DNA 与核苷（酸）类似物的结合能力明显下降，从而产生对核苷（酸）类似物的耐药性，发生耐药现象。

在拉米夫定抗 HBV 感染治疗过程中，变异最常发生在 HBV DNA P 基因的逆转录酶编码区。HBV 耐药基因变异以国际通用的氨基酸缩写首字母加变异位点标记。例如，HBV DNA P 基因存在 YMDD 代表 4 个氨基酸残基（Tyr-Met-Asp-Asp），其中，蛋氨酸（M）变为缬氨酸（V）或异亮氨酸（I）可引起拉米夫定耐药，因变异位点处于 HBV DNA P 基因逆转录酶编码区，该变异可表示为 rtM204 V/I。

目前，HBV 耐药基因检测主要是针对 HBV DNA 基因 YMDD 突变的检测。常用的检验技术包括序列分型法（sequenced based typing, SBT）、PCR-限制性片段长度多态性（PCR-RFLP）分析法、线性探针检测（LPA）、基因芯片、实时 PCR、变性高效液相色谱法等。

（三）HBV 分子生物学检验的临床意义

分子生物学检验技术在 HBV 早期诊断、HBV 基因分型、耐药相关基因突变检测等方面都具有显著的优势。

1. HBV 定量检测的临床意义

（1）病毒载量测定：HBV DNA 检测即对病毒载量进行测定，是判断 HBV 复制水平和传染性强弱的直接标志。HBV DNA 定量检测呈阳性（HBV DNA>10^7 拷贝/毫升）时，HBV DNA 拷贝数越高，表明病毒复制越活跃，传染性越强，肝损害程度和肝组织炎症反应可能就越重。HBV DNA 正常值定量检测呈阴性（HBV DNA<10^3 拷贝/毫升）时，说明乙型肝炎病毒复制已得到抑制，复制缓慢甚至停止复制，传染性弱。

（2）指导临床用药及监测疗效：HBV DNA 量的动态变化可为调整临床用药剂量、用药时间以及是否需要联合用药等提供重要的参考依据，是评价抗病毒药或免疫增强剂疗效最客观的指标。

2. 病毒分型检测的临床意义

（1）判断 HBV 基因型对抗病毒疗效的差异：对患者进行某种抗病毒药物治疗后，需定期检测抗病毒药物的疗效，动态监测 HBV DNA 载量。如果 HBV DNA 含量持续降低，并能维持在低水平或低于检测方法能检出的测定值下限，则说明治疗有效。如果治疗效果不佳，则应考虑不同基因型对抗病毒药物治疗效果存在一定的差异，如应用拉米夫定进行抗病毒治疗时，B 基因型较 C 基因型有更好的应答；采用干扰素治疗时，C 基因型的应答率明显低于 B 基因型。

（2）了解 HBV 基因型与基因突变之间的关系：不同的基因型易发生突变的类型可能不同，如 B 基因型以 YVDD 变异为主，C 基因型则以 YIDD 变异为主。

（3）了解 HBV 基因型与患者病情转归及患者年龄等因素的关系：C 基因型感染者较 B 基因型感染者具有更高的 HBeAg 阳性率，而且 C 基因型与较严重的肝脏疾病发病机制相关，可作为肝癌高危指标之一。C 基因型在高年龄段肝细胞肝癌患者中的比例较高，而 B 基因型在低年龄段，尤其是 35 岁以下肝细胞肝癌患者中的比例较高。

（4）明确 HBV 基因型的流行病学特点：不同的基因型序列长度不同，主要是前 S1 区的序列长度不同。在目前发现的 8 种 HBV 基因型中，我国主要为 A 型、B 型、C 型和 D 型四种，各地区的分布也存在一定的差异。混合感染的类型主要以 B 型和 C 型混合为主。

3. 耐药相关基因突变检测的临床意义 HBV 耐药性检测在临床上主要是针对 HBV DNA 聚合酶 P 基因的检测，即鉴别是野生型（YMDD）还是存在耐药突变型（YVDD 或 YIDD），检测结果可为抗病毒药物治疗中的 HBV 耐药性机制研究提供依据。

另外，在慢性 HBV 感染患者的长期抗病毒治疗过程中，需要特别注意对 HBV 耐药突变基因的检测，及时了解患者体内 HBV 是否发生拉米夫定等抗病毒药物的耐药突变对指导临床合理选择抗病毒药物、调整治疗方案、监测抗病毒药物的疗效及采取个体化治疗等都有重要的作用。

三、丙型肝炎病毒感染的分子生物学检验

丙型肝炎病毒（hepatitis C virus，HCV）是引起丙型病毒性肝炎的病原体。HCV 主要经血液和血制品、性接触、母婴等途径传播，是输血后肝炎的主要致病因子。丙型肝炎的临床症状与乙型肝炎类似，50% 以上的感染者可进展为慢性肝炎。另外，丙型肝炎病毒感染也是引起肝硬化和肝癌的主要原因之一。全世界 HCV 感染率平均约为 3%，我国抗-HCV 抗体阳性率平均为 3.2%，略高于全球平均水平。

（一）丙型肝炎病毒的基因组结构特征

HCV 基因组为单链正链 RNA，链长约 9.5 kb。整个基因组只有 1 个 ORF，编码一条由 3010~3033 个氨基酸组成的聚蛋白前体。该蛋白前体在病毒蛋白酶和宿主信号肽酶的作用下，可以裂解为病毒的两种结构蛋白（核心蛋白和包膜糖蛋白）和 6 种非结构蛋白。

在 HCV 基因组中，5′ 端有一个长度和序列非常稳定的非翻译区（untranslated region，UTR），是病毒复制和翻译所必需的，也是整个基因组中最保守的区域，所以常选择该区域的基因序列作为基因扩增的靶序列，这样可检出目前已知的所有 HCV 基因型。3′ 端的 UTR 包括 3 个结构域：靠近 5′ 端的是基因型特异的多变区；居中部分为多聚 U（poly U）区域，对病毒

RNA 的复制至关重要，但不同基因型的 HCV 多聚 U 区域长度不等；3′ 尾部为高度保守的发夹样结构，称为 X-tail，该区域对病毒 RNA 的有效复制同样重要。

5′ 端和 3′ 端的 UTR 之间有一个 ORF，可分为 9 个区域，依次为 5′- 核心区（C 区）→ E1 区 → E2/NS1 区 → NS2 区 → NS3 区 → NS4a 区 → NS4b 区 → NS5a 区 → NS5b 区 -3′。其中，NS5b 区在不同基因型 HCV 中的同源性较低，可作为 HCV 的分型依据；核心区（C 区）编码病毒核心蛋白；E1 区编码病毒包膜糖蛋白；E2/NS1 区也能编码病毒包膜糖蛋白；NS2 区、NS3 区、NS4 区和 NS5 区分别编码不同的非结构蛋白，其中，NS3 蛋白是一种多功能蛋白，具有蛋白酶活性及解旋酶活性，在肝细胞恶变转化过程中起重要作用；NS5 蛋白具有依赖于 RNA 的 RNA 聚合酶活性，可参与病毒 RNA 的合成。在 HCV 的编码区中，C 区最保守，NS 区次之，而 E2/NS1 区存在高度可变区。

（二）丙型肝炎病毒的分子生物学检验

1. 丙型肝炎病毒核酸检测 肝组织内 HCV RNA 的检测可应用原位杂交技术和斑点杂交技术，血清中 HCV RNA 的定性和定量检测多采用 PCR、核酸杂交、基因芯片等技术。

（1）PCR 技术：对 HCV RNA 进行定性检测时较常应用的有 RT-PCR 和巢式 PCR。RT-PCR 是将 HCV RNA 逆转录为 HCV cDNA。引物常选用 5′ 端非编码序列及 C 区、NS3 区或 NS5 区序列。进行定量检测时常采用荧光定量 PCR，竞争性 PCR 和免疫杂交 PCR。

（2）核酸杂交技术：是将待测标本点样于硝酸纤维素膜上，与标记的 HCV cDNA 寡核苷酸探针进行斑点杂交，从而检测标本中是否存在 HCV RNA。该方法可对 HCV RNA 进行定性或半定量分析，不需要特殊仪器设备，特异性强，但灵敏度不及 PCR。

（3）基因芯片技术：根据丙型肝炎病毒高度保守的特异性基因序列设计核苷酸探针制备基因芯片，将患者的标本进行 RT-PCR，并对扩增产物进行荧光标记。然后将标记产物与基因芯片杂交，杂交结果经扫描仪处理及计算机分析，可以检测出患者是否有病毒感染，感染病毒的种类和亚型，以及病毒耐药情况等。

（4）转录介导的扩增技术：转录介导的扩增（transcription mediated amplification，TMA）技术是以 RNA 或 DNA 为模板，利用 RNA 聚合酶和逆转录酶在 42℃ 左右的等温条件下进行扩增，产物为 RNA。该技术在人类白细胞抗原分型以及细菌和病毒快速检测方面发挥了重要作用。

2. 丙型肝炎病毒的基因分型 HCV 至少可分为 6 个基因型（HCV 1 型~ HCV 6 型），100 多个基因亚型。基因型以阿拉伯数字表示，亚型则在基因型后加小写英文字母表示，如 1b、2a 等。各型核酸序列之间相差 31%~34%，而亚型序列之间相差 20%~23%。差异最大的序列集中在 E1 区和 E2 区，而 C 区基因和部分非结构蛋白基因（如 NS3 区基因）则相对保守。各区序列保守程度由高到低依次为：5′UTR＞C 区＞NS3 区＞NS4a 区、NS5 区＞NS2 区＞E2/NS1、E1 区＞3′UTR。5′ 的 UTR 序列最为保守，种系变化程度及进化率都很低，可用于区分主要的基因型，NS5b 区变异率较高，易于区分不同的病毒株，常作为亚型的区分依据。

目前对 HCV 进行基因分型的常用方法有序列分型法（SBT）、PCR-RFLP、实时荧光 PCR、序列特异性引物扩增（PCR-SSP）、序列特异的寡核苷酸探针杂交法及基因芯片等方法。

（1）序列分型法（SBT）：是将 HCV 基因组的 E1 区、NS5b 区和 C 区直接进行测序和进化树分析，是 HCV 基因分型的标准方法。该方法采用特异性 PCR 引物扩增 HCV 基因组的多个区域，并联合多区域的测序结果描绘进化树。其优点是获取到的序列信息最多，可以明确待测区域的多态性，并能发现新基因，可作为其他所有方法的参考标准。由于序列分型法所扩增的 E1 区、NS5b 区和 C 区都具有高度异质性，故能准确区分出亚型。但又因为这些区域序列变异率较高，可导致有时不能成功进行 RT-PCR 和测序。另外，序列分型法对混合感染也不易确定，而且操作繁琐，耗时费力，仪器费用昂贵，难以在临床上推广应用。

（2）PCR-RFLP：是利用 RT-PCR 扩增具有不同酶切位点的各种 HCV 基因型，然后将扩增产物用 3~5 种不同的限制性内切酶进行酶切。最后将电泳结果与已知限制性片段数据库进行比较，从而确定基因型。该方法可以选择 5′ UTR、C 区和 NS5b 区作为扩增区。其中，选择 5′ UTR 在检测主要基因型时效果最佳，但是操作流程相对比较复杂，能区分的型别有限。

（3）实时荧光 PCR：是根据荧光共振能量转移的原理检测 HCV 基因型，所选择的探针一般是 Taqman 或 MGB 探针，扩增区选择保守的 5′ UTR。该方法能较好地区分主要基因型。

（4）序列特异性引物扩增法：是根据不同的 HCV 基因型在某一区段（常选择 C 区、NS5b 区）序列的差异性，设计一系列特异性引物，可将不同的型或亚型扩增出不同长度的片段，并以此进行分型。该方法操作虽然简单，但要保证 HCV 各基因型之间有较大的差异，不仅对 PCR 引物的设计要求较高，而且对每份标本需同时进行多次检测才能最终确定型别。该方法的优点是成本较低，不需要特殊设备，缺点是有时会出现较弱的扩增条带，难以进行判断和区分，因而目前尚未得到广泛应用。

（5）序列特异的寡核苷酸探针杂交法：根据各基因型 HCV 某一区段的序列差异分别设计特异性探针，并固定在纤维素膜或玻片上，然后利用 RT-PCR 通过生物素或荧光素标记的引物扩增 HCV 基因片段，再将扩增产物与膜、芯片或微孔板上的特异性探针杂交，经酶联免疫吸附测定或直接经荧光扫描仪分析，即可判定 HCV 基因型，这也是目前应用得最多的一种基于核酸杂交的 HCV 基因分型方法。目前在临床实验室中广泛使用的线性探针检测就是序列特异的寡核苷酸探针杂交分型方法。该方法与测序分型法相比，符合率高，并且在检测混合感染时更有优势。但是，该方法对低载量病毒的检测结果不太理想，这可能与核酸提取、逆转录 PCR 效率不高有关。若提高核酸纯化的质量和丰度，优化逆转录 PCR 扩增体系，则可提高该方法的灵敏度，从而达到更好的临床应用效果。

（三）HCV 分子生物学检验的临床意义

1. 检测 HCV RNA 应用分子生物学技术定性检测 HCV RNA 的存在是确诊 HCV 感染的依据。在 HCV 感染的第 1 周内就可以检测出 HCV RNA，从而解决免疫学检测的"窗口期"问题。定量检测 HCV RNA 拷贝数，对动态监测 HCV 的传染性、病毒复制情况、抗病毒药物的疗效及判断患者预后等有重要的参考价值。

2. 检测 HCV 基因型

（1）预测病情：目前多数研究认为 HCV 基因型是影响患者病情的主要因素。研究显示基因型 2 型、3 型多与重型肝炎有关；基因型 1b 型更易引起肝纤维化和肝癌。

（2）预测疗效：HCV 基因型被认为是影响治疗效果的主要因素。不同基因型对干扰素、利巴韦林的敏感性不同。基因型 1 型，尤其是 1b 型比基因型 2 型、3 型对干扰素治疗有更强的抗药性，患者预后较差。基因型 3 型患者干扰素治疗效果良好。

（3）预防传播：HCV 传播的危险因素与基因型相关。例如，HCV 1b 型主要经血液传播，而 HCV 1a 型、3a 型主要经静脉注射毒品传播，这也是目前 HCV 传播的主要途径。通过进行 HCV 基因型分析，可以了解其传播途径，并为预防传播、改进输血方案和疫苗研制提供参考依据。

四、人乳头瘤病毒感染的分子生物学检验

人乳头瘤病毒（human papilloma virus，HPV）是一种嗜上皮性病毒，具有高度的组织和宿主特异性，可引起人体皮肤黏膜的鳞状上皮增殖，引起良性肿瘤（如乳头状瘤）和疣（如寻常疣、尖锐湿疣），也可导致癌变（如宫颈癌等）。

(一)人乳头瘤病毒的基因组结构特征

HPV DNA 为双链闭合环状 DNA 分子,基因组全长为 8 kb 左右。HPV 基因组可分为三个区域:早期区(E 区)、晚期区(L 区)和基因座控制区(locus control region,LCR)或称上游调节区(upstream regulatory region,URR)或非编码区(non-coding region,NCR)。其中,E 区含 8 个开放阅读框(ORF),主要编码病毒的功能蛋白,负责 HPV 的复制、转录、调控和细胞转化;L 区有 L1 和 L2 两个主要 ORF,分别编码病毒结构蛋白,主要是衣壳蛋白。NCR 位于 E 区和 L 区之间,主要负责调控 HPV 的转录和复制。

(二)人乳头瘤病毒的分子生物学检验

1. 人乳头瘤病毒的分型 目前已分离出 130 多种 HPV,近 40 种是通过性接触传播,并与宫颈癌的发生相关。根据不同型别 HPV 与癌症发生的危险性高低,可将人类感染性 HPV 分为高危型和低危型两大类。研究表明,只有高危型 HPV 持续感染者才有发生宫颈病变的高度风险。高危型 HPV 约有 20 种,最经典的有 13 种。常见的人类感染性 HPV 型别及相关疾病见表 13-1。

表13-1 常见的人类感染性HPV型别及相关疾病

分类	基因型别	相关疾病
高危型	HPV-16、HPV-18、HPV-31、HPV-33、HPV-35、HPV-39、HPV-45、HPV-51、HPV-52、HPV-53、HPV-56、HPV-58、HPV-59、HPV-66、HPV-68、HPV-73、HPV-82 等	高级别宫颈上皮内瘤变(CINⅠ、CINⅡ)和宫颈癌
低危型	HPV-6、HPV-11、HPV-40、HPV-42、HPV-43、HPV-44、HPV-54、HPV-61、HPV-70、HPV-72、HPV-81 等	生殖道及肛周皮肤湿疣类病变和低级别宫颈上皮内瘤变(CINⅠ),多呈一过性,可自然逆转

不同地区 HPV 的人群感染率及感染的型别不同,不同的 HPV 感染型别与宫颈癌发生的相关性也不尽相同。高危型别、高病毒载量和持续性感染是促使宫颈癌发生的重要因素。因此,HPV 的早期发现、准确分型及病毒载量测定对预测宫颈疾病癌变具有重要意义。

2. 人乳头瘤病毒核酸的检验及基因分型 通过进行 HPV 核酸检测,可以快速、准确地诊断 HPV 感染,有利于临床对宫颈癌的早期筛查。目前,宫颈癌诊断的标准方法还是传统的组织切片病理检查寻找恶性肿瘤细胞,而对疑似宫颈癌患者在原发部位检测出 HPV 感染,则能更好地支持宫颈癌的诊断。

(1)核酸杂交技术:以印迹、原位杂交为代表的核酸杂交技术是一种分子生物学标准技术,可通过检测标本中 HPV DNA 或 RNA 的特定序列,确定是否有 HPV 感染。由于核酸杂交技术是以示踪元素标记的寡核苷酸探针与标本 HPV 核酸片段的特异性结合为基础,所以具有较高的特异性,可以对 HPV 病毒进行定性诊断。同时,通过分析杂交结果,可以对 HPV 进行基因分型。目前临床上为了提高检测灵敏度,常采用肝素辅助因子Ⅱ、核酸杂交与 PCR 相结合的技术,进行 HPV 核酸检测。

(2)荧光定量 PCR 技术:由于荧光定量 PCR 技术具有很好的闭管设计和产物降解功能,所以可以很好地避免产物污染对 PCR 结果的影响,目前已成为临床上最常用的 HPV 检测技术,可以实现对标本中 HPV 的快速定性和定量检测。同时,采用型特异性引物进行 PCR 扩增,可对 HPV 进行快速分型,有助于 HPV 感染的诊断。

(3)基因芯片技术:基因芯片技术是将 HPV 通用特定序列和(或)亚型特异性序列制成

探针,并将其固定在硅片、玻片、硝酸纤维素膜等载体表面制成基因芯片,然后与示踪元素标记的标本核酸或其PCR扩增产物杂交,通过扫描杂交信号来确定标本中HPV的遗传信息。该技术可对HPV进行分型,可用于多重感染的诊断。该技术最显著的特点是特异性强、灵敏度高、操作简便,可以快速完成高通量HPV筛查。

(4)流式荧光分析技术:是在液相生物芯片分析中,基于多功能流式点阵平台的一种新型诊断技术。该技术以荧光微球为核心,通过流式微滴分析、激光激发荧光与荧光检测等一系列处理过程,获得数字化的检测信号,经计算机处理后获得待测生物分子的定性和定量信息。该技术具有检验种类多、高通量和灵敏、高效的特点,目前常用于HPV DNA定量检测和核酸研究,以及受体、配体的识别与分析等多个领域。

(5)飞行时间质谱技术:飞行时间质谱技术是将离子化的微生物分子导入飞行时间质谱仪的电场和磁场中高速飞行,通过测定其飞行时间,换算出待测离子的质荷比(质量/电荷比值),进而获得待测微生物分子的含量和结构类型。进行HPV DNA检测时,先使用通用引物对HPV DNA特异基因片段进行扩增,再使用型特异性探针引物与PCR产物结合,然后对结合产物进行飞行时间质谱分析,进而确定标本中HPV DNA的含量,并判断HPV的型别。该技术具有准确、特异、灵敏的特点,而且可高通量地对HPV进行精确分型,目前常作为大规模妇科宫颈癌普查和HPV筛查的检测方法,在临床上得到广泛应用。

(三)HPV分子生物学检验的临床意义

1. 宫颈疾病风险预测 HPV DNA检测作为初筛手段,可发现高风险人群:① HPV DNA检测发现高危病变的灵敏度为97.7%~100%,比细胞学检查高20%以上,若将两种方法相结合,则灵敏度可达100%。因此,HPV DNA检测是宫颈癌筛查的优选方法。②根据感染的HPV类型,可预测受检者的发病风险,决定其筛查时间间隔。若细胞学检查和HPV DNA检测结果均呈阴性,则表明发病风险很低,可将筛查时间间隔延长至5年;若细胞学检查呈阴性,而高危型HPV DNA检测结果呈阳性,则表明宫颈癌发病风险较高,应定期随访。③对诊断不明确的不典型鳞状细胞/腺细胞和鳞状上皮内低度恶性病变,HPV DNA检测是一种有效的再分类方法。④重复感染同一高危型HPV可使恶变的机会增加,若连续2次HPV分型检测显示为单一型别的高危亚型感染,则提示宫颈癌发生的可能性增大。

2. 疗效评价及术后随访 在HPV感染治疗的前后,出现病毒载量或感染型别的变化,可作为评价治疗效果和患者恢复情况的指标。若术后或治疗后6个月HPV分型检测结果呈阴性,则表明手术或治疗成功;若HPV分型检测结果呈阳性,且感染型别与之前相同,则表明有残留病灶,并有复发的可能,而感染型别为不同亚型,则表明患者可能发生了新的感染。

3. 疾病防控及疫苗研发 通过HPV分型检测,可以分析不同地区HPV感染的流行病学情况,有利于各地HPV感染的防治和针对性地研发HPV疫苗。

五、人类免疫缺陷病毒感染的分子生物学检验

人类免疫缺陷病毒(human immunodeficiency virus,HIV)是引起获得性免疫缺陷综合征(acquired immune deficiency syndrome,AIDS)和相关疾病的RNA病毒。HIV为逆转录病毒,主要侵犯人体$CD4^+T$淋巴细胞,侵入细胞后,可与细胞整合而难以消除,并破坏人体的细胞免疫和体液免疫。目前,主要根据核酸序列的同源性不同,将HIV分为两个亚型:HIV-1和HIV-2。HIV-1在全世界广泛分布,是造成HIV流行的主要病毒。HIV-2较HIV-1具有更长的潜伏期。

（一）人类免疫缺陷病毒的基因组结构特征

HIV-1 基因组由 2 条相同的正义 RNA 链组成，每条链长 9.2～9.8 kb，两端为长末端重复序列（long terminal repeat, LTR）。LTR 之间为编码区，占整个基因组的 93%，包含 9 个基因。各基因间存在重叠序列，有的为完全重叠，有的为部分重叠。其排列顺序为：LTR-*gag-pol-vif-vpu-vpr-tat-rev-env-nef*-LTR。在 HIV-1 基因组中，*gag*、*pol*、*env* 为编码结构蛋白的结构基因。其中，*gag* 基因编码核蛋白；*pol* 基因编码逆转录酶、蛋白酶和整合酶等，主要作用是参与病毒的复制、多种蛋白质的水解，促进病毒整合入宿主细胞基因组中；*env* 基因编码病毒包膜蛋白。*tat*、*rev*、*nef* 等 6 个基因为编码调控蛋白和辅助蛋白的调控基因。而 LTR 含顺式调控序列，包含启动子、增强子和负调控区，负责控制前病毒的表达。

（二）人类免疫缺陷病毒的分子生物学检验

1. 人类免疫缺陷病毒核酸检测　主要包括 HIV 病毒的定量与定性检测、基因耐药性检测和基因分型。

（1）原位杂交技术：由于 HIV 在被感染者的组织细胞内繁殖，并将病毒基因整合至人类细胞基因组中，所以用化学发光等元素标记的 HIV cDNA 片段作为探针，与 HIV 感染者组织细胞内的 HIV RNA 或整合至细胞基因组中的前病毒进行特异核酸杂交，通过示踪技术即可对病毒感染的原发部位进行定位。

（2）PCR 技术：采用 RT-PCR 和巢式 PCR 相结合的技术，可以选择性地扩增血浆中微量的 HIV RNA 基因片段，再通过进行 PCR 产物凝胶电泳分析以及测序分析，可确定 HIV 在人体内的感染。此方法可与病毒载量检测相结合，作为 HIV 感染的临床确诊实验（蛋白质印迹）结果呈阴性时的确诊依据。此外，还可通过对 HIV 序列的同源进化分析，获得 HIV 的基因亚型和 HIV 感染的分子流行病学信息。

（3）实时荧光定量 PCR：是常用的 HIV 病毒载量检测方法。由于荧光定量 PCR 仪可以自动完成 HIV RNA 的逆转录和扩增的全过程，无需人工干预，所以操作简单，在临床上应用广泛。实时荧光定量 PCR 可以同时进行 HIV 的定性和定量检测。通过定性检测，可以判断机体是否存在 HIV 感染；通过定量检测，可以了解 HIV 病毒载量的变化情况，进而判断疾病的转归、病毒复制能力及传染性的强弱，指导临床治疗。

（4）核酸序列扩增法（NASBA）：是一种依赖核酸序列的 RNA 扩增技术，是在等温（41～42℃）及多种酶催化条件下进行的一种特异核苷酸序列扩增过程。其特点是扩增效率高，可在 2h 内获得 $10^{9～12}$ 倍的扩增产物，并且不需要特殊仪器，操作简单，不易导致污染。NASBA 比普通 PCR 技术更稳定、检测结果更准确。在综合性大型医院中，该技术已广泛应用于 HIV 等多种病原微生物检验。

（5）HIV 耐药基因序列分析：采用 RT-PCR 技术对 HIV 的耐药相关基因 *pol* 基因区段进行扩增后，使用基因测序仪对获得的 PCR 产物进行基因测序，再利用网络分析软件（如美国斯坦福大学耐药分析网络平台 Stanford HIV Drug Resistance Database，http://hivdb.stanford.edu）评估 HIV 的基因耐药情况，可指导临床合理用药。

2. 人类免疫缺陷病毒的基因分型　HIV 基因组具有较高的变异性。在 HIV-1 基因组中，根据编码包膜蛋白的 *env* 基因和编码核蛋白的 *gag* 基因序列的同源性差异，可将其分为 3 组：M 组（即主要组）、O 组（即外围组）和 N 组（new or non-M, non-O，即新组或非 M 非 O 组）。M 组内又可分为 A～K 11 个亚型。各亚型之间的基因离散率为 20%～35%、同一亚型内的基因离散率为 7%～20%。不同亚型可发生重组，形成很多重组型；O 组与 M 组各亚型的氨基酸序列只有 50% 的同源性；N 组在系统树上，是既不属于 M 组，也不属于 O 组的一组新病毒。

HIV-1 的 M 组呈全球性分布，但各亚型呈地区性分布，并且可随时间迁移而发生变化；HIV-1 的 O 组、N 组和 HIV-2 主要在非洲局部地区流行。

目前，对 HIV 进行分型的方法主要集中在 env、gag 和 pol 基因区的某一片段。常用的分型方法有序列分型法（SBT）、异源双链流动性测定（heteroduplex mobility assay，HMA）、PCR-RFLP、酶免疫分析（enzyme immunoassay）、基因芯片和多重 PCR 技术等。

（1）SBT：通过对病毒的基因序列进行扩增后测序，获得病毒基因详细的核苷酸序列，再利用分子进化遗传分析软件进行系统树进化分析，并与标准的亚型进行比对，可以确定病毒亚型及其遗传距离。通常用于检测和分析的基因片段是 env 基因区或 gag、pol 基因区。SBT 特异性强、准确率高，是目前确定 HIV 病毒亚型的标准方法。采用其他方法得到的分型结果必须以该方法的结果作为基准。但是，该方法检验周期较长，需要基因测序仪等仪器设备，基因序列的质量控制和序列的系统树进化分析对实验人员的技术要求较高，临床应用范围较局限。

（2）HMA：来源不同的 2 种或 2 种以上核苷酸分子同时存在于同一溶液中时，由于异源双链内存在不匹配区域，在链内局部形成突起或者泡，致使其在非变性聚丙烯酰胺凝胶电泳中的泳动速度变慢。异源双链核酸同源性越低，其泳动速度差异越大。若待测标本与某一亚型的标准质粒形成的异源双链的泳动速率最快，则可确定其与该亚型的同源性最高。

在 HIV 分型检测方法中，利用 PCR 或者 RT-PCR 扩增 evn 或 gag 基因区的某一段核酸序列，同时将各亚型的标准质粒进行扩增，使病毒扩增产物和质粒扩增产物混合，经过变性和复性形成异源双链产物，然后进行非变性聚丙烯酰胺凝胶中电泳。根据泳动性不同，即可确定亚型。

HMA 是一种简单、快速、经济的亚型分析方法，适用于大规模 HIV-1 基因分型检测。但是为了保证检测的稳定性、重复性和特异性，每次检测过程均应有严格的质量控制，包括设置标本自身杂交对照，并确保电泳条件稳定。

（3）酶免疫分析：该方法是将各亚型的特异性 DNA 探针固定在酶标记板上，然后用病毒基因的扩增产物与探针进行杂交，使产物与探针形成杂交双链，结合抗 DNA 双链单克隆抗体后，通过酶标记抗体进行显色，从而确定待测标本的亚型。

需要注意的是，该方法中设计的探针在不同亚型之间的差别要足够大，而在同一亚型内则应相对保守，且所有探针的 T_m 值要尽量接近。该方法的特点是操作简便、快速，但是可以鉴别的亚型有限。可采用逐步排除的多步杂交反应来进行多种亚型的区分，或者根据所监测地区的亚型分布特点，有针对性地选择探针组合。

（4）多重 PCR：利用多重 PCR 进行 HIV 亚型分析可以直接区分多种亚型。近年来，已有针对 gag、gp41 基因区的亚型特异性引物用于多重 PCR，以进行 HIV 基因分型。尤其是针对不同流行地区的优势流行株，设计特异的多重 PCR 引物，可直接通过电泳进行亚型的鉴别，也是一种简便、易行的方法。

3. 人类免疫缺陷病毒的耐药性分析　HIV 快速产生耐药性是影响治疗效果的主要因素。耐药性是抗病毒药物作用的病毒基因发生突变的结果。耐药性检测已成为临床治疗 HIV 感染过程中指导治疗、制订和更换治疗方案的重要手段。目前已经确定的与 6 类抗病毒药物耐药性有关的 HIV 基因突变有 200 多个。HIV-1 耐药基因检测主要是鉴定病毒基因组的特定区域是否存在与对特定抗逆转录病毒药物（如蛋白酶抑制剂和逆转录酶抑制剂）的易感性降低相关的特定突变。随着新型抗病毒药物（如融合抑制剂和整合酶抑制剂）的研发和应用，跨膜糖蛋白 gp41 功能区和整合酶基因区也已经发现耐药相关基因突变，对治疗效果产生了一定的影响。

目前，HIV 基因耐药性检测方法的种类较多，主要集中在耐药突变位点的检测和评价。通过耐药突变位点检测即可得到序列信息（或突变位点信息）。目前，HIV耐药突变位点检测方法主要包括两类：Sanger测序法和核酸杂交。

（1）Sanger测序法：经典的基因耐药检测主要包括病毒RNA的纯化、逆转录、PCR或巢式PCR。得到目的基因后，经Sanger测序法可得到序列信息。然后将所测序列与数据库中的参考序列或共序列进行比较，可以判断是否出现耐药相关基因突变，并根据HIV-1耐药基因型评估对特定药物的耐药情况。

（2）核酸杂交：如高分辨率基因芯片耐药检测、等位基因探针杂交、寡核苷酸链分析等。与直接测序法不同，基因芯片技术只能根据已知的序列信息进行确认，不能检测病毒基因序列中的插入和缺失现象，含有邻近位点突变的区域也会影响探针的杂交而直接导致错误。

（三）HIV分子生物学检验的临床意义

1. 辅助诊断 HIV RNA检测可用于HIV感染的辅助诊断，尤其是出现非典型抗体反应或不确定反应时，RNA测定可提供非常有用的证据。当RNA测定出现较高拷贝数的阳性结果时（>1000拷贝/毫升），即提示感染发生的可能性非常大。但是，由于每一种RNA检测方法都有其最低检测限度，所以HIV核酸检测结果呈阴性，仅表明本次实验结果为阴性，并不能排除HIV感染的可能。

2. 早期诊断 在HIV感染的窗口期，无法通过抗体检测进行诊断。但在感染早期（1~14天），在抗原峰出现前后通常有一个病毒载量高峰，因此，早期HIV RNA测定可用于急性感染、窗口期的辅助诊断。

3. 病程监测和疗效评价 血浆HIV RNA水平（病毒载量）测定可显示患者病毒感染水平，用于监测HIV感染者的病程进展情况和抗病毒治疗效果评价。目前对不同定量检测方法的结果还无法直接进行比较，所以建议对同一个患者，在治疗前后均用同一种方法进行HIV定量检测。

4. 病毒基因变异和耐药性监测 目前常用的病毒基因变异和耐药性检测方法包括基因型和表型HIV耐药性检测。表型HIV耐药性检测能直接检测出HIV-1对药物的敏感性，提示之前存在耐药或交叉耐药情况，有利于指导对HIV-1感染者有效地用药。病毒耐药基因型检测有助于预测某些药物的治疗效果，在确认病毒基因变异位点后，与既往耐药或交叉耐药研究比较，可以间接地估计耐药情况，操作简便、快速，且费用低。

5. 婴幼儿HIV核酸检测 对HIV感染产妇娩出的婴幼儿，在出生后18个月内可应用HIV核酸（DNA或RNA）检测进行早期HIV感染的诊断。HIV DNA检测不受母亲围生期抗逆转录病毒治疗、人乳汁中抗逆转录酶病毒药物以及婴幼儿预防性抗逆转录病毒治疗的干扰而影响早期诊断。需要注意的是，考虑母亲血液污染的因素，不推荐使用脐带血进行HIV核酸检测。

小结

HBV、HCV、HPV和HIV等病毒感染的分子生物学检验包括一般性检出策略和完整性检出策略。一般性检出策略主要是采用PCR及其衍生技术检测病毒的特异性核酸序列（一般为高度保守序列），从而判断是否发生病毒感染以及是何种病毒感染。完整性检出策略则包括病毒分类与分型、病毒载量测定、耐药性检测以及隐性感染和潜伏性感染的诊断等，往往需要联合应用多种方法。

第三节 真菌与其他病原体感染的分子生物学检验

感染性疾病是危害人类健康的重大隐患，由病原体感染所致，主要包括细菌、病毒、真菌、原虫等病原体感染。近年来，新的病原体不断被发现，菌株的耐药性也不断发生变化，给临床疾病的诊断和治疗带来了极大的困难。针对病原体感染的检验，传统的培养法、血清学方法和组织学方法已得到广泛应用，但其主要依靠细菌的表型特征来鉴定，通常耗时长、检测阳性率较低。而随着分子生物学检验技术的发展和成熟，PCR及其衍生技术、核酸分子杂交及基因芯片等技术被广泛应用于病原体检测，实现了病原体的鉴定从病原体表型检测到基因型检测的转变。

本节主要介绍真菌及特殊病原体（衣原体、支原体、螺旋体、原虫）感染的分子生物学检验。

一、真菌感染的分子生物学检验

真菌（fungus）是一种真核生物，具有真正的细胞核和完整的细胞器，不含叶绿素，营养方式为异养吸收，能通过无性繁殖和有性繁殖的方式产生孢子延续种群。真菌广泛存在于自然界中，种类繁多，其中绝大多数对人类无害。对人类有致病性的真菌约有300多个种类，包括致病真菌、条件致病真菌、产毒真菌和致癌真菌。根据侵犯人体部位的不同，临床上将致病真菌分为浅部真菌和深部真菌。浅部真菌仅侵犯皮肤、毛发和指（趾）甲，可导致慢性感染，对治疗有顽固性，但对机体影响较小；而深部真菌能侵犯人体皮肤深层、黏膜、深部组织和内脏器官，甚至引起全身播散性感染，严重者可导致死亡。近年来，随着广谱抗生素、激素、免疫抑制剂和抗肿瘤药物的广泛使用，致使机体免疫功能降低，条件致病菌感染机会不断增加。同时，新的菌种不断涌现，真菌病的发病率有明显上升趋势，真菌的耐药性也发生了变化。因此，快速、准确地诊断是否发生真菌感染及确定感染的菌种对指导临床治疗至关重要。

（一）白念珠菌的分子生物学检验

白念珠菌（*Candida albicans*）又称白假丝酵母菌，是念珠菌属中最常见的致病菌，可引起皮肤、口腔、黏膜和内脏器官的急、慢性感染，即念珠菌病。白念珠菌为机会致病菌，为人体正常菌群之一，日常存在于人体口腔、上呼吸道、肠道、阴道等黏膜部位，一般在正常机体中含量少，不引起疾病。当机体免疫功能降低或正常菌群相互制约作用失调时，即大量繁殖并改变生长形式而侵入细胞，引起念珠菌病。近来由于抗菌药物、激素、免疫抑制剂的应用增多，白念珠菌感染呈明显增多的趋势。

1. 白念珠菌的基因组结构特征　白念珠菌为二倍体生物，其基因组长度约为16 Mb（单倍体），有8对同源染色体。白念珠菌基因组中有6419个开放阅读框（ORF），其中5918个ORF编码蛋白质，有较少的内含子，也有高度重复序列CA3、27A和RPS等，其基因组中含有34个 *sfi* I的酶切位点。白念珠菌不完全遵循遗传密码的通用性，约2/3的ORF中CUG密码子翻译为丝氨酸，而不是亮氨酸。

白念珠菌的功能基因不均匀地分布在8对染色体上，目前已克隆鉴定的功能基因约有数百种，包括致病相关基因和耐药相关基因。白念珠菌的致病因素包括黏附因子、生物膜、菌丝等，因此编码形成黏附素、生物膜及菌丝体的基因为致病相关基因。目前发现的白念珠菌耐药相关基因中，耐氟康唑的基因有 *ERG3*、*ERG11*、*CDR1*、*CDR2*、*MDR1*、*FLU1*、*CAP1* 等。其中，*CAP1* 基因主要通过调节 *MDR1* 基因的表达，导致白念珠菌对氟康唑耐药。

白念珠菌基因组的特点是能够产生遗传多样性的染色体长度多态性，即染色体发生重排、易位、缺失和个别染色体的三倍性。其基因组的突变频率远高于人类基因组和其他真核生物，遗传多样性导致了表型变化或耐药性的产生。

2. 白念珠菌的分子生物学检验 早期基于表型的分型方法，如形态学分型、生物学分型、血清学分型和抗生素敏感谱学分型等方法分辨率低，操作步骤繁琐，影响因素较多，且重复性较差。此外，白念珠菌表型较容易发生变化，无法对其进行有效的流行病学调查。目前，分子生物学技术已广泛应用于白念珠菌的研究，解决了许多表型参数分析不能解决的问题。

（1）PCR 技术：可用于早期诊断和基因分型鉴定，主要采用真菌核糖体 RNA 基因（DNA）片段作为靶基因，因为 rDNA 基因序列为多拷贝基因，且高度保守，所以是 PCR 扩增常用的靶片段。一般来说，5.8S rDNA、18 S rDNA 和 28S rDNA 保守区序列分析适用于属间水平的鉴定，而 rDNA 保守序列的内转录间区（internal transcription space，ITS）ITSⅠ/ITSⅡ可变率较高，具有一定种间特异性和种内保守性，常作为种间鉴定的靶点。

（2）限制性片段长度多态性（RFLP）分析：是一种 DNA 多态性分析技术，其基本原理是不同种、种内以及种群的 DNA 碱基序列在进化过程中发生插入、缺失或突变，从而使限制性核酸内切酶的识别位点发生改变。因此，可用特殊的酶切消化所提取的基因组 DNA。一般选取白念珠菌基因组 DNA 中的 ITS 进行酶切，可产生不同长度的片段，在进行凝胶电泳时，由于迁移率不同而呈现出不同的条带。RFLP 根据 DNA 片段长度的不同，可进行种间和种内分型。目前用于白念珠菌研究的限制性内切酶有 *Eco*RⅠ、*Hinf*Ⅰ、*Bst*NⅠ、*Hind*Ⅲ和 *Msp*Ⅰ等。

（3）随机扩增多态性 DNA（RAPD）分析：是一种以 PCR 为基础研究 DNA 多态性的方法。该方法采用随机合成的单一引物在低退火温度下进行扩增，经凝胶电泳分离产生指纹图谱。在鉴定不同真菌时，与参照株进行对比，若两菌体 DNA 扩增产物的电泳图相同，则表明是同型菌株，反之，则不是同型。该技术可在未知 DNA 序列的情况下检测基因组中的 DNA 多态性，可用于进行基因组 DNA 变异的研究。

（4）脉冲电场凝胶电泳（PFGE）技术：主要用于大分子 DNA 的分离，其分辨范围是 50～10 Mb。其基本原理是通过电场的不断改变，使包埋在琼脂糖凝胶中的 DNA 分子的泳动方向发生相应改变。根据染色体大小、数目和形状的差异，在凝胶上呈现出不同的电泳条带。白念珠菌基因组易发生染色体的缺失、易位、重叠和重排，存在染色体长度多态性。采用 PFGE 技术无需内切酶消化和探针杂交，通过电泳条带情况，可直接通过分析染色体长度多态性来识别菌种。

（5）微卫星标记技术：是基于 DNA 测序的一种新的分子生物学技术。微卫星 DNA 又称短串联重复序列，指的是基因组中 1～6 个核苷酸组成的基本单位重复多次构成的一段 DNA，广泛分布于基因组的不同位置，长度一般在 200 bp 以下。由于微卫星位点具有高度的多态性、重复性和高分辨率，已被广泛应用于菌株分型、种群遗传结构分析和流行病学研究。该方法选取不同染色体上的微卫星位点，利用荧光标记的引物进行 PCR 扩增，再通过自动测序仪，对该扩增产物进行测序。目前在白念珠菌基因组上已确认的微卫星位点有 EF3、CDC3 和 HIS3，位于编码区内的有 ERK1、2NF1、CCN2、CPH2 和 EFG1；位于非编码区内的有 CAⅠ、CAⅢ、CAⅤ、CAⅥ和 CAⅦ。

（6）基因芯片技术：基因芯片技术已成为病原体耐药机制研究的主要手段。目前治疗白念珠菌的药物主要有唑类、多烯类、棘球白素类和嘧啶类。利用基因芯片技术检测出的对这四类药物产生耐药性的相关基因有 *CDR1*、*CDR2*、*MDR1*、*FLU1* 和 *CAP1* 基因等。

3. 分子生物学检验的临床意义 传统的检验方法主要为血培养和组织活检，但血培养耗时长、阳性率较低，组织活检取材困难，且常缺乏典型改变，可影响早期及正确诊断。目前应用于临床的血清学检验方法主要是检测血液循环中的抗原，包括 β-D-葡聚糖抗原和半乳甘露聚糖抗原等。血清学方法简便、快速，但对感染的特异性诊断存在局限性，只能作为筛查试验。

分子生物学技术应用于白念珠菌检测具有简便、快速、灵敏、特异的优点，适用于白念珠菌感染的早期诊断。基于真菌DNA序列差异建立的基因分型方法已被证明是菌株分型与鉴定的有效方法。基因分型方法弥补了表型分型方法的不足，更为灵敏、稳定、准确。基因芯片技术和DNA测序技术的应用，使许多耐药相关基因陆续被发现，为指导临床用药提供了参考依据。

（二）新型隐球菌的分子生物学检验

新型隐球菌（*Cryptococcus neoformans*）属于隐球菌属，是重要的条件致病性深部真菌，经呼吸道、消化道等侵入人体，主要侵犯中枢神经系统和肺，可引起新型隐球菌性脑膜炎或肺炎。新型隐球菌为环境腐生菌，广泛分布于自然界中，土壤和鸽粪中检出率较高。正常人处于新型隐球菌污染的环境中，但发病者极少。当机体抵抗力降低时，新型隐球菌易侵入人体而致病。由于抗肿瘤药及化疗药物的使用、艾滋病的流行、移植术后免疫抑制剂的使用等因素，新型隐球菌感染率越来越高，已成为国外艾滋病患者常见的并发症之一，也是导致患者死亡的重要原因。在我国，新型隐球菌感染率也呈逐年升高的趋势。

根据新型隐球菌形态学和生化特征的差异，可将其分为：新型隐球菌新型变种、新型隐球菌格特变种、新型隐球菌格鲁比变种3个变种。根据细胞外膜荚膜多糖的抗原性差异，可将其分为A型、B型、C型、D型和AD型5型。其中，血清型A型为新型隐球菌格鲁比变种，血清型D型为新型隐球菌新型变种，而AD型则为格鲁比变种和新型变种的杂合体，血清型B型和C型为新型隐球菌格特变种。血清型A型、D型和AD型在全世界范围内广泛分布，主要感染免疫缺陷人群（尤其是HIV感染者）。血清型D型呈全球性分布，但更多见于欧洲地区，较少引起隐球菌病，且其中部分病例是由AD型杂合体引起的。血清型B型和C型局限于热带和亚热带地区（如澳大利亚、亚洲、南非等地区），可引起健康个体感染。

1. 新型隐球菌的基因组结构特征 新型隐球菌为单倍体，共有14条染色体，基因组大小约为20 Mb，G+C含量为46.0%~49.8%，编码基因约有6574个。应用PCR技术可将新型隐球菌分为8个基因型，即VNⅠ、VNⅡ、VNⅢ、VNⅣ、VGⅠ、VGⅡ、VGⅢ、VGⅣ，其与血清型的对应关系见表13-2。

表13-2 新型隐球菌的基因型与血清型的关系

基因型	变种	血清型
VNⅠ	格鲁比变种	A型
VNⅡ	格鲁比变种	A型
VNⅢ	格鲁比变种和新型变种	AD型
VNⅣ	新型变种	D型
VGⅠ	格特变种	B型
VGⅡ	格特变种	B型
VGⅢ	格特变种	B型
VGⅣ	格特变种	C型

研究发现，新型隐球菌变种之间的ITS序列存在6种亚型。其中，格特变种的ITS序列存在4种亚型，其他2个变种菌株的ITS序列各存在1种亚型。

2. 新型隐球菌的分子生物学检验 目前，新型隐球菌的分子生物学检验主要包括新型隐球菌特异性核酸（DNA、RNA）检测、基因分型和耐药基因分析。

（1）PCR技术：PCR技术是新型隐球菌分子生物学检验最常用的方法。其中，荧光定量PCR、巢式PCR应用得较多，常选择扩增的目的片段是rDNA的复合体。

（2）斑点杂交：即应用标记的特异性探针与待测标本中的DNA或PCR产物进行斑点杂交，检测新型隐球菌。

（3）PCR-RFLP：通过RFLP分析，既能从遗传水平区分不同的个体，又可揭示不同个体之间的遗传关系。将PCR与RFLP分析相结合，可用于临床常规快速诊断，也适用于流行病学中的群体调查分析。

（4）PCR指纹技术：PCR指纹技术是以简单重复序列为单一引物进行PCR，是DNA指纹技术和PCR技术的有机结合。该技术克服了传统DNA指纹技术操作繁琐且费时的缺点，对于检测新型隐球菌具有较好的重复性。

3. 分子生物学检验的方法学评价　采用墨汁染色可发现隐球菌，但极易导致误诊。真菌培养仍然是确诊隐球菌感染的标准方法，然而培养的阳性率并不高。血清学检测隐球菌抗原可用于早期快速诊断，具有重要的临床价值。目前，隐球菌血清学检测方法已作为临床常规的诊断方法，主要检测隐球菌的荚膜多糖特异性抗原，检测特异性强、灵敏度高。

采用分子生物学检验方法不仅可以特异性地检测出新型隐球菌，还可以鉴别变种，而且不受治疗的影响，对于了解新型隐球菌临床株在变种水平的分布及其基因特征具有重要意义。

二、衣原体感染的分子生物学检验

衣原体（chlamydia）是一类能通过细菌滤器、专性细胞内寄生、有独特发育周期的原核细胞型微生物。衣原体可分为4种，即肺炎衣原体、鹦鹉热衣原体、沙眼衣原体和牛衣原体。引起人类感染的主要是沙眼衣原体和肺炎衣原体。肺炎衣原体是肺炎、支气管炎及其他呼吸道感染的常见病原体。沙眼衣原体除可导致沙眼外，还可引起泌尿生殖系统疾病、性病淋巴肉芽肿等。衣原体主要通过性接触、间接接触和母婴传播等方式传播。

（一）沙眼衣原体的分子生物学检验

沙眼衣原体（*Chlamydia trachomatis*）是一种可以在人体内长期生存并广泛传播的病原体，直径为250~450 nm，不耐热，在室温条件下可迅速丧失传染性。

根据致病力和生物学特性的不同，可将沙眼衣原体可分为3个亚种，即鼠生物变种（biovar mouse）、沙眼生物变种（biovar trachoma）和性病淋巴肉芽肿生物变种（biovar lymphogranuloma venereum）。其中，鼠生物变种不能使人类致病，沙眼生物变种可以引起人类沙眼、包涵体性结膜炎和泌尿生殖系统感染，性病淋巴肉芽肿生物变种可引起性病淋巴肉芽肿。根据沙眼衣原体表面抗原表位及空间构象差异，又可将其分为18个血清型。其中，血清型A、B、Ba、C可引起沙眼，血清型D、Da、E、F、G、H、I、Ia、J、K主要引起泌尿生殖系统感染，血清型L1、L2和L3可引起性病淋巴肉芽肿。

1. 沙眼衣原体的基因组结构特征　沙眼衣原体含有DNA和RNA两种核酸，其染色体为闭合环状双链DNA。其中，沙眼衣原体D血清型基因组大小为1.04 Mb，G+C含量占41.3%，整个基因组有894个编码蛋白质的基因，具有特别强的DNA修复和重组系统。另外还有1个7493 bp的隐蔽性质粒，并且这种质粒与其他生物间没有同源序列。沙眼衣原体的主要外膜蛋白（major outer membrane protein，MOMP）由*ompA*基因编码。*ompA*基因包括5个稳定序列区和4个可变序列区，决定了MOMP的抗原表位，是沙眼衣原体血清型的分类依据，也是疫苗研究的主要靶点。

2. 沙眼衣原体的分子生物学检验　目前，沙眼衣原体的分子生物学检验主要包括沙眼衣原体特异性核酸（DNA、RNA）检测、基因分型和耐药基因分析。

(1) PCR 技术：PCR 及其衍生技术（包括实时荧光定量 PCR、巢式 PCR 和竞争性 PCR）检测沙眼衣原体快速、简便，且灵敏度高、特异性强。通过特异引物和 Taq DNA 聚合酶，在一定条件下将待测沙眼衣原体靶基因片段扩增，然后根据扩增产物分析检测结果。常选择作为检测沙眼衣原体的 PCR 扩增靶基因主要有外膜蛋白基因、隐蔽性质粒 DNA 和 16S rRNA 基因序列。由于检测的靶基因不同，其灵敏度和特异性也不同。其中，将隐蔽性质粒作为靶基因检测的灵敏度最高。

(2) 连接酶链反应（LCR）技术：LCR 需要 2 对互补的寡核苷酸探针，在模板 DNA、DNA 连接酶、DNA 聚合酶存在的前提下，通过变性、杂交、复性连接的多次循环，使靶 DNA 大量扩增。LCR 对各种类型的沙眼衣原体标本都有很高的灵敏度，且操作简便、快速，适用于高危人群普查时大批量标本的检测。

(3) PCR-RFLP：是利用 PCR 技术扩增 ompA 基因，再用相应的限制性内切酶对 PCR 产物进行酶切。由于不同血清型、生物亚种的 ompA 基因核酸序列不同，造成限制性内切酶的识别位点不同，所得到的限制性片段的长度及数量也不同。因此，不同的血清型可产生特征性的酶切图谱，然后将临床株与参考株酶切图谱进行比较，即可确定该临床株的血清型或生物亚种。此分型方法简便、快捷，不需要分离、培养沙眼衣原体，可对临床标本进行直接检测和分型。

(4) DNA 序列分析：采用 PCR 及特异性引物扩增沙眼衣原体靶基因中相应的片段，再对扩增后的片段进行基因测序，将测序后的结果进行比对，即可检测出沙眼衣原体相应的血清型，得到各血清型、各标本之间的基因变异及同源性信息，也可用于耐药基因分析。此方法简便、快捷、费用低，但是不能检测并区分混合感染。

(5) 核酸扩增试验：即对沙眼衣原体的靶序列进行特异性扩增，是迄今为止诊断和筛查衣原体感染最灵敏的方法，但其对技术条件和实验室条件要求较高，影响因素较多，容易出现假阳性和假阴性结果。

3. 分子生物学检验的方法学评价　①传统的分离、培养，或直接涂片镜检衣原体包涵体，灵敏、可靠，但易受标本取材、培养条件和操作者经验等因素的影响；②血清学检查简便、快速，但特异性较低，易与金黄色葡萄球菌、链球菌、淋球菌等发生交叉反应；③分子生物学检验方法简便、快速、灵敏度高，且特异性强，尤其适用于沙眼衣原体无症状携带者的筛查和早期诊断，还可用于沙眼衣原体感染的流行病学调查、基因分型研究和耐药基因检测。

(二) 肺炎衣原体的分子生物学检验

肺炎衣原体（*Chlamydia pneumoniae*）是于 1986 年发现的一种新的衣原体，主要引起呼吸道和肺部感染。根据遗传学和生物学特性，肺炎衣原体可分为 TWAR、考拉和马 3 个生物变种。肺炎衣原体可引起成人及青少年的非典型性肺炎，亦可引起支气管炎、咽炎、扁桃体炎和鼻窦炎等疾病。流行病学调查研究发现，人类肺炎衣原体感染呈全球性流行，不受地域、种族和年龄等因素的限制。

1. 肺炎衣原体的基因组结构特征　TWAR 生物变种仅从人体分离到，同时也只有 1 个血清变种。其基因组 DNA 为双链环状结构，约含 1.23 Mb，G + C 含量为 40.6%，与沙眼衣原体和鹦鹉热衣原体的同源性小于 10%，限制性内切酶图谱差异较大，不含质粒。推测其有 1122 个基因，编码蛋白质的基因有 1052 个，结构 RNA 编码基因有 33 个。肺炎衣原体基因组中存在 21 个主要外膜蛋白基因的新家族，比沙眼衣原体多 12 个。肺炎衣原体的种特异性抗原为 98 kD 的 MOMP。该抗原与沙眼衣原体和鹦鹉热衣原体抗血清无交叉反应。肺炎衣原体考拉生物变种 MOMP 与 TWAR 生物变种 MOMP 的同源性为 97.8%，与马生物变种 MOMP 的同源性为 94.5%。不同生物变种的肺炎衣原体 DNA 的同源性高达 94% 以上，其限制性内切酶图谱基本一致。

2. 肺炎衣原体的分子生物学检验　采用分子生物学方法检测血管组织内的肺炎衣原体，最常选择 omp1、16SrRNA、3SrRNA、肺炎衣原体特异性克隆 Pst I 片断等作为靶序列设计引物。目前可采用 PCR、巢式 PCR、LCR、TMA、基因探针杂交等方法检测肺炎衣原体 DNA。其中，PCR 是诊断肺炎衣原体感染的重要手段。

3. 分子生物学检验的方法学评价　根据患者的临床症状和体征，很难鉴别细菌感染、病毒感染、肺炎支原体或肺炎衣原体感染，以致在临床用药方面存在困难，容易延误病情。目前主要依靠实验室检查来诊断肺炎衣原体感染，检验方法有病原体分离与培养、血清学和分子生物学方法。分离培养操作复杂、费时，而且灵敏度不高，一般不用于临床诊断；血清学检查虽然有较高的特异性和灵敏度，但由于人体感染肺炎衣原体后产生抗肺炎衣原体血清抗体需要数周的时间，所以不适用于早期诊断；而分子生物学方法具有简便、快速、灵敏度高和特异性强等特点，在肺炎衣原体感染的早期诊断、流行病学调查及耐药性分析等方面具有明显的优势。

三、支原体感染的分子生物学检验

支原体（mycoplasma）是一类没有细胞壁，呈高度多形性，能通过滤菌器，在无生命培养基中能生长繁殖的最小的原核细胞型微生物，直径为 0.2～0.3 μm，其大小介于细菌和病毒之间。支原体广泛存在于人和动物体内，大多不致病，对人体致病的支原体主要有肺炎支原体、解脲支原体、人型支原体和生殖支原体。支原体主要以二分裂方式繁殖，亦可以出芽方式繁殖。支原体在固体培养基上培养，可形成典型的"荷包蛋"状菌落。支原体抵抗力较弱，对红霉素、四环素、螺旋霉素、链霉素、卡那霉素等药物敏感，但对青霉素类抗生素不敏感。支原体对宿主、器官和组织具有高度的特殊亲和力，从人体分离出的支原体一般不寄生于动物，可通过黏附作用与宿主细胞结合，主要侵犯呼吸系统、泌尿生殖系统及关节等处。

（一）肺炎支原体的分子生物学检验

肺炎支原体（*Mycoplasma pneumoniae*）是引起人类支原体肺炎的病原体。肺炎支原体通过其可变性末端结构黏附在宿主呼吸道上皮细胞，并伸出微管插入细胞内吸取营养、损伤细胞膜，继而释放出核酸酶、过氧化氢等，引起呼吸道上皮细胞溶解、肿胀与坏死。

1. 肺炎支原体的基因组结构特征　肺炎支原体基因组为单一双股环状 DNA 分子，全长 816 394 bp，G+C 含量为 40%，含 688 个开放阅读框（ORF），有 42 个 RNA 编码基因、458 个功能蛋白编码基因，约 8% 的基因组区域具有重复序列。肺炎支原体基因组具有偏嗜性，最常使用的编码是 AUU、AAA、UUU、GAA 和 UUA，最少使用的编码是 UGC、CGA、AGG 和 UGU。肺炎支原体携带较多编码黏附因子和跨膜蛋白的基因，从而有利于侵入宿主并逃逸宿主的免疫攻击。其主要黏附因子是一类对胰酶敏感的表面蛋白，称为 P1 蛋白。P1 基因长度为 4884 bp，位于碱基 180 858～185 741 位，G+C 含量为 53.5%。P1 蛋白由 1627 个氨基酸构成，其中包括大量羟基氨基酸，但不含有半胱氨酸，因此，P1 蛋白不能通过细胞内外的二硫键形成稳定构象。

2. 肺炎支原体的分子生物学检验

（1）PCR 技术：PCR 检测肺炎支原体的靶序列常选择 16S rRNA 基因组的可变区、保守区和 P1 蛋白基因区序列。

（2）核酸杂交：目前应用得较多的是斑点杂交，即将待测标本点样于硝酸纤维素膜上，与标记的肺炎支原体 DNA 寡核苷酸探针进行杂交，从而检测待测标本中是否存在肺炎支原体

DNA，可进行定性或半定量分析。

（3）PCR-RFLP：采用 PCR-RFLP 分析可以对肺炎支原体进行分型。另外，还可以采用 PCR 扩增耐药基因，对扩增产物进行测序或 RFLP 分析，可了解其耐药性。

3. 分子生物学检验的方法学评价　肺炎支原体是支原体肺炎的病原体，早期、快速、准确诊断是解决肺炎支原体感染相关临床问题的关键。实验室检查肺炎支原体的传统方法主要是分离培养法和免疫学方法。肺炎支原体在临床标本中含量低，体外培养生长缓慢且容易污染，阳性率较低；采用免疫学方法检测，由于与其他支原体存在共同抗原，故假阳性率较高；PCR 技术可检测出极微量的 DNA，检测快速、简便、特异性强，对肺炎支原体感染的早期诊断具有极其重要的意义。另外，利用分子生物学方法还可以进行肺炎支原体感染的流行病学调查和耐药基因分析。

（二）解脲支原体的分子生物学检验

解脲支原体（*Ureaplasma urealyticum*）属于脲原体属，因生长需要尿素而得名，主要寄居于人体泌尿生殖系统，正常情况下不致病，当机体内环境改变及抵抗力降低时，可引起非淋菌性尿道炎、阴道炎、子宫内膜炎、前列腺炎、附睾炎、不孕症等。解脲支原体是非淋菌性尿道炎中仅次于沙眼衣原体（40%~50%）的病原体。

目前解脲支原体有 14 个血清型，可被划分为两大生物群：①生物群 1（或 Parvo），包括血清型 1 型、3 型、6 型和 14 型，该型又进一步分为 3 个亚型；②生物群 2 或称 T960，包括血清型 2 型、4 型、5 型、7 型、8 型、9 型、10 型、11 型、12 型和 13 型。解脲支原体的分群有助于探讨生物群或血清型与疾病或耐药性之间的关系，是判断感染与携带解脲支原体的关键。

1. 解脲支原体的基因组结构特征　其染色体呈环状，基因组长 751 719 bp，G + C 含量仅为 25.5%。基因组中含有 613 个蛋白质编码基因，39 个 RNA 编码基因，遗传密码不完全遵循通用性。通用密码中作为终止密码子的 UGA，在解脲支原体的基因组中作为色氨酸的密码子。

2. 解脲支原体的分子生物学检验　目前，解脲支原体的分子生物学检验主要包括其特异性核酸（DNA、RNA）检测、基因分型和耐药基因分析。

（1）PCR 技术：常选择解脲支原体的 16S rDNA、16 S ~ 23S rDNA、尿素酶基因片段（*ure* A ~ C）和多带抗原基因（*mba*）为靶序列设计引物，采用多种 PCR 方法，如普通 PCR、实时 PCR、多重 PCR 等，对解脲支原体进行检测和基因分型鉴定。

（2）反向斑点杂交：是将解脲支原体不同生物群的特异性探针分别固定到硝酸纤维素膜上，再将特异性扩增产物（在 PCR 引物 5′ 端预先进行生物素标记，使扩增产物标记相应生物素）与之杂交并显色，经洗涤后，检测杂交信号。如果使用不同基因型的特异性探针，不仅可以区分解脲支原体生物群的类型，还可以进一步鉴定不同的血清型。

（3）DNA 序列分析：基于解脲支原体 14 个血清型的 23S rDNA 基因序列的差异，通过基因测序检测其 PCR 产物，不仅可以对解脲支原体进行基因分型，而且可以发现变异株。通过核酸序列分析四环素耐药质粒 *tetM* 基因、大环内酯类抗生素耐药相关的 23S rRNA 基因、氟喹诺酮耐药基因 *gyrA* 基因和 *parC* 基因耐药决定区的 PCR 扩增产物，可以检测耐药相关基因是否发生突变。

3. 分子生物学检验的方法学评价　虽然培养法是诊断解脲支原体感染最可靠的方法，但解脲支原体的培养较为困难，且耗时较长，灵敏度和特异性较低，不利于早期临床快速诊断。以 PCR 为代表的分子生物学检验方法，具有操作简便、快速、特异性强、灵敏度高等优点，同时能有效避免污染和假阴性，可为临床提供较为可靠的诊断依据。另外，分子生物学检验对于解脲支原体的分群、分型、流行病学研究和耐药基因分析也具有重要的意义，对解脲支原体感染的早期诊断和临床治疗具有指导作用。

四、梅毒螺旋体感染的分子生物学检验

螺旋体（spirochete）是一类细长、柔软、弯曲、呈螺旋状、运动活泼的原核细胞型微生物，广泛分布于自然界和动物体内，分为5个属：疏螺旋体属、密螺旋体属、钩端螺旋体属、脊螺旋体属和螺旋体属。

梅毒螺旋体（*Microspironema pallidum*）是梅毒的病原体，因其透明，不易着色，故又称苍白密螺旋体（*Treponema pallidum*）。梅毒分为获得梅毒与先天性梅毒，主要通过性接触、输血、胎盘或产道等途径感染人体，可侵犯皮肤黏膜、内脏器官，导致心血管及中枢神经系统损害。螺旋体在胎儿内脏器官及组织中大量繁殖，可引起胎儿死亡或流产。梅毒是一种慢性系统性性传播疾病，近年来发病率有所回升，是全球性的公共卫生问题。

（一）梅毒螺旋体的基因组结构特征

梅毒螺旋体的染色体呈环状，是较小的原核基因组之一。梅毒螺旋体 Nichols 株基因组长 1138 011 bp，G + C 含量为 52.8%，有 1041 个开放阅读框（ORF），占整个基因组的 92%。按 Riley 分类法，选定 577 个 ORF（占 55%）预测其生物学特性，177 个 ORF（17%）与其他种属蛋白同源，287 个 ORF（28%）在数据库中没有与之相匹配的序列，推测其可能代表重要的基因。

梅毒螺旋体是一种厌氧微生物，其生物合成能力有限，需要从宿主摄取多种营养。梅毒螺旋体不具备从头合成核苷酸、脂肪酸的酶辅助因子的编码基因，以及编码三羧酸循环和氧化磷酸化作用的结构基因，但其有一套转运蛋白，可从环境中获取必需的营养物质。梅毒螺旋体基因组的 57 个 ORF（5%）可编码 18 种不同的转运蛋白，可以特异性转运氨基酸、糖类和阳离子。梅毒螺旋体具有毒力基因，以及一个大家族的重复基因（*tpr A-L*），其编码的膜蛋白具有穿孔素和黏附素的功能。此外，梅毒螺旋体还具有编码类似细菌溶血素的蛋白基因。

（二）梅毒螺旋体的分子生物学检验

目前，梅毒螺旋体的分子生物学检验主要包括其特异性核酸（DNA、RNA）检测、基因分型和耐药基因分析。

1. PCR 技术　采用 PCR 技术检测梅毒螺旋体的方法主要有普通 PCR、实时荧光 PCR、巢式 PCR 等。常选择梅毒螺旋体的 *tpp 47* 基因、*bmp* 基因、*tmpA* 基因等为靶序列设计特异性引物，可用于检测一期梅毒、神经梅毒等患者标本中的微量梅毒螺旋体，还可对梅毒螺旋体不同临床株的特异性基因进行分型，在早期梅毒诊断方面发挥重要作用。

2. 核酸杂交技术　利用梅毒螺旋体特异性核酸探针与待测标本的 DNA、RNA 或 PCR 产物进行斑点杂交，可对梅毒螺旋体特异性核酸进行定性或半定量分析。

3. PCR-RFLP　利用 PCR 扩增梅毒螺旋体耐药菌株的 23S rRNA 基因，经 RFLP 分析酶切图谱，可以判断是否存在基因突变，并进行耐药性分析。此外，还可以采用 PCR-RFLP 对梅毒螺旋体的 *arp*、*tpr* 和 *tp0548* 基因进行分析，从而对梅毒螺旋体进行分型，为梅毒分子流行病学研究提供可靠的依据。

（三）分子生物学检验的方法学评价

梅毒螺旋体不能在体外培养，诊断梅毒的传统方法是暗视野显微镜镜检和血清学方法。镜检法较为简便，适用于皮肤黏膜损害的早期诊断，但影响因素较多，重复性较差；血清学检查是实验室诊断梅毒的主流方法，普遍用于梅毒的筛查、疗效观察和流行病学调查，但对早期梅毒的诊断不敏感，对先天性梅毒及神经梅毒的诊断特异性不强，且存在假阳性；分子生物学方

法具有准确、快速、特异性强、灵敏度高等优点,是进行梅毒耐药基因分析和流行学调查研究的首选方法,对梅毒感染的诊断、治疗、监测具有重要的临床意义。

五、原虫的分子生物学检验

原虫(protozoa)为单细胞真核动物,体积微小,能独立完成生命活动的全部生理功能。其结构符合单个动物细胞的基本构造,由细胞膜、细胞质和细胞核组成。原虫在自然界中分布广泛,种类繁多,多为寄生型,也有共栖型和自由生活型。常见的致病原虫有弓形虫、疟原虫、阿米巴原虫和利什曼原虫等。

(一)弓形虫的分子生物学检验

弓形虫的全名为刚地弓形虫(*Toxoplasma gondii*),虫体呈弓形,是细胞内寄生虫,寄生于人和多种动物的有核细胞内,属于机会致病原虫,可引起弓形虫病(toxoplasmosis)。该病为人畜共患病,临床上有先天性和获得性弓形虫病之分。先天性感染通过胎盘垂直传播,可造成胎儿神经系统发育障碍、畸形,甚至死亡;获得性感染通过进食弓形虫卵囊、滋养体(速殖子)或包囊污染的食物引起,多呈无明显临床症状的隐性感染,但在机体免疫功能低下时,可引起中枢神经系统损害和全身播散性感染。

1. 弓形虫的基因组结构特征 弓形虫DNA有3种形式:染色体DNA、线粒体DNA和胞质DNA。除受精的大配子外,染色体DNA均为单倍体,长度约为70 Mb,G+C含量为55%,不含甲基化碱基;线粒体DNA为双链环状,长度为36 kb,有10 kb的反向重复序列,主要编码与呼吸链有关的蛋白质;胞质DNA呈环状,长度为35 kb,可能编码依赖于DNA的RNA聚合酶的β亚基、β′亚基以及核糖体小亚基RNA。

弓形虫基因组的主要基因有:B1蛋白基因,是串联的多拷贝重复序列基因,具有高度保守性;P30蛋白(*SAG1*)基因,为单拷贝,所编码的蛋白质占速殖子全部蛋白质的80%,是重要的虫体配体,可与宿主细胞受体结合而感染宿主;P22蛋白基因(*SAG2*),为单拷贝,P22蛋白可协助P30蛋白使虫体入侵宿主;棒状体蛋白基因家族(*ROPs*),编码棒状体蛋白,在弓形虫入侵宿主细胞的过程中起重要作用,是研发弓形虫病疫苗的候选分子。

2. 弓形虫的分子生物学检验

(1)PCR技术:目前常选择弓形虫的*B1*、*P30*基因作为靶基因,以检验弓形虫感染。此外,研究表明,弓形虫基因组内529 bp的重复序列,比*B1*基因序列具有更高的灵敏度、特异性和保守性。

(2)核酸杂交技术:应用放射性同位素^{32}P标记含弓形虫特异基因组*pTg4*重复序列的探针,与患者外周血细胞或组织DNA进行分子杂交,检测结果显示特异性杂交条带或斑点为阳性反应,可用于诊断弓形虫感染,且检测的特异性强、灵敏度高。

(3)PCR-RFLP:编码弓形虫速殖子表面抗原P22蛋白的*SAG2*基因是比较常用的PCR-RFLP检测位点,其他位点(如*SAG1*、*SAG3*、*SAG4*、*GRA6*、*ROP1*、*B1*、*BTUB*等位点)也可用于弓形虫基因型分析。

3. 分子生物学检验的方法学评价 弓形虫病严重危害人体健康,并且给全世界畜牧业造成很大的经济损失。但人和动物的弓形虫病缺乏特异性临床症状和体征,诊断较为困难。传统的检验方法有病原学诊断、免疫学方法等。其中,病原学诊断方法中,常规涂片染色法常会造成虫体辨识困难,轻度感染时可能出现假阴性结果;细胞培养法周期较长,检出率较低,不适用于大规模流行病学调查。免疫学方法临床上使用较为普遍,但因抗原含量少,抗体出现较晚,不适用于感染的早期检测和对免疫功能缺陷患者(如器官移植者及AIDS患者)弓形虫感染的诊断。以核酸扩增技术为基础的分子生物学技术的迅速发展,不仅为弓形虫病的诊断提供了快速、灵敏、特异及稳定的检测方法,而且通过对病原体基因型的分析与鉴定,可以为弓形虫群体生物学、流行病学、疫苗研究及对基因型与疾病模式之间潜在的相关性研究等提供重要的依据。

(二)疟原虫的分子生物学检验

疟原虫(plasmodium)是一类单细胞、寄生型原生动物,是疟疾(malaria)的病原体。寄生于人体的疟原虫有五种,即间日疟原虫、三日疟原虫、恶性疟原虫、卵形疟原虫和诺氏疟原虫。这些疟原虫有蚊虫和人两个宿主,其繁殖方式包括蚊体内的有性繁殖和人体内的无性增殖。其中,在人体内的发育分为两个时期:①红细胞外期,即疟原虫在肝细胞内发育,简称红外期;②红细胞内期,即疟原虫进入宿主组织红细胞内发育增殖,并形成雌、雄配子体,简称红内期。近年来,虽然全球疟疾发病率和死亡率有所下降,但随着疟原虫抗药性虫株的出现和扩散、杀虫剂抗性增强以及无症状感染等因素,全球疟疾防控工作依然面临诸多挑战。

1. 疟原虫的基因组结构特征 疟原虫的基因组为单倍体,包括核基因组和细胞器基因组。其中,核基因组有14条染色体,大小为23~35 Mb;细胞器基因组包括6 kb的线粒体基因组和35 kb的顶体基因组(表13-3)。疟原虫基因组富含腺嘌呤和胸腺嘧啶,且含有高密度的微卫星重复序列,广泛存在SNP。

表13-3 人体疟原虫基因组特征

疟原虫种类	基因组大小/Mb	染色体数量	A+T含量/%	基因总数/个	蛋白质编码基因数/个
恶性疟原虫	23.3	14	80.7	5712	5460
间日疟原虫	29.1	14	60.3	6830	6677
三日疟原虫	33.6	14	75.3	6709	6573
卵形疟原虫柯氏亚种	33.5	14	71.6	7280	7162
卵形疟原虫沃氏亚种	33.5	14	71.1	8582	8421
诺氏疟原虫	24.4	14	61.3	5483	5323

恶性疟原虫基因组中与抗药性相关的基因位点包括已知的编码恶性疟原虫氯喹抗性转运蛋白基因(*Pfcrt*)、二氢叶酸还原酶(*DHFR*)、胸苷酸合成酶基因(*DHFR-Ts*)基因、二氢蝶啶酸合成酶(*DHPS*)基因和恶性疟原虫多药抗性基因(*Pfmdr1*)的位点。此外,研究发现,*K13*基因、*C580Y*基因是青蒿素抗性基因的分子标志物。了解疟原虫抗药性产生的遗传因素对制订有效的抗药性应对策略具有重要意义。

2. 疟原虫的分子生物学检验

(1)PCR技术:基于核酸DNA为靶标进行扩增,对于疟疾的确诊和混合感染的检测具有灵敏、特异和快速等优点。主要根据红内期疟原虫特异性基因序列,设计合成具有疟原虫种属特异性的引物,然后进行目的基因片段的扩增。常用靶基因有裂殖子表面蛋白(*MSP*)基因、环子孢子蛋白(*CSP*)基因和小亚单位核糖体核糖核酸(*SSU rRNA*)基因等。采用多重PCR,可同时检测出疟原虫混合感染。采用竞争性PCR、荧光定量PCR技术,可对血样中的疟原虫进行定量分析。

(2)核酸杂交技术:是利用放射性同位素标记或生物素标记等对由化学合成或直接从疟原虫分离出的具有特定基因序列的核酸片段进行标记,然后通过与待测标本中互补片段的特异性结合来进行诊断。采用核酸探针诊断疟原虫感染具有较高的灵敏度和特异性,可对疟原虫特异性核酸进行定性和定量分析。

（3）环介导等温扩增检测（LAMP）：LAMP 是一种新型的体外核酸扩增技术，具有恒温、高效、特异性强等特点，且成本较低，不需要特殊的仪器设备。

3. 分子生物学检验的方法学评价　准确、及时地诊断疟原虫感染对有效预防、治疗及控制疟疾流行具有重要意义。近年来，疟疾的分子生物学诊断技术发展迅速。在疟原虫研究方面，PCR 和 LAMP 等技术得到广泛应用，并推动疟原虫检测、耐药性研究和疫苗研制进入基因水平，促进了疟疾的个体化和精准化治疗与防控。

小结

白念珠菌、沙眼衣原体、肺炎衣原体、肺炎支原体、解脲支原体、梅毒螺旋体、弓形虫和疟原虫等病原微生物感染的分子生物学检验主要是采用 PCR、荧光定量 PCR、PCR-RFLP 和核酸分子杂交等技术进行病原微生物固有的特异性核酸检测、基因分型和耐药分析。

思考题

一、选择题

1. HIV 耐药基因的最佳检测方法是
   A. 原位杂交　　　　　　　B. 基因测序　　　　　　　C. 荧光定量 RT-PCR
   D. PCR　　　　　　　　　E. 核酸序列扩增（NASBA）

2. HPV 的分子生物学检验方法中，具有特异、灵敏、高通量以及操作简便、快速特点的是
   A. 核酸杂交技术　　　　　B. 流式荧光分析　　　　　C. 荧光定量 PCR 技术
   D. 飞行时间质谱技术　　　E. 基因芯片技术

3. 临床上最常用的 HPV 核酸检测技术是
   A. 核酸杂交技术　　　　　B. 流式荧光分析　　　　　C. 荧光定量 PCR
   D. 飞行时间质谱技术　　　E. 基因芯片技术

4. 淋球菌基因耐药性检测的最可靠方法是
   A. 链置换扩增（SDA）技术　　　　　　B. DNA 测序技术
   C. 荧光定量 PCR 技术　　　　　　　　D. PCR-SSCP 分析技术
   E. 基因芯片技术

5. 商业化全自动结核分枝杆菌检测方法不具有的优势是
   A. 检测高度自动化
   B. 可实现单标本单试剂检测，避免浪费
   C. 可同时检测结核分枝杆菌与利福平耐药性
   D. 检测快速、准确
   E. 检测费用低

二、问答题

HIV 的分子生物学检验方法有哪些？

（任柯昱）

第十四章 遗传病的分子生物学检验

学习目标

通过本章内容的学习，学生应能够：

识记：
1. 陈述典型遗传病的分子生物标志物与常用的分子生物学检验技术。
2. 列举遗传病的种类和典型遗传病的分子生物学机制。

理解：
解释遗传病的分子机制与分子生物标志物、分子生物学检验之间的内在联系。

运用：
能辨析针对遗传病分子生物学检验的医疗器械产品的原理和各试剂的用途，并分析相应临床标准操作规程每一步操作的目的和结果，初步解释检验结果。

案例导入

案例 14-1

患者，女，26岁，广东人，自幼患贫血，未做地中海贫血相关基因检测。

实验室检查结果显示：Hb 105 g/L，MCV 63.1 fl，MCH 21.2 pg，血清铁蛋白 138 μg/L。排除缺铁性贫血。

思考题：

1. 如果该患者最后被确诊为地中海贫血，这种贫血属于哪一类型遗传病？确诊地中海贫血通常可检测哪些分子生物标志物？
2. 临床诊断地中海贫血最常采用何种分子生物学检验方法？

遗传病（genetic disease）是指由于细胞内遗传物质结构或功能改变（基因突变或染色体变异）而引起的疾病，包括单基因病、多基因病、染色体病和体细胞遗传病等。遗传物质主要存在于生殖细胞（配子）或受精卵细胞，少数情况下存在于体细胞。细胞核内的遗传物质主要存在于 DNA 中，少数存在于细胞质的线粒体内。遗传物质的改变，包括分子水平的基因突变和细胞水平的染色体畸变。本章主要介绍单基因病、染色体病和线粒体病的分子生物学检验。

第一节　单基因病的分子生物学检验

一、单基因异常与单基因遗传病

单基因遗传病简称单基因病，是由同源染色体上的一对等位基因突变引起的疾病，因其遗传方式符合孟德尔遗传定律，故又称孟德尔遗传病，可通过常染色体显性遗传（autosomal dominant inheritance）、常染色体隐性遗传（autosomal recessive inheritance）、X连锁显性遗传（X-linked dominant inheritance）、X连锁隐性遗传（X-linked recessive inheritance）和Y连锁遗传（Y-linked inheritance）5种方式遗传。单基因遗传病根据其突变基因的不同，可分为分子病和先天性代谢缺陷两种类型。分子病主要是由于基因突变，导致其编码的蛋白质结构或合成数量发生改变，从而使机体出现病理变化和功能障碍；先天性代谢缺陷或称遗传性酶病，是由于编码酶蛋白的结构基因发生突变致使酶蛋白结构异常，或者基因的调控系统异常而使酶蛋白的量发生变化而引起的一种先天性代谢紊乱。单基因遗传病发病率低，但具有遗传性。常见的单基因遗传病有地中海贫血、血友病、遗传性耳聋等。运用分子生物学检验方法，能够早期诊断单基因病，并且大多数情况下可采取防治措施，有利于优生、优育和提高患者生存率。

> **知识链接**
>
> **五大类遗传病**
>
> 遗传病包括单基因遗传病（简称单基因病）、多基因病、染色体病、线粒体病和体细胞遗传病五大类，病种最多的是单基因病。据统计，已被美国国家生物技术信息中心正式收录的单基因病就有22 000多种。

二、单基因病的分子生物学检验

（一）地中海贫血及其分子生物学检验

地中海贫血又称珠蛋白生成障碍性贫血、海洋性贫血，是临床常见的遗传性溶血性贫血，在东南亚、地中海等地区多见。地中海贫血是由于珠蛋白基因缺陷（包括基因突变或缺失），导致构成血红蛋白的α和β珠蛋白链的合成比例失衡，使患者红细胞膜通透性改变，从而引起红细胞破坏增加、红细胞寿命缩短的一种溶血性贫血。地中海贫血有多种类型，根据其基因缺陷类型，临床上可分为α地中海贫血、β地中海贫血、γ地中海贫血、δ地中海贫血等。其中，α地中海贫血和β地中海贫血是主要类型。如果基因异常导致α珠蛋白链和β珠蛋白链完全不能合成，则称为α^0地中海贫血或β^0地中海贫血；如果基因异常导致α珠蛋白链或β珠蛋白链合成减少，则称为α^+地中海贫血或β^+地中海贫血。

1. α地中海贫血　α地中海贫血是由于16号染色体上的α珠蛋白基因缺失，或非缺失突变导致α珠蛋白链合成减少或功能异常而引起的一种遗传性溶血性疾病，属于常染色体隐性/X连锁遗传病。一条16号染色体上的两个α基因都丧失功能的单倍型称为α^0，一条16

号染色体上的两个 α 基因其中之一丧失功能的单倍型称为 α⁺，一条 16 号染色体上的两个 α 基因都未丧失功能的单倍型称为 α^A。根据丧失功能的 α 基因的多少，可将本病分为以下临床类型（表 14-1）。

表14-1　α 地中海贫血的临床类型

临床类型	基因型	基因型	α 珠蛋白链含量（%）
血红蛋白巴特胎儿水肿综合征	α⁰/α⁰	--/--	0
中间型 α 地中海贫血	α⁺/α⁰	α-/--	25%
标准型 α 地中海贫血	α^A/α⁰	αα/--	50%
	α⁺/α⁺	α-/α-	50%
静止型 α 地中海贫血	α⁺/α^A	αα/α-	75%

2. β-地中海贫血　β 地中海贫血是由于 11 号染色体上编码 β 珠蛋白链合成的基因突变，使得 β 珠蛋白肽链合成减少或不能合成，导致 α 珠蛋白链形成不稳定的四聚体，同时 δ、γ 链代偿性增多，过多的 α 链与 δ、γ 链聚合形成 HBA2，导致血红蛋白成分改变的常染色体隐性遗传病。本病主要见于地中海沿岸国家、东南亚各国，以及我国南方地区，特别是广东、广西、海南等沿海地区。

3. 地中海贫血的分子生物学检验　地中海贫血的分子生物学检验方法主要有 Southern 印迹杂交、等位基因特异性寡核苷酸（allele-specific oligonucleotide，ASO）杂交法、扩增受阻突变系统（amplification refractory mutation system，ARMS）、跨断裂位点法（gap-PCR）、多重 PCR（multiplex PCR，mPCR）、PCR-反向斑点杂交（PCR reverse dot blot，PCR-RDB）、实时荧光定量 PCR、基于实时 PCR 的溶解曲线分析技术、多重连接探针扩增技术（multiplex ligation-dependent probe amplification，MLPA）、基因芯片技术、DNA 序列测定（DNA sequencing）等。以下简要介绍跨断裂位点法与 PCR-反向斑点杂交的基本原理。

（1）跨断裂位点法：又称裂口 PCR（gap-PCR），是目前检测缺失型 α 地中海贫血的常用方法。其原理是：在缺失序列的两侧设计一对引物，在正常 DNA 序列中，上、下游引物相距很远，扩增片段很长或超出有效扩增范围即不能生成扩增产物。由于基因缺失，两个断端连接而使两个引物之间的距离缩短，因而可以扩增出特定长度的片段。扩增产物可采用凝胶电泳进行检测。

（2）PCR-反向斑点杂交：其基本过程如图 14-1 所示。利用地中海贫血已知突变的 ASO 探针对（包括正常探针和突变探针），经过末端转移酶形成多聚体尾部，然后将其固定在同一尼龙膜或硝酸纤维素膜上。用此膜与经 PCR 扩增的靶序列杂交，由于靶序列扩增时的引物已被生物素标记，若产生杂交链，则杂交链上即带有生物素标记，而杂交链上的生物素可结合辣根过氧化物酶标记的亲和素，再加入辣根过氧化物酶的底物，膜上即可显示出蓝色的特异性杂交斑点。

PCR-反向斑点杂交的起始标本可以是羊水、外周血或胎盘绒毛，在一张杂交膜上可同时筛查多种点突变。同时，PCR-RDB 的靶序列通过扩增可获得足够的拷贝数，有利于非放射性同位素检测。生物素直接连在引物端，省去了标记探针的复杂操作。该方法能确定基因突变类型，并区分纯合子、杂合子和突变子等，且检测快速、灵敏、特异性强、重复性好、稳定性高、操作简便，还可避免放射性同位素的污染，是目前最适用于地中海贫血的基因诊断方法，其准确性仅次于 DNA 测序。

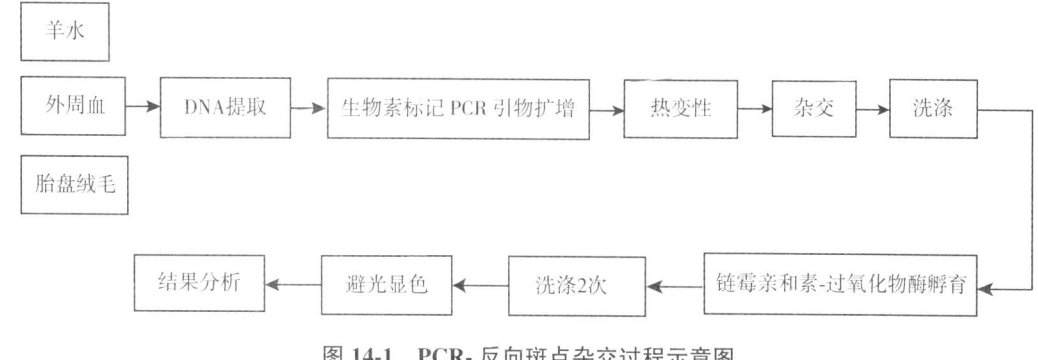

图 14-1 PCR-反向斑点杂交过程示意图

(二)血友病及其分子生物学检验

1. 血友病 人体的凝血过程需要凝血因子参与,凝血因子缺乏可导致出血。人体的凝血过程需要多种凝血因子参与,主要的凝血因子有 13 种,常用罗马数字表示。血友病(hemophilia)是一种遗传性凝血因子缺乏引起的出血性疾病,主要有甲型、乙型、丙型血友病和血管性血友病 4 种类型。血友病 A、B 分别是由凝血因子Ⅷ(FⅧ)和凝血因子Ⅸ(FⅨ)基因突变,致使 FⅧ和 FⅨ发生质或量异常的遗传性出血性疾病,呈 X 连锁隐性遗传。男性患者血友病 A、B 发病率分别为 1/5000 和 1/25 000。由于缺乏足够的凝血因子,患者可能会出现自发出血,主要集中在大型滑膜关节处(如肘部、膝部、踝部、臀部、髋部和肩部)。

血友病 A 又称甲型血友病,是由于凝血因子Ⅷ基因缺陷,导致 FⅧ含量不足或功能缺陷,进而引起凝血功能障碍。凝血因子Ⅷ由 3 种成分构成:抗血友病球蛋白(antihemophilic globulin, AHG)、Ⅷ因子相关抗原、促血小板黏附血管因子。血友病 A 是由于 AHG 遗传性缺乏所致。AHG 基因突变类型包括分子重排、缺失、核苷酸置换、插入和移码。血友病 A 在临床上主要表现为反复自发性出血或轻微损伤后出血不止,以及出血引起的压迫症状和并发症;一般多为缓慢持续性出血,大出血者较罕见。患者体表和体内任何部位均可出血,可累及皮肤、黏膜、肌肉或内脏器官等,关节多次出血可导致关节变形,颅内出血可导致死亡。血友病 B (hemophilia B)是由于凝血因子 FⅨ缺乏或功能障碍而导致的凝血功能障碍性疾病。血友病 B 是由于 X 染色体上的 *FIX* 基因突变所致,导致血友病 B 的凝血因子 *FIX* 基因突变种类包括点突变、短片段缺失及插入。血友病 B 患者的临床症状与血友病 A 基本相同,但此型发病率较低,占所有类型血友病的 15%~20%。

2. 血友病的分子生物学检验 血友病的分子学检验主要是直接检测 FⅧ和 FⅨ基因突变,检测方法主要包括 PCR-SSCP 和 PCR-DGGE。另外,也可以采用间接基因诊断法,即首先寻找是否存在染色体倒位和基因点突变,其次利用 PCR-RFLP 或 PCR-STR 多态性标记,进行家系连锁分析,最后利用 PCR-SSCP 或 PCR-DGGE 进行验证。

(三)镰状细胞贫血及其分子生物学检验

1. 镰状细胞贫血 是由于 β 珠蛋白基因发生纯合性错义突变而引起的疾病,是一种常染色体显性遗传血红蛋白病。主要临床表现为慢性溶血性贫血、易感染和再发性疼痛危象以致慢性局部缺血,可导致器官组织损害。纯合性突变产生的 β 珠蛋白与 α 珠蛋白亚单位形成血红蛋白 S (hemoglobin S, HbS)。在缺氧状态下,HbS 可使红细胞呈镰刀状,变形性差,可导致溶血性贫血及多种并发症。

2. 镰状细胞贫血的发病机制 镰状细胞贫血是由于 β 珠蛋白基因的第 6 位密码子由原来的 GAG 变成 GTG,结果使氨基酸残基由原来的谷氨酸变成缬氨酸。当氧分压降低时,Hb

在细胞内聚合，使红细胞扭曲成镰刀状，导致电荷改变，改变后的血红蛋白称为血红蛋白 S（HbS）。含 HbS 的红细胞在通过氧分压低的血管时，HbS 聚合成高分子量丝状物。这种异常血红蛋白结晶可使红细胞弹性几乎丧失，变形能力下降，进而导致血管容易被破坏，并被单核细胞吞噬而发生溶血。由于镰状细胞使血液黏滞度增高，可导致血管阻塞危象。根据阻塞部位的不同，可引起组织缺血、坏死，甚至导致心脏、肺、肾等器官受损。

3. 镰状细胞贫血的分子生物学检验 一般来说，通过血红蛋白电泳、血红蛋白理化性质测定以及红细胞镰状变试验，可对镰状细胞贫血作出明确诊断。近年来，PCR 技术被成功地用于镰状细胞贫血的基因检测。基因诊断技术的产前应用可以有效预防镰状细胞贫血患儿的出生。镰状细胞贫血的分子生物学检验方法主要包括以下几种。

（1）反向斑点杂交（RDB）：是将多种探针固定在同一膜上同时进行检测，标本 DNA 互不干扰，可以一次性筛查出多种不同的序列。该方法操作安全、简便、快速，并且检测灵敏度高、特异性强、稳定性好。

（2）PCR-ASO：PCR-ASO 也是基于核酸杂交的一种检测方法，通过使用只有数十个核苷酸长度的探针，检测 DNA 序列中的同源序列。由于探针较短，若待测 DNA 序列与探针不完全互补，甚至只要有一个碱基的差异，杂交分子就不能稳定形成。因此，该方法的灵敏度高，特异性强。具体步骤为：先合成放射性核素标记的 ASO 探针（包括正常型与突变型两种），然后将两种探针分别与点样在膜上的 β 珠蛋白基因 DNA 片段进行杂交。正常人的 DNA 片段只能与正常型 ASO 探针杂交，而患者的 DNA 片段只能与突变型 ASO 探针杂交，杂合子则与两种探针都可以杂交。

（3）PCR-RFLP：HbS 可导致 β 珠蛋白基因上的 MnⅡ、MstⅡ和 DdeⅠ酶切位点消失，据此可利用 PCR-RFLP 进行分析和诊断。

> **小结**

单基因遗传病可通过常染色体显性遗传、常染色体隐性遗传、X 连锁显性遗传、X 连锁隐性遗传和 Y 连锁遗传 5 种方式遗传。α 地中海贫血是由于 16 号染色体上的 α 珠蛋白基因缺陷所致；β 地中海贫血是由于 11 号染色体上编码 β 珠蛋白链合成的基因缺陷所致。跨断裂位点法和 PCR-反向斑点杂交法等 PCR 衍生技术可用于诊断地中海贫血。血友病的分子生物学检验主要采用 PCR-SSCP 和 PCR-DGGE 直接检测 *FVIII* 和 *FIX* 基因突变。镰状细胞贫血的分子生物学检验可采用反向斑点杂交、PCR-ASO 和 PCR-RFLP 等方法。

第二节 染色体病的分子生物学检验

染色体是遗传物质的载体，主要由 DNA 和蛋白质等组成，具有储存和传递遗传信息的功能。人类每条染色体上平均带有 1000 多个基因。正常情况下，人类染色体的数目和形态结构是恒定的，如果染色体结构发生微小的改变，就会导致基因的增加或丢失，从而造成基因表达异常，导致生理功能紊乱。

染色体病（chromosomal disorder）是指由染色体数目异常和（或）结构改变而导致染色体上的基因或基因群增减、变位，进而影响基因表达所引起的疾病。临床表现常涉及多器官、多系统，且病情严重。染色体病分为常染色体病和性染色体病两类。正常情况下，人类体细胞中可有少数染色体畸变发生，但在某些化学物质、射线和病毒等因素作用下，体细胞中的染色体异常频率可显著增高。导致染色体异常的因素分为遗传因素和环境因素。由于物理、化学、生物、遗传和母亲年龄等因素的影响，体细胞中的染色体结构可发生一定程度的异常改变，称为染色体结构异常或染色体畸变。染色体断裂和断裂后的异常重接是染色体结构异常的基础。

一、染色体数目和结构异常

1. 染色体数目异常　人类体细胞的染色体数目为46条，共23对，其中每对染色体互为同源染色体，44条为常染色体（共22对），2条为性染色体（女性为XX，男性为XY）。人类正常生殖细胞中，精子和卵子细胞各含有23条染色体，为一个染色体组。因此，含有一个染色体组的精子、卵子细胞为单倍体，以n表示；而精子与卵子结合后的受精卵发育分化的体细胞含有46条染色体，两个染色体组，为二倍体，以2n表示。二倍体既指具有两个染色体组的细胞，又指由二倍体细胞组成的个体。二倍体的个体，即正常的2n个体，称为二体。染色体数目异常即染色体数目畸变，是指以人二倍体数目为标准，体细胞的染色体数目（整组或整条）增加或减少的现象，包括整倍体、非整倍体和嵌合体三类。整倍体性数目异常是指体细胞含有的染色体组倍数超过2倍（2n）。非整倍体性数目异常是指正常的染色体组中，丢失或增加了一条或数条完整的染色体。常见的染色体数目异常疾病见表14-2。

表14-2　染色体数目异常的常见类型

疾病	染色体数目异常	核型	新生儿发病率
21三体综合征	3条21号染色体	47, XX/XY, +21	1/800 ~ 1/600
13三体综合征	3条13号染色体	47, XX/XY, +13	1/10 000，女性多于男性
18三体综合征	3条18号染色体	47, XX/XY, +18	1/8000 ~ 1/3500
性腺发育不全（特纳综合征）	X染色体少1条	45, X或45, XO	1/5000 ~ 1/2500
超雄综合征（XYY综合征）	Y染色体多1条	47, XYY	1/900
超雌综合征（XXX综合征）	3条X染色体	47, XXX	1/1000

21三体综合征又称唐氏综合征（Down syndrome），是最常见的导致智力障碍的遗传性疾病。活产新生儿发病率为1/900 ~ 1/700，其发生与母亲妊娠年龄密切相关。唐氏综合征是由于先天性染色体异常而引起的伴有多系统发育障碍的严重出生缺陷病，属于常染色体异常。主要临床特征为生长发育迟缓、智力低下、特殊面容、多发性先天畸形等。其发生约95%是由于减数分裂时21号染色体不分离而导致的，2% ~ 3%是由于致病基因关键区域发生了染色体隐蔽性重复所致。经典的细胞遗传学方法是诊断本病的标准方法。临床上主要依靠羊膜腔穿刺、胎盘绒毛取样、经皮脐血管穿刺获得胎儿细胞，然后进行细胞培养和染色体核型分析。

2. 染色体结构异常　即染色体结构畸变，是指受到物理、化学、生物、遗传和母亲年龄等多种因素的影响后，体细胞染色体的结构发生异常改变。染色体断裂是染色体结构畸变的基础，染色体断裂后的断端能被再接的特性称为"黏性"。染色体断裂后，若断端在原位重新接合，不产生异常效应，则称为重接。若断端未能重接或发生异位接合或丢失，则可引起染色体结构改变，包括缺失、重复、倒位、易位等，称为染色体重排，由此形成的结构异常染色体称为衍生染色体。临床上常见的染色体结构异常类型有缺失、倒位、重复、易位以及等臂和环状等。

二、染色体病的分子生物学检验

1. 荧光原位杂交（FISH）技术 FISH 是将细胞遗传学和分子遗传学技术结合起来诊断染色体异常的方法。根据 DNA 同源碱基互配的原理用荧光素标记的探针（DNA 片段）与靶 DNA 互补杂交。靶 DNA 是指制备在玻片上的细胞中期染色体 DNA 和（或）细胞间期染色质 DNA。在荧光显微镜下观察荧光信号，通过软件处理，对染色体数目、位置和结构进行分析，即可得到检测结果。采用 FISH，可以对经过细胞培养所制备的染色体和未经培养的间期细胞进行检测。其检测范围很广，包括染色体结构异常（如易位、倒位、插入、环状）以及染色体数目异常（如单倍体、多倍体和额外染色体的来源），能够检测数百个碱基对（bp）至 1 Mb 的染色体/染色质 DNA 片段的改变，且基因定位简便、准确，常用于诊断染色体的细微改变，以及胎盘绒毛、羊水、脐带血间期细胞的快速产前诊断，同时也可用于肿瘤组织细胞染色体变异的诊断等。FISH 比染色体核型分析的分辨率高，但与基因芯片技术相比，仍然属于分辨率较低的分子细胞遗传学诊断技术。

FISH 的具体步骤包括 DNA 和探针的制备、探针和靶 DNA 变性、杂交、荧光信号的检测、软件分析与鉴定。一般在 24 h 内完成检测。

FISH 准确性高、特异性强，在临床上主要应用于以下几方面。

（1）植入前遗传学诊断和筛查：目前对大多数遗传病还未找到有效的治疗办法，因此，对胚胎细胞或卵母细胞进行植入前遗传学检测和植入前遗传学筛查是决定是否进行胚胎移植、预防遗传病的关键。

（2）产前快速诊断：控制新生儿缺陷率是目前我国提升出生人口质量的重要目标之一。其中，胎儿染色体数目和结构异常是导致胎儿出现缺陷的一个非常重要的原因。研究显示，临床上最为常见的是 21 号、18 号以及 X、Y 染色体的数目和结构出现异常，约占临床上胎儿染色体异常的 95%。胎儿染色体结构和功能异常可导致胎儿宫内发育异常，进而引起先天性或遗传性疾病。因此，妊娠早期进行无创染色体产前筛查具有非常重要的临床意义。目前，临床上使用最广泛的是产前母体血清的胎儿染色体异常筛查技术，对产前筛查胎儿染色体异常具有一定的作用，但检查的灵敏度和特异性有限，其结果有待核型分析的进一步确认。临床上通过母体羊水细胞培养，进行染色体核型分析，虽然作为一种标准检测方法，诊断的准确率和可信度较高，但是该方法检测程序较为复杂、周期较长。目前临床上应用得较多的 FISH 技术可以在很大程度上缩短检测至出报告的时间，有利于减轻孕妇和家属的焦虑情绪，同时有助于早期诊断和早期治疗。此外，FISH 检测标本用量较少，所需羊水量不超过 5 ml，而传统的羊水细胞培养需要 15 ml 左右的标本量。另外，FISH 技术的杂交信号相对简单、直观，便于区分染色体的差异。

（3）染色体微缺失综合征的诊断：染色体微缺失综合征是由于染色体微小畸变导致的临床综合征，无法通过光学显微镜进行核型观察分析，可通过 FISH 检测细胞中期染色体和间期染色质，观察荧光信号是否有缺失来检测染色体微缺失。

（4）染色体易位、插入的判断：根据染色体异常数目的多少决定对一对染色体或多对染色体进行涂染，根据同源染色体是否显示同一种荧光颜色或含有其他荧光颜色，可判断是否有染色体易位或插入，以及其来源和定位。

2. 微阵列-比较基因组杂交（comparative genomic hybridization，CGH）技术 是将基因芯片技术和比较基因组杂交（CGH）技术相结合，无需进行染色体培养，只需一次杂交即可实现对标本细胞整个基因组全套染色体或 DNA 拷贝数量异常的全面检测，同时也可以对异常位点进行初步的染色体定位。

检测过程包括微阵列的制备、待测 DNA 和对照 DNA 探针的制备、杂交、数据处理和图像分析。微阵列分为 DNA 克隆微阵列和 cDNA 微阵列，采用专门的设备，按照 DNA 在染色体上的分布或 cDNA 的基因确定靶序列，然后将 DNA 克隆片段或 cDNA 逐个点样在特定材料的芯片上。寡核苷酸-CGH 芯片是目前最新、分辨率最高的 CGH 芯片，无需点样，可直接在芯片上合成核酸靶序列。

近年来，许多产前诊断实验室利用微阵列-CGH 技术对遗传病患者所伴随的染色体异常进行了全面、系统的分析，获得了与 G 显带、FISH 技术相一致的结果，且具有更高的分辨率和灵敏度，能够大规模、高通量地一次性检测所有染色体位点的异常，同时能自动分析结果，既简便又快速。此外，采用微阵列-CGH 技术还能识别出某些病例新的染色体异常位点，对人类遗传病研究具有越来越重要的作用。

3. 多重连接探针扩增技术（MLPA） 是一种高通量、对待测 DNA 靶序列进行定性和半定量分析的技术。MLPA 的基本流程包括 DNA 变性、探针与 DNA 靶序列杂交、连接、PCR 扩增、产物通过毛细管电泳分离，最后经软件进行数据分析。目前，MLPA 已广泛地应用于染色体病的诊断、基因缺失或重复导致的遗传病和基因甲基化的检测等。每个探针包括两个荧光标记的寡核苷酸片段，其中一个由化学方法合成，另一个由 M13 噬菌体衍生法制备。每个探针都包括一段引物序列和一段特异性序列。如果检测的靶序列发生点突变或缺失、插入突变，那么相应探针的扩增峰便会缺失、降低或增高。因此，根据扩增峰的改变就可判断靶序列是否存在拷贝数的异常或点突变。MLPA 的优势在于只需要很少量（20～500 ng）的 DNA，就可以一次性检测 50 个靶基因，特异性强、灵敏度高、无需组织培养，操作简单、快速（24～48 h 完成），且重复性强。但是，MLPA 不能用于单细胞检测，不能检测低于 20%～30% 水平的染色体嵌合体、多倍体（如 69,XXY；69,XXX 等）和平衡重组（如染色体平衡易位、倒位和插入等）。MLPA 的结果与传统核型分析方法相吻合，且能显著缩短诊断时间。同时，MLPA 技术具有高通量、低成本、自动化及结果不受技术人员主观判读干扰等明显优于 FISH 技术的特点，可作为染色体非整倍体产前诊断的重要方法。对于亚端粒在内的染色体基因重排和染色体微缺失/微重复综合征，针对每一个染色体的亚端粒，MLPA 技术都可设计特异性探针，可以实现经济、高效、快速检测亚端粒的基因重排和微缺失/微重复。

小结

染色体病是由染色体数目和（或）结构异常所致，分为常染色体病和性染色体病两类。染色体结构异常的类型有缺失、倒位、重复、易位以及等臂和环状等。染色体数目异常包括整倍体、非整倍体和嵌合体三类。荧光原位杂交技术、微阵列-比较基因组杂交技术和多重连接探针扩增技术等常用于检测染色体结构和数目异常。

第三节　线粒体病的分子生物学检验

一、线粒体基因组与线粒体病

除哺乳动物的成熟红细胞外，线粒体普遍存在于需氧呼吸的真核细胞中，是细胞核外唯一含 DNA 的细胞器。很多人体细胞中重要的生化过程都在线粒体内进行，其中最重要的是氧化磷酸化合成 ATP，可以为细胞提供能量，所以线粒体又被称为真核细胞的动力工厂。

（一）线粒体基因组的结构特征

人类的线粒体基因组是由两条 DNA 单链构成的闭合环状分子，即线粒体 DNA（mtDNA）分子，含有 13 个蛋白基因、22 个 tRNA 和 2 个 rRNA 基因，主要编码与呼吸链及能量代谢有关的蛋白质。每个线粒体中含有数个至十多个 mtDNA，每个细胞中含有数百个至数千个 mtDNA。

mtDNA 外环为富含鸟嘌呤的重链（H 链），内环为富含胞嘧啶的轻链（L 链），全长 16569 bp，分为编码区和非编码区。mtDNA 的编码区含 37 个基因，编码 13 种多肽链、22 种 tRNA 和 2 种 rRNA。H 链编码 12 种多肽链、12S rRNA、16S rRNA 和 14 种 tRNA，而 L 链仅编码 1 种多肽链和 8 种 tRNA。13 种多肽链都是呼吸链酶复合体的亚单位。mtDNA 编码区结构紧凑，利用率高：基因内没有启动子和内含子，缺少终止密码子，仅以 U 或 UA 结尾；基因间仅 87 bp 的间隔区，相邻基因的部分区段重叠，以最大限度地利用有限的 DNA。线粒体基因突变类型包括碱基改变，缺失、插入突变和 mtDNA 拷贝数变异，以及编码线粒体蛋白的核 DNA（nuclear DNA）突变。

（二）线粒体病

线粒体病是以线粒体功能异常为主要病因的一类疾病。线粒体疾病可分为线粒体 DNA 突变引起的疾病、核基因组缺陷引起的疾病，以及核基因组与 mtDNA 间信息交流缺陷引起的疾病。线粒体是具有半自主性的细胞器，其结构和功能依赖于 mtDNA 和核 DNA 的协同作用。绝大多数线粒体病是由 mtDNA 突变引起的，但随着研究的深入，已发现某些线粒体病与核 DNA 突变有关。遗传因素主要是线粒体基因（mtDNA）缺陷，少数是核基因缺陷（核 DNA），极少数是线粒体基因、核基因的共同缺陷。通常所说的线粒体病是狭义的概念，即 mtDNA 突变所致的线粒体病。

1. mtDNA 缺陷性线粒体病 mtDNA 突变造成的线粒体病临床症状十分复杂，不同的 mtDNA 突变可以产生相似的表现型；同样的 mtDNA 突变可以产生不同的表现型。近年来，mtDNA 突变与疾病的关系是人类线粒体病分子病理学研究的热点之一。目前已确认 mtDNA 的 100 多种致病性碱基替换和 200 多种缺失、插入等突变。mtDNA 突变可影响细胞氧化磷酸化功能，导致 ATP 合成减少，线粒体不能提供足够能量，从而引起细胞变性、坏死，导致组织器官功能减退，并产生相应的临床表现。

线粒体基因突变所致的线粒体病包括莱伯遗传性视神经病变、肌阵挛性癫痫伴破碎红纤维综合征、线粒体脑肌病伴高乳酸血症和卒中样发作、进行性眼外肌麻痹等。此外，线粒体基因突变还与糖尿病、耳聋和衰老等有关。

2. 核 DNA 缺陷性线粒体病 核基因编码的蛋白质可以行使多种功能，包括在线粒体膜间腔和基质腔间转运分子、代谢底物，通过氧化磷酸化产生 ATP，调节线粒体对铁的摄入，控制线粒体 DNA 的复制，以及维持线粒体 DNA 结构的完整性等。若编码这类蛋白质的基因发生突变，将影响线粒体的功能，进而导致线粒体病。

3. 基因组间与 mtDNA 信息交流缺陷性线粒体病 在 mtDNA 缺失所致的线粒体病中，大部分患者表现为 mtDNA 的单一缺失，如卡恩斯-塞尔综合征患者；少数患者表现为 mtDNA 的多重缺失，并且呈孟德尔遗传。这表明 mtDNA 多重缺失的患者核 DNA 基因也存在缺陷。另外，还有部分患者 mtDNA 不存在质的异常，但拷贝数明显低于正常。此类患者病情重，表现为致死性呼吸障碍、高乳酸血症、肌病以及肝、肾衰竭等。此类线粒体病呈常染色体显性或隐性遗传。由此可见，此类患者的遗传物质异常主要发生在核基因，mtDNA 的改变只是第二次突变。

4. 线粒体病常见的临床类型

（1）线粒体脑肌病伴高乳酸血症和卒中样发作（mitochondrial encephalomyopathy with lactic acidosis and stroke-like episode，MELAS）：是线粒体脑肌病的一个类型，是以脑病、高乳酸血症和卒中样发作为主要症状的线粒体病。大部分病例基因突变是编码 tRNA Leu 基因（MT-TL1）的线粒体 DNA 3243 A > G 点突变。卒中样发作通常以偏头痛、呕吐和癫痫发作为先兆症状。其他临床表现包括认知功能减退、共济失调、耳聋、视神经萎缩、身材矮小和肌无力等。

（2）肌阵挛性癫痫伴破碎红纤维综合征：是由点突变造成的伴有破碎红纤维的多系统疾病，以肌阵挛、癫痫为首发症状，继之出现共济失调、失忆、视神经萎缩、心肌病等多系统异常的线粒体病。主要由编码赖氨酸 tRNA 的 mtDNA 基因 tRNA Lys（MT-TK）突变所致。

（3）卡恩斯 - 塞尔综合征（Kearns-Sayre 综合征）：由 mtDNA 大片段缺失所致，可累及多个器官和系统。临床表现为慢性进行性眼外肌麻痹和视网膜色素变性，可伴有智力低下、神经性耳聋、小脑性共济失调和周围神经病等。多数患者伴有高乳酸血症，肌肉活检病理检查可见破碎红纤维，尚无特殊治疗方法。

（4）进行性眼外肌麻痹：可单独发生，也可作为其他综合征的表现之一，通常与 mtDNA 缺失有关，这种缺失可能是单个碱基缺失（呈散发性），或是多个碱基缺失（继发于常染色体显性或隐性核基因突变）。

（5）亚急性坏死性脑脊髓病：又称利氏病，多为婴儿起病的线粒体脑病，影像学表现为双侧对称性脑部病变，主要累及基底节、丘脑和脑干。患者多在婴儿期发病，出生后数月可出现呼吸和进食困难、哭声低微、四肢张力低下，之后逐渐出现视力和听力减退、共济失调、智力减退和抽搐。晚发型患者表现为进行性眼外肌麻痹、肌张力障碍或共济失调。此类疾病涉及细胞核和线粒体 DNA 至少 89 个不同的基因突变。

（6）莱伯遗传性视神经病变：该病由于特定的 mtDNA 突变所致，临床主要表现为双眼同时或先后发生急性或亚急性无痛性视力减退，可伴有中心视野缺失及色觉障碍。

（7）婴儿进行性脑灰质营养不良：又称阿尔博斯病，是以大脑和小脑皮质萎缩、神经细胞脱失为病理特征的先天性疾病，通常由核基因 POLG 突变所致。POLG 基因编码 DNA 聚合酶 γ（pol γ）的催化亚基，后者是 mtDNA 正确复制所必需的酶。DNA 聚合酶 γ 功能障碍可导致 mtDNA 进行性耗竭，进而引起线粒体功能障碍。

二、线粒体病的分子生物学检验

线粒体是否存在基因突变，可通过分子遗传学方法进行检测。由于此类疾病具有高度遗传异质性，故对于高度怀疑为线粒体病的患者，需要进行 mtDNA 全序列突变检测。另外，还可通过 Southern 印迹杂交检测大片段缺失和重复突变。对于低突变比例标本的检测，一般采用高灵敏度的实时荧光 PCR。由于不同组织的突变比例可能存在较大的差异，所以对同一患者应进行多种组织标本的检测。

小结

线粒体疾病可分为线粒体 DNA 突变引起的疾病、核基因组缺陷引起的疾病，以及核基因组与 mtDNA 间信息交流缺陷引起的疾病。绝大多数线粒体病是由 mtDNA 突变引起的，少数与核 DNA 突变有关。对于高度怀疑线粒体病的患者，需做 mtDNA 全序列突变检测，且对同一患者应进行多种组织标本的检测。

思考题

一、选择题

1. 下列不属于染色体病的是
   A. 21三体综合征
   B. 18三体综合征
   C. Tuner综合征
   D. Leigh综合征
   E. XYY综合征

2. 下列不属于常见的染色体结构异常的是
   A. 缺失
   B. 重复
   C. 倒位
   D. 等臂染色体
   E. 三倍体

3. 人类体细胞的染色体数目为
   A. 44条
   B. 42条
   C. 48条
   D. 50条
   E. 46条

4. 镰状细胞贫血的基因诊断不可以采用的是
   A. PCR-RFLP
   B. DNA测序
   C. 核酸分子杂交
   D. 设计等位基因特异性引物进行PCR
   E. Western杂交

5. 关于荧光原位杂交的描述，不正确的是
   A. 无需经过核酸提取
   B. 用荧光素标记探针
   C. 用放射性核素标记探针
   D. 可以用于基因定位
   E. 可以用于遗传病的产前诊断

二、问答题

1. 什么是单基因遗传病？单基因遗传病的分子生物学检验方法有哪些？
2. 什么是线粒体病？线粒体病相关的基因突变有哪些常见类型？

（冯贞贞）

第十五章

肿瘤性疾病的分子生物学检验

学习目标

通过本章内容的学习，学生应能够：

识记：
1. 陈述常见的癌基因和抑癌基因。
2. 列举肺癌、乳腺癌、白血病、结直肠癌和前列腺癌的分子生物标志物。

理解：
1. 解释癌基因、细胞癌基因、病毒癌基因和抑癌基因的区别与联系。
2. 解释肺癌、乳腺癌、白血病、结直肠癌和前列腺癌的分子生物标志物与肿瘤预防、早期筛查、早期诊断、靶向药物选择和预后之间的联系。
3. 解释肿瘤性疾病分子生物标志物与肿瘤性疾病全生命周期管理之间的关系。

运用：
能辨析针对肿瘤性疾病分子生物学检验的医疗器械产品的原理和各试剂的用途，并分析相应临床标准操作规程每一步操作的目的和结果，初步解释检验结果。

案例导入

案例 15-1

慢性粒细胞白血病是一种影响血液及骨髓的恶性肿瘤，其9号染色体与22号染色体发生部分异位，产生了一条编码一种酪氨酸激酶的 *BCR-Abl* 融合基因。通过研究人员的不懈努力，最终研发出该酪氨酸激酶抑制剂，成为第一个靶向抗肿瘤药物，开启了抗肿瘤药物的分子生物学研究。

思考题：
1. 该案例说明了什么问题？
2. 分子生物学检验在肿瘤诊断及治疗方面有什么优势？

肿瘤性疾病（本章特指恶性肿瘤或癌症）已成为严重的全球公共卫生问题之一，严重威胁着人类的健康。据统计，2020年全球新发癌症病例为1929万例，其中，我国新发病例为457万例，占比为23.7%。2020年，全球因癌症死亡病例为996万例，我国因癌症死亡病例为300万例，占比达到30%。我国人口基数大，人口老龄化进程加快，同时存在不良生活习惯、感染及环境污染等问题，在恶性肿瘤的预防、诊断以及治疗方面所承担的任务十分艰巨。

肿瘤性疾病的分子生物学检验是将核酸或蛋白质作为核心的检验，主要通过检测与肿瘤发生、发展等相关的生物大分子及其结构或表达调控等的变化，为肿瘤的预测、诊断、治疗、预后及转归提供分子水平的信息。对于大多数实体瘤，分子生物学检验的标本主要是经甲醛固定、石蜡包埋的肿瘤组织；而对于非实体瘤（如白血病等），则主要是采集骨髓组织标本。近年来，针对游离的循环肿瘤细胞、循环肿瘤DNA和胞外体（外泌体）的检验则以血液为标本，这种非侵入式的分子生物学检验又被称为"液体活检"。根据检验的目的和分子生物标志物不同，对肿瘤性疾病可采用不同的分子生物学检验方法。最常用的分子生物学检验方法包括PCR扩增后直接进行DNA测序、荧光原位杂交（FISH）、荧光定量PCR、等位基因特异性PCR（AS-PCR）、扩增受阻突变系统-PCR（ARMS-PCR）等。

第一节　肿瘤性疾病的分子生物标志物

分子生物学检验不仅有助于了解肿瘤的发病机制，而且对肿瘤的临床诊断和治疗具有十分重要的指导作用。通过检测肿瘤的分子生物标志物，既可对肿瘤作出早期诊断，又可确定个体的易感性，同时可对肿瘤的分型、分期、疗效及预后作出判断。

一、肿瘤性疾病分子生物学检验的一般策略

肿瘤是一类受多基因、多因素影响，涉及多阶段发展的慢性疾病，但其发生、发展是有迹可循的。目前对于肿瘤的分子生物学检验主要是检测肿瘤标志物（tumor marker，TM）。肿瘤标志物是由肿瘤细胞合成、释放，或由机体在肿瘤细胞作用下产生的、能够反映肿瘤存在和生长的一类物质。其种类多样，分属于胚胎蛋白、糖蛋白、酶和同工酶、激素、特殊蛋白和癌基因蛋白等，目前已发现100多种。当肿瘤发生、发展时，这些物质在细胞或体液中的含量可出现明显异常，并且与肿瘤的预后密切相关。但大多数肿瘤标志物是相关性标志物，并非特异性指标，因此，对于肿瘤标志物的检测，需要根据不同的诊断目的、肿瘤类型及检验对象，采取不同的策略。

大多数情况下，肿瘤相关基因和肿瘤相关病毒基因并未被归类于临床常规检测的肿瘤标志物范畴，而是作为肿瘤性疾病的分子生物标志物，属于肿瘤性疾病分子生物学检验的一般策略。

（一）肿瘤相关基因的分子生物学检验

肿瘤的发生主要是机体自身遗传基因和外部因素共同作用的结果，一般存在至少两个不同基因的改变。肿瘤相关基因是指与肿瘤形成密切相关的基因，主要包括癌基因、抑癌基因、肿瘤转移相关基因、肿瘤血管生成相关基因、细胞凋亡相关基因等，也包括单核苷酸多态性、DNA甲基化、端粒酶、miRNA及循环DNA等。选择检测靶点时，应注意选择与特定肿瘤相关性较高的靶基因。靶基因应在拟诊肿瘤中具有较高的突变频率，且存在突变热点。

（二）肿瘤相关病毒基因的分子生物学检验

肿瘤病毒是一类能使感染宿主产生肿瘤或使体外培养细胞转化为癌细胞的病毒，分为DNA肿瘤病毒和RNA肿瘤病毒（反转录病毒）两类。人乳头瘤病毒（human papilloma virus，HPV）、乙型肝炎病毒（hepatitis B virus，HBV）、EB病毒（Epstein-Barr virus，EBV）、人类

疱疹病毒 8 型（human herpes virus-8，HHV-8）等是较为常见的 DNA 肿瘤病毒；人类嗜 T 淋巴细胞病毒 -1（human T-cell lymphotropic virus type-1，HTLV-1）和丙型肝炎病毒（hepatitis C virus，HCV）等则是 RNA 肿瘤病毒。这些肿瘤病毒感染与 15%~20% 的人类肿瘤发生有关，目前已成为人类第二大高危致癌因素。检测这些肿瘤相关病毒基因，可以为某些肿瘤的诊断提供重要的依据。

> **知识链接**
>
> **HPV 与宫颈癌**
>
> 德国科学家豪森因发现 HPV 感染可导致宫颈癌而与另外两位法国科学家共同获得 2008 年诺贝尔生理学或医学奖。
>
> 人乳头瘤病毒能引起人体皮肤黏膜的鳞状上皮增殖，目前已分离出 130 多种，不同的型别可引起不同的临床表现。其中，HPV-16 和 HPV-18 两种类型是导致宫颈癌的主要原因。豪森的这一发现使人们进一步了解了宫颈癌的发病机制，从而为研发预防宫颈癌的人乳头状瘤病毒疫苗奠定了基础。

二、肿瘤性疾病的分子生物标志物

1846 年，Bence-Jones 在多发性骨髓瘤患者体内发现了最早的肿瘤标志物本周蛋白。随后的 160 多年，人们又陆续发现了 100 多种肿瘤标志物。近年来，随着分子生物学技术的不断发展，肿瘤性疾病的分子生物标志物所涵盖的种类也越来越多，除了癌基因、抑癌基因及其产物这一重要类别外，SNPs、基因组、转录组和蛋白质组等也都被列入肿瘤性疾病分子生物标志物的范畴。以下主要介绍近年来研究得较多的与肿瘤发生、发展相关的分子生物标志物。

（一）肿瘤相关的染色体异常

人体肿瘤的发生，除少数几种外，几乎所有肿瘤细胞都发现存在染色体异常。癌症患者染色体异常的频率高达 80%~100%。染色体异常分析已广泛应用于白血病的诊断，不仅具有特异性强、检测快速的优点，而且可以从病因上明确诊断，并进行分型。另外，通过检测相关突变位点或表达产物，还可以为治疗、预后及疗效评价提供有价值的信息。

（二）肿瘤相关的基因异常

在恶性肿瘤的发生和发展过程中，常涉及一系列基因突变，包括癌基因、抑癌基因、细胞周期调节基因、细胞凋亡基因以及维持细胞基因组稳定性的基因等突变。这些基因都有可作为肿瘤分子生物学检验的标志物。

1. 癌基因与原癌基因 癌基因（oncogene）是指一类能够引起细胞恶性转化的基因。按其来源不同可分为病毒癌基因（viral oncogene，v-oncogene）和细胞癌基因。

1911 年，美国病理学家 Rous 从母鸡恶性结缔组织（肉瘤）中提取并发现了一种 C 型肿瘤病毒。后来，该病毒被命名为劳斯肉瘤病毒（Rous sarcoma virus，RSV）。由此开启了人类对病毒与肿瘤相关性的关注与研究。1970 年，Marein 等证实，细胞恶性转化与劳斯肉瘤病毒基因组中的单个基因有关。RSV 除含有病毒复制所需的基因外，还含有一种特殊的转化基因，它不编码病毒的结构成分，对病毒复制没有作用，但能使感染的细胞持续增殖并呈恶性表型。之后，在其他病毒中也相继发现能使细胞发生恶性转化的基因。由于这些基因来源于病毒，所以被命名为病毒癌基因。

1976年，Bishop在正常细胞DNA中也发现了与病毒癌基因同源的DNA序列。它们在正常情况下以非活化形式存在，称为原癌基因。原癌基因在进化上高度保守，负责调控正常细胞的生命活动，包括细胞生长和增殖、生长因子信号传递、细胞周期进展、细胞存活以及DNA转录等。当此类基因发生突变，转化为活化状态后，可使细胞发生癌变，称为细胞癌基因。目前已知的原癌基因激活机制包括：启动子或增强子插入激活、基因重排（染色体易位）、基因点突变（移码突变）、基因扩增和甲基化激活等；已发现的原癌基因已超过100种。与肿瘤发生、发展相关的部分原癌基因及其表达产物见表15-1。

表15-1　与肿瘤发生、发展相关的部分原癌基因及其表达产物的功能类别

原癌基因	表达产物的功能类别	相关肿瘤
K-RAS	信号转导蛋白	结肠癌、胰腺癌、肺癌、卵巢癌、膀胱癌
H-RAS	信号转导蛋白	膀胱癌、结肠癌、肺癌、黑色素瘤
RET	生长因子受体	甲状腺癌、多发性内分泌肿瘤
KIT	生长因子受体	胃肠间质瘤
C-MYC	核蛋白	Burkitt淋巴瘤、白血病、乳腺癌、胃癌、肺癌
ABL	信号转导蛋白	慢性髓细胞性白血病、急性淋巴细胞白血病
BCL-2	细胞周期调节蛋白	滤泡性淋巴瘤
N-MYC	信号转导蛋白	神经母细胞瘤、视网膜母细胞瘤、横纹肌肉瘤
L-MYC	信号转导蛋白	肺癌
SIS	生长因子	骨肉瘤、星状细胞瘤
ERBB1	生长因子受体	胶质瘤、鳞状细胞癌、乳腺癌、胃癌
ERBB2	生长因子受体	乳腺癌、卵巢癌、唾液腺癌
N-RAS	信号转导蛋白	急性髓系白血病、淋巴细胞白血病
INT-2	生长因子	乳腺癌、膀胱癌、胃癌、鳞状细胞癌
HST	生长因子	乳腺癌、膀胱癌、胃癌
MYB	核蛋白	结肠癌、白血病
ETS	核蛋白	淋巴瘤、乳腺癌
MDM2	核蛋白	肉瘤

2. 抑癌基因　20世纪70年代，研究人员将正常细胞与肿瘤细胞进行融合后，发现杂交细胞并没有出现肿瘤细胞的表型，而且正常细胞的染色体可以逆转肿瘤细胞的表型。这表明正常细胞中可能含有能够抑制肿瘤形成的基因，称为抑癌基因（antioncogene），又称肿瘤抑制基因（tumor suppressor gene）。抑癌基因是一类能够抑制细胞过度生长和增殖，促进细胞分化，抑制肿瘤发生的细胞增殖负调控基因，其丢失或失活可导致细胞癌变。

抑癌基因在染色体上一般呈纯合子状态，只有两个等位基因同时失活或缺失时，才会导致其失效。但是在某些罕见的癌症患者家族中，抑癌基因则以杂合子形式存在，即可引发肿瘤。发生杂合抑癌基因突变的个体具有肿瘤易感性，并能将易感性传给下一代，其肿瘤发病率是正常个体的10～100倍。视网膜母细胞瘤基因（retinoblastoma gene，Rb gene）是最先在视

网膜母细胞中发现的一种抑癌基因。研究表明，Rb 基因的失活与视网膜母细胞瘤的发生有关。随后的研究发现，骨肉瘤、小细胞肺癌以及乳腺癌等肿瘤的发生过程中都有 Rb 基因失活的现象。另一个重要的抑癌基因是 P53 基因，它是迄今发现与人类癌症相关性最高的基因，目前已从各种恶性肿瘤标本中检测出上千种 P53 基因突变。与肿瘤发生、发展相关的部分抑癌基因及表达产物见表 15-2。

表15-2 与肿瘤发生、发展相关的部分抑癌基因及表达产物的功能类别

抑癌基因	表达产物的功能类别	相关肿瘤
APC	细胞结构蛋白	结肠癌、胃癌
BRCA1	DNA 修复因子	乳腺癌、卵巢癌
BRCA2	DNA 修复因子	乳腺癌、卵巢癌
CDH1	细胞结构蛋白	各种上皮性癌
DCC	细胞结构蛋白	结肠肿瘤
FHIT	信号转导蛋白	多种肿瘤
MCC	转录因子调控蛋白	结肠肿瘤
MEN1	转录因子调控蛋白	多发性内分泌瘤
NF1	信号转导蛋白	神经纤维瘤
NF2	细胞结构蛋白	神经纤维瘤、脑膜瘤
$P16^{INK4B}$	细胞周期调控蛋白	黑色素瘤、胰腺瘤
$P14^{ARF}$	转录因子调控蛋白	多种肿瘤
P53	DNA 修复因子	80%各种肿瘤
PTC	信号转导蛋白	基底细胞癌、髓母细胞瘤
PTEN	信号转导蛋白	胶质母细胞瘤、不同类型癌
RASSF1A	信号转导蛋白	不同类型肿瘤
Rb1	细胞周期调控蛋白	视网膜母细胞瘤、膀胱癌
TSC1	转录因子调控蛋白	乳腺癌、膀胱癌
VHL	蛋白降解相关蛋白	肾癌
WT1	转录因子调控蛋白	Wilms 瘤

> **知识链接**
>
> **P53 基因的信号转导通路**
>
> 在肿瘤发生的复杂网络和调控体系中，P53 基因是最主要的因素，该基因突变与 50% 以上的人类恶性肿瘤相关。
>
> P53 基因受很多信号分子调控。正常状态下，P53 的 mRNA 水平很高，而且有大量蛋白质合成，但是 P53 的 E3 泛素-蛋白连接酶 MDM2 可结合 P53 蛋白，促进 P53 蛋白的泛素化降解，使其活性维持在较低的水平。MDM2 本身也受 P53 蛋白调控，从而形成 P53-MDM2 调控环路。如果细胞处在平衡、稳定的环境中，则该调控环路处于平衡状态。

但是当细胞受到异常信号刺激（如 DNA 损伤、缺氧、原癌基因激活等）时，该平衡状态即可被其他信号分子或者其他修饰方式破坏，P53-MDM2 调控环路即被破坏，P53 蛋白可被泛素化降解而失活。

3. 细胞周期调节基因 细胞周期调节基因是一类控制细胞周期启动与各时相转换的基因。其表达产物不仅能控制细胞增殖，而且与肿瘤的发生密切相关。细胞周期是指正常连续分裂的细胞从一次分裂完成开始到下一次分裂结束所经历的连续动态过程，也是多阶段、多因素参与的精确而有序的调控过程。在 DNA 合成过程中，细胞周期通过周期蛋白（cyclin）、周期蛋白依赖性激酶（cyclin-dependent kinase，CDK）、周期蛋白依赖性激酶抑制因子（cyclin-dependent kinase inhibitor，CKI）及细胞周期检查点激酶 1（checkpoint kinase 1）进行调控。这些调控方式相互制约，形成一个复杂而精密的细胞周期分子调控网络。在细胞周期调节过程中，任何自身调节基因的变化或外界因素的影响都可导致细胞周期失控，甚至出现细胞无限制增殖，最终发展成为肿瘤。

4. 细胞凋亡相关基因 细胞凋亡又称程序性细胞死亡，是机体在生长、发育过程中或受到有害刺激时清除多余、衰老或异常的细胞，以保持机体内环境稳定和维持正常生理活动的一种细胞自主性死亡形式。

细胞凋亡是在基因调控下进行的，相关基因很多，主要包括促细胞凋亡基因、抑制细胞凋亡基因及细胞凋亡过程中调控表达的基因。近年来发现细胞凋亡与肿瘤的发生有密切关系，在肿瘤的发生、发展过程中往往伴有抑制凋亡基因的表达增强或促凋亡基因的抑制。

5. 维持细胞基因组稳定性的基因 维持细胞基因组稳定性的基因也被认为与肿瘤的发生密切相关，其中包括一系列 DNA 损伤修复基因以及基因组不稳定性因素。DNA 损伤修复过程非常复杂，与细胞周期调节、DNA 复制和转录等过程密切相关，参与这一过程的基因称为 DNA 修复基因。其编码的蛋白质能修正 DNA 复制时产生的错误，避免修复失败而导致的一系列基因突变的累积效应。此外，核苷酸剪切修复、碱基切除修复相关基因与肿瘤放疗、化疗的敏感性密切相关，有助于预测肿瘤对放疗、化疗的敏感性。

基因组不稳定性是肿瘤发生的重要原因之一。基因组不稳定性是癌症的标志之一，同时也被认为是促进其他癌症的标志。基因组不稳定性在多种恶性肿瘤及癌前病变中都可被观察到，如结直肠癌患者常表现出很强的基因组不稳定性。同时，肿瘤的耐药性也与基因组不稳定性有关。

6. 肿瘤血管生成相关基因 肿瘤的生长和恶性肿瘤的转移都有赖于新生血管的形成。血管生成是血行转移最关键的步骤，为肿瘤细胞从原发部位转移到其他组织和器官提供了途径。肿瘤血管形成主要受到促血管生成因子和血管形成抑制因子的影响。促血管生成因子研究得最多的是血管内皮生长因子（vascular endothelial growth factor，VEGF）和血管生成素（angiopoietin，Ang）家族。血管形成抑制因子包括血小板应答蛋白 1（thrombospondin-1，TSP-1）。研究发现，当 *P53*、*H-RAS* 及 *VHL* 等基因发生改变时，可使 VEGF、碱性成纤维细胞生长因子（basic fibroblast growth factor，BFGF）表达上调，使 TSP-1 表达下调，从而促进肿瘤的转移。临床上对肿瘤血管生成相关基因的监测有助于预测肿瘤转移、复发和判断预后等。

（三）肿瘤相关的单核苷酸多态性

单核苷酸多态性（single nucleotide polymorphism，SNP）是指由单个核苷酸的改变所引起的 DNA 序列多态性，可能与疾病易感性和药物反应性有关。SNP 分析可用于肿瘤易感性预测、复杂疾病的基因定位、疾病相关性分析、疾病的遗传学机制研究以及个体化治疗方案的制订等。此外，SNP还与抗肿瘤药的疗效、药物代谢以及放射性损伤等有关。目前，肿瘤相关的SNP检测已用于乳腺癌、前列腺癌等癌症的分子生物学诊断。

肿瘤基因多态性分析主要是对肿瘤细胞的杂合型缺失、微卫星不稳定性以及SNP等进行分析，检测方法包括Southern印迹杂交、DNA测序、基因芯片等，通常还与PCR相结合，并由此衍生出不同的检测方法。

（四）肿瘤相关的表观遗传变异

表观遗传变异是指机体的基因组核苷酸序列不变，而基因的表达水平发生变化的现象。大量研究显示，表观遗传变异可以导致原癌基因的激活和抑癌基因的失活，在肿瘤的发生、发展和转移过程中起重要作用。肿瘤细胞表观遗传变异的主要机制包括：①基因组印记丢失，机体组织和细胞只表达来自亲本其中一方的等位基因，而与其自身性别无关，这种现象称为基因组印记。基因组印记丢失被认为与肿瘤的易感性有关。例如，正常情况下，胰岛素样生长因子-2（insulin-like growth factor-2，*IGF*-2）基因只有源自父亲的等位基因表达，母源等位基因被印记。研究发现，*IGF*-2基因印记丢失可增加结直肠癌的患病风险。②DNA甲基化，肿瘤细胞DNA甲基化是肿瘤细胞遗传物质改变的另一种形式，包括基因组低甲基化和启动子高甲基化。启动子区域CpG岛高甲基化所致的抑癌基因转录沉默目前备受关注。③染色质重塑，在细胞生命活动的选择性基因沉默或基因表达过程中，染色质中的基因组DNA序列一般不会发生改变，但细胞核内染色质结构可以发生高度动态变化，这种染色质的结构变化称为染色质重塑。染色质重塑可调节基因转录、DNA修复活性，使肿瘤相关基因激活或沉默。

（五）肿瘤相关的miRNA

微RNA（microRNA，miRNA）是一类内源性单链非编码RNA分子，广泛存在于动、植物细胞内，是一种基因表达调控因子。近年来研究显示，miRNA在肿瘤发生或进展的不同阶段具有特定的表达模式，这在肝癌、肺癌、肠癌、卵巢癌和白血病等多种恶性肿瘤患者中已得到证实。这使得miRNA有可能成为肿瘤诊断新的生物学标志物和抗肿瘤药物作用的靶标。构建不同肿瘤miRNA表达谱特征库，可能为肿瘤的诊断和治疗起到重要作用。此外，通过分析miRNA的表达特征，还有助于对某些常规组织学上难以诊断的肿瘤进行分类，并可能为临床制订个体化治疗方案提供强有力的工具。

> **小结**
>
> 肿瘤性疾病分子生物学检验的一般策略是检验肿瘤相关基因和肿瘤相关病毒基因。肿瘤相关的染色体异常、基因（癌基因、原癌基因、抑癌基因、细胞周期调节基因、细胞凋亡相关基因、维持细胞基因组稳定性的基因、肿瘤血管生成相关基因）异常，以及肿瘤相关的单核苷酸多态性、表观遗传变异、miRNA等是肿瘤性疾病的常见分子生物标志物。

第二节 常见肿瘤性疾病的分子生物学检验

随着对肿瘤分子机制研究的深入，分子生物学检验不仅有助于了解肿瘤患者基因突变的种类和状态，而且对肿瘤的治疗、预后判断都具有重要的意义。

一、肺癌的分子生物学检验

（一）肺癌的分子遗传学特征

肺癌是最常见的恶性肿瘤之一，已成为我国城市人口恶性肿瘤患者死亡原因的第1位。其中，非小细胞肺癌（non-small cell lung cancer，NSCLC）占肺癌总数的80%以上。非小细胞肺癌包括鳞状细胞癌（鳞癌）、腺癌、大细胞癌。与小细胞癌相比，其癌细胞生长、分裂较慢，扩散转移相对较晚。约75%的NSCLC患者发现时已处于中晚期，5年生存率很低。采用分子生物学检验方法，不仅可以早期诊断，而且可以对肺癌患者的预后进行评估，同时可以较早地发现微小转移病灶，对延长患者的生存时间和提高其生活质量具有非常重要的作用。目前发现与肺癌的发生、发展、转移以及预后相关的分子生物标志物有原癌基因表皮生长因子受体（epider-mal growth factor receptor，*EGFR*）基因、*K-RAS* 基因、*EML4-ALK* 融合基因等。

（二）肺癌相关基因的分子生物学检验

1. *EGFR* 基因　*EGFR* 基因又称 *HER1*、*ErbB1*，表达产物为表皮生长因子受体，属于酪氨酸激酶受体。*EGFR* 基因与肿瘤细胞的增殖、血管生成、侵袭、转移及细胞凋亡的抑制等有关。在胶质细胞瘤、肾癌、肺癌、前列腺癌、胰腺癌、乳腺癌等组织中常发生过量表达。目前已知大部分NSCLC患者均存在EGFR的过表达，其中，鳞癌表达率为85%，腺癌和大细胞癌表达率为65%，而小细胞癌表达率则较低。因此，临床上将酪氨酸激酶抑制剂（tyrosine kinase inhibitor，TKI）作为非小细胞肺癌的靶向治疗药物。小分子酪氨酸激酶抑制剂进入细胞后，可直接作用于EGFR的胞内激酶区，干扰ATP合成，抑制酪氨酸激酶的活性，阻断激酶的自身磷酸化及底物磷酸化，彻底阻断异常的酪氨酸激酶信号转导，从而阻止介导的受体及下游信号通路的激活，将细胞阻滞在G1期，促进细胞凋亡，抑制肿瘤新生血管形成、侵袭和转移，达到治疗的作用。但是EGFR-TKI的疗效存在较大的个体差异。研究表明，在EGFR不同的突变型中，*T790M* 突变型可导致酪氨酸激酶抑制剂耐药，而对存在其他突变型的患者使用EGFR-TKI疗效较好。因此，在使用EGFR-TKI之前，需要进行 *EGFR* 基因突变检测。对于出现 *T790M* 突变型的NSCLC患者，应用第三代EGFR-KI，通常可以获得较好的疗效。

2. *K-RAS* 基因　*K-RAS* 基因又名 *P21* 基因，属于 *RAS* 基因家族的一个原癌基因。*K-RAS* 基因是细胞内信号转导通路中重要的"开关"。正常情况下，*K-RAS* 基因活化后，会立即失活。而一旦发生基因突变，则K-RAS蛋白即始终保持活化状态，导致下游的信号通路异常活跃，从而促进细胞持续增殖。据统计，约20%的NSCLC患者携带 *K-RAS* 基因突变，其中肺腺癌患者占30%~50%。*K-RAS* 基因突变可导致患者对EGFR-TKI耐药，与 *K-RAS* 野生型患者相比，携带突变型的患者生存时间更短，且与不良预后相关。此外，*K-RAS* 基因突变还与结直肠癌、胰腺癌等许多肿瘤密切相关。2021年5月，全球首个治疗 *K-RAS* 基因突变的靶向药物作为新型抗肿瘤药获得美国FDA批准上市，解决了 *K-RAS* 基因突变NSCLC患者"无药可用"的难题，更多的晚期NSCLC患者将因此获益。

3. *EML4-ALK* 融合基因　ALK是一种受体酪氨酸激酶。在NSCLC患者发生基因重排时，*EML4* 基因断裂倒位插入 *ALK* 基因20号染色体的外显子中，形成新的 *EML4-ALK* 融合基因。该基因编码的EML4-ALK蛋白可以在不接受组织信号和配体的情况下，异常激活下游信号通路，促使细胞增殖。*EML4-ALK* 融合基因可见于多种肿瘤，如间变性大细胞淋巴瘤、炎性成纤维细胞肉瘤、成神经细胞瘤和NSCLC。*EML4-ALK* 融合基因主要存在于不吸烟或较少吸烟的肺腺癌患者体内，通常不同时与 *EGFR* 基因存在于同一患者。对于此类患者使用EGFR-TKI

治疗后效果不明显，而应用 ALK 抑制剂则能够作用于该基因的下游信号转导通路并拮抗其促肿瘤活性，疗效显著。但是对于经第一代 ALK 抑制剂治疗无进展或无法耐受的 ALK 阳性 NSCLC 患者，可以采用第二代 ALK 抑制剂治疗。2018年，疗效更好的第三代 ALK 抑制剂也已获批上市。

4. B-RAF 基因 B-RAF 基因编码 RAF 家族丝氨酸/苏氨酸蛋白激酶。在正常情况下，RAF 基因编码的蛋白质可根据其所接收到的信号来控制下游信号通路的活化与细胞增殖。B-RAF 基因发生突变后，可导致 RAF 蛋白处于持续激活状态，在未接收到信号的情况下也可持续对其下游通路传导信号，导致细胞持续生长与增殖。V600E 为常见的致癌性 B-RAF 基因突变位点。除 NSCLC 外，在结直肠癌、黑色素瘤、胃肠道间质瘤、胆管癌等患者体内均发现了此类基因突变。临床上通过联合检测 K-RAF、N-RAF 和 B-RAF 基因有无突变，可以筛选出对 EGFR 靶向药物治疗有效的肿瘤患者。对野生型 K-RAF、N-RAF 和 B-RAF 基因患者建议使用 EGFR 靶向药物治疗。对于 EGFR 靶向药物耐药的患者，使用 B-RAF 抑制剂可使患者恢复对药物的敏感性。

二、乳腺癌的分子生物学检验

（一）乳腺癌的分子遗传学特征

乳腺癌（breast cancer）是发生在乳腺上皮组织的恶性肿瘤，近年来发病率逐年上升，乳腺癌患者死亡人数已位居女性癌症死亡人数的首位。乳腺癌好发于 40～60 岁、绝经前后的女性，男性患者极少，仅占 1% 左右。随着现代医疗水平的提高，乳腺癌已成为疗效很好的实体肿瘤之一。乳腺癌有明显的家族遗传倾向。调查发现，5%～10% 的乳腺癌有明显的家族遗传性，其中约 80% 的患者能够检出乳腺癌易感基因的异常。目前发现与乳腺癌的发生、发展相关的基因有 HER2、BRCA1、BRCA2 基因等。

> **知识链接**
>
> **家族性乳腺癌**
>
> 家族性乳腺癌是指患者家系内一级和二级亲属中有 2 名或 2 名以上原发性乳腺癌和（或）卵巢癌患者的乳腺癌。发病年龄常较早，双侧乳腺癌较多见。
>
> 有研究将 43 名带有 BRCA1 基因并接受预防性切除双侧卵巢的女性与 79 名带有同样基因、但未接受任何预防性手术女性进行了比较。结果显示，手术组女性 10 年后罹患乳腺癌的风险降低了 70%。

（二）乳腺癌相关基因的分子生物学检验

1. HER2 基因 人表皮生长因子受体-2（HER2）基因，又称 C-ERB2 基因，属于原癌基因。HER2 基因可以抑制细胞凋亡，促进细胞增殖，并增强肿瘤细胞的侵袭力，促进肿瘤新生血管和淋巴管的形成。HER2 基因在正常乳腺表皮细胞中不表达，但是在乳腺癌早期表达水平较高，因此可以作为乳腺癌早期诊断的参考依据。HER2 基因过度表达的乳腺癌患者病情进展迅速，化疗缓解期短，内分泌治疗效果差，无病生存率和总生存率较低。因此，HER2 基因表达水平检测对乳腺癌的诊断和治疗具有重要的指导作用。随着酪氨酸激酶抑制剂等靶向药物的应用，HER2 基因过表达患者的生存时间延长，生活质量得到改善。

2. BRCA1/2 基因　BRCA1/2 基因是两种能够抑制恶性肿瘤发生的基因，具有调节细胞复制、遗传物质 DNA 损伤修复、细胞正常生长等作用。BRCA1/2 基因突变与家族性乳腺癌的发生密切相关。研究显示，BRCA1/2 基因突变者，患乳腺癌的风险是 50%～85%。此外，BRCA1/2 基因突变还与卵巢癌、前列腺癌、胰腺癌等的发生有关。目前针对 BRCA 基因突变的靶向药物主要为多聚 ADP 核糖聚合酶（PARP）抑制剂，它可以抑制肿瘤细胞 DNA 损伤修复、促进肿瘤细胞凋亡，进而增强放疗以及烷化剂和铂类药物化疗的疗效。

3. 乳腺癌复发基因　近年来，应用 DNA 芯片技术和多基因 RT-PCR 预测乳腺癌复发转移风险以及患者的治疗反应，取得了一定突破。根据筛查基因数目，陆续有 21 基因检测、50 基因检测、70 基因检测、76 基因检测、97 基因检测等乳腺癌复发基因检测方法。其中，70 基因检测和 21 基因检测已经商品化。

乳腺癌 21 基因检测是对 21 个与乳腺癌相关基因 mRNA 的表达进行定量检测，通过特定的算法将基因表达量转化为复发评分，并根据评分来判断是否需要对乳腺癌患者进行后续化疗的一种检验方法，其结果可对评估预后、复发、肿瘤转移甚至指导治疗提供有价值的信息，有助于乳腺癌患者的个体化治疗。

三、白血病的分子生物学检验

（一）白血病的分子遗传学特征

白血病是一类造血干细胞恶性增殖的疾病。主要特点是异常白细胞及白血病细胞在骨髓或其他造血组织中由于增殖失控、分化障碍、凋亡受阻等机制发生异常增生，并浸润其他非造血组织和器官，同时抑制正常造血功能。临床表现为不同程度的贫血、出血、感染、发热以及肝、脾、淋巴结肿大等症状。由于环境污染等因素作用，白血病的发病率逐年升高。尤其是儿童，白血病患者在肿瘤患儿中的比例最高，约为 57%。临床研究显示，大部分急性髓系白血病（acute myeloid leukemia，AML）和急性淋巴细胞白血病（acute lymphoblastic leukemia，ALL）患者均存在各种非随机的基因突变、重排以及融合基因的形成。因此，进行白血病相关基因的分子生物学检验，有助于临床诊断白血病、选择个性化治疗方案、判断预后以及发现微小残留病灶等。

（二）白血病相关基因的分子生物学检验

1. 白血病融合基因及其重排　与大多数实体瘤不同，白血病患者具有明显而固定的染色体改变，可形成融合基因，这些融合基因可以作为白血病的特异性分子生物标志物。目前临床上的融合基因筛查项目包括 25 种常见的 AML 融合基因筛查以及 14 种常见的 ALL 融合基因筛查。

（1）PML-RARα 融合基因：PML-RARα 融合基因是急性早幼粒细胞白血病（acute promyelocytic leukemia，APL）的分子标志物。APL 具有特异性的染色体易位 t(15;17)，易位导致 17 号染色体上的 RARα 基因与 15 号染色体上的 PML 基因融合，形成 PML-RARα 融合基因。根据 PML 基因断裂点的不同，可以分为 L 型、S 型、V 型三种异构体，L 型约占 55%，S 型约占 40%，V 型约占 5%，并且每个患者只表达一种 PML-RARα 融合蛋白。PML-RARα 融合基因表达的融合蛋白可干扰正常 RARα 基因在核内的分布和对细胞分化的调控，使大量细胞阻滞在早幼细胞阶段，在 APL 的发病机制中起重要作用。APL 曾是极为凶险、死亡率极高的一种白血病类型，但目前已成为治愈率最高的白血病。靶向药物全反式维甲酸（all-trans retinoic acid，ATRA）可作用于 PML-RARα 蛋白的维甲酸受体 α，部分诱导肿瘤细胞分化。砷剂可通过靶向作用于 PML-RARα 蛋白的 PML 部分促进肿瘤细胞凋亡。

（2）*BCR-ABL* 融合基因：*BCR-ABL* 融合基因是由位于 9q34 的 *ABL* 基因与位于 22q11 的 *BCR* 基因相互易位形成的，具有高度酪氨酸激酶活性，可以激活多种信号转导途径，从而使细胞过度增殖。*BCR-ABL* 融合基因可见于 90% 以上的慢性髓细胞白血病患者、30% 的成人急性淋巴细胞白血病（ALL）患者、2%~20% 的儿童 ALL 患者以及少数 AML 患者。具有 *BCR-ABL* 融合基因通常提示患者预后差。临床上可以根据患者是否存在 *BCR-ABL* 融合基因选择性地使用分子靶向治疗药物，主要以 *BCR-ABL* 酪氨酸激酶抑制剂为主。但一部分 CML 或 ALL 患者对酪氨酸激酶抑制剂耐药或不耐受，若改用最新一代的酪氨酸激酶抑制剂，则可获得较好的疗效。研究发现，当患者出现 *T315I* 基因突变时，可产生空间位阻效应，阻止酪氨酸激酶抑制剂作用于 *BCR-ABL* 融合基因。而最新一代酪氨酸激酶抑制剂则可依靠其特殊的结构，克服空间位阻效应，进而继续与 *BCR-ABL* 融合基因相结合，抑制异常细胞继续增殖、分化，并诱导其凋亡，从而达到控制病情的治疗目的。

（3）*MLL* 基因重排：*MLL* 基因重排发生在 11 号染色体 2 区 3 带（11q23）。在急性白血病患者中常见 *MLL* 基因重排，故可将其作为急性白血病的分子标志之一。目前已发现 *MLL* 基因重排类型有 60 多种，已鉴定出的伙伴基因融合有 40 多种。常见的融合基因有 *MLL-AF4*、*MLL-AF6*、*MLL-AF9*、*MLL-AF10*、*MLL-ENL* 等。*MLL* 基因重排阳性多见于急性髓系白血病（AML）、急性淋巴细胞白血病（ALL）、骨髓增生异常综合征（myelodysplastic syndrome，MDS）患者。*MLL* 基因重排在儿童 AML 患者中约占 14%，其中约 65% 与婴儿 AML 相关。出现 *MLL* 基因重排阳性的急性白血病患者对化疗多不敏感，是预后不良的标志，也提示有早期复发的可能性。

2. 白血病相关基因突变及表达异常

（1）*C-KIT* 基因突变：*C-KIT* 基因位于人类染色体 4q12-13，其产物是Ⅲ型酪氨酸激酶。*C-KIT* 基因作为干细胞因子的受体与其配体细胞因子结合后，可激发酪氨酸残基磷酸化，参与造血干细胞增殖与分化的调控。研究发现，*C-KIT* 基因突变与急性白血病的发病、治疗和预后等密切相关。

（2）*FLT3* 基因突变：*FLT3* 基因位于染色体 13q12，其产物也属于Ⅲ型受体酪氨酸激酶家族成员之一。此类受体在造血干细胞的增殖和分化过程中具有重要的调节作用。*FLT3* 基因突变是 AML 患者常见的基因突变类型，不仅在 AML 的发病过程中起着十分重要的作用，而且与患者的治疗、预后等密切相关。*FLT3* 基因突变已逐渐成为 AML 患者的常规检测项目。2021 年 2 月，我国首个 *FLT3* 基因突变靶向治疗药物通过国家药品监督管理局审批上市。

（3）*NPM* 基因突变：*NPM*（nucleophosmin）基因，又称 *B23* 基因或 *N038* 基因，位于染色体 5q35，其编码的核磷蛋白 B23 具有多种重要的功能，如阻碍核仁蛋白的聚集，调节核糖体蛋白的装配及蛋白质在细胞核与细胞质之间的转运，启动中心体折叠。此外，核磷蛋白 B23 还对 *ARF*、*P53* 等抑癌基因信号转导通路有一定的影响。*NPM* 基因突变是白血病发生的主要分子事件之一，主要见于细胞遗传学正常的 AML 患者，可累及 AML 的多种亚型（主要为 M4、M5），可以作为无染色体易位的 AML 的分子标志。白血病诱导化疗或骨髓移植完全缓解后，患者体内仍可能存在少量白血病细胞的表现，称为微量残留病（minimal residual disease），被认为是导致白血病复发的原因。由于 *NPM* 基因突变在白血病发展过程中十分稳定，并且与疾病状况密切相关，所以 *NPM* 基因突变检测可作为监测微量残留细胞的理想标志物。

四、结直肠癌的分子生物学检验

（一）结直肠癌的分子遗传学特征

结直肠癌是常见的恶性肿瘤之一，在我国发病率和死亡率均呈上升趋势。结直肠癌是迄今遗传背景最强、研究得最深入的一类恶性肿瘤。据统计，仅约5%的结直肠癌属于典型的单基因病，绝大多数结直肠癌的发生、发展均是外部环境和机体内遗传因素相互作用的结果。外部的机会性因素和环境因素至少可以解释70%的散发性结直肠癌的发生。然而，并非所有接触同样环境致癌因子的个体都会发生癌症，个体特异的遗传易感性在结直肠癌的发病过程中也有重要的意义。晚期结直肠癌确诊后，至少需要完成 B-RAF、K-RAS、N-RAS 和 HER2 基因检测。此外，还要确定患者肿瘤 MMR 基因和微卫星状况。

（二）结直肠癌相关基因的分子生物学检验

1. 错配修复基因 错配修复（mismatch repair, MMR）基因是生物进化过程中的保守基因，属于持家基因，具有修复DNA碱基错配，保证DNA复制高保真性以及维持基因组的稳定性和完整性等作用。MMR系统失控可导致序列中微卫星不稳定性或编码功能蛋白的基因突变，使MMR蛋白表达缺失，从而改变正常细胞的功能，甚至引发肿瘤。目前已发现6个MMR基因（hMLH1、hMSH2、hPMS1、hPMS2、hPMS3 和 GTBP/hMSH6）与结直肠癌的发生和发展有关。部分散发性结直肠癌患者中也有 hMLH-1 与 hMSH-2 蛋白缺失，主要是 hMLH-1 基因启动子过度甲基化导致基因转录和翻译沉默表达所致。与DNA修复功能正常的患者相比，MMR基因功能缺陷的患者具有肿瘤复发率低、缓解期长、转移率低和存活率较高等特点，其预后相对较好。

MMR基因突变检测是预测肿瘤免疫治疗是否有效的一种生物标志物。肿瘤细胞可在T细胞表面产生一种蛋白质——PD-L1，而T细胞表面的PD-1识别PD-L1后，可以抑制信号转导，使T细胞不能发现肿瘤细胞以及向肿瘤细胞发出攻击信号，从而使肿瘤细胞逃避机体的免疫监视。PD-1/PD-L1抑制剂也被称为免疫检查点抑制剂，可以分别与这两种受体蛋白结合，恢复T细胞对肿瘤细胞的识别，从而行使T细胞的正常免疫功能，消灭肿瘤细胞。2014年，第一个PD-1抑制剂单抗药物被FDA批准上市，用于治疗带有MMR基因突变的实体瘤患者，成为第一个"广谱免疫药物"。同年，另一个PD-1抑制剂也被FDA批准用于治疗MMR基因突变的12岁以上转移性结直肠癌患者。临床研究显示，单纯使用PD-1抑制剂，只有20%~40%的患者对免疫治疗产生反应，从而很难判断免疫疗法是否对某个患者有效。而MMR基因突变是针对泛实体瘤PD-1抑制剂的主要判定指标。

2. 微卫星异常 微卫星异常是基因组不稳定的重要分子标志，主要表现为微卫星不稳定性（microsatellite instability，MSI）和杂合性缺失（loss of heterozygosity，LOH）。微卫星不稳定性是结直肠癌的重要特点，多由DNA错配修复基因（如 hMLH1、hMSH2、hPMS1、hPMS2）突变所致。90%以上的结直肠癌患者和15%的散发性结直肠癌患者组织中发现有MSI存在。目前，MSI表型的研究比较广泛，主要集中在是否可将其作为结直肠癌家系错配修复基因突变携带者的预测指标。

目前，微卫星异常的检验方法包括直接测序法和多重PCR等。有针对结直肠癌基因诊断领域研发的MSI检测试剂盒，这是一个以多重PCR技术为基础的基因突变检测系统，一次可扩增6个MRI位点，操作简便、快速。

3. APC基因 是一种抑癌基因，定位于染色体5q21，其编码的APC蛋白在细胞周期调控、细胞生长调控及维持自身稳定性方面均有重要的作用。APC基因在85%的结肠癌患者中有缺失或失活，被认为是结肠癌发生的早期分子学事件，且稳定存在于肿瘤发生和发展的全过程。APC基因是唯一在结肠上皮增殖过程中起持家作用的基因，其失活是细胞增殖所必需的，主要包括点突变（无义突变、错义突变和错误拼接）和移码突变（缺失和插入）。通过检测APC基因突变，可筛选出结直肠家族性腺瘤性息肉病家族成员中的高危患者，也可用于评估结直肠癌的疗效和预后。

4. RAS 基因家族 RAS 基因家族包括 K-RAS、H-RAS 和 N-RAS，属于细胞内信号转导蛋白类原癌基因，编码产物是 P21 蛋白。RAS 基因除与结直肠癌有关外，与肺癌、胰腺癌的关系也非常密切。RAS 基因家族的激活方式以点突变为主，其中，K-RAS 基因与某些肿瘤的发病机制和预后相关。K-RAS 基因突变后，可使 RAS 蛋白始终保持激活状态，从而持续激活信号转导通路，刺激细胞不断生长或分化，最终引起细胞恶变。在结直肠肿瘤患者中，除可出现 K-RAS 基因突变外，还常能检测到 RAS 基因的过度表达。通过对 K-RAS 基因的检测，可以筛选抗 EGFR（表皮生长因子受体）靶向药物治疗有效的结直肠癌患者，实现个体化治疗，从而达到良好的预后，延长患者生存期。此外，对于切除原发病灶的结直肠癌患者，早期检测 K-RAS 基因还可以了解肿瘤的复发转移风险。

五、前列腺癌的分子生物学检验

（一）前列腺癌的分子遗传学特征

前列腺癌是发生于前列腺腺上皮的恶性肿瘤，居男性恶性肿瘤发病率的第 5 位，在老年男性中发病率较高。50 岁以后，随着年龄增长，发病率逐渐增高，但家族遗传性前列腺癌患者发病年龄稍早。流行病学调查结果显示，50 岁以下前列腺癌患者中，43% 与遗传因素有关。《美国国立综合癌症网络前列腺癌临床实践指南（2020 年版）》指出，BRCA1/2 基因有害突变携带者在 65 岁之前罹患前列腺癌的风险增加，特别是 BRCA2 胚系突变患者有更高的早发前列腺癌和前列腺癌死亡风险。对于前列腺癌患者，推荐进行 DNA 损伤修复相关基因胚系变异的分子生物学检验，包括 BRCA1/2、ATM、PALB2、CHEK2、MLH1/2/6、PMS2 等检测。其中，携带同源重组修复（HRR）基因突变，主要是 BRCA1/2 和 ATM 基因突变的患者，更能够从选择性多腺苷二磷酸核糖聚合酶（PAPP）抑制剂 1/2 靶向药物的治疗中获益。研究表明，PAPP 抑制剂能降低具有 BRCA1/2 和 ATM 基因突变患者 66% 的影像学进展或死亡风险。对于去势抵抗性前列腺癌（castration-resistant prostate cancer，CRPC）患者，除上述 DNA 损伤修复相关基因胚系变异的分子生物学检验外，还应进行 PALB、FANCL、BRIP1、BRAD、CDK12 等多项修复基因体系变异的分子生物学检验，从而制订更完善的个体化治疗方案。

（二）前列腺癌相关基因的分子生物学检验

虽然前列腺特异性抗原（PSA）是前列腺癌筛查、诊断和监测复发的肿瘤标志物，但有研究表明，ATM 基因和 CHEK2 基因的检验也有助于前列腺癌的诊断。

1. ATM 基因 共济失调毛细血管扩张基因（ataxia telangiectasia-mutated gene，ATM gene）最早在毛细血管扩张性共济失调综合征患者体内发现，其与肿瘤的发展密切相关。人群中约有 1% 的个体含有 ATM 基因缺失的杂合子，表现为对电离辐射敏感和易患癌症。ATM 基因编码的蛋白属于 PI3K 相关蛋白激酶家族，其关键功能是在 DNA 发生断裂时激活 DNA 的修复机制，进而提高和维持基因组的稳定性。研究表明，ATM 基因可介导多种信号通路，包括细胞凋亡、血管生成、细胞代谢等，与前列腺癌、乳腺癌、肺癌、胃癌等多种恶性肿瘤均有密切的关系。

2. CHEK2 基因 细胞周期检查点激酶 2（cell cycle checkpoint kinase 2，CHEK2）基因位于人类染色体 22q，编码检查点激酶 G2，是 DNA 损伤后调节 G2/M 的检查点，可以抑制受损细胞进入有丝分裂，从而保持基因组的稳定性；同时可激活 DNA 损伤修复机制，在 DNA 损伤后的细胞调节过程中起重要作用。

迄今为止，肿瘤的临床确诊主要还是依靠病理学检查。病理学检查的优点是可以直观地观察和区分正常和异常的组织，但是对于早期形态学方法不能观察到的病变组织和镜下难以区分的组织，病理组织的分子生物学检验就显得尤为重要。

分子生物学检验在肿瘤的治疗、预后判断等方面的重要性也越来越突出。传统的肿瘤治疗方法不良反应较大。随着肿瘤分子生物学研究的发展，肿瘤治疗新方法——分子靶向治疗应运而生。相关的靶向药物可以选择性地杀灭肿瘤细胞而不杀伤或很少损伤正常细胞，安全性和耐受性较好。该方法依赖于对恶变细胞的分子生物学检验，找到相关的突变基因，即标靶，从而选择相应的靶向药物。肿瘤细胞基因突变往往不仅对应某一种癌症，如 K-RAS 基因突变与肺癌、胰腺癌和结直肠癌等多种癌症的发生均有密切的关系。针对 K-RAS 基因突变的靶向药物对出现该基因突变的多种癌症患者均有较好的疗效。因此，肿瘤的分子生物学检验在癌症的临床治疗中显得尤为重要，是选择靶向药物的主要依据。

此外，癌基因筛查也是现代大健康发展的重要方向。如 BRCA1/2、ATM、TP53、APC 等多种基因均与肿瘤的发生、发展有关，可以通过对这些肿瘤相关基因的检查，预测机体组织细胞癌变的风险，从而采取相关措施，改善个体生活环境和生活习惯，避免或延缓癌症的发生。随着肿瘤分子生物学的发展，越来越多的肿瘤分子生物标志物被发现，而分子生物学检验技术的日趋成熟将使其在临床应用方面发挥更重要的作用。

小结

与肺癌的发生、发展、转移以及预后相关的分子生物标志物有 EGFR 基因、K-RAS 基因和 EML4-ALK 融合基因等；与乳腺癌的发生、发展相关的基因有 HER2 基因、BRCA1 基因和 BRCA2 基因等；白血病的分子生物标志物包括白血病融合基因与基因重排（PML-RARα 融合基因、BCR-ABL 融合基因和 MLL 基因重排）以及白血病相关基因突变及表达异常（C-KIT 基因突变、FLT3 基因突变和 NPM 基因突变）；结直肠癌的分子生物学标志物常见的有错配修复基因、微卫星异常、APC 基因和 RAS 基因家族；对于前列腺癌患者，推荐进行 DNA 损伤修复相关基因胚系变异的分子生物学检验，包括 BRCA1/2、ATM、PALB2、CHEK2、MLH1/2/6 和 PMS2 基因检测等。

思考题

一、选择题

1. 下列描述正确的是
   A. 细胞癌基因来源于病毒基因
   B. 癌基因只存在于病毒中
   C. 有癌基因的细胞就是癌变细胞
   D. 细胞原癌基因是正常基因的一部分
   E. 原癌基因对细胞是不利的
2. 下列属于抑癌基因的是
   A. P53
   B. RAS
   C. MYC
   D. RAF
   E. SIS
3. 下列被认为与人类肿瘤相关的病毒是
   A. 冠状病毒
   B. 人乳头瘤病毒
   C. 流感病毒
   D. 甲型肝炎病毒
   E. 艾滋病病毒

4. 下列关于肿瘤发生的叙述，正确的是
   A. 肿瘤的发生一定与基因突变有关
   B. 基因组序列不变，细胞就一定不会发生癌变
   C. 肿瘤的发生是由于外部环境所致
   D. 肿瘤的发生主要是机体自身遗传因素和外部因素共同作用的结果
   E. 肿瘤的发生是由遗传基因决定的
5. 下列属于原癌基因的是
   A. *RB*　　　　　　　　B. *P53*　　　　　　　　C. *RAS*
   D. *BRCA1*　　　　　　E. *BRCA2*
6. 下列与肺癌的发生有密切关系的是
   A. *EGFR* 基因　　　　B. *HER2* 基因　　　　C. *MLL* 基因重排
   D. *APC* 基因　　　　　E. *DCC* 基因
7. 下列与乳腺癌的发生有密切关系的是
   A. *EGFR* 基因　　　　B. *BRCA2* 基因　　　C. *MLL* 基因重排
   D. *APC* 基因　　　　　E. *DCC* 基因
8. 急性早幼粒细胞白血病的分子标志是
   A. *EGFR*　　　　　　　　　　　B. *BRCA2*
   C. *PML-RARα* 融合基因　　　　D. *MLL* 基因重排
   E. *BCR-ABL* 融合基因
9. 结直肠肿瘤发生的早期分子学事件是
   A. *EGFR*　　　　　　　B. *DCC*　　　　　　　C. *K-RAS*
   D. *N-RAS*　　　　　　E. *APC*
10. 以下与前列腺癌不相关的基因是
    A. *BRCA1*　　　　　　B. *BRCA2*　　　　　　C. *ATM*
    D. *DCC*　　　　　　　E. *CHEK2*

二、问答题
1. 何谓癌基因、病毒癌基因、细胞癌基因及原癌基因？
2. 试述分子生物学检验在肿瘤诊断和治疗方面的优势。
3. 试述肿瘤个体化治疗与肿瘤相关基因分子生物学检验的关系。

（秦　霓）

中英文专业词汇索引

A

癌基因（oncogene） 207

B

白念珠菌（*Candida albicans*） 183
边合成边测序（sequencing by synthesis，SBS） 141
变性（denaturation） 64
变性梯度凝胶电泳（denaturing gradient gel electrophoresis，DGGE） 39
丙型肝炎病毒（hepatitis C virus，HCV） 175，207
病毒（virus） 8
病毒癌基因（viral oncogene，v-oncogene） 207
病毒性肝炎（viral hepatitis） 172

C

操纵子（operon） 10
测序（sequencing） 81
测序酶（sequenase） 84
插入/缺失突变（insertion-delete mutation） 14
肠出血性大肠埃希菌（enterohemorrhagic *Escherichia coli*，EHEC） 167
常染色体显性遗传（autosomal dominant inheritance） 195
常染色体隐性遗传（autosomal recessive inheritance） 195
长链非编码 RNA（long non-coding RNA，lncRNA） 16
长末端重复序列（long terminal repeat，LTR） 180
重复序列多态性（sequence repeat polymorphism，SRP） 15
巢式 PCR（nested PCR） 46
错配修复（mismatch repair，MMR） 216
CpG 岛（CpG island） 15

D

大规模平行测序（massive lyparallel signature sequencing，MPSS） 86
大气压化学电离（atmospheric pressure chemical ionization，APCI） 127
单核苷酸多态性（single nucleotide polymorphism，SNP） 15，210
蛋白质微阵列（protein microarray） 122
蛋白质芯片（protein chip） 121
蛋白质印迹（Western blotting） 109
蛋白质组（proteome） 101
等位基因特异性寡核苷酸（allele-specific oligonucleotide，ASO） 196
第二代测序技术（second generation sequencing technique） 86
点突变（point mutation） 14
电感耦合等离子体电离（inductively coupled plasma ionization） 127
电荷耦合器件（charge coupled device，CCD） 119
电喷雾串联质谱技术（electrospray ionization mass spectrometry，ESI-MS） 129
电喷雾电离（electrospray ionization，ESI） 127
动态突变（dynamic mutation） 14
短串联重复序列（short tandem repeat，STR） 15
断裂基因（interrupted gene） 11
多重 PCR（multiplex PCR，mPCR） 45，196
多重连接探针扩增技术（multiplex ligation-dependent probe amplification，MLPA） 196
多态性（polymorphism） 14，15
多位点序列分型（multilocus sequence typing，MLST） 170
DNA 微阵列（DNA microarray） 117
DNA 芯片（DNA chip） 117
DNA 序列测定（DNA sequencing） 196

E

二代测序（next-generation sequencing，NGS） 86
二乙氨乙基（diethyl aminoethyl，DEAE） 27
EB 病毒（Epstein-Barr virus，EBV） 206

F

非小细胞肺癌（non-small cell lung cancer, NSCLC） 212
肺炎衣原体（*Chlamydia pneumoniae*） 187
肺炎支原体（*Mycoplasma pneumoniae*） 188
复性（renaturation） 64

G

感染性疾病（infectious disease） 161
刚地弓形虫（*Toxoplasma gondii*） 191
高通量测序（high throughput sequencing, HTS） 86
高效液相色谱（high performance liquid chromatograph, HPLC） 126
个人防护装备（personal protective equipment, PPE） 149
光电倍增管（photomultiplier, PMT） 119
滚环扩增（rolling circle amplification, RCA） 55

H

核酸（nucleic acid） 2
核酸分子杂交（nucleic acid molecular hybridization） 64
核酸恒温扩增技术（thermostatic nucleic acid amplification technology） 49
核酸扩增技术（nucleic acid amplification technology, NAAT） 49
核糖核酸（ribonucleic acid, RNA） 2
核糖体 RNA（ribosomal RNA, rRNA） 8
互补 DNA（complementary DNA, cDNA） 34, 68
化学电离（chemical ionization, CI） 127
环介导等温扩增（loop-mediated isothermal amplification, LAMP） 50
获得性免疫缺陷综合征（acquired immune deficiency syndrome, AIDS） 179

J

基因（gene） 8
基因芯片（gene chip） 117
基因组（genome） 8
基质辅助激光解吸电离（matrix-assisted laser desorption/ionization, MALDI） 127
基质辅助激光解吸电离飞行时间质谱技术（matrix-assisted laser desorption/ionization time of flight mass spectrometry, MALDI-TOF-MS） 129
假基因（pseudogene） 11
碱性成纤维细胞生长因子（basic fibroblast growth factor, BFGF） 210
焦磷酸测序（pyrosequencing） 88
焦碳酸二乙酯（diethyl pyrocarbonate, DEPC） 24
结构基因（structural gene） 8
结核分枝杆菌（*Mycobacterium tuberculosis*, MTB） 163
解链温度（melting temperature, *T*m） 39
解脲支原体（*Ureaplasma urealyticum*） 189
聚丙烯酰胺凝胶电泳（polyacrylamide gel electrophoresis, PAGE） 39
聚合酶链反应（polymerase chain reaction, PCR） 3, 32
聚合酶链反应-单链构象多态性（polymerase chain reaction-single strand conformation polymorphism, PCR-SSCP） 166

K

开放阅读框（open reading frame, ORF） 97
抗血友病球蛋白（antihemophilic globulin, AHG） 197
拷贝数变异（copy number variation, CNV） 139
可变数目串联重复序列（variable number of tandem repeat, VNTR） 15
快速原子轰击电离（fast atom bombardment, FAB） 127
扩增受阻突变系统（amplification refractory mutation system, ARMS） 196

L

劳斯肉瘤病毒（Rous sarcoma virus, RSV） 207
酪氨酸激酶抑制剂（tyrosine kinase inhibitor, TKI） 212
连接酶链反应（ligase chain reaction, LCR） 165
链置换扩增（strand displacement amplification, SDA） 53, 164
淋病奈瑟球菌（*Neisseria gonorrhoeae*, NG） 165
螺旋体（spirochete） 190

M

毛细管电泳（capillary electrophoresis, CE） 126
锚定序列（anchor sequence） 93
免疫印迹（immunoblotting） 109

N

纳米微孔测序法（nanopore sequencing） 140
内部质量控制（internal quality control, IQC） 153
内含子（intron） 11
拟核（nucleoid） 10
逆转录 PCR（reverse transcription PCR, RT-PCR） 46

疟疾（malaria） 192
疟原虫（plasmodium） 192

P

PCR-反向斑点杂交（PCR reverse dot blot, PCR-RDB） 196

Q

气溶胶（aerosol） 149
气相色谱（gas chromatography, GC） 126

R

染色体病（chromosomal disorder） 198
人类基因组（human genome） 12
人类基因组计划（Human Genome Project, HGP） 13
人类免疫缺陷病毒（human immunodeficiency virus, HIV） 179
人类疱疹病毒 8 型（human herpes virus-8, HHV-8） 206
人类嗜 T 淋巴细胞病毒 -1（human T-cell lymphotropic virus type-1, HTLV-1） 207
人乳头瘤病毒（human papilloma virus, HPV） 177, 206
乳腺癌（breast cancer） 213

S

沙眼生物变种（biovar trachoma） 186
沙眼衣原体（Chlamydia trachomatis） 186
生物剂（biological agent） 148
生物芯片（biochip） 116
实时荧光定量 PCR（real-time fluorescent quantitative polymerase chain reaction, RT-FQ-PCR） 40
实验室生物安全（laboratory biosafety） 148
实验室生物安全防护（biosafety protection for laboratory） 150
鼠生物变种（biovar mouse） 186
数字 PCR（digital polymerase chain reaction, dPCR） 137
松弛型质粒（relaxed plasmid） 10
随机扩增多态性 DNA（random amplified polymorphic DNA, RAPD） 170

T

突变（mutation） 13
脱氧核苷三磷酸（deoxyribonucleoside triphosphate, dNTP） 36
脱氧核糖核酸（deoxyribonucleic acid, DNA） 1

W

外显子（exon） 11
危险废弃物（hazardous waste） 149
微 RNA（micro RNA, miRNA） 16, 211
微滴数字 PCR（droplet digital PCR, ddPCR） 138
微量残留病（minimal residual disease） 215
微卫星不稳定性（microsatellite instability, MSI） 216
无创产前诊断（non-invasive prenatal diagnosis, NIPD） 18

X

限制性内切酶数据库（the Restriction Enzyme Database, REBASE） 97
限制性片段长度多态性（restriction fragment length polymorphism, RFLP） 15
线粒体基因组（mitochondrial genome） 17
线粒体脑肌病伴高乳酸血症和卒中样发作（mitochondrial encephalomyopathy with lactic acidosis and stroke-like episode, MELAS） 203
线性探针检测（line probe assay, LPA） 164
腺苷 -5′- 磷酰硫酸（adenosine-5′-phosphosulfate, APS） 89
芯片（chip） 116
新型隐球菌（Cryptococcus neoformans） 185
性病淋巴肉芽肿生物变种（biovar lymphogranuloma venereum） 186
溴化乙锭（ethidium bromide, EB） 23, 38
序列型（sequence type, ST） 171
血管内皮生长因子（vascular endothelial growth factor, VEGF） 210
血管生成素（angiopoietin, Ang） 210
血小板应答蛋白 1（thrombospondin-1, TSP-1） 210
血友病（hemophilia） 197
血友病 B（hemophilia B） 197
循环可切除终止法（cyclic reversible termination, CRT） 86
X 连锁显性遗传（X-linked dominant inheritance） 195
X 连锁隐性遗传（X-linked recessive inheritance） 195

Y

严紧型质粒（stringent plasmid） 10
液相芯片（liquid chip） 65
衣原体（chlamydia） 186

依赖核酸序列的扩增（nucleic acid sequence-based amplification，NASBA） 59
胰岛素样生长因子-2（insulin-like growth factor-2，IGF-2） 211
移码突变（frame-shift mutation） 14
遗传病（genetic disease） 194
乙型肝炎 e 抗原（hepatitis B e antigen，HBeAg） 173
乙型肝炎 X 抗原（hepatitis B X antigen，HBxAg） 173
乙型肝炎病毒（hepatitis B virus，HBV） 172，206
乙型肝炎病毒 DNA 聚合酶（HBV DNA polymerase，HBV DNAP） 173
乙型肝炎病毒表面抗原（hepatitis B surface antigen，HBsAg） 173
乙型肝炎核心抗原（hepatitis B core antigen，HBcAg） 173
抑癌基因（antioncogene） 208
荧光共振能量转移（fluorescence resonance energy transfer，FRET） 41
荧光素（luciferin） 89
荧光原位杂交（fluorescence in situ hybridization，FISH） 77

唐氏综合征（Down syndrome） 199
原虫（protozoa） 191
原位合成（in situ synthesis） 118
Y 连锁遗传（Y-linked inheritance） 195

Z

杂合性缺失（loss of heterozygosity，LOH） 216
增色效应（hyperchromic effect） 64
真菌（fungus） 183
支原体（mycoplasma） 188
质粒（plasmid） 10，25
肿瘤标志物（tumor marker，TM） 206
肿瘤抑制基因（tumor suppressor gene） 208
周期蛋白（cyclin） 210
周期蛋白依赖性激酶（cyclin-dependent kinase，CDK） 210
转录介导的扩增（transcription mediated amplification，TMA） 176
转运 RNA（transfer RNA，tRNA） 8

参考文献

1. 吕建新，王晓春.临床分子生物学检验技术.北京：人民卫生出版社，2015.
2. 张申，王杰，高江原.分子生物学检验技术.武汉：华中科技大学出版社，2013.
3. 胡颂恩.分子生物学与检验技术.北京：人民卫生出版社，2015.
4. 李金明.实时荧光PCR技术.2版.北京：人民军医出版社，2016.
5. 王志刚.分子生物学检验技术.2版.北京：人民卫生出版社，2021.
6. 查锡良，药立波.生物化学与分子生物学.8版.北京：人民卫生出版社，2013.
7. 彭涛.核酸等温扩增技术及其应用.北京：科学出版社，2009.
8. 王晓春.临床分子生物学检验技术实验指导.北京：人民卫生出版社，2015.
9. 府伟灵，黄君富.临床分子生物学检验.北京：高等教育出版社，2012.
10. 高志勇.生物芯片发展及寡核苷酸基因芯片应用研究.北京：科学出版社，2017.
11. 蒋长顺.医用检验仪器应用与维护.2版.北京：人民卫生出版社，2018.
12. 台湾质谱协会.质谱分析技术原理与应用.北京：科学出版社，2019.
13. 府伟灵.临床精准分子诊断学.上海：上海交通大学出版社，2020.
14. 吕建新，尹一兵.分子诊断学.2版.北京：中国医药科技出版社，2010.
15. 吴阿平，李树平.临床实验室管理.武汉：华中科技大学出版社，2017.
16. 夏邦顺，何蕴韶.临床分子诊断学.广州：中山大学出版社，2012.
17. 李伟，黄彬.分子诊断学.4版.北京：中国医药科技出版社，2019.